戦後日本の開発と民主主義

地域にみる相剋

庄司俊作 編著

同志社大学人文科学研究所
研究叢書LII

昭和堂

目次

生活

社会運動

教　育

労　働

序文

庄司俊作

本書の目的

本書では「開発と民主主義」の視点で、地域から見た戦後日本社会の姿を歴史的に検証している。本書は、地域の史資料や調査にもとづく開発と民主主義の視点から見た地域の戦後史、または地域に見る開発と民主主義の相剋の戦後史である。民主主義は政治的な意味とともに、「人民が自由と平等を保障する行き方」という社会経済的意味を重視する。地域の戦後史ということで多様な角度がありうるが、本書では開発・都市計画と消費、社会運動、教育、労働・農業、沖縄の五分野の研究成果を提示する。まず研究動向に触れるべきところだが、社会経済を中心に「開発と民主主義の視点」から見るという含意について考えてみたい。

戦後史の焦点と視角

小森陽一ほか『岩波新書で「戦後」を読む』（岩波書店、二〇一五年）は小森、成田龍一、本田由紀の三氏がこれまで刊行されてきた岩波新書をネタに対談をおこない、戦後の意味を考察したものであるが、戦後日本社会の歴史的研究の課題を考えるうえで多くの示唆が得られる。(1) その中の、暉峻淑子『豊かさとは何か』（岩波書店、一九八九年）に関する対談を見てみよう。そこには何が戦後史の焦点かを考える重要なヒントが示されている。

「モノとカネがあふれる世界一の金持ち国・日本。だが一方では、環境破壊、過労死、受験競争、老後の不安など深刻な現象にこと欠かず、国民にはゆとりも豊かさの実感もない。日本は豊かさへの道を踏みまちがえた、と考える著者が、西ドイツでの在住体験と対比させながら、日本人の生活のあり方を点検し、真に豊かな社会への道をさぐる」（同書の内容紹介）。暉峻によると、「日本は資本主義国の中でも特殊な国」である。また、「日本は経済大国であるという。しかし、豊かな国ではない」。日本の特殊性を労働や住宅、地域環境、社会保障に焦点をあてて検証するとともに、「他の先進国にはできていることが、なぜ日本ではできないのか」、「豊かさを阻んでいる原因を究明し」たのが暉峻著書である。日本の現実をつかむ方法といい（労働や生活への着目）、その内容といい、当時斬新で、衝撃的でさえあったといって過言ではない。それゆえ、大ベストセラーになった。

多くの研究者にとって戦後史は、同時代史である。同時代史の認識はまずは相対化が必要である。日本の戦後を世界の中で見ると、どう見えてくるだろうか。だが、世界となると表層的な叙述に限られる。同じ敗戦国で、戦後急速な経済成長を遂げたなど重要な共通面がある西ドイツと比較すると、日本の特殊性が全体的かつ構造的にとらえられる。同書とほぼ時を同じくして、西ドイツとの比較を通して日本の経済や社会の特殊性をとらえた二冊の重要な著作が出版されている。[2] これは戦後四〇年、そして高度経済成長を経て、自己認識を求めるにいたった日本の社会意識の反映といえる。その中で同書は一般読者を対象としたものだけに、わかりやすく、かつ包括的に日本の特殊性を浮き彫りにした点でとくに価値がある。歴史研究では、日本の経済社会や政治の特殊性の解明が重要な課題である。戦後日本社会の歴史的研究に対しても、重要な課題を提起した。なお、「日本の特異さを説明する際の暉峻の叙法」に関する対談での批判は、少し誤解があるとともにやや牽強付会の感がある。

実は、問題はその先にある。日本の豊かさを阻む理由は、同書で縷々述べられている輸出主導型の成長路線、企業に手厚い保護助成策（産業基盤整備や先端技術開発補助金、税の特別措置）、貧困な社会福祉・住宅政策など総じて、後述の現代開発主義国家の政策として捉えられるべきものである。現代開発主義国家は高度経済成長を経て、一九七〇年代半ばに確立する。同書出版一〇年あまり前であり、同時代的問題の基本構図を確実にとらえた著者の慧眼は特筆に値する。

現在は豊かさというより、貧困と格差の時代である。その点で同書のような語り方は今やリアリティに欠けるとしても、取り上げられた問題群はどれも戦後史の焦点であることは間違いない。本書の立場からすると、もっと強調すべき問題として農業と食の問題があり、沖縄の問題も前景化されるべきである。

本田氏は報告の最後に、「よんでいて非常につらかった」としたうえで、「この社会の現状が、その後、はかばかしく是正されないどころか、むしろどんどん崩壊の事実が明らかになっている。ペンの無力ということを、よみながら実感してしまったのが正直なところです」と述べている。しかし、経済社会の構造と政治体制として確立した現代開発主義国家はちょっとやそっとのことでは変わりようがなく、よほどの対抗運動でもなければその体制の持続とそのもと「社会の崩壊」は避けがたいことから、本田氏の悲嘆は現実の反映であり、「ペンの無力」などという話とは違うだろう。

関連して興味を引かれるのは、高度経済成長期真っ只中に育った小森・成田両氏が一九七〇年前後に力点を置くのに対し、ほぼ一世代若い本田氏が、それ以上に一九九〇年代に歴史の大きな切れ目を見出す読み方を随所で示したとされていることである。本田氏が重視したのは、冷戦が崩壊した直後の時期である。これは世代の問題だけでなく、本田氏が若者の雇用・労働や学校教育を専門にすることとも関係があるのではないか。つまり、当該問題を中心とする社会問題をめぐっては、高度経済成長期よりも冷戦崩壊後の時期の方が時代がダイナミックに（悪い方向に）動いた、これもその反映と捉えられる。

だとすれば、高度経済成長期を含む戦後を見るうえでもう一つ重要な視点に気づかされる。外国と比較して日本の特殊性をつかむ場合、経済成長など戦後の歴史事象が「何を変えたか」とともに、「何を変えなかったか」という視点から見ることも必要であり、この二つの複眼的視点がきわめて重要である。後者は断るまでもなく住民自治や民主主義に関わる問題である。

ここで具体論に少し入り込むことになるが、暉峻著書で重視される住宅問題を規定する都市計画・土地利用計画を事例に一言する。[3]日本は「建築自由」、それに対しドイツは「計画なき所に開発なし」の「建築不自由」という正反対の原則で土地利用計画が策定されていること、その結果、地価が高騰した日本、地価抑制に成功した西ドイツの差となり、都市計画と住宅問題に大きな差をもたらしたことは周知の通りである。重要なポイントは、西ドイツでは全国土の国家管理と市町村を策定主体とする土地利用計画の二段階計画システムの存在、そしてそれらを支える住民自治と民主主義の展開が、「建築不自由」の原則の基盤となっていたことである。さらに、こうした差を規定したのは日本とドイツの戦後、とくに一九六〇年代以降の違いであったことがもう一つ重要な点である。[4]

日本の都市計画・住宅政策の貧困は、けっして日本の「古さ」や「遅れ」が原因ではない。それは他ならぬ「戦後の問題」である。新たな時代に適切な政策をとらなかった、国や自治体の不作為が原因である。現代開発主義国家のありようがその背景にあった。同様の問題は他の多くの政策分野においても指摘できるだろう。開発と民主主義の視点で戦後日本社会を見るということは、このような国や自治体のありよう、それに規定された国民の経済社会と政治との関わりを問題化、歴史化することである。

依拠する理論的枠組み

戦後の日本は現代開発主義国家であり、国際関係の「冷戦」、政治の「一九五五年体制」、経済の「成長至上主義と国家介入主義の経済システム」、社会の「企業主義統合」を重要な構成要素とする。戦後の経済社会と政治をとらえるには、「開発主義」の視点が重要である。この現代開発主義国家・開発主義が、本書が直接、間接に依拠する理論的枠組みである。

本書の執筆者のひとりである広原盛明氏は、渡辺治・後藤道夫氏らによって定式化された現代開発主義国家について次のようにまとめている。[5]開発主義は戦後日本における現代国家形態であり、日本型企業社会と結合した「現代型開発主義」として戦後高度成長期に成立した。企業主義統合と開発主義は相互補完的な存在である。その特徴は、①

国家の計画的な市場への介入を確保するための議会制の制約にもとづく開発独裁的な政治システム、②成長型の産業政策、③近代的官僚制の三点にある。ヨーロッパ諸国では戦後、開発主義国家体制から福祉国家体制へ移行した。これに対し、日本では本格的な大衆社会の段階を迎えた後も、なお開発主義国家体制が現代開発主義として再編・継続された。

「日本の近代開発主義は、戦後高度成長期に成立した企業社会と結合することにより、『企業主義的統合＋利益政治』という形で現代開発主義への変身を遂げた」。「そこでは企業の発展がすなわち地域の発展であり、大企業中心の地域開発＝自治体財政の富裕化＝住民生活・住民福祉の向上という『開発幻想』『共同幻想』が地域社会を席巻し、開発競争を通して全国の組織・自治体がパイの論理のもとに開発行政と利権政治によって統合されていった」。

開発主義は、地方・農業・中小企業・女性・若者などの保護と矛盾するものではない。これらは企業主義統合の周辺部分であるが、低賃金労働力の確保や貿易政策の利益等を考慮して保護が加えられた。また、開発主義を財政的に支える地方への公共投資と大規模な減税をセットとした「土建国家」のフレームが全面化するのも、開発主義国家の確立と同時期であった[(6)]。開発主義国家は土建国家でもあった。

広原氏によると、開発主義国家に対する福祉国家は、①参加と分権を保障する民主的政治システムの存在、②レッセ・フェールの資本主義に対峙するものとしての、市場経済の原理を意図的にコントロールするなんらかの公的な装置の存在、③すべての国民に保障されるべき生存権および生活権の質に関する社会全体の態度と理解の成熟度、④政治の手続きや経済構造、権利の法的保障などを超えて、人間の内面を構成するヒューマニズムの利他心、宗教的博愛心などの存在でもって特徴づけられる。政治体制と社会構造、人間関係、個人の人間性といったレベルでの両者の相違点であり、これは両者の民主主義のありように関わる問題である。

構成と内容

以上のような問題意識に立脚した、地域からの歴史化の発起、これが本書のめざしたものである。本書におけるどの研究も、地域に残る多くの諸資料をもとに、また現地の地域調査を積み重ねてまとめられている。

第1章「高度成長都市・神戸の軌跡」（広原盛明執筆）は、大正期の都市計画策定にともない澎湃として沸き起こった「大神戸」構想の系譜をたどり、それが戦前・戦中・戦後にわたって一貫して受け継がれてきた神戸の地域的背景と歴史的事情を分析したものである。戦後神戸の高度成長を牽引して「輝ける都市・神戸」を築いた二人のテクノクラート市長、原口忠次郎と宮崎辰雄は、戦前から「大神戸」構想に深く関わり、戦後に実現した立役者であり、神戸の戦前と戦後を結ぶ都市づくりの要に位置した人物であった。二人が四〇年間にわたって市長を務めた神戸市政においては成長主義と開発主義が基本理念となり、一九六五年のマスタープラン（第一次神戸市総合基本計画）が二〇世紀神戸の都市像を決定づけた。神戸が誇る海上都市開発の成果であるポートアイランドと六甲アイランド、郊外開発の西神ニュータウンは、「輝ける都市・神戸」の代名詞となった。

第2章「臨海開発、公害対策、自然保護」（小堀聡執筆）は一九五〇—七〇年代前半における横浜市の臨海開発を公害対策と自然保護とに注目しつつ分析したものである。飛鳥田一雄革新市政（一九六三—七八年）が成立した横浜市は、高度成長期の開発と民主主義を考察するうえで貴重な事例を提供してくれる。飛鳥田市政以前の臨海開発の目的は工業港の建設にあり、しかもそれは開発に伴う公害をさらなる開発の梃子に利用しつつ行なわれた。一方で、飛鳥田は臨海開発を公害を防止しつつ、もしくは公害防止を目的として実施した。だが、飛鳥田の臨海開発は、横浜の自然海岸をほぼ消滅させるものであった。このため、七〇年代になると、飛鳥田の開発政策は、自然保護活動家や自民党県議会議員らから自然破壊として批判される。横浜の場合、自然保護分野における重要な主体は公害対策のそれと決定的に異なっていたのである。しかも、飛鳥田の公害対策の成功は公害排出型産業の首都圏から国内「周辺」地域への移転（公害移出）を背景とし、しかも公害移出に棹をさすものでもあった。

第3章「合成洗剤追放運動の存在理由」（原山浩介執筆）は、一九六一年一一月のミヨシ化学による「ハームレス・レディ」の発売を皮切りに始まった、同運動を分析したものである。運動のきっかけとなった合成洗剤の危険性をめぐる議論では、ミヨシ化学により既存の合成洗剤の危険性が主張され、さらにその翌年には、研究者からの問題提起があり、国会でも取り上げられるようになった。その後、まずは人体への有害性、さらに環境への悪影響が指摘されていき、それに対してメーカー・業界は徹底抗戦を行なった。この対立構図は、形としても時期的にも、水俣病に象徴される公害問題をめぐる動きと相似性があったため、市民運動における合成洗剤への関心は、とりわけオイルショック以降、高まりを見せた。日本で合成洗剤の問題が市民運動として、しかも行政が関わる形で盛り上がりを見せたのは、公害問題をめぐる企業と被害者の対立構図を背景に関心がひときわ高まったことによる。この日本の状況の特殊性と、環境問題への関心の高まりが相まって、合成洗剤問題が長く取り組まれ続けた。

第4章「高度経済成長と消費生活の変化」（尾崎（井内）智子執筆）は、一九六二年にコープこうべとなった灘生協・神戸生協の牛乳販売事業を通じて、高度経済成長期に牛乳飲用が一般化したことを示した。兵庫県では神戸の開港後、戦前から牛乳飲用が広がり、神戸在住の官公吏やサラリーマンを組合員としていた灘購買組合・神戸消費組合は昭和初期から牛乳販売事業を始めた。第二次世界大戦後、独力でミルクプラントを経営することに失敗した両組合は、品質の安定した牛乳を供給する雪印乳業・森永乳業の小売店となった。そして、牛乳の契約を鍵に団地へ住む新規住民の中に新たな組合員を獲得しようとする。「団地族」といわれた団地住民を筆頭に、高度経済成長期に生きた人々は新しい生活様式を取り入れるのに積極的で、子供の健康を気遣う広告や牛乳宅配店同士のし烈な競争をうけて牛乳飲用を生活の中に取り入れていった。さらに、牛乳飲用が一般化したことによって、消費者運動の中で牛乳値下げ運動は、ほぼ毎年取り組まれる主要な課題となり、運動が毎年行なわれることによって牛乳をめぐる業界構造が一般に知られるようになった。

第5章「戦後京都と民主戦線」（福家崇洋執筆）は、一九五〇年前後の京都民主戦線を通して、戦後日本の「民主化」

を再検討したものである。京都民主戦線は敗戦後の日本で「革新」的な首長を次々に誕生させた運動として知られる。本論は、京都民主戦線を一地域の事象に限定せず、海外公文書所蔵資料を用いて日本共産党や国外共産主義勢力の関係まで視野に入れて描いた。まず、東アジア共産主義運動の再編を背景とする日ソ両共産党の交渉と「コミンフォルム批判」に至る経緯を押さえたうえで、京都民主戦線の軌跡を京都市長選から府知事選まで追いかけ、両選挙勝利の背景や日本共産党の民主民族戦線の変化（「植民地（日本）」「民族」解放や「愛国」の強調）とその影響を明らかにした。さらに、分派問題の波紋、国外共産主義勢力の不信、レッド・パージの影響で日本共産党が内部分裂を深めていく様を追ったうえで、これらの影響が参院選挙時の京都民主戦線の運動にまで及び、ついにはイデオロギー対立による分裂へと至る過程を明らかにした。

第6章「高度経済成長とうたごえ運動」（河西秀哉執筆）は、敗戦後共産党の影響下で始まったうたごえ運動を分析したものである。それは「政治の季節」を反映して、社会運動・平和運動とともに成長・発展した。とはいえ、参加した人びとは単に政治的な立場から歌っていたわけではなく、人と人のつながりを重要視し、サークルとしての意義を見出してうたごえ運動に参加していた。一九五〇年代半ば、そうして発展したうたごえ運動は、マスメディアでも大きく取りあげられるようになった。それとともに、文部省などからそれに対する批判や対抗運動が登場するようになった。その試みは失敗するものの、そうした批判を受けてうたごえ運動側も従来の方針を転換していく。それは、「生活」という側面を重要視するものであった。うたごえ運動の祭典においてもそのスローガンは変化し、運動の機関紙である『うたごえ新聞』でも積極的に「生活」に即した論考が紹介される。高度経済成長という「経済の季節」への転換は、うたごえ運動の性格をも変化させることとなった。

第7章「同和教育運動の展開と地域社会の関わり」（生駒佳也執筆）は、全国の勤評闘争の中でも「かち抜いたのは全国で一つだけ」といわれた同運動について、運動が展開するに至った経緯と要因を明らかにしたものである。一九五八年、京都市田中地区の小中学生が勤評闘争に参加し、同盟休校を行ない、京都府市と交渉をもつ運動が行なわれた。従来、同和教育運動の歴史研究は、社会運動に密接に関係する権力闘争、あるいは教育の民主化の観点から進められてきた。ここでは田中地区（それを含む養正学区）を取り上げ、その場をひとつの政治空間と見なすことによって新しい研究視座を提供しようとした。京都市の都市構造は、独自の学区制度に基づいて再編された歴史的経緯から、部落問題も教育を通じて焦点化された。この中で京都大学に隣接する田中地区では、学生や教員によっていち早く部落問題研究会や子供会が組織され、都市政策を担当した行政当局や地域支配をめぐる諸勢力と攻防を繰り返す中で、全国を牽引する解放運動や同和対策が進展していった。この過程を子供会の活動を中心に、それをめぐる社会的諸勢力の関わりから描きだした。

第8章「『村を育てる学力』にみる村の教師と「村づくり」」（櫻井重康執筆）は、戦前から生活綴方教育で有名な東井義雄による戦後の教育実践を分析したものである。東井の教育実践は『村を育てる学力』（一九五七年）にまとめられた。一九五〇年代の但馬の小学校を舞台にしたこの実践は、貧しさと「我利我利主義」、家父長的「封建性」が絡みあう村の問題を、「村育て」によって解決しようとした試みで、一九五五年前後に、彼の「村育て」の構想と実践の全体が明確になった。その実践は、村人らの「結びあい」を育て、合理的な農法への挑戦と「村の働く子供」育て、「四反百姓の生き方」に応える「「生きてはたらく学力」と「磨きあい育ちあい」」育ての三本軸から構成されている。また、彼の「村育て」における総合的視点と農村的価値の独自性の発見、農業生産による人格形成力の把握は意義深い。「作文的方法」を中心とする学習指導と特有の学習形態方法の確立、励まし合って共におこなう「村の子育て」の芽は、「子供らの勉強・生活」を育て村の生活を変える展望を与えた。こうした僻地での東井実践に対して、二分した評価を報告した兵庫県立教育研究所は、一九五八年にその名を変え、研究所が自ら示した「村おこしの教育」の実践研究はそれ以後途絶えた。しかし、「産業社会」に代わる社会・教育デザインが求められる現在、東井の「村育て」の試みは新たな地域社会形成への一示唆となる。

第9章「戦後失業対策事業と失対労働者運動の展開」（杉本弘幸執筆）は、戦後失業対策の事業と運動を分析したものである。一九五三年以降、他に転業できない人々が失対労働者として固定化し、滞留が続いていく。失対労働者に新規参入することすら難しい状況もうまれ、騒擾も続いていた。その対策として、府・市は雨天就労制や年末就労増加制などを採用し、事業の見直しを行なった。特別失対事業も開始され、彼／彼女らのなかには事業と運動をめぐってさまざまな葛藤が生じた。このような状況を打開するため、府・市失業対策委員会が設立された。市の府への働きかけにより、府・市は政府に対し共同して、失対事業への国庫補助増加や失対労働者の完全就労のための財源要求を行なった。その後、就労の新たな開拓の模索や、自由労組と市が共同で運営する共済事業計画もたてられた。大量に残る失対労働者たちは、著しい高齢化や女性比率の上昇、そして就労者の病気、不健康など多くの問題をかかえ、ひたすら滞留していく。滞留した失対労働者は失対労働から抜け出せず、さらに高齢化が進み、女性比率が高まっていくという悪循環におちいるのである。京都市は技術者養成事業・職員への登用で、失対労働者の「自立化」をめざしたが、行政の中でしか仕事はなく、「滞留」したほとんどの失対労働者には効果のない政策であった。

第10章の「戦後農民の「戦後」と「高度経済成長」」（庄司俊作執筆）は、佐藤藤三郎という普通の農民の個人史を通して、農民目線による戦後農民の戦後と高度経済成長を再構成したものである。佐藤はかの「山びこ学校」の級長である。地元で農業を続けながら、旺盛な批判的言論活動を展開してきた。同世代の農民には佐藤のような「ものいう農民」が複数登場する。家の農業を継ぐため、望んだ進学がかなわず、反発するかのように彼らは青年団運動にのめりこむ。農業高校に進んだ佐藤は青年団運動に挫折した後、農業の勉強に打ち込み、ある種の確信と覚悟、意欲をもって農業をやるようになる。しかし、条件不利の山村農業、限界をさとるまで時間はかからず、その後苦難と格闘の高度成長の時代を生きる。佐藤らの執筆活動の根本にあるものは、権力や社会の、何につけ当事者である農民排除の体質に対する異議申立である。それは戦後の民主主義に対する異議申立でもある。彼らが就農した時代、教育経験や就農の経緯に彼らにそうした鋭敏な意識を抱かせる契機があった。

第11章「沖縄における観光業の変遷」（櫻澤誠執筆）は、沖縄における観光業の変遷について検討し、戦後の草創期

（一九五〇年代）において、従来指摘されている慰霊観光にとどまらず、多様な方向性の模索があったことを明らかにしたものである。まず、米軍統治期の観光業の概況を整理したうえで、沖縄観光協会創立（一九五四年一月）前後および一九五〇年代後半の観光業について検討している。その際、与那国（山城）善三の動向、戦跡以外の観光地、さらに経済計画との関係に注目しつつ論じている。一九五〇年代の経済計画において、観光業が重視されていたとは言い難いものの、そうした中で、与那国（山城）善三が専務理事を務めた沖縄観光協会などの尽力によって、脆弱ながらも基盤整備を進め、一九六〇年代初頭には観光収入が糖業にせまるまでに成長する。こうした早創期の模索を経て、高度成長によって次第に海外旅行が可能な人々が増えてきた日本（本土）からの観光客を受け入れる時代を迎えることになる。

第12章「戦後沖縄の基地と女性」（桐山節子執筆）は、基地と女性の視点で沖縄の地域社会を歴史的に分析したものである。国頭郡金武町では一九六一年に基地キャンプ・ハンセンが完成し、新開地も区画整理された。基地と基地経済は人の移動を促し、地域住民の出自を多様化した。新開地の女性従業員は基地周辺のバー・クラブなどで働き、兵士が内包する暴力に最もさらされて、差別的な様相を呈するといわれてきた。そのうえ、地域社会には軍用地料と性暴力にかかわる重層的な緊張をもたらし、その問題は長らく言葉にしないこととされてきた。金武町では一九九〇年代に軍用地料の女性差別解消運動が起こり、金武杣山訴訟が提訴された。一九九五年には沖縄米兵少女暴行事件が発生し、告発の大運動が起こった。先行研究は研究者の分野ごとに議論される傾向があり、上記の女性差別は同時代的な問題でありながらこれまで併せて議論されてこなかった。このことを踏まえ、本論では基地を抱える地域と女性差別の問題を提示した。戦後から二〇〇〇年代中頃までの時期を対象に、地域の史資料や聞取りをもとに歴史の現実を再構成した。

「あとがき」（庄司俊作執筆）は、本書で十分展開できなかった背景問題としての高度経済成長の問題について補足したものである。その「人間の解放」の面と、それを経てこの四半世紀、アメリカ流の「自由と平等」、つまり自由に強く傾斜した「社会のアメリカ化」の進展とそれにより個人に対する社会の抑圧の強化、社会の分断が貧困と格差の進展とともに進んだことを付言した。

注

（1）著作に限定して地域の戦後史研究を見ると、石田頼房『日本近現代都市計画の展開――一八六八―二〇〇三』（自治体研究社、二〇〇四年）、宮本憲一『戦後日本公害史論』（岩波書店、二〇一四年）、暉峻衆三編『日本の農業一五〇年――一八五〇―二〇〇〇年』（有斐閣、二〇〇三年）、新崎盛暉『沖縄現代史　新版』（岩波書店、二〇〇五年）をはじめ重要な著作が大家の手によってまとめられている。これらの研究の重要性はあらためて指摘するまでもないが、あえて一つ問題点を指摘するとすれば、「経済学」や「都市農村計画学」などの研究者が書いた同時代史という性格をもつがゆえに、歴史の多様性や現実のもつれが十分に描写できていないという問題が残るのではないだろうか。この点で、時代に即応した新しい感性をもち、対象を歴史として客観的にとらえられる研究者の登場が待たれるところである。しかるに、大学の国史や日本史専攻出身の研究者は戦後史を敬遠する傾向があるように見受けられる。戦後の歴史化、戦後史の研究の進展にとってまだ好ましい状況ではないことを指摘せざるをえない。ここ七、八年の関連する主要な研究成果（単著）を刊行年次順に挙げると、以下の通りである（戦後改革研究は除く）。

西川祐子・杉本星子編『共同研究　戦後の生活記録にまなぶ――鶴見和子文庫との対話・未来への通信』日本図書センター、二〇〇九年。

鳥羽耕史『一九五〇年代――「記録」の時代』河出書房新社、二〇一〇年。

小堀聡『日本のエネルギー革命――資源小国の近現代』名古屋大学出版会、二〇一〇年。

菅山真次『「就社」社会の誕生――ホワイトカラーからブルーカラーへ』名古屋大学出版会、二〇一一年。

田中宣一編『暮らしの革命――戦後農村の生活改善事業と新生活運動』農山漁村文化協会、二〇一一年。

大門正克『新生活運動と日本の戦後――敗戦から一九七〇年代』日本経済評論社、二〇一二年。

櫻澤誠『沖縄の復帰運動と保革対立――沖縄地域社会の変容』有志舎、二〇一二年。

同『沖縄の保守勢力と「島ぐるみ」の系譜――政治結合・基地認識・経済構想』有志舎、二〇一六年。

鳥山淳『沖縄／基地社会の起源と相克――一九四五―一九五六』勁草書房、二〇一三年。

北河賢三『戦後史のなかの生活記録運動――東北農村の青年・女性たち』岩波書店、二〇一四年。

沼尻晃信『村落からみた市街地形成――人と土地・水の関係史 尼崎一九二五―七三年』日本経済評論社、二〇一五年。

辻智子『繊維女性労働者の生活記録運動』北海道大学出版会、二〇一五年。

河西秀哉『うたごえの戦後史』人文書院、二〇一六年。

道場親信『下丸子文化集団とその時代――一九五〇年代サークル文化運動の光芒』みすず書房、二〇一六年。

都市史の研究は少なく、少し遡ってあげると、橘川武郎・粕谷誠編『日本不動産業史――産業形成からポストバブル期まで』（名古屋大学出版会、二〇〇七年）と源川真希『東京市政――首都の近現代史』（日本経済評論社、二〇〇七年）が重要である。このように社会経済史、社会史の研究が中心であり、沖縄を除くと地域の政治史研究は管見にして成果をほとんど知らない。

（2）NHK取材班『日本・西ドイツ――二つの戦後経済』日本放送出版協会、一九八八年。広渡清吾『二つの戦後社会と法の間――日本と西ドイツ』大蔵省印刷局、一九九〇年。

（3）大谷幸夫編『都市にとって土地とは何か――まちづくりから土地問題を考える』筑摩書房、一九八八年。広渡『二つの戦後社会と法の間』。高橋寿一『農地転用論――ドイツにおける農地の計画的保全と都市』東京大学出版会、二〇〇一年。

（4）先進資本主義国の土地所有権論は大きく土地所有権が利用権に対して優位に立つ相対的所有権の国（アメリカ、イギリス）と、その逆である絶対的所有権の国（ドイツ、フランス）に分けられる。日本は後者の系譜である。さらに、土地所有権が自由で不可侵の権利でありながら、所有権は公共の福祉に役立つものでなければならないとされ、そのような利用の義務を負うドイツに対し、日本では所有権に対する規制は必要最小限なものにとどまる（大谷編『都市にとって土地とは何か』二〇八―二一四頁）。この点からも日本とドイツの差は歴史的に形成されたものであることがわかる。

（5）広原盛明編『開発主義神戸の思想と経営』日本経済評論社、二〇〇一年、三六―四二頁。

（6）小熊英二氏の「日本型工業化社会」論については、同編著『平成史 増補新版』河出書房、二〇一四年。井手英策氏の「土建国家」論については、『財政赤字の淵源――寛容な社会の条件を考える』（有斐閣、二〇一二年）、同編『日本財政の現代史 Ⅰ――土建国家の時代 一九六〇～八五年』（有斐閣、二〇一四年）が包括的である。

第1章 高度成長都市・神戸の軌跡
――「大神戸」構想を通して

広原盛明

はじめに――高度成長都市・神戸の誕生

「高度成長都市」というと、戦後の高度成長時代に急成長した都市というイメージを与えるかもしれない。だが、本章が対象とする神戸はその誕生以来急成長に次ぐ急成長を遂げ、戦前戦後を通して人口・市域・経済力の拡大を一途追及してきた根っからの高度成長都市なのである。近世都市を基盤とする東京、大阪、京都、名古屋などの伝統的大都市とは異なり、明治期に一漁村からスタートした神戸は、都市基盤（インフラ）も整わないうちから神戸港を中心にして爆発的な都市化が進行し、港湾地域にヒト、モノ、カネが集中する一点集中型の都市成長を遂げてきた。

神戸がその基本体質において高度成長都市たる所以は、戦前大正期からの「大神戸」構想が戦後においても原口・宮崎両市長によって受け継がれ、「一九六五年マスタープラン」（第一期神戸市基本計画）以降、現在に至るも神戸市政の基本理念として生き続けていることにある。本章は、神戸の遺伝子（DNA）ともいうべき「大神戸」構想の誕生から現在に至る軌跡をたどり、近代大都市の形成メカニズムを解明しようとするものであるが、今回はとりあえず一九六〇年代までの段階にとどめ、七〇年代以降は別の機会に譲りたい。

近代都市としての神戸

神戸の特徴を活写した論文に、神戸市都市計画課長奥中喜代一の研究報告がある。奥中は一九三四（昭和九）年開催の第四回全国都市問題会議総会において、研究報告の冒頭で神戸の性格について次のように述べている。[1]

我国都市の多くは大名の居城いわゆる城下町が基となり、近代産業交通の発達に依り膨張したものであるが、神戸市は全然産業交通の発達に依る農村よりの集中に依るもので、今日でも市民の六割は寄留者[2]であり、近代都市の代表的なものである。而して地は東西十七キロ余、六甲山系の山麓に横はる狭長なる市街で、後は山、前は海、平坦なる市街地少なく人口密度一ヘクタール三百と云ふ過群状態で市内の土地は漁り尽され、大阪との密接な関係もあるが、一方の開口たる東へと延び、阪神間市街連続の有様である。田畑が市街化するのは都市発達の常道であるが、神戸市は土地の狭い関係上海も川も池も利用の出来るものは全部漁り尽し、今は峻しい山地へ発展の手を延ばしつつあるのである。

神戸の都市化が如何に凄まじいものであったかは、市人口と市域拡張の推移を辿れば自ずと明らかになる。一八八九（明治二二）年四月、明治政府によって市制町村制が施行されたとき、誕生からまだ二十年余りしか経過していないにもかかわらず神戸の人口はすでに一三万七〇〇〇人（面積二一・三㎢）に達しており、市制施行された全国三一市のうち、東京一三九万人（七二・五㎢）、大阪四七〇万六〇〇〇人（一五・三㎢）、京都二八万人（一三・八㎢）、名古屋一六万三〇〇〇人（一三・三㎢）に次ぐ全国第五位（横浜は六位）に位置していた。

それから約三〇年後の第一回国勢調査（一九二〇〔大正九〕年）では神戸は全国第三位に躍進し、市政施行時に比較すると人口四・五倍と大都市の中で全国最高の伸びを示した。ちなみにその順位は、東京二一七万三〇〇〇人（八一・二㎢、人口一・六倍、面積一・一倍）、大阪一二五万三〇〇〇人（五八・四㎢、人口二・六倍、面積三・八倍）、神戸六〇万九〇〇〇人（六三・六㎢、人口四・五倍、面積三・〇倍）、京都五九万一〇〇〇人（六〇・四㎢、人口二・一倍、面積四・四倍）、名古屋四三万人（三七・四㎢、人口二・六倍、面積二・八倍）、横浜四二万三〇〇〇人（三七・〇㎢、人口三・四倍、面積六・九倍）というものである。

神戸はこうして市制施行から約三〇年の間に人口四・五倍、面積三倍の急成長を遂げ、誕生からわずか半世紀余りで「六大都市」（法的に位置付けられた一九二二年当時の人口上位六都市）の仲間入りを果たした。その意味で神戸は、生まれながらにして急成長の遺伝子（ＤＮＡ）を宿した近代都市の申し子であり、極めつきの高度成長都市だといえる。神戸の高度成長の軌跡を分析することは、日本の近代都市形成の特徴を解明するうえで欠かすことのできない作業の一環であり、同時に近代都市が今後成熟期に移行する段階において、「ポスト成長時代」における都市政策の課題を抽出するうえでも有効な研究対象だと言える。以下、神戸の代表的な特質を要約しよう。

高度成長都市・神戸の特質

神戸の特質の第一は、明治期の誕生以来一貫して急成長を続けてきた高度成長都市だということである。都市が成長するには「成長エンジン」（産業基盤）が必要となる。神戸はスタート段階で国策により国際貿易港としての地位を与えられ、神戸港を中核とする国際港湾都市として急成長を遂げてきた。同時に神戸は、戦前は鉄鋼・造船を中核とする軍需産業基地として、戦後は複合的な重工業地帯としての性格も併せ持ち、港湾関連産業を基盤とする商工都市としても発展してきた。カタカナ交じりの「ミナト神戸」のいうシンボリックなネーミングは、国際港湾都市・神戸の持つ雰囲気をよくあらわしている。

第二は、神戸は大都市の中では後発都市であるため、常に「追いつき追い越せ」の都市間競争に身を投じてきた急進都市だということである。とりわけ阪神工業地帯の中核都市である大阪とは激しい競合関係にあり、大阪湾を囲んでの港湾競争には熾烈なものがあった。資本主義経済下の都市間競争に勝利するには、経済力の基盤になる「都市拡大＝人口増加＋市域拡張」が必須条件となる。神戸は都市間競争に勝ち抜くため、政財官挙げて「大神戸」構想を掲げて都市拡大路線を追求し、その手段として周辺町村の合併を強力に推進してきた。こうして、都市拡大こそが都市成長の原動力だとする成長イデオロギーが神戸の基本理念となった。

第三は、神戸は都市成長・都市拡大のための「開発主義的都市計画」を高度に発展させた計画都市だということである。都市の成長と拡大のためにはインフラ整備や市街地造成など都市の計画的整備が必要になる。この役割を担ったのが近代都市計画であり、その実働部隊がテクノクラート集団（計画官僚組織）であった。都市計画は都市成長の最大の武器となり、神戸は「山、海へ行く」といわれる海上都市開発やニュータウン開発を基軸に開発主義的都市計画を高度に発展させ、戦後日本を代表するトップランナーとなった。都市計画を通して近代的な都市美（「タワー・アンド・スペース」のコンセプトに基づく立体的都市景観）を追求してきた神戸は、「輝ける都市」と賞賛された。

第四は、神戸は官主導で「都市開発」のみならず「都市経営＝都市のマネイジメント」にもウィングを広げた稀有の大都市自治体だということである。一般的に言って、高度に発達した資本主義都市では、都市開発・都市経営のイニシャチブは経済界の下にあるが、神戸の場合は国家によって神戸港が開港され、しかも長年にわたって官主導の公共投資が続いてきたこともあって、都市開発・都市経営のイニシャチブを神戸市政が掌握するという珍しい展開になった。神戸市政は、右肩上がりの地価上昇を背景に「公共デベロッパー」（開発事業者）の位置を独占することによって開発利益を内部化し、開発利益による都市経営すなわち企業主義的自治体運営を組織的に展開した。都市経営は神戸の財政力を強化し、生活環境整備や市民福祉の向上にも貢献した。

以上から、「神戸」という高度成長都市の性格にかかわる基本的特質として、①都市成長エンジンとしての国際貿易港の存在、②政官財を通貫する都市間競争主義の体質、③「大神戸」構想に基づく拡大成長イデオロギー、④テクノクラート主導の開発主義的都市計画、⑤公共デベロッパー方式による都市経営、などを挙げることができる。本章では、神戸の基本的性格を規定するこれらの特質が如何にして歴史的に形成されてきたか、戦前から現在に至る「大神戸」構想の分析を通して解明していきたい。

第一節　「大神戸」構想の起源

戦前・戦時下の都市計画

神戸の都市成長の際立った特徴は、都市計画（基本計画）をバネにして都市成長が推進されてきた点にある。戦前及び戦後の神戸の都市成長の歴史的原点が「大正期都市計画」と「戦災復興計画」に求められるように、神戸の都市成長にとっての最大の武器は都市計画であるといっても過言ではなく、都市計画は常に神戸の成長を推進する司令塔の役割を果たしてきた。神戸市政においては現在に至るも都市計画に対する「計画信仰」には確たるものがあり、かつ計画行政はテクノクラート官僚が主導するものとする信念はいささかも揺らいでいない。

神戸最初の都市計画は、一九一九（大正八）年の都市計画法及び市街地建築物法の公布に基づき一九二二（大正一一）年に策定された。特筆されるのは、都市計画法の施行に先立ち、当時の海運業界から相次いで「大神戸」構想が提起され、都市計画の策定に際しては周辺町村を合併編入すべきとする大規模な市域拡張論が主張されていたことである。これは奥中都市計画課長の報告(3)にもあったように、神戸の成長に必要な市街地適地が「前は海、後ろは山」といった地形的制約のために十分に確保できず、周辺町村の合併以外に市域拡張の方策が見いだせなかったからである。また、神戸港発展のためには港湾拡張が不可欠であり、港湾施設の一元管理のためには港湾拡張区域に該当する町村の編入が不可欠と考えられていたからでもあった。だが以下に述べる「大神戸」構想は、その域をはるかに超える「グレーター神戸」ともいうべきスーパービジョンであった。

日本海員協会理事長であり市議選出の市区改正調査委員であった斎藤千次郎は、一九七一（大正六）年一月に発表した「大神戸計画意見、神戸市ノ将来」において、神戸の都市成長戦略として重要なのは「市区改正」（既成市街地整備）ではなく「市域拡張」（町村合併）であり、神戸経済の影響下にある区域を編入して経済圏と行政圏を一致させ、市域を拡張して「大神戸」の建設を図らなければならないと強く主張した。具体的には、当時の人口五〇万人を将来一〇〇万〜一五〇万人と想定し、市域は「(イ)東ハ住吉川以西、(ロ)西ハ須磨以東若シクハ播摂国境以東、(ハ)北ハ山麓適当ノ線」を考え、これらの地域を速やかに市区に編入しなければならないと主張した。[4][5]

海運業界のリーダーが神戸の都市計画を推進する一大勢力を形成していたのは、①当時の海運業界は神戸経済を牽引するリーディング・インダストリーであり、政治的にも強い影響力を有していたこと、②海運業界を取り巻く国内外の競争が激しく、神戸の競争基盤を強化するため、経済界と行政が一体となった「大神戸」構想を推進しようとする気運が強かったこと、③海運業界は国際貿易を通して諸外国の港湾事情や背後の都市計画に関する豊富な知識と情報を有しており、それが活発な発言の源になっていたこと、④諸外国との交易・交流が近代ブルジョアジーとしての開明的リーダー層を育て、神戸の先進的風土を形成していたこと、⑤港湾をコアとする都市計画のイメージは明快であり、プランを構想することが比較的容易であったこと、⑥伝統的大都市とは違って、神戸にはプランメイキングを妨げる政治的、社会的制約が少なかったことなどが挙げられるであろう。

第八代市長・勝田銀次郎の「大神戸」構想

このような神戸の開明的世論を背景にして、海運業界のリーダーであり、後の八代市長に就任する勝田銀次郎(当時、貴族院議員)は都市計画法施行にあたり、一九二〇(大正九)年一月二日付の『神戸又新日報《こうべゆうしんにっぽう》』においてそれらの集大成ともいうべき「大神戸市論」を発表する。

勝田は、一九一四(大正三)年に勃発した第一次世界大戦の海運ブームに乗って登場した神戸の船成金の代表格であり、神戸商船社長、日本船主同盟会理事、神戸海運業組合長、神戸船主会会長等の要職を歴任し、市会でも市会議員五期、市会議長二期を務めた神戸きっての重要人物である。[6] 二二〇〇字にも及ぶ勝田の提言は、「重大なる意義を有せる大正九年」「大神戸の地域と三線の根幹道路」「神戸市の中心点は御影に移らむ」「大神戸建設の時期は正に今なり」との小見出しにもあるように、当時の神戸リーダー層の意見を集約するものであり、かつ神戸市の意図を体現するものであった。以下、その主要部分を抜粋しよう。[7]

「重大なる意義を有せる大正九年」大正九年は我神戸市に取って最も重大なる意義を有して居る。外でもない。一月一日から都市計画法が実施されたからで、開港後五十歳に達した神戸市は更に面目を一新すべき意義ある首途（かどで）に立っているのである。顧みれば市政実施当時戸数三万四千二百八十六戸、人口十三万四千七百四人だったものが、大正八年九月には前者が一万三千九百三十戸、後者が六十二万八千八百九十四人に激増し、毎年戸数が六、七千戸、人口が三万人の割合で増加して居る。斯く急激な発達を遂げた都市は日本を通じて他に比類がない。蓋し是れ大阪に接近し且つ天然の良港を有している結果である。今や阪神が日本の経済界の中心地となって居る事は何人も否定し得ぬところであろう。神戸市の此の既往○に現在に徴する時ンば、大神戸を現出せしめんとする都市計画の如きも慎重審議を要し且つ決して小規模を以て甘んずる事は許されないのである（○印は解読不能部分）。

「大神戸の地域と三線の根幹道路」我々は率直に云わんとす。大神戸市に抱擁せらるべき地域は尠くとも東は神崎川以西、西は明石以東ならざるべからずと。（略）ところで大神戸の地域は東は神崎川の線、西は明石市の線までとするときは右の阪神国道一線だけは不足を感じる。道路は都市計画の根本方針となるべきものであるから先づ第一に之を解決せねばならぬが、而り政府が有する計画の国道は僅かに一線、且つ其の幅員十間といふに至っては問題にならぬ。乃で我々の考ふる所では阪神国道以外に尚二線を増加して都合三線とし、海岸線の幅員二十五間、中央線の幅員二十間、山手線の幅員二十間、これよりも尠く又は狭くする事はできない。

「大神戸建設の時期は正に今なり」然らば此の大神戸市建設の実行期何時にすれば宜い乎。斯く問はれたならば我々は即座に答える事ができる。曰く、今である。今が最も良い時期である。（略）我々は最も真面目なる態度で、最も慎重なる態度で、神戸市の発展の為に、神戸市民の幸福の為に、此の問題を計画し、研究して行きたいと思っている。大正九年新春第一日に於て此の都市計画法の実施を見た事は市民と共に永久に記念したい。此点に於て意義ある大正九年を迎へたことを我々は衷心より喜ぶ者である。

都市計画法施行に際して、「大神戸に包容されるべき地域はすくなくとも東は神崎川以西、西は明石以東ならざるべからず」と現在の尼崎市から明石市に至るまでの「大神戸」構想を新年の抱負として打ち上げた勝田の主張は、都市膨張の結果を追認した従来の消極的市域拡張論とは異なり、将来に向かって都市成長を意図的に牽引しようとする「開発主義的市域拡張論」にほかならなかった。そこには、都市計画法の施行を契機に、神戸を近代的大都市に作りあげようとする決意と神戸の世論をリードしようとする熱意が溢れていた。

大正期都市計画の策定

一九一九年都市計画法の仕組みは、もともと都市成長を促すために現行市域内の計画にとどまらず中心都市を核として周辺町村を含めた「広域計画＝都市圏計画」を策定するものであった。神戸都市計画区域設定理由書には、「都市計画法第一条ニ依リ都市計画ハ市ノ区域内ニ於テ又ハ其ノ区域外ニ亘リ施行スベキモノニシテ、其ノ発展膨張顕著ナル諸都市ニ在リテハ特ニソノ区域ヲ設定シテ計画ノ方針ヲ定ムルノ必要切ナルモノアリ」と明確にその趣旨が記されている[8]。中心都市の行政区域を超える都市計画区域を国家機関（都市計画地方委員会）が設定し、用途区域計画や道路計画など国家によって認可決定された都市計画を市長が行政区域を超えて事業執行するという都市計画法の仕組みは、中心都市が都市計画区域に設定された周辺町村を中心都市の事実上の「市域」と見なし、「都市計画区域＝合併編入予定地」と考える風潮を生んだ。

神戸市都市計画部は、市会の意向を踏まえて「神戸市都市計画区域決定ニ関スル調査」を国の機関である都市計画神戸地方委員会に提出し、①三〇年後の人口を一五〇万人に想定すると包容面積は二〇〇〇万坪（六六㎢）以上となり、須磨から武庫川（西宮と尼崎の境界）までの計画区域が必要になる、②しかし当面二〇年間は須磨から芦屋川（本庄村・本山村と精道村との境界付近）までの平地面積一七七〇万坪（五五㎢）を計画区域に設定したいと提案した。

興味深いのは、国の地方委員会が神戸の主張を退け、大阪と神戸の間に尼崎や西宮など中間都市を育成する方針を示したことである。西宮町はこの方針を受けて一九二五（大正一四）年に市政を施行し、一九二七（昭和二）年には精道村（後の芦屋市）から武庫川までの間を西宮市都市計画区域に設定した。都市計画法では他市の市域を都市計画区域に設定できないことになっていたので、この時点で神戸の東進拡張計画は挫折した。(9)

この結果、神戸都市計画区域に編入される市町村は、神戸市（旧須磨町を含む）、西灘村、西郷町、六甲村、御影町、魚崎町、本山村、本庄町の九市町村となり、西宮町を含めない代わりに後背地の山田村の山間地域が開発用地として追加され、計画区域は一三四㎢という広大な区域となった。これは、当時の人口七二万人が三〇年後には一五〇万人へ増加するとの想定に基づくものであり、神戸市の強い要望を反映したものであった。(10)(11)

戦時国土計画に便乗した市域拡張論

こうして大正期都市計画は一応策定されたものの、神戸では「大神戸」構想が地下水脈のように流れているのか、ことあるたびに更なる市域拡張論が浮上する。例えば一九三八（昭和一三）年に発生した阪神大水害に際しては、将来再びこのような災禍に襲われないため「神戸市百年ノ大計＝大神戸構想」の必要性が強調され、神戸市復興委員会の設置とともに市会では再び市域拡張の声が高まった。また、第二次近衛内閣の下で大政翼賛会が結成されて新体制運動が始まる頃になると、神戸市会の合併調査委員会では中間報告『隣接町村合併への要望』（一九三九〔昭和一四〕年）の提言が出され、戦時体制に便乗した以下のような市域拡張論が盛んに主張されるようになる。(12)

本市ハ単ナル中継貿易港タルニ甘ンジテハナラナイノデアリマシテ、近代的貿易港タル資格トシテ本市ニ工場地帯ノ優秀タルモノヲ持タネバナリマセヌ。委員会ハ斯ル見地ヨリ東ハ西宮、西ハ明石ノ各市迄ヲ包含シ、背後ハ山田村ヲ含ムマデ市域ヲ拡張シ、東西ヲ縦貫スル産業道路ヲ開設シ、東播工業地帯ノ生産物ヲ本市ニ吸収シ、或イハ東部海面を埋立テ、以テ工業地帯ヲ設ケル。

さらに企画院主導の「国土計画設定要綱」が一九四〇(昭和一五)年に閣議決定されるや、神戸では政財官学要人が総結集した同年の神戸都市協会総会において、国策に即応して高度国防国家の建設のため神戸市並びに近郊市町村の合併を求める決議が採択される。(13)

今や我が帝国は、大東亜新秩序建設の聖業着々として進み、日独伊枢軸の同盟成り、愈々世界の紛糾に対応すべき高度国防国家の建設、大東亜経済体制の確立に躍進すべきの秋、国際港都神戸の国家的大使命と重要性は益々重加せられたりといふべし。然れども神戸市域は狭隘にして、市勢の伸暢を阻害せられ、国家躍進の国策に即応する事業計画と市民福祉の施設を設くるの余地なき実情にあり。故に関係当局は、神戸市並びに近郊市町村の合併に関し、時局と国運の大勢を深く認識し、個々の利害に拘泥せず、大局的立場に立脚し、速やかにこれが合併を実現して、彼我の共存共栄を企図し、国家の興隆に貢献せられんことを要望して止まず。よって本協会は、国港大都市としての体制整備のため、神戸市並びに近郊市町村の合併実現に邁進せんことを期す。

ここにはあらゆる機会をとらえて(災害や戦争でさえも)「大神戸」構想を実現しようとする神戸の凄まじいエネルギーが窺われる。このような相次ぐ官民合同の取り組みを受けたその後の神戸市の市域拡張計画案は、大正期の都市計画区域をはるかに超えて「東部は武庫郡全域すなわち西宮市まで、西部は明石郡全域及び加古川郡及び加古川沿岸に伸びる東播工業地帯をも包んでさらに東播平野に至る区域を、また北部は武庫郡山田村からさらに北へ有馬郡のうち有野村と有馬町の区域をそれぞれ範囲とし、これら区域全体で広さ四七二・九二㎢及び神戸市を中心とする半径二〇～二五㎞の圏内に包まれることになる。編入後は住宅及び工業地帯を区分整備して土地配分の適正化を図り、あわせて防空、緑地、文化厚生諸施設を整備する」という壮大な計画に膨らんでいった。神戸の市域拡張計画は、神戸を中心とする半径二〇～二五㎞の圏内を一体的な広域都市計画圏と見なし、圏内市町村全てを包含するマスタープランを構想するまでの域に達したのである。[14]

臨時首都・大本営移転構想に転換した市域拡張論

しかし、戦時体制に便乗した極め付きの「大神戸」構想は、戦時中の一九四二（昭和一七）年に第九代市長に就任した野田文一郎の「大港都神戸建設構想」を措いて他にないであろう。野田は民政党代議士当時、阪神大水害に際してすでに「大港都神戸建設構想」を提唱しており、市復興委員会の案は「復興」と称しながらおおむね「復旧」の域を出ないとして、市域拡張、阪神平野と武庫川・神崎川流域の運河開削及び海岸一帯の埋め立てなど、満州国開発に対比した大規模な港湾計画や海岸線・山手線の幹線道路建設などを主張していた。[15]

この野田構想に多大の影響を与えたと思われるのが、野田市長就任直後に神戸商工会議所から発表されたわずか二〇頁足らずの『南進拠点大神戸建設構想』である。この南進拠点構想は、大東亜戦争が満支および仏印など南方諸地域に展開されるに伴い、神戸の地政学的利点を活用し、神戸港を大東亜戦争遂行のための南進拠点として重点整備しようとの意図のもとに提案された。提案内容は、通貨政策、資源開発、海運、貿易など多岐にわたっているが、その中心をなすのは「南進拠点神戸トシテノ港湾諸施設ト交通関係」に関する項目である。

概略を記すと、①阪神両港に対する国費の二重投資を避け、神戸港を西南方に対する我国唯一の国策港として整備拡充すること、②京阪神と南方方面との連絡のため、阪神間に一大水上空港を設置すること、③阪神産業道路の促進、阪神運河に八〇〇〇トン級汽船発着場の設置、阪神間臨海埋立地に倉庫・工業地帯の建設など阪神間の施設整備を推進すること、④神戸と播州工業地帯との連絡網（道路、鉄道）を整備し、播州を神戸港の衛星都市として位置づけ有機的総合計画を樹立すること、⑤神戸の背後山間地帯を開発して住宅、公園、文化的保養施設を建設し、連絡交通網を整備すること、⑥現在計画中の垂水地方住宅及び文化地帯化を早急に実現すること、⑦南方との内外物資交流のため裏日本海との連携を図り、神戸、舞鶴間に産業道路を建設することなど、そこには戦時体制に便乗した「大神戸」構想が余すところなく展開されていた[16]。

しかし戦局が危機を迎えて東京空襲が現実化する恐れが出てきた一九四三（昭和一八）年頃から、野田は構想の中身を大港都建設構想から天皇行在所や日本軍大本営を神戸に移すという奇想天外な「臨時首都＝神戸大本営構想」へ転換する。当時、野田の秘書として寝食を共にした原忠明は、「大港都の夢を大空襲で砕かれた野田文一郎市長」という回想録のなかでその経緯を次のように記している[17]。

野田市長の頭の中には、「東播の明石平野に新都市をつくる。神戸の後背地の東播は、気候はよいし地震も少ない。この一帯に総合大学をはじめ、文化、教育、厚生、住宅を持つ理想的な新しい都市をつくる。神戸港を表玄関として申し分のない地理的条件を備えている。神戸との交通障害といえば、鉄枴山ぐらいだがトンネルを抜けばよい。海岸地帯は神戸港の補助港として各施設を設ける」という構想があった。東を向いての港湾中心の都市づくりから方向転換していた。

野田市長は、大港都建設をめざして着々と手を打った。（略）ついに大港都建設調査委員会を発足させ、計画区域を尼崎から加古川までとした。興亜同盟総裁林銑十郎（元首相、陸軍大将）、同副総裁高橋三吉（海軍中将）、翼賛政治会総裁安倍信行（元首相、陸軍大将）、同興亜局長永井柳太郎（元逓信、鉄道大臣）、海外同胞中央会長末次信正（元内務大臣、海軍大将）、西本願寺法主大谷光瑞など、政界、軍部の長老や最高実力者が顧問に就任した。

市長秘書の私は、この顧問の超大物たちを野田市長に随行して雌岡山の現地へ案内した。市長はいつも国民服にゲートル着用の姿だった。市長は山頂から神戸、明石を展望しながら「この広大な明石平野を利用して新都市を建設する。交通網を整備し、水は新しく水路を拓く」と説明した。事実、（昭和）十七年九月には、市営郊外電車施設計画について市会の承認を得た。板宿―月見山―垂水―伊川谷―玉津―明石―大久保を結ぶ十九、八km、工費千五百万円の大工事計画である。これを神戸・明石放射線道路（神戸―明石線、神戸―三木線）に並行して走らせようとするものであった。また（昭和）十七年十一月には、新都市の予定地である明石郡六カ村（神出、押部谷、伊川谷、平野、櫨谷、岩岡）と合併仮調印をした。いわば〝神戸遷都〟への大計画であった。

戦争が激化した（昭和）十九年ごろになると、この大港都構想は〝神戸大本営〟構想に変わっていった。東京はいずれ爆撃で灰燼に帰す。日清戦争のときの広島大本営のように、雌岡山付近に二重三重の濠を掘りめぐらして離宮を造営し、陛下をお迎えして神戸が日本の政治の中心になる。市長は何度も雌岡山へ登り、顧問たちに地形、地理、交通を説明した。そして市長は、宮内庁に松平恒雄宮内大臣を訪ねて陳情し了解を求めた。市長秘書の私も三度ほど市長のお伴をした覚えがある。

非常事態便乗型計画の嚆矢

まるで夢のような話であるが、それが市長個人の単なる思い付きや空想でなかったことは、野田が新都市計画予定地の六か村と合併仮調印を交わし、郊外電車施設計画の市会承認を取り付け、さらに開発資金調達のために一〇〇〇万円（当時の神戸市年間予算の一〇分の一）の範囲内で市の事業資金会計や運輸事業その他の会計から不動産取得などのために出資できる「神戸市不動産資金特別会計」の設置を市会承認させたことでも明らかである。この特別会計は、市会に諮ることなく市長の裁量で神戸市が土地経営をおこなうことを可能にするもので、神戸が戦後「公共デベロッパー」として活躍するための跳躍台となる画期的制度であった。

原回想録からわかることは、野田はいっこうに進まない東部の港都建設に見切りをつけ、大港都神戸建設構想の新たな舞台を東部開発から西部開発に展開しようとしたことである。そしてその大義名分として掲げたのが、戦時下という非常事態体制に便乗した「臨時首都＝神戸大本営構想」だったのであろう。野田がどれだけ神戸大本営構想を現実のものとして考えていたか、その真偽のほどは定かではない。しかし、野田が阪神大水害直後の一九三八（昭和一三）年にすでに大港都神戸建設構想を提唱し、満州国開発に比すべき大規模な港湾計画や海岸線・山手線の幹線道路建設などを復興計画として実施することを主張していたことを考えれば、それをさらに上回る神戸大本営構想を戦時体制に便乗して画策しようとしても何ら不思議ではなかった。

野田は、大港都神戸建設構想転じての神戸大本営構想を「国家百年の大計」と位置づけ、「国策」の遂行に必要な弾力性のある資金制度を設けて土地経営事業をおこなうことを目指した。そして一九四四（昭和一九）年四月の翼賛市会において、市会の中に強硬な反対意見があったにもかかわらず特別会計制度を強行成立させた。この時すでに神戸大本営構想は「幻の計画」となりつつあったが、野田は「いずれ他日、復興計画を理想的に進める場合にも役に立つし大いに貢献できる」と市会を強引に説得した。このことは、野田にとっては港都建設のための土地、資金を調達する特別会計制度を成立させることそのものが狙いであり、そのための名目が「神戸大本営構想」であれ「戦災復興計画」であれ、その時代の時局に応じた大義名分が用意できればよかったことを示している。その意味では、野田構想は非常事態に便乗した「大神戸」開発計画の嚆矢であり、その後の神戸の開発計画に多大の影響を与える先例となった。

野田構想は、戦後神戸の「大神戸」構想の下敷きになったと云っても過言ではなく、戦後に策定された「神戸市戦災復興計画」を内容的にも制度的にも準備するものであった。それはまた、高度成長期の「神戸市総合基本計画一九六五＝第一次神戸市総合基本計画」の原型ともいえるものであり、その意味で野田構想は戦後神戸の開発戦略を準備し、そして何よりも「大神戸」構想を実現する原口忠次郎（市長在任期間、一九四九～六九年、六〇～八〇歳）と宮崎辰雄（同、一九六九～八九年、五八～七八歳）という二人の傑出したテクノクラート市長を生み出す歴史的契機となったのである。

第二節　戦禍の中での戦後高度成長の布石

戦災地復興計画とは

米軍の本土空襲による全国都市の罹災状況は、罹災都市一二〇余、罹災面積一億九一〇〇万坪（六万三〇〇〇ha）、罹災戸数二三一万六〇〇〇戸、死者二三万一〇〇〇人、傷者四二万七〇〇〇人に上った。なかでも京都市を除く五大都市の被害は、全国の罹災面積の四六・三％、罹災戸数の五九・九％、罹災人口の五六・二％、死者の三七・一％、傷者の五二・一％を占めるほどの壊滅的状況であった。[18]

神戸市の罹災状況は、罹災者数四七万人（兵庫県下の六七％）、罹災面積五九〇万坪（一九五〇ha、県下の三八％）、死者六二三五人、重傷者七〇〇〇人、軽傷者八三三六人、計一万五三四三人に上り、建物の被害は全焼全壊一二万五二〇九戸、半焼半壊二九八〇戸、計一二万八一三九戸に上った。市街地の六〇％が戦災を受け、家屋の六四％が焼失し、市民の五一％が被害を受けたのである。[19][20]

戦災地の恒久的復興対策は、内閣総理大臣の直属機関である戦災復興院（一九四五年一一月五日設立）を中心に検討され、一九四五（昭和二〇）年一二月三〇日に「戦災地復興計画基本方針」が閣議決定された。基本方針は「戦災地の復興計画は、産業の立地、都市及び農村の人口配分等を合理的に勘案するところにより、過大都市を抑制すると共に地方中心都市の振興を図ることを目途として、各都市の特性とその将来の発展に即応して樹立せらるべく、特に復興計画の基礎となる土地整理に関する事業は、その性質上これを急速に実施すべきである」というものであった。そのための特別立法として「特別都市計画法」が一九四六（昭和二一）年九月に公布・施行され、罹災都市に指定された全国一一五都市は、戦災復興院から指示された計画標準に準拠して新たな構想の下に復興計画を立案することになった。なおGHQの指示もあったのか、軍事的性格の濃い戦前の既定計画は「全て廃棄」することと通達された。(21)

戦災復興院の復興方針には注目すべきいくつかの特徴があった。第一は、関東大震災復興に倣って、戦災地復興は土地区画整理事業を基本とした市街地を整序する手法によって実施する方策が採られたことである。土地区画整理事業とは、土地所有者に一定割合で土地の無償提供を義務付け（関東大震災復興は一割、戦災復興は一割五分、それ以上の減歩は公共補償）、街路や公園整備などに必要な公共用地を捻出して市街地を整序する手法のことである。土地区画整理事業は、通常の場合地主が土地区画整理組合をつくって事業主体となるが、関東大震災復興も戦災復興も緊急を要するため、特別都市計画法（一九二三年法、一九四六年法）を制定して国や自治体等が事業主体になって施行できることとした。

第二は、戦災地復興計画と言えば緊急復旧的なイメージが強いが、戦災復興院の復興方針は「過大都市の抑制」は掲げたものの、戦災を奇貨として通常ではとうてい為し得ない大規模な都市改造を目指すものであったことである。土地利用計画に関して云えば、「地域地区に関しては出来得る限り精密に指定し且特に其の専用性を高度化すること」とあるように、焼け野原になった従来の混合市街地を可能な限り整理して土地利用の用途純化を図るとの方針が示された。同様に、幹線道路がほとんど整備されていなかった既成市街地においても、それが焼失した機会に乗じて驚くような広幅員の街路計画が提示された。「主要幹線街路の幅員は中小都市に於て三十六メートル以上、大都市に於ては五十メートル以上、その他の幹線街路は中小都市に於ては二十五メートル以上、大都市に於ては三十六メートル以上、補助幹線街路は一五メートル以上とし、止むを得ざる場合と雖も八メートルを下らず区画街路は六メートル以上とすること」との街路基準がそれであり、また「緑地の総面積は市街地面積の十％以上を目途として整備せらるること」とする公共緑地に関する基準も同様であった。

第三は、それにもかかわらず、戦災地復興計画は当初から当事者にとっても前途多難な事業だと認識されていたことである。阪急電鉄創始者である小林一三が初代の戦災復興院総裁に就任した際、都道府県や五大都市関係者の打ち合わせ会議の席上で、戦災地復興計画の趣旨を「復興計画は百年の長計でありますから、大方針といたしましては理想的に樹立せねばならぬこと勿論でありますが、始めから大きな計画を樹てて之を具体化することは我が国の現状としましては無理なことと存じます。従いまして事業執行者としては常に将来の計画を念頭に置きながら、其の実現に当たっては漸進的に而も着実に進めていくことが肝要であると考えます」と訓示している(22)。

その後、戦災地復興計画の根幹であった土地区画整理事業はインフレによる財政難から縮小に次ぐ縮小を重ね、最終的には当初計画の四四％にまで縮小されるに至った。それとともに、区画整理事業が進まなければ公共用地を確保できない街路計画や緑地計画も順次縮小される破目に追い込まれた。この間の経緯を震災復興誌は次のように総括している(23)。

> 復興都市計画を実現するため、復興土地区画整理をはじめ各種の都市計画事業が施行されたのであるが、政府においては土地区画整理事業の計画として指定を受けた一一五都市の焼失面積一億五千万坪とこれに関連して施行を必要とする区域を含め一億八千万坪をその施行区域としたのである。（略）これが事業費に対し国庫より、土地区画整理については八割を、他の都市計画事業については事業種目により四分の三乃至三分の一を補助することとした。しかるに、戦後におけるインフレの趨勢はとみに激化して物価の高騰甚だしく、ために事業費は増大する一方資材の調達の困難、事業の疎達者不足に基因する仮換地指定の遅延並びにこれに伴うバラックの増加、更には街路計画に対する地元民の反対運動の台頭等諸種の条件から、一億八千万坪を五箇年以内に完遂する見通しは困難となった。一面事業の原動力たる国庫補助予算も数

度に亘って台風、地震等の天災に対する災害普及費の支出を余儀なくされる等の関係で、国家財政の面より見て、逐年予定どおりの予算を計上することは困難視されるに至ったのである。かくて、復興土地区画整理の当初計画面積一億八千万坪は縮小の余儀なきに至り、昭和二十二年には一億五千万坪案となり、翌二十三年には一億三千八百万坪、更に二十四年には一億坪計画と後退せざるを得なくなったのである。而して当初計画面積と戦災復興完了面積との差については、都市改造事業とし独事業により施行したもの六都市二百二十四万坪、結局事業施工面積は八千八百三十万坪となり、残部の一億一千十七万坪は除積されたこととなるので、当初計画面積の四四、四%が事業化されたことになるのである。

「大神戸」構想を下敷きにした戦災復興計画

全国的に見て戦災地復興計画は中途半端な形で終わり、戦災を奇貨とする都市改造計画は成功しなかった。しかし神戸市の戦災復興計画は、戦前の既定計画を廃棄するものでもなければ、過大都市を抑制しようとするものでもなかった。神戸は市街地の六〇%が戦災を受け、家屋の六四%が焼失し、市民の五一%が被害を受け、戦前は一〇〇万人を超える人口が一時三八万人にまで激減した激甚戦災地でありながら、復興計画の立ち上げは驚くほど素早かったのである。

終戦直前に病気で突然辞任した野田市長に代わって一九四五（昭和二〇）年八月一一日に就任した中井一夫市長は、八月一五日の終戦からわずか二か月半後の一一月一日、国の戦災復興院の設立よりも五日早く神戸市復興本部及び各界の専門家を連ねた諮問機関である神戸市復興委員会を発足させた。復興本部長には中井市長自らが就任し、副本部長にはすでに内務省を退官して引退していた原口を神戸に呼び戻した。中井は一九四五年一〇月市会において、神戸市復興本部設置について次のように説明している。(24)

終戦ニ伴フ本市ノ復興計画ハ神戸市民ノ生活、産業経済ソノ他各般ノ基盤タルベキモノデアリマスト同時ニ、本市ハ世界的ナ良港湾ヲ有シ、且ツ運輸交通ノ要衝ニ位置シマス故ニ、神戸市復興ノ成否ハ、我国国運ノ消長ニ至大ノ関係ヲ有スルノミナラズ、広ク国際経済関係ニモ影響ヲ及ボスコトニナリマスノデ、コレガ復興計画ヲ確立シマスコトハ喫緊ノ要務デアリマス。コノ事業ハ範囲広大ニシテ、施設ハ永久ニ亙ル性質ヲ有スルコトヲ考ヘマスト、ソノ企画ハ百年ノ大計デアリ、最高ノ権威アルモノデナケレバナラヌト存ズルノデアリマス。

本市デハ、従来大港都建設調査ノタメ委員会ヲ設置シ、調査研究ヲシテ参ッタノデアリマスガ、同委員会ノ成果ハ復興本部ニ於テ活用スルコトトシ、大港都建設調査委員会ハ解消スルコトトシタノデアリマス。

ここで注目されるのは、国の戦災復興院が軍事的性格の濃い戦前の既定計画は「全て廃棄」と通達したにもかかわらず、中井市長が市会において大港都建設委員会の調査研究を廃棄することなく継承し、その延長線上に神戸市の戦災復興計画を策定することを堂々と表明している点である。野田市長が推進した大港都建設計画が最後には「神戸大本営構想」に移行したことでもわかるように、大港都建設計画は太平洋戦争を推進した「超大物＝戦犯」の国家要人らを顧問とする軍事色の強い戦時計画そのものであり、戦災復興計画の趣旨からすれば真っ先に廃棄されて然るべき存在であった。しかし、中井市長の頭の中ではそのことが一切捨象され、戦災復興計画は「百年ノ大計」「最高ノ権威アルモノ」として大港都建設計画と矛盾なく繋がっていたのである。

このことは、中井が第二一回衆議院議員総選挙（一九四二年）に翼賛政治体制協議会の推薦候補者として立候補し、当選した国会議員だったことと無関係ではない。中井自身も翼賛国会議員として太平洋戦争を推進し、日本（神戸）を焦土にした戦犯の一人である以上、戦争責任を免れることはできなかった。しかし、終戦直前に市長に就任したこともあってただちに戦災復興計画に取り掛からなければならなかったせいか、大港都建設計画の廃棄は念頭になかったのであろう。その結果、「百年ノ大計」「最高ノ権威アルモノ」としての戦災復興計画の委員会は錚々たる陣容となり、勝田銀次郎（元神戸市長）、佐藤栄作（大阪鉄道局長）、米内光政（元海軍大臣、元首相）、高田保馬（京大・阪大名誉教授）、賀川豊彦（貴族院議員）など各分野の権威者が網羅された。

復興委員会にはこれらの委員に加えて部会専属委員が配置され、総合企画及び戦災地処理、貿易海運、産業金融、教育文化、社会厚生、地区街路、河川砂防、上下水道、港湾、交通通信電気ガスの一〇専門部会が設けられて、将来の神戸市の性格、規模、構成、施設、経営などについて詳細な検討がおこなわれた。そして一九四六（昭和二一）年三月一四日、「神戸市復興基本計画要綱」が定められ、以降、各部会の討議を経て、「教育文化復興計画」「緑地設定計画」「交通通信電気瓦斯復興計画」「地域地区設定」「産業金融復興計画」「貿易海運復興計画」「港湾計画」に関する七つの計画要綱が逐次策定された。(25)(26)

終戦直後の混乱の渦中にありながら、このように国の戦災復興院の基本方針とは異質の「大神戸将来発展計画」ともいうべき復興計画が策定される背景には、特殊神戸的な歴史事情を挙げなくてはならないだろう。それは神戸の誕生以来、地下水脈のように脈々と流れる「大神戸」構想への官民挙げての飽くことのない執念であり、あらゆる機会（大災害や戦災でさえも）を捉えてこれを実現しようという神戸政財界および市役所官僚機構の強靭な成長志向エネルギーの存在である。この地下水脈は戦時体制下においても枯れることなく流れ続け、あるときは大政翼賛会運動に便乗した官民挙げての市域拡張運動として、あるときは戦時国土計画の策定に際して「国港大都市」体制整備のための合併促進決議として事ある度に地表に噴出するのである。

「大神戸」構想は、こうして戦前戦中においても神戸を牽引する一大原動力であり、かつ神戸のリーダー層の精神的支柱として脈々と受け継がれてきた。その間、「大神戸」構想への相次ぐ官民合同の取り組みを受けた神戸市の市域拡張計画案は、大正期の都市計画区域をはるかに超えて広がり、神戸を中心とする半径二〇～二五㎞の圏内全市町村を包含する大神戸計画に成長していた。それが戦災を奇貨として逸早くよみがえり、「神戸市戦災復興計画」として再び浮上することになったのである。ちなみに中井市長はＧＨＱによって一九四六年一月に公職追放され、翌一九四七年二月に市長を辞任した。しかし、大港都建設委員会の調査研究の成果を受け継いだ神戸市戦災復興計画は、戦後神戸を発展させるマスタープランとしてその後も逞しく生き続けたのである。

戦後高度成長の原点

神戸市復興基本計画要綱[27]は、神戸が戦後高度成長のスタートを切った歴史的出発点であり、またこれを推進する原口・宮崎という二人の傑出した「テクノクラート市長」（高度な専門知識と政策能力を持つ技術官僚・計画官僚出身の市長）を生み出した歴史的契機でもあった。復興要綱に流れる計画コンセプト（計画思想）は、戦後の神戸市政の行政哲学となり、その後の数次にわたる「神戸市総合基本計画＝マスタープラン」の基本理念として受け継がれてきた。復興要綱は、神戸が官民挙げて「大神戸」構想の実現に向かって邁進する道標であり、神戸市政にあっては今なお「同要綱は、市域の罹災地域に対する戦災復興計画であるとともに、神戸市の将来の使命および性格をみすえるマスタープランとしての性格を持っていた」と位置付けられている。[28]

それでは、「大神戸」構想を志向する復興要綱とはいったい如何なる内容のものなのか。第一の特徴は、戦災復興計画と称しながら計画の基本的性格が「神戸市を中心とせる地方計画＝神戸大都市圏計画」として構成されていることである。具体的には、「将来本市の市域を拡張する場合を予測し、東部、西部および北部の隣接市町村におよぶ綜合的具体的計画、就中六甲山を中心とする開発計画を樹立し、なお本市を中心とする半径約二〇㎞圏内の衛星都市を育成振興せしむるの方途を計画するものとす。現在においてはこれが地方計画を実現するための法制的措置は講ぜられざるも、都市計画の綜合協議により関係区域内の各都市計画を綜合計画するよう調整するものとす」との計画意図にもあるように、その中身はおよそ戦災復興計画の域をはるかに超えた広域計画であり、「大神戸」構想を実現するための都市拡張計画であった。

第二は、「大神戸」構想を実現するための必要不可欠の方策として、これまで追求してきた周辺町村合併を計画の大前提として位置付けていることである。復興要綱の冒頭の項目には「一、都市の性格」および「二、規模」が挙げられ、「(都市の性格)国際的貿易海運都市とし、これに付随して商工業都市、文化都市ならびに観光都市たる性格を併有せしむるものとす」、「(規模)現在の市域は狭小に過ぎ、これに戦前保有せるが如き人口を再び収容するは適当ならざるをもって、将来においては東部および西部の数市町村を合併しさらに復興計画の進捗に従がい、六甲山を中心とする北部の数町村を併せて一大国際港都たるの機能を充分に発揮せしむるに足る市域とし、これに港都の職業構成、食糧配給、住宅および交通状況を考慮して適当なる配置を有する人口量を保有せしめ、近代的都市施設の完備せる大都市を構成するものとす。ただし、急激かつ過大なる人口集中はこれを抑止するものとす」との壮大な計画目標が掲げられていた。

こうして神戸は、復興要綱の策定を機に戦災市街地の復旧もままならない段階から周辺町村の合併に着手し、一九四七(昭和二二)年に北神地域と西神地域の二町八村(有馬町、有野町、山田村、押部谷村、櫨谷村、伊川谷村、神出村、平野村、玉津村、岩岡村—現在の北区、西区)、一九五〇(昭和二五)年に阪神間の二町二村(御影町、魚崎町、住吉村、本山村—現在の灘区、東灘区)、一九五一(昭和二六)年から一九五八(昭和三三)年にかけて北神地域五村(道場村、大沢村、八多村、長尾村、淡河村—現在の北区)を順次市域に編入し、高度経済成長政策が本格化する一九六〇年までに都市成長の基盤を整えたのである。

第三は、国際港都神戸を建設するための「主要施設」として、戦後高度成長期に実現された交通インフラ計画がすでにこの段階で明確な計画課題として掲げられていたことである。具体的には、①東西を結ぶ中央・海岸・山手三大幹線街路および高架または地下式の高速度道路の建設、②東部および西部の郊外地域と都心部を直結し市内を貫通する地下式高速度鉄道の建設、③三宮に弾丸列車駅の設置、④深江海面(東灘区)に空港を設置することなどが挙げられている。これらの交通インフラ計画は多少場所が異なるものの、現在の三大幹線道路、阪神高速道路、市営地下鉄、新幹線三宮駅、神戸空港などとして実現しており、戦災復興計画がほぼそのまま戦後高度成長期のマスタープランとして機能していることがわかる。戦争直後の混乱期にあって長期にわたる「主要施設」を構想することの是非はともかく、その構想力の逞しさには驚くほかはない。

第四は、戦災復興事業の柱として土地区画整理事業が位置づけられ、罹災区域五九〇万坪（一九五〇ha）を大幅に上回る六五〇万坪（二一四五ha）が区画整理対象地域に指定されたことである。その意図は、「罹災区域は旧市街地の大部分で面積五九〇万坪に及んだが、一応罹災前において家屋集密していた区域を基準に検討を重ね、なお一層事業効果を高めるため、その周辺の非戦災地も加えて復興都市計画土地区画整理区域六五〇万坪が決定された」というものであった。このことは土地区画整理事業が単なる戦災地の復旧にとどまらず、戦災に便乗して市街地整理や幹線道路・公園建設を断行するため、非戦災地も区画整理区域に指定されたことを意味する。したがってその後も非戦災地が次々と区画整理区域として追加され、対象地域面積は最大六七九万坪（二二四〇ha）に達した。ただ事業実施はインフレや財源難のために難航し、ドッジラインの経済九原則に基づき「戦災復興事業の再検討に関する基本方針」が一九四六（昭和二九）年に閣議決定されて以降、区画整理対象面積は五〇〇万坪（一六五〇ha）に圧縮された。(29)

第五は、住居地域・商業地域・工業地域などの土地利用ゾーニング計画が立てられるとともに、都心地域すなわち「理想的な中心地点」の選定が強調され、神戸駅の正面に当たる大倉山および周辺の高台が「行政中枢地域」、三宮駅を中心とし海岸通に至る一帯が「産業金融中枢地域」に選定されたことである。ただし神戸市役所が三宮に移転したこともあって大倉山周辺は行政中枢地域にならなかったが、その代わり三宮駅一帯は交通インフラの整備とも相まって大規模な都市改造事業の対象地域となり、その後名実ともに大神戸の「港都中心地域」に発展した。

豪放なカリスマリーダー、原口忠次郎

神戸市戦災復興計画の着手は、まず原口を復興計画の象徴的なプロモーターとして招くことから始まった。原口は阪神大水害の復旧工事で陣頭指揮をとった土木技師として広く市民に知られており、内務省官僚でもあったことから

国との復興事業に関する折衝のうえでも、市民への計画周知のうえでも欠かすことのできない人物であった。豪放なカリスマリーダー・原口忠次郎はその点打ってつけの人材であり、神戸の戦災復興計画にとって不可欠の存在と見なされていた。中井市長はその間の事情を次のように語っている。[30]

原口忠次郎さんの招聘については内務省の神戸土木出張所長をやられた経歴がまず親しみを感じた。もう一つ、あの人は満州での都市づくりに成功している。で終戦の年の秋、岡山県加茂町に疎開していた原口さんに電報を打った。僕は昔から官僚的なやり方はきらいで復興も役所だけでやっちゃいかん、市民の総意を聞こうと考えた。原口さんに復興本部長（はじめ副本部長、二一年五月本部長）になってもらうと同時に、市民の代表機関として復興委員会をこしらえるわけ。委員長は勝田銀次郎、これは豪傑だ。原口、勝田のコンビは成功だった。手取り早く思い切った計画ができた。

原口は市長引退後、神戸新聞紙上に一九七〇（昭和四五）年四月から六カ月にわたって「わが心の自叙伝」を連載し、神戸の戦災復興に関わるようになった経緯を詳しく記している。[31] 以下、関係する部分を抜粋しよう。

太平洋戦争。そして終戦。（昭和）二十年の初め、すでに官を辞していた私は、疎開先の岡山県加茂町で魚釣りや百姓のまねごとをして暮らしていた。そんなある日、一通の電報が舞い込んだ。差し出し人は当時の神戸市長、中井一夫氏（現在弁護士）。「神戸の復興についてご相談したし。ご来市乞う」。（略）お目にかかるなり、中井さんは私に「あなたは（昭和）十三年の大水害のあと神戸の復興をやってくれた人だ。この焼け野原になった神戸の復興をやってもらう人はあなたのほかにいない。ぜひ引き受けてほしい」と頭を下げられた。市の復興本部長に就任してほしいといわれるのである。

中井さんはえらい方だった。「君が市長になったつもりでやってくれ」といって復興のことは私に任せきり、私はだんだん昔の〝やる気〟を取り戻していた。（略）「どうせやるならただ復興するだけではおもしろくない。焼け跡に新しい神戸を造ってやろう」と私は考えた。さっそく市復興本部の諮問機関として神戸復興委員会を設け、委員会を中心に戦災復興基本計画を立てた。大都市の復興については中央の戦災復興院からこまごまとした指示がいろいろあったが、私はそれには余り気も止めず思う通りに仕事を進めた。私の頭の中には新京での都市計画の思い出があった。私の目には焼け野原と化した神戸の町が満州の荒野のように映った。戦災という災いを転じて福となす。いまこそ神戸という都市を、生まれ変わらす絶好のチャンスである。私は、私の持っている技術と経験のありったけを満州に続いてこの神戸につぎ込もうと考えたのである。

原口はもともと河川土木の技術者であって、都市計画の専門家（プランナー）ではない。原口は大学卒業後内務省に奉職するが、東京荒川の改修工事現場に一五年間も縛り付けられて不遇の時代を過ごした。加えて内務省では（他省でも）法務官僚と技術官僚との間には著しい格差があり、そんな境遇と差別に納得できない原口は悶々と日々を過ごす状態にあった。この頃一九三一（昭和六）年に関東軍が満州事変を引き起こし、翌年日本が国際連盟を脱退して満州国建国に踏み切るや、内務省からは河川・道路関係の技師を満州に派遣するよう命令が出された。志願する者がほとんどいない中で原口が満州に渡ることを決意したのは、このままでは自分の将来が「一介の土木屋」で終わってしまうことへの強い懸念があったからだといわれる。原口は、当時のことを次のように述べている。(32)

昭和八年、私は内務省を退いて、第一号の先遣隊の部下一二名を引率し、当時の満州国政府へ出向することにした。未開の大陸を開発する仕事が私に下ってきたのである。行き手のないところへ、先輩の依頼もあり、大陸の大規模な土木工事に魅力を感じていたので、係累の少ない私は親戚の反対を押し切って渡満した。匪賊の跳梁する満州で、六年間、未開の地に道路をつけ、橋をかけ、ダムや堤防を築いた。

土木技術者から都市プロデューサーへ

一九三三（昭和八）年五月に満州に渡った時の原口はすでに四四歳に達しており、満州国国道局技正、新京国道建設処長として新京・吉林間の道路建設に従事する。ただ原口が実際に携わったのは「国道局」所管の国道建設であって、「国都建設局」所管の新京の都市計画に関するプランニングではなかった。新京の都市計画はすでに原口が満州に渡る前からスタートしており、一九三二（昭和七）年三月から満鉄および満州国国都建設局の手で立案が開始されており、関東軍主導のもとに満鉄および満州国の三者協議によって進められていた。最終案がまとめられたのは同年一一月のことであり、新京の都市計画の基本は原口が満州へ渡る前に関東軍司令部の「国都建設計画概要」としてすでに決定されていたのである。[33]

原口は、京都帝国大学土木工学科の出身（一九一六〔大正五〕年卒、二七歳）であるが、同じ頃の同窓生に大阪市と内務省で都市計画の実務に携わった武居高四郎（一九一七〔大正六〕年卒）がいる。武居は、内務省時代に欧米留学（リバプール大学、ハーバード大学）の機会を与えられて都市計画の最新の理論と実務を学び、帰国後は母校に呼び戻されて一九二六（昭和元）年に日本最初の都市計画講義を開設し、京大教授に招聘されるという原口とは対照的なエリートコースを歩んだ。武居は、新京の都市計画事業がスタートするにあたって一九三二（昭和七）年に関東軍司令部から国都建設局顧問を要請されて就任し、以降、一九三七（昭和一二）年までたびたび満州国を訪問して新京の都市計画の立案に関わっている。[34] しかし、土木現場（道路建設）にいた原口とはまったく接触がなく、原口が新京の都市計画に関わる機会はなかった。

原口がはじめて新京の都市計画に接したのは、工事が始まった一九三三（昭和八）年以降のことであり、原口が満州に渡ってからのことである。原口の言う「新京での都市計画の思い出」とは当時の新京の建設現場の光景のことであり、荒地のなかの新首都建設の工事風景が戦災で焼け野原になった神戸の光景と重なったからであろう。ただ、原口が著書『過密都市への挑戦――ある大都市の記録』の冒頭で、「私は一介のシビル・エンジニアである。高尚な都市論はわからないが、技術者としての半世紀の体験と神戸市長としての二十年の行政を通じて、私は私なりの実践的都市論を持っている」[35]と自負しているように、原口はむろん一介の土木技術者ではなかった。

原口が言うように、彼の「実践的都市論」の源は二つのルーツから成っている。一つは満州国での国道建設、遼河改修、鴨緑江ダム開発など巨大な国家プロジェクトの経験を通して培われた雄大な構想力であり、もう一つはその構想力を神戸市政に活かすために発揮した強大なリーダーシップ（統率力）である。前者の構想力は大陸での巨大な国家プロジェクトを通して培われたものであるが、本格的な開花を見たのは一九三八（昭和一三）年に神戸を襲った阪神大水害の翌年、満州から呼び戻されて内務省神戸土木出張所長（五〇歳）になってからのことであろう。

当時の神戸土木出張所の所管事項は、①兵庫県南部と四国四県の国土計画、②神戸港の拡張、③六甲山の治山治水など広範囲にわたり、原口は一九四〇（昭和一五）年の全国土木出張所長会議の席上において神戸の四大事業、「鳴門海峡架橋」「瀬戸内海航路改修」「神戸港拡張」「第二阪神国道建設」を提唱している。この頃から原口は、神戸港の発展と四国の開発を結び付けるためには「本土四国架け橋」がなければならず、このような国土の将来計画を考えるのが自らの使命だとして構想実現のために行動を起こしていたのである。[36]

後者のリーダーシップは、原口がマスメディアから「西日本建設大臣」との異名をとったように、神戸市長としての指導力を庁内で発揮するというよりは、むしろ神戸市政を超えた国土スケールの発想と行動力で広く世論を喚起する形で発揮された。[37]例えば自民党都市政策調査会（田中角栄会長）の総会において、原口は民間有識者のひとりとして都市政策への提言を求められ、「水のメガロポリス」と題した講演をおこなっている。原口はその中で明石鳴門架橋や淡路島新空港についての持論を精力的に展開し、その大胆な構想は田中角栄会長をはじめ並み居る自民党議員の度肝を抜いた。[38]

原口は、講演の中で東海道は「陸のメガロポリス」、瀬戸内海は「水のメガロポリス」であるとして、「瀬戸内海の開発と東海道の開発を組み合わせると、その中間に阪神がある。だからどうしても水のメガロポリスを考えていただいて、東海道と同じような発展のしかたを水のメガロポリスを瀬戸内海中心にやっていただきたい」と力説し、「この瀬戸内海を中心とする水のメガロポリスを考える場合に、明石鳴門架橋は国土開発幹線の交通体系の要となる」とその重要性を訴えた。また、日本の国土計画の未来像については京浜と阪神を中核にして考えるべきだと述べ、「阪神は瀬戸内海のコンビナートを中心にする経済開発の中心であって、世界各国への国際空港をつくっていただきたい」、「淡路に国際空港のいい適地があります。公害も非常に少ない。それからガソリンの輸送路もいらず、すぐに船をつけて置ける。大阪の中心から関西国際空港をつくって、距離はだいたい三〇㎞です」と淡路島新空港についても積極的にＰＲしている。

原口は常に国土スケールで神戸を鳥瞰図的に眺め、「夢のかけ橋」に代表されるような西日本全体の開発構想のなかで、「大神戸」構想の実現を考え続けたスケールの大きいビジョンメーカーであった。原口の行動は「奇想天外」といわれ、その構想は「夢物語」と言われたが、戦後の荒廃期にあっては神戸市民に神戸復興の夢と希望を与え、高度成長期には神戸発展の確信と展望を抱かせた豪放なカリスマリーダーであった。その意味で原口は単なる「技術屋市長」ではなく、その域をはるかに超えた「実践的都市論者＝都市プロデューサー」だったのである。

中枢部を歩いた生え抜きの都市官僚、宮崎辰雄

神戸の戦災復興計画は、戦後の神戸を担うもうひとりのテクノクラート市長を生み出す歴史的契機となった。その人は、原口の復興本部長時代に庶務課長、企画課長、調査課長、整地課長、整地部長、復興部長、建設局長を歴任し、その後助役一六年を務めて市長になった宮崎辰雄である。宮崎は戦災復興計画の策定と復興事業の実務を通して「プランニング・マネージャー」（計画管理者）として頭角を現すのであるが、それ以前から若手ながらも歴代市長の側近として活躍し、「大神戸」構想の輪郭や流れを早くから掌握できる立場にあった。宮崎は調査室で大港都建設構想の準備作業に関わり、また国家要人たちが参加した調査委員会の議論をつぶさに知るポジションにあったのである。

たとえば、大港都神戸建設構想を掲げた野田市長が組織再編して港都局をつくったとき、宮崎は大港都建設を担当するポジションに異動した経緯（三一歳）を次のように語っている。

大港都建設構想は途中から構想が変わってきましてね。初めは港湾を中心とした都市づくりで、土木部に企画部の一部を加え、港都局をつくった。その庶務課の調査室というのが主として大港都建設を担当し、私は企画課から調査室に行った。(39)

野田市長の次の中井市長の時代には、宮崎は市長公房付課長（三四歳）として復興本部発足の準備に関わり、復興本部が発足してからは事務方の中心として活躍した。宮崎は実質的に戦災復興計画を取り仕切り、中核事業である土地区画整理に関しても神戸の地形や市街地の特性を考慮した実施計画をつくり、事業計画を大きく成功に導いた。宮崎は戦災復興計画を回顧して次のように述べる。(40)

私は事務局の責任者として、原案の作成に忙殺された。（昭和）二十一年三月にマスタープランとでもいうべき基本要綱を決めたのを手始めに、逐次、教育文化、交通通信、産業金融、貿易海運、港湾などの要綱を決め、できるところから実施していった。目玉は道路・交通体系の整備だ。というのも市域の七割は山地で、市街地が極度に狭い神戸が発展するには東西の幹線道路が欠かせない。また、鉄道を地下に埋める必要がある。山手、中央、海岸沿いの三本の幹線道路と地下鉄の建設を盛り込んだ。これらは今、いずれも実現をみている。このほか港湾や緑地、上下水道など各基本計画ともよく神戸の将来を見極め、大筋において誤るところがなかったと自負している。

名古屋は百メートル道路といった大幹線主義を打ち出したが、神戸は地域全体の土地整備を目指した。（略）神戸は、点や線ではなく表通りも裏通りも、全体を平均してやっていこうという考え方だった。そのために長い年月がかかったが、今となってはそれでよかったと思う。しかも全国的に見て復興計画のほとんどを実行したのは、おそらく神戸だけではなかろうか。

事実、罹災都市の土地区画整理事業の達成状況を五大都市（京都を除く）で比べてみると、神戸市の達成率が抜きん出て高く、罹災面積一九五〇ha（罹災面積率三・二％）に対して当初計画決定面積二一五〇ha、施行面積二二一〇ha（施行率一〇二・八％）と五大都市の中で唯一計画を達成していることがわかる。これに比べて市街地の四分の一強（二六・八％）に当たる一万六〇七〇haを罹災した東京都区部は、当初計画の二万一三〇haが余りも広すぎたのか施行実績はわずか一二三三ha（施行率六・一％）にとどまり、ほとんど未達成に終わった。また罹災二二九〇ha（罹災率三・八％）の横浜市も神戸市とほぼ同規模の二〇七〇haを計画決定したが、施行面積は七九四ha（施行率三八・四％）と神戸市の三分の一強の水準にとどまった。

一方、東京に次いで罹災面積が五〇五〇ha（罹災面積率一二・一％）と大きい大阪市は、計画決定六一〇〇haに対して施行面積は三五二九ha（施行率五七・九％）と六割弱の実績を上げ、罹災三八五〇ha（罹災率六・四％）の名古屋市も区画整理の専門技術者を数多く抱えていたこともあり、計画四四〇〇haに対して施行三四五二ha（施行率七八・五％）という八割近い実績を上げた[41]。罹災状況は各都市によって異なるので土地区画整理事業の成否についても一概に評価できないが、神戸市の達成状況は整地課長・整地部長・復興部長（三五〜三九歳）として事業実施に当たった宮崎が自負するだけあって、五大都市の中では抜きん出た成果を上げた。

震災復興計画のなかで宮崎が果たした比類のない役割は、その他の資料でも確認できる。例えば、神戸市の歴代建設局長の座談会での「宮崎市長は『自分が調査課長だ』ということで、ご自分で基本計画要綱を書かれました。（略）まとめた基本的なものを宮崎さんが全部手を入れて書かれたようでした」との発言がそうである[42]。また戦災復興計画の推進に関する記述の中の「復興本部は（昭和二十一年）五月拡充されて計画、建設両局が置かれ、港湾部、水道部を組み込んだ。（略）宮崎は戦災復興の中心ポスト、整地部長になっていた。長浜（土木部長）は『戦災復興はだれがやったと問われたら原口でも、長浜でもない、宮崎だ』という」との一節もそうである。[43]

このように戦災復興計画の中軸を担った宮崎は根っからの都市官僚であり、かつ計画策定においても事業実務においてもきわめて有能な「プランニング・マネージャー」であった。宮崎は助役就任（四二歳）以降、原口の補佐役として確固たる地位を占め、庁内実務を一手に取り仕切った。原口が「西日本建設大臣」と言われるほどの全国規模の活躍ができたのは、宮崎が助役として原口を補佐していたからであり、その意味でも戦災復興計画は、その後四半世紀にわたる「原口・宮崎コンビ」という二人のテクノクラート市長を表舞台に登場させる歴史的契機になったのである。

第三節　戦後高度成長を導いた二人のテクノクラート市長

原口と宮崎に共通するもの

戦前・戦時下の「大神戸」構想を受け継ぎ、戦災復興計画を経て「高度成長都市・神戸」を造り上げたのは、原口・宮崎という二人の稀有のテクノクラート市長であった。二人は表面上気質や行動様式において対極的な位置にありながら、その一方でテクノクラート市長としての驚くほどの共通性も有していた。宮崎は、原口と自分の比較を「庁内スズメ」の言葉に託して次のように述べている。[44]

（1）体質、原口、内務官僚。国家公務員出身であるため、オカミ意識と天下国家観が強い。国民の構成員として市民があり、上（中央）から下（地方）を見る視点。宮崎、生粋の地方公務員出身。地域をどうすればよいかを考える。下（地方）から上（中央）への視点。

（2）性向、原口、技術職。モノを創ることに執念。ハード一本槍でビジュアル（目に見える）を好む。道路、橋、人工島その他。宮崎、事務職。モノと同時にソフトに関心が強く、インビジュアルにも熱意。下水道、市民福祉その他。

（3）共通項、上からか下からの視点は違っても、「市民のために」では完全に一致。幼少・青年期に挫折体験がある。〝日本一〟が好き。稚気がある。工学博士と法学博士、どちらも社会に出てから取得している。

宮崎が言うように確かに二人には対照的な面もあったが、市長としてのキャリアにはむしろ共通点の方が多い。例えば、市長就任年齢や在任期間が原口六〇～八〇歳、宮崎五八～七八歳とほぼ同一の足跡をたどっている。二人はそれまでの多彩な経験を活かして人生の晩年に市長に就任し、高齢にもかかわらずその後五期二〇年の長期間にわたって精力的に市政を率いた。そして長期政権五期を終えた退任時においてなお、六期目への続投に執着するという類まれな権力欲を示した点でも二人は瓜二つの相似形であった。

市長と議会・庁内組織との関係は、神戸では政権交代もなく長期政権が続いたこともあって、行政経験が豊富な二人の市長が議会と庁内組織を束ねるという市長主導の力関係が長く続いた。このことは、政策の系統性が長期にわたって担保されるという他都市には見られない神戸市政の特徴となった一方、議会の弱体化を招き、市長権限の著しい強大化を招くことになって多選の弊害がより深刻化する原因にもなった。

しかし何よりも顕著な二人の共通点は、神戸市政を率いるトップリーダーとしての自らの専門能力に限りない自信を持ち、テクノクラート市長として市役所全体を率いたことであろう。原口は自叙伝の冒頭で、「技術屋＝テクノクラート」としての誇りと自負を次のように語っている。[45]

「八十歳を越したあなたは何の現役なのか」と問われたら、私は胸を張って技術屋としての〝現役〟なのだ——と答えるだろう。私は青春時代、壮年時代を通じて身を現場技術に投じ、後半生は神戸市長として都市行政に技術を生かす努力を続けてきた。技術を多くの人々のしあわせのために生かすことができるなら、と思っている。（略）科学技術が今日ほど目覚ましく開発されていく時代はない。また今日ほど技術者がはなばなしい脚光を浴びる時代もないだろう。技術者がことさらに低く見られていた私の若いころに比べれば、まさに隔世の感がある。

また、宮崎も同じく自叙伝において、自らの行政能力を「知りすぎた事務屋＝プロの行政マン」との言葉で総括し、次のように披露している。[46]

多くの事業を手掛けてきた中で、公共デベロッパーとして外債を発行、六甲山を削った土で海上都市ポートアイランドを建設したケースなどは、先験都市の名に恥じないといささか自負している。孫子の兵法にいう、「勝兵は先ず勝ちて而る後に戦いを求め、敗兵は先ず戦いて而る後に勝を求む」。まず戦局を見極めて戦いを挑むのが名将である。私はもちろん名将ではないが、負ける戦いはしない。（略）私は大都市の市長としては華やかさに欠けると評される。計算高い能吏と批判されても弁明はしない。私はただ〝知りすぎた事務屋〟である。市民のために最良の選択を重ねてきた凡俗な実務派だ。

自らを語るうえで「技術屋」「事務屋」という二人の言葉の使い方の違いはあるが、言わんとするところは自分たちは巷間流布されているようなありきたりの首長ではなく、高度の学識と専門能力に裏打ちされた「テクノクラート市長」であるとの自信と自負に尽きるだろう。事実、二人の専門能力は絶えざる自己研鑽と難局へのチャレンジ精神によって磨かれ、豊富な現場経験がさらに専門能力を高めるという好循環を描いてきた。原口は多忙な時間を割いて土木技術に関する学位論文をまとめ、宮崎も自らの行政経験を活かした欧米自治制度との比較論文を学位取得に結び付けたのもその一例であろう。それでは、テクノクラートとはいったい如何なる存在なのか。

社会改良リーダーと近代化リーダー

テクノクラートには二つの系譜があるといわれる。一つはアメリカのニューディール政策を推進した革新的専門家に代表される「社会改良リーダー」の系譜であり、もう一つは発展途上国における経済開発や技術開発を通して国家の近代化を推進しようとする「近代化リーダー」の系譜である。

小野清美（近代ドイツ政治史）の研究によれば、近代的なテクノクラシーは、ルーズベルト大統領の革新主義時代において、資本主義の下でのレッセ・フェール（自由放任主義）を規制して腐敗を防止し、専門性の領域の拡大を求め、科学的意思決定によって政治を刷新し、テクノロジーによって階級対立のない社会とアメリカン・ドリームを実現しようとする中間層技術者（小ブルジョア）の運動の中から芽生えたとされる。当時、「マネイジメント・テクノロジー」として注目された科学的経営管理思想であるテイラー主義もまた、効率と生産性の向上によって階級間の社会調和と福祉増進が可能になると説く典型的なテクノクラシー思想の一つであり、テイラーの技術主義的発想と社会平和的分配要求は、独占資本を社会的にコントロールし、エキスパート支配を希求する中間層技術者の心情に強くアピールした。そこから、メリトクラシー（業績原理）によって従属的な専門職の地位から脱しようとする熱烈なテクノクラシー運動が起ったという。(47)

しかしこれら二つのテクノクラシーは、第二次大戦後の高度成長にともなう急速な近代化の嵐の中で発展途上国と先進国の双方で大きく変化・発展する。発展途上国におけるテクノクラシーは、前近代社会を打破しようとする開明的な近代化リーダーを育てる一方、やがては「開発独裁」への道を通して次第に権威主義的リーダー像へと変質していく。また先進資本主義国においては、政策の計画化や政府介入を通して経済計画や産業構造の高度化に取り組むエリート官僚が生み出され、支配階級に属する専門的特権官僚として活躍するようになった。そこから経済政策のみならず近代社会と民主主義政治を高度な専門的能力で操作しようとする「現代テクノクラート」が生み出され、現代社会の主導権を握る特権官僚群が輩出されるようになるのである。(48)

時代的に言えば、原口と宮崎は日本の近代化を担う「近代化リーダー」の系譜に属する。しかし、二人はともに中間層（小地主、弁護士）の子として生まれ、自分の能力以外に依るべき財力も権力も持たなかったこと、および成長期に健康問題やその他の挫折経験によって順調な出世コースを歩めなかったことから、エリート官僚には程遠い存在だったと云えるだろう。さらに太平洋戦争による戦災など社会矛盾に直面せざるを得なかったこと、市民の直接選挙で選ばれる市長ポストにあったことが二人に「社会改良リーダー」としての性格を与えた。例えば、開発一辺倒と批判された原口においても次のような側面があったことが注目される(49)。

市長になって直後、神戸市の財政が極度に窮迫して、予算を二割方削減せねばならなくなったとき、私は教育予算にだけは手をつけず、むしろ若干ながら増額した。苦境を乗り切るためには、家を建てたり、道をつけることが多少おくれてもやむをえないにしても、あすの神戸、あすの日本を築く青少年たちの教育に支障を及ぼしてはいけないと考えたからである。在任中、私はよく「市長は橋とか土木のことばかりに力を入れて、教育とか民生などの市民行政をかえりみない」と各方面から批判されたが、私自身、過去二十年間の市政を採点するとすれば、教育に終始重点をおいてきたことに最高の評価を与えるだろう。私自身はそう自負している。そして、それは正しいことであったと確信しているのである。

一方、宮崎は原口市政の批判的後継者であることを印象づける必要があったことから、市長就任当初から「社会改良リーダー」としての路線を意識的に強く打ち出した。宮崎市政の要である「都市経営」についても、初期の段階では次のような社会改良的視点が強調されていた(50)。

自治体は自らの本質を忘れてはならない。昨今、企業の社会的責任が云々されるが、その行動目標は「利潤の確保」にあり、都市行政の企業的経営が強調されても、その行動目標は「福祉の増進」にある。「最小の費用で、最大の利潤」が企業経営のセオリーならば、「最小の市民負担で、最大の市民福祉」が都市経営のセオリーだといえる。自治体は近視眼的な都市経営に陥ってはならない。如何に卓抜した経営手腕によって都市を成長させ、税収を増やしても、市民福祉の〝減価〟をもたらすようでは、都市というトータルな貸借対照表はマイナスである。

このように二人のテクノクラートとしてのキャリアは、当初は「近代化リーダー」としてスタートし、市長就任後は「社会改良リーダー」としての一面をみせながら、やがては後述するように高度成長期の波に乗って「現代テクノクラート」への道を辿るのである。なお、神戸市政におけるテクノクラシーの展開については、拙著において詳しく分析しているので参考にしてほしい(51)。

現代テクノクラートへの道

原口と宮崎を社会改良リーダーから現代テクノクラートへ飛躍させたのは、言うまでもなく戦後高度成長期における大都市政策のダイナミックな展開であった。二人はともに政策的にも人脈の上でも野田市長が掲げた「大港都神戸建設構想」（一九四二年）のコンセプトを受け継ぐ立場にあり、それを戦災復興計画（一九四六年）および第一次神戸市総合基本計画（一九六五年）の策定を通して「大神戸」構想実現の道を開いた。原口は「国土開発のプロ」として天下国家の視点から大都市必然論を展開することによって、宮崎は「行政のプロ」として大都市行政論の拡充を力説することにより、現代テクノクラートへ飛躍した二人は手を携えて「大神戸」構想を推進したのである。以下、二人の著書の中から共通する都市論、都市思想を抽出してみよう。

まず、原口の都市思想を最もよく現わしているのは、『技術者の夢――都市づくり、人づくり』（ダイヤモンド社、一九六五年）及び『過密都市への挑戦――ある大都市の記録』（日経新書、一九六八年）の二冊である。この二冊はいずれも原口市政の四～五期目に出版されており、時期的には第一次基本計画（マスタープラン）が策定される前後の期間に該当する。原口はこの時代潮流に乗って、大都市を抑制する大ロンドン計画を批判する立場から国土空間の最適体系として大都市を頂点とする広域経済圏を提起し、そのヒエラルキー体系が機能的かつ効率的に展開されるとき、国土の経済利益が最大になるとの典型的な大都市論を展開している。以下は、関係箇所の抜粋である。

『技術者の夢――都市づくり、人づくり』

現在、有力な都市過密論、大都市分散論に対し、私は都市行政の実務家の立場から大きな疑問を持っている。大都市への人口・機能の集中は抑制すべきでないという考え方である。[52]

イギリス建築家協会会長であるエドワード・カーターは、イギリス政府が採っている一連のロンドン抑制策に根本的な疑問を投げかけている。大都市のポテンシャルな発展力を抑え、人為的な分散策を強行するのは、都市の発展論理と矛盾するし、効果も期待できないというのである。[53]

各都市に見られる交通混雑、水不足、住宅不足などのいわゆる〝過密現象〟といわれるもののすべてが、実は公共投資の不足、大都市行政需要に対する〝過少〟な行政投資の必然の結果にすぎない。[54]

現代都市は複雑である。ライトやコルビジェが考えたように、簡単には都市問題は片づかない。しかし二人の都市像は、現代の都市対策にある重要なサゼスチョンを与えている。それは現代科学と技術の駆使により、激しい勢いで流入する人と物と経済活動を受け入れる能力を大都市に与えることが必要であり、可能だということである。[55]

『過密都市への挑戦』

くたばれ大都市」という声を聞くが、それは過密症状に幻惑された迷言ではないだろうか。大都市がこれまで示したバイタリティーとエネルギーをいかに活用するかが、都市問題を解決する決め手である。「くたばれ大都市」ではなく、「がんばれ大都市」といいたい。(56)

「集積こそ分散を生む」。このパラドックスを理解しなければならない。効率のよい集中が無ければ、効率のよい分散も生まれない。私には不思議で仕方がない。大都市を抑制し、分散することによって何がもたらされるというのか。（略）所得格差とか過密・過疎という粉飾概念をすてて、白紙の立場で狭い国土と乏しい資源を生かす道を考えてみれば、そこには一般の経済法則である比較優位の原理がじゅうぶんに生かされなければならないことに気づくであろう。狭い国土を効率的に利用するためには、たとえば管理機能はそれにふさわしいところにというように利用形態の純化・特化を進めねばならない。(57)

このように投入資本をフルに稼働させる土地利用方法が、全体から得られる利益を最大にする。しかも機能を分担・特化し、分業することによって経済圏コンビナートとしての生産性が飛躍的に高まる素地ができる。さらにこの分業形態を一つの経済競争力として真価を発揮させるには、物と情報とエネルギーのコントロールセンターとしての大都市を頂点とする機能コンビナートを形成することである。(58)

空間にしても創意と技術により高層化、重層化を図れば、もっと機能的に都市空間を利用できるだろう。（略）日本の都市は貴重な空間、高い土地をじゅうぶんに開発しているとはいえない。山をひらき、海をひらき、道をつけ、橋で結び、空間をフルに活用すれば、物理的にも機能的にも国土空間はどんどん広がっていくであろう。そのために必要とされる技術もまたひらかれる。空へ伸び、海をまたぎ、山をひらくことによって、未来の都市づくりが約束されるのではなかろうか[59]。

一方、宮崎は都市経営に関する著作は多いものの、都市そのもののあり方を論じた論考はそれほど多くない。市長第一期目に書かれた『市民都市論』（日本評論社、一九七一年）がその代表的なものであり、宮崎はこの中で政府の戦災復興計画およびその背後にある大都市抑制論を批判して次のように云う。

> 終戦時の大都市の写真をみると、例外なく都心部は見渡すかぎり焼野原である。いま自治体は街路計画のため一軒の家屋移転にも辛酸をなめているが、戦災復興計画の縮小は悔いを千載に残したといえよう。（略）その計画の中で二つの特記すべき事項がある。第一は、復興計画がもくろんだ土地全面買収制（地券を発行したのち整理後の土地を交付して買い戻す一種の復興債権方式）が崩れたばかりでなく、復興計画の大幅縮小である。一一五の戦災都市が八五に削減され、一億八〇〇〇万坪あった復興面積は八五〇〇万坪に半減され、国の補助率も一〇分の八から三分の二に切り下げられた。第二は、復興計画の基本方針である。（1）一九五〇年目標に一九三〇年（昭和五年）水準を置く。（2）人口を地方に分散し農業を振興する。（3）過大都市は抑制する。東京都人口は計画上限を三五〇万人に抑える。緑地によってその膨張を抑える。（4）地方都市を振興させ自給的地方圏の形成を図る。このような復興計画における二つの顕著な事実に抜きがたい日本的都市計画の体質がうかがえる。一つは国家百年の大計である都市計画において財政的負担を惜しんだことである。（略）二つは、都市計画においては農本的色彩が濃い。大都市のデメリットを過大評価し、しかも集積のメカニズムを過小評価している。そのため、都市ごとに大都市をどうすれば住みよい効率的な都市とすることができるかという都市プロパーの政策意識が弱かった[60]。

「密集からは何も生まれない」として、地方都市の魅力を説き、過密都市を告発することは論理の飛躍がある。現代の大都市がどうして住みにくいか。それは人口の密度の高さとか、都市の巨大さからではない。都市自身の持つ問題としての都市づくりのルールとシステムに問題があったからである。生活資本を節約し、都市に人と企業を詰め込めば過密は起こるべきして起こる。（略）大都市否定か大都市肯定かではない。本質的な点は、大都市で何故に人間的な魅力がなく、自然的な要素が失われていくのか。この都市づくりの悪しき体質が捨象され、結果現象ばかりがやかましくいわれる。現在の大都市の像は痛々しい。しかし、都市活動に見合った社会資本、都市スケールに見合った空間設計、市民生活に見合った施設があれば、大都市に人間らしい生活空間を定着させることができるはずである。[61]

大都市への集積についていわれなき偏見と恐怖感をいだかないことである。（略）投資をすればするほど集中を誘発し巨大化をもたらすであろう。しかし、情報化・大衆化という社会変動の波にのった都市への集中を逆流さすことは現実にできない。問題は、都市を静止し固定して考えないことである。都市変動のサイクルの過程で起こる都市禍――都市計画の弱さによる土地利用の混乱、社会資本の節約による環境・機能の悪化、ビジョンの貧困による都市圏再編成の挫折――こそ防がなければならない。[62]

テクノクラート市長としての原口と宮崎に共通する都市思想は、現実的にしてかつ明快である。①大都市化は都市発展の必然的プロセスであり、これを抑制するのは都市発展の論理に背くもので現実的にも不可能である、②過密都市・過大都市と云われる現象は、都市計画の誤りや社会資本投資の不十分さに基づくものであって、都市の巨大化が原因ではない、③大都市問題の解決は可能であり、それは現代科学と技術の駆使により都市集中を受け入れる能力を大都市に与えることである――というものである。

二人の都市思想には、テクノクラート市長にふさわしく科学と技術の進歩に絶対的な信頼を置き、自らの能力で以てすれば大都市といえども計画的に制御することは可能だという大都市肯定論・大都市必然論に貫かれている。そこには戦災復興を成功裏に成し遂げた二人が、高度成長期の真っただ中に本格的なマスタープランを策定し、「大神戸」構想を実現する超長期のシナリオを構築したことによる気概と自信が溢れていた。それでは、原口・宮崎の自信作である一九六五年策定のマスタープランとはいったいどのようなものだったのであろうか。

第四節　二〇世紀神戸を方向づけた一九六五年マスタープラン

マスタープランとは一つの哲学である

「マスタープランとは一つの哲学である」。この有名な言葉で始まる『神戸市総合基本計画 一九六五』[63]は、一九六二（昭和三七）年八月から庁内の調査主任会議を中心にして策定作業が始まり、一九六五（昭和四〇）年二月に「計画原案」が作成され、同年一〇月に総合基本計画審議会で「計画本文」が承認された。本章では「原案」と「本文」を併せて検討し、六五年計画の意図と特質を解明したい。

六五年計画は、神戸市が高度成長の波に乗って都市間競争に勝利するため満を持して策定したマスタープランであり、とりわけ関西の雄である大阪市に「追いつき追い越す」ための都市成長計画であった。六五年計画は、目標年次を三〇年後の一九九五年（偶然にも阪神・淡路大震災発生の年）に設定し、一九六五年人口一二二万人を三〇年間で六〇〜八〇万人増加させて神戸を二〇〇万都市に成長させようとする一大計画であった。日本が高度成長期に突入する歴史的段階において原口・宮崎コンビによって策定された六五年計画は、戦前からの「大神戸」構想を受け継ぎ、戦災復興計画を土台にして神戸を「高度成長都市」に発展させるための本格的な広域計画であり、名実ともに二〇世紀の神戸を方向づけたマスタープランであった。

六五年計画はその後数次にわたる神戸市基本計画の指針となり、その計画哲学は七六年計画（第二次計画、一九七六年）、八六年計画（第三次計画、一九八六年）へと受け継がれ、阪神・淡路大震災直後の九五年計画（第四次計画、一九九五年）

においても基本的に修正されることはなかった。六五年計画はマスタープラン哲学を次のように語っている。(64)

神戸市が大都市であること、国際港都として広範な背後地を有すること、東の京浜大都市圏に匹敵する西の阪神大都市圏の一中核都市であることから、周辺都市はもとより、瀬戸内経済圏、西日本経済圏、大阪湾沿岸都市圏について、それらの計画のあるなしにかかわらず、またひとり神戸市の自我主張としてでなく広域的観点から計画立案に当たった。

全国総合開発計画では〝方向〟を示すに止まって、フィジカル・プランまで下した計画に乏しいきらいがある。（略）本来、フィジカル・プランともなれば最長期の土地利用計画を先ず持ち、それを共通の基盤として各省が実施プランを持つべきものである。最長期の土地利用計画とは少なくとも二〇年〜三〇年以上とわれわれは考えている。フィジカル・プランニングについては上位計画がほとんど皆無であり、また、いくつかのものがあってもプラン相互の調整が取れていないのが現状である。こういった調整は基礎自治体にあって初めて果たせるのであって、現段階において各自治体が長期のマスタープランを作成し、圏レベル・国レベルへ積み上げる方式をここで本計画において提唱したいのである。

本計画においては、神戸市の大都市としての地位を十分自覚して、国レベルにおける施設計画（例えば、港湾、交通など）、西日本・瀬戸内圏レベルにおける施設計画、近畿圏レベルにおける施設計画、大都市圏レベルにおける施設計画等を配慮し、広域計画への参加を果たそうとしている。

これらの文章から汲み取れる神戸市の「計画哲学」とは、およそ次のような趣旨のものであろう。①大都市マスタープランは、周辺地域も含めて広域的観点から計画されるべきものであること。②マスタープランは実現されなければ意味がなく、フィジカル・プランに裏打ちされなければ実効性を持ちえないこと。③フィジカル・プランを作成するには、その基盤として二〇〜三〇年にわたる最長期の土地利用計画を持たなければならないこと。④各種計画のフィジカル・プラン調整は基礎自治体にあって初めて可能であり、各自治体が長期マスタープランを作成し、広域圏・国の上位計画に積み上げていく方式が考えられること。

神戸市のマスタープラン哲学には、「大神戸」構想を下敷きにして戦災復興計画を練り上げ、大都市の中で唯一土地区画整理事業を完遂した神戸市ならではの自信と自負がみなぎっている。そこには、戦災復興から立ち上がった神戸が実効性のあるマスタープランを作成するには、その基盤となる長期の土地利用計画と計画を担保するためのフィジカル・プランが不可欠であり、現在のトレンドを延長すれば人口目標も開発目標も十分に達成可能だの楽観的見通しが関係者全体に共有されていた。

一九六〇年代という高度成長時代は、大都市集中が加速し、都市の経済や人口が予想を超える右肩上がりの成長を続けていた時代だった。このような時代にあってのマスタープランの主たる役割は、長期にわたる都市成長を支えるための土地利用とインフラ施設を整備することだと観念され、計画哲学もまた当然のことながら「フィジカル・プラン重視＝ハコモノ主義」に傾斜することになった。六五年計画はまさに高度成長時代の申し子であり、その舵取りを担うテクノクラート集団が神戸をリードした時代だったのである。

国家計画とリンクした開発成長型計画

六五年計画をより正確に理解するには、計画の内容はもとより計画された時期や背景についても検討する必要がある。以下、戦災復興計画と比較しながら順次説明を加えよう。

第一は、計画策定のタイミングである。戦災復興計画の策定が国の戦災復興院の立ち上げを睨んで始まったように、六五年計画も国の高度経済成長政策の動向にタイミングを合わせてスタートした。池田内閣の下で所得倍増計画（一九六〇年）、建設省道路整備五箇年計画（一九六一年）、運輸省港湾整備五箇年計画（一九六一年）、全国総合開発計画（一全総、一九六二年）など一連の国家計画が相次いで策定される中、六五年計画は一九六二（昭和三七）年から策定作業が始まり、三カ年有余を経て一九六五（昭和四〇）年に答申された。六五年計画は国の高度経済成長政策と軌を一にしたマスタープランであり、一全総や各省庁の長期計画など国の開発計画との連携を強く意識した計画であった。

第二は、計画審議会の組織陣容である。戦災復興委員会も元首相や国鉄幹部が参加するなど自治体レベルを超えたメンバーで構成されていたが、基本計画審議会にはさらに建設省、運輸省、道路公団、住宅公団、国鉄など国及び関係機関の幹部が多数参加し、その陣容は国関係一五名、兵庫県関係一三名、神戸市関係二九名、民間五一名、学者専門委員一八名、計一二六名に及ぶ異例の大規模なものとなった。[65] また審議会会長には建設省道路審議会会長が、副会長には運輸省港湾審議会委員が就任したことにも象徴されるように、六五年計画は道路や港湾などインフラ整備を中心にしたハコモノ重視の計画になった。

第三は、戦災復興計画が「神戸市を中心とせる地方計画＝神戸大都市圏計画」として構成されていたように、六五年計画もまたそれを上回る超広域計画として位置づけられた。計画区域は「基本対象区域＝現神戸市域」と「関連対象区域＝神戸市周辺の市町」に区分され、計画区域は神戸市を中心とする半径三五km圏内の市町（明石市、三木市、三田市、宝塚市、西宮市、芦屋市および稲美町、吉川町、淡路島全町）を全て包含するものとなった。[66] これは、戦災復興計画の計画区域（半径二〇km圏）をさらに淡路島（三五km圏）まで拡げたもので、その射程には原口が念願とする明石鳴門架橋の実現に加えて、兵庫県・神戸市が一九六六（昭和四一）年五月に共同発表する予定の「淡路島新空港案」（関西第二空港）の構想があった。

第四は、神戸という都市の性格付けである。戦災復興計画では「国際的貿易海運都市とし、これに付随して商工業都市、文化都市ならびに観光都市たる性格を併有せしむる」というものであったが、六五年計画では「神戸の広域的役割、西日本の中核たる阪神都市圏の西の核（柱）であり、また将来我国経済の重心となるであろう瀬戸内経済圏の東の核となる」という新たな広域的規定が付け加えられた。[67] これは原口の持論である「神戸は東海道本線と山陽本線を結び、名神高速道路の終点であり、瀬戸内航路のかなめである。陸のメガロポリス東海道と水のメガロポリス瀬戸内の橋渡しをする位置にある。神戸の都市づくりは日本の都市づくりにつながる」との大神戸論を具体化したものであり、高度成長時代の国土像と神戸像を結合したものであった。

このように六五年計画は、淡路島を含めて神戸市を中心とする半径三五㎞圏内の市町全てを「関連対象区域」として包含し、周辺自治体にとっても多大の影響を与える計画であった。しかし審議会には兵庫県関係者は参加しているものの周辺自治体関係者は参加しておらず、また自治体間で話し合いや調整がおこなわれた形跡もない。このことは、戦災復興計画の「神戸市を中心とせる地方計画」において「都市計画の綜合協議により関係区域内の各都市計画を綜合計画するよう調整するものとす」との留意事項が形骸化していることを意味する。また、各自治体が長期マスタープランを作成して相互のフィジカル・プランを調整し、広域圏計画として積み上げていくという神戸市のマスタープラン哲学にも反している。その意味で六五年計画は、行政区域を越えて周辺町村を都市計画区域に組み込んだ大都市中心の戦前都市計画の残滓を色濃くとどめており、広域計画との名のもとに周辺自治体の自治権を侵しかねない権威主義的性格を持った計画であった。

六五年計画の目指す都市像

六五年計画の計画趣旨が「神戸市が大都市であること、国際港都として広範な背後地を有すること、東の京浜大都市圏に匹敵する西の阪神大都市圏の一中核都市であることから、周辺都市はもとより瀬戸内経済圏、西日本経済圏、大阪湾沿岸都市圏について広域的観点から計画立案に当たった」とあるように、六五年計画が目指した目標は、詰まるところ神戸港を飛躍的に拡充して神戸を本格的な国際港都に発展させること、そして広大な後背地を開発して神戸を瀬戸内経済圏・西日本経済圏の中核都市（二〇〇〇万人都市）に成長させることの二点であった。具体的には、前者の課題に対応するのが「海上都市開発構想＝ポートアイランド計画」であり、後者が「西北神開発構想＝西神ニュータウン計画」である。

これは「西神地区は阪神経済圏と播州経済圏の接点に位し、本州―淡路―四国へのルートの付け根に当たり、また明石から北方日本海方面への都市集落帯の一環をも成している」と、神戸が西日本経済圏の中核都市として発展するための戦略拠点として西神地区の立地条件が高く評価されていたからである。(68)一方の港湾計画については、すでに当時、神戸市と運輸省第三港湾建設局（神戸港を所管する地方港湾局）との間で「ポートアイランド計画」に関する協議が進められており、運輸省港湾審議会の承認を待つばかりになっていた。(69)

六五年計画は、三〇年後の神戸の都市像をどのように描いたのであろうか。マスタープランのなかで都市構造を規定するのは主に土地利用計画と人口配分計画であり、限られた土地空間をどのように利用するか、そこに人口をどのくらい配分するかで都市の骨格が決まると云ってもいい。六五年計画は、現在人口一二〇万人を三〇年後に一八〇万人とし、その増加人口六〇万人を西神地区三五万人（開発面積四九㎢）、北神地区二五万人（同二五㎢）に配分するとした。つまり過大都市化の弊害を避けるため、既成市街地人口一二〇万人はこれ以上増やすことなく旧市街地（一〇〇㎢）の再開発を進め、増加人口の全ては新規開発の西北神地区（七四㎢）で受け止めるというものであった。計画は次のように云う。

（1）西神ニュータウン、既成市街地内への人口・産業の流入集中過密を防止し、また積極的に西神地区に一つの副都心的機能を集中立地せしめる意味において、ニュータウンを建設する。（2）北神ベッドタウン帯、既成市街地内の住居地不足に対処し、同時に北神開発の一環としてベッドタウン帯を造成する。（3）上記以外の西北神地区は、大都会近郊農業地帯として整備される地域、および緑地保存地域として自然の維持・保存のなされる地域とする。ただし、緑地保存地域の中の各所に市民のためのレクリエーション地を拠点的に開発する。(70)

西神ニュータウンは、従来屡々造成されているベッドタウン的な単なる住宅団地ではない。神戸旧市街地の分身としての性格、云わば「衛星市街地」としての性格を持つよう設計したい。住民生活の大部分がニュータウン内で自足でき、特別な機能のみを旧市街地に依存するという関係に置く。一個の「都市」と云った性格に育成するには、できるだけ多くの機能を導入育成するよう努めなくてはならない。日常生活の機能、生産機能、流通・交換の機能、消費機能、流動・移動の機能、管理中枢機能、情報交換の機能、そして第三次・第四次産業的機能に大きな考慮を払わなくてはならない。(71)

（西神ニュータウンの）主たる三つの地区について、その概略を述べてみたい。（1）工場地区、大中小工場群と研究所等が緑地の中に混立するインダストリアルパークとする。（略）工業地区には次の諸施設が重点的に配置・敷設される。（イ）工業水道、排水路、工業用電力、原子力発電所など、（ロ）製品・原料搬出入道路網、（ハ）通勤者の為の大量輸送交通機関（鉄道）の便を整備する。（2）住居地区、従来の狭小なる鉄筋高層住宅の冷たい林立は造らない。この住居地区には、土に密着した家屋や生活を楽しむに充分なゆとりを有する広さの高層住宅が緑の中に並ぶような住居作りを計画する。（3）ニュータウン都心部、ここには大量交通機関である鉄軌道、ハイウェー等のターミナルを中核として、業務・管理部門・商業センター、娯楽・歓楽街を発達せしめる。場所は工業地区と住居地区との中央あたりとする。(72)

以上のように、六五年計画における西北神開発は、三五万人を収容する本格的な西神ニュータウンと二五万人を収容する北神ベッドタウン群を新規開発することにより、母都市神戸（旧市街地域）から相対的に自立した衛星都市を西神地区に建設し、神戸を旧市街地域と新市街地域からなる「ツウィンシティ」（双子都市）として発展させようとする野心的な計画だった。それはまた、一九六五（昭和四〇）年五月に東海発電所で日本初の商業用原子炉として発電を始めたばかりの原子力発電所をインダストリアルパーク（工場地区）に設置しようという「最新」のニュータウン計画でもあった（大量の冷却水を必要とする原子力発電所が大河川のない西神地区では技術的に不可能であることが判明したのか、それとも別の理由によるものか、本文では原子力発電所は削除された）。

なお文中では直接触れられていないが、ポートアイランド計画が大阪港と神戸港を一体化する「大阪神港」に対抗して立案されたように、西北神開発も大阪のニュータウン計画に対抗して立案されたことは想像に難くない。ちなみに西北神開発の規模がどれほど巨大なものであったかというと、当時「日本最初の本格的ニュータウン」と云われた大阪の千里ニュータウン（一九六〇～七〇年）が計画人口一五万人、開発面積一一㎢、泉北ニュータウン（一九六五～八二年）が一八万人、一五㎢であったことを思えば、西北神開発は計画人口で千里・泉北ニュータウン計画の二倍弱、開発面積で三倍弱にも達する大規模計画であった。六五年計画の計画期間が三〇年という超長期になったのは、これほどの大規模開発計画を実現に移していくためには三〇年が必要最小限の期間だと考えられたからであろう。

六五年計画のプランニング・セオリー

六五年計画における新規開発と並ぶ市街地再開発の基本方針は、「市街地内土地利用はできるだけ純化（もしくは複合純化）をはかり、平面的のみならず立体的用途地区利用の考え方を採用する。都市機能の充実と合理的配分を行う」[73]というものであり、計画内容は大きくは都心形成と近隣住区計画に分かれている。ここで特徴的なのは、原案にも本文にも「修復」「改良」「更新」「保存」といった市街地保全につながる言葉がまったくなく、全てがスクラップ・ビルドを意味する「開発」「再開発」というキーワードで括られていることである。つまり六五年計画では、開発が進んでいない郊外は新しく市街地を開発し、既成市街地は全て再開発するという二分法的な発想が支配的であり、それがプランニング・セオリーだと云ってもよかった。このセオリーの趣旨を最もよくあらわしているのが、基本方針の中の「市街地再開発と西北神地区の開発」に関する一節である。

既存都市に於ける市街地は、すでに述べたように極めて乱雑な土地利用の形態と人口過密による都市機能の渋滞及びマヒの状態が現れている。従って、この期において既成市街地を再形成することが必要であり、これをまって非市街地の今後のあるべき姿を定めることが要求される。本計画の基本的な考え方としては、既成市街地全般を再開発して近代都市に相応しいような立体化を実現すると共に、他面、公共空地、緑地をできる限り多く設けて都市環境の整備拡充を計り、そうして都市の若がえりをおこなう必要がある。反面、西北神地域においても市街地再開発との関連において合理的、総合的な開発計画を樹立するものとする。市街地再開発及び西北神地区開発にあたっては生活環境の整備充実に重点を置き、住居地に近隣住区の手法を採り入れ、公共施設の整備された住みたくなるような町づくりを行う。[74]

ここで云う既成市街地の再開発とは、「再開発とは、積極的な都市生活の向上を基本的態度として、土地利用の合理化、都市機能の向上、居住環境の整備、都市災害の防止等の観点から都市秩序の再編成を図ることである[75]」とあるように、具体的には「都市の若がえり」のためにおこなわれる外科手術の役割を果たすものであり、近代都市に相応しく土地利用を立体化し、公共施設や緑地を設けて都市環境の整備拡充を図ることを意味している。これは戦後に形成された大都市の密集市街地の弊害が高度成長期の大都市集中によって一段と深刻化し、「その弊害は都市生活の混乱と危険性の増大および都市機能の低下をきたしつつある。神戸市においては未だ東京・大阪までには至らないが、現状のまま放置すれば近い将来、過大都市の弊害が現れてくるのは明らかである。これらの弊害を根本的に治癒し、経済活動の円滑な運用および快適な市民生活の確保等を可能ならしめるためには、総合的かつ計画的な都市の若がえり、すなわち市街地再開発にまつ以外にはない[76]」と認識されていたからであろう。

しかしそうは云っても、一方では「都市計画方法としての近隣住区単位による計画方法は、住居地域の計画方法として最も優れた計画方法であるが、近隣住区の理想的形態を実現することはきわめて困難である[77]」と認識されていたことも事実である。また神戸の市街地は、下町の密集市街地ばかりでなく良質な住宅地が山手一帯に広がっていて、居住環境の水準は東京や大阪よりもはるかに高かった。そのような良好な環境にある住宅地までも「再開発」の対象に位置付けるのは明らかに行き過ぎであり、むしろ「修復」「改良」「保全」といった漸進的計画手法を採用する方が適切であった。

この点に関しては、すでに審議途中においても同様の指摘がなされている。審議会専門委員への基本計画原案に関するアンケートによれば、既成市街地の再開発に関しては、「再開発の手法としては、全面的な改造（いわゆるredevelopment）の他に部分的改造（rehabilitation）、あるいは保存（conservation）等の手法を併用し、神戸としての価値ある環境の保全に努めるということを述べておく必要はないか」、「用途の純化は原則的に正しいが、中小企業の将来を考えた場合、商住混合のみならず、公害の虞れのない業種については工住混合も認める余地があるように思う。それと併せてマンハッタンに見られる高級衣料産業のような flat 形式の導入も考える必要がある。新しい形における職場と住宅の接近を図るためである」（小川委員、都市センター研究員）という意見とか、「再開発には地区再開発、地区修復、地区保全、近隣改善などいろいろの手法があるので、地区の特性に応じた手法を選定することが必要で、このためには地区別の詳細は調査をおこなう必要あり」（日笠委員、東大教授）といった傾聴すべき見解が表明されていた。[78]

しかし本文にはこれらの意見が反映された形跡はなく、近隣住区計画理論が既成市街地全域にわたって機械的に適用され、六六近隣住区（住居専用地区四六住区、混合地区二〇住区）が「再開発」の対象区域に設定された。これは「都市の若がえり」が六五年計画の主目標であり、そのためには「再開発」という外科手術的手法が特段に重視されていたからであろう。このように六五年計画は、近代都市計画理論にもとづく土地利用ゾーニング（用途純化による土地整序）、都市機能の合理化と高度化のための立体化、そして居住環境整備のための近隣住区計画などに依拠して、過密混雑した既成市街地を整然とした近代的市街地に変えようとするテクノクラートの計画思想に貫かれていた。

言い換えれば、六五年計画のプランニング・セオリーには、計画の力によって都市を若がえりさせる、すなわち再開発によって都市を近代的に改造する（できる）とする「計画神話」と「開発信仰」が固く結合しており、加えて物的環境さえつくれば計画目的は自然に達成されるという「物的環境（ハコモノ）主義」が三位一体的に融合していた。このセオリーはまた、計画や開発の主体は公共デベロッパーである神戸市であり、それを率いるのはテクノクラートだとする「官主導」の立場を前提とするものであった。そこには「足に靴を合わせる」という柔軟な現実思考ではなく、「靴に足を合わせる」ような硬直的な計画思想が支配しており、市民・住民とともに市街地を漸進的に改良・更新し、コミュニティ形成と併せて良好な居住環境を形成していくという「まちづくりの思想」はゼロに近かったのである。

おわりに

「大神戸」構想は、国土における人口のプラスサム状態と大都市圏への人口集中を前提に推進されてきた巨大都市構想であった。経済成長と人口増加が右肩上がりで推移するという高度成長を前提に、地方圏の余剰労働力を大都市圏が吸収して成長するという「上昇シナリオ」が描かれ、神戸はその受け皿となるマスタープランづくりに一路専心してきたのである。

高度成長期の大都市集中を背景にした六五年計画の策定当時、神戸は市中心部と郊外周辺部が共に人口増加するというプラスサム状態を反映した典型的な「都市成長期」（中心部＋、周辺部＋）の段階にあった。しかしその後、港湾依存型の重工業偏重の神戸経済は拡張用地の制約等からその後の産業構造の転換に機敏に対応できず、本社機能や新鋭工場の市外流出が相次ぐなど一九七四・七五年世界同時不況を契機に市中心部では空洞化現象が一挙に顕在化した。それが明確な形となってあらわれたのが六五年計画以降の人口推移であり、周辺五区（東灘区、北区、須磨区、垂水区、西区）では六五年から七五年にかけて年平均二・七万人増加したのに対して、中央四区（灘区、中央区、兵庫区、長田区）は逆に年平均一・二万人減少するという空洞化現象が顕わになった。

このことは、大都市への人口集中が国土全体としては鈍化し、東京圏を除く大都市人口が次第に「ゼロサム」状態に近づきつつあることを示唆するものであった。都市成長期においては周辺部と中心部がともに成長する「ウィンウィン関係」が可能であったが、人口がゼロサム状態に近い情勢のもとでは、周辺部人口の増加は中心部人口の減少を招くという「トレードオフ関係」が主たる局面に転化するからである。神戸は明らかにこの時点で、「都市成長期」（中心部＋、周辺部＋）から「都市成熟期」（中心部－、周辺部＋）に差しかかっていたのである。

その後の事態は、「第二次神戸市基本計画」（七六年計画）の強気の人口目標にもかかわらず、七五年から八五年への人口推移は八五年目標の市人口一六〇万人に対して一四一・一万人（▲一二％）、既成市街地は一二〇万人に対して一一二・三万人（▲六％）、西北神地域は四〇万人に対して二八・八万人（▲二八％）といずれも目標を大きく下回った。北神地域などの郊外開発が近隣地域（周辺自治体）からの人口の受け皿になることはあっても、神戸市内のインナーシティ（中央四区）から人口を吸い上げることはないとする成長型マスタープランの前提は大きく崩れ、一九八一年から八五年の五年間に中央四区から周辺五区への転入超過人口は三万人を超えた。[79] これはもはや「人口予測の誤り」というレベルを遠く超え、「政策上の誤り」ともいうべき深刻な事態の出現であった。

注

（1）奥中喜代一「神戸市の発展と水面の利用及山地の開発」『第四回全国都市問題会議総会　研究報告　第一議題甲編　其一（都市環境の改善）』一九三四年、一二六頁。
（2）本籍地以外の住所又は居所に在住する者［引用者註］。
（3）奥中「神戸市の発展と水面の利用及山地の開発」。
（4）洲脇一郎「明治・大正期の市域拡張――都市の膨張と『大神戸』構想」『都市政策』第五五号、一九八九年四月、一一二―一一四頁。
（5）斎藤千次郎「大神戸計画意見、神戸市ノ将来」『市区改正調査委員会及市区改正委員会業績概観』神戸市役所都市計画部、一九二三年一一月、一二五―一三七頁。
（6）阿部環「続神戸市長物語（一）勝田銀次郎」神戸市紀要『神戸の歴史』第七号、神戸都市問題研究所、一九八二年一〇月、

七六、八七頁。
(7)勝田銀次郎「大神戸市論」『神戸又新日報』一九二〇年一月二日。
(8)内務大臣官房都市計画課『都市計画要鑑』第二巻、一九二二年、一六五頁。
(9)洲脇「明治・大正期の市域拡張」。
(10)『神戸市史　第三集　行政編』一九六二年、三四九―三五〇頁。
(11)『新修神戸市史　歴史編Ⅳ』一九九四年、四五五―四五六頁。
(12)神戸市会合併調査委員会中間報告「隣接町村合併への要望」『神戸市会史　昭和編（一）』一九七三年、二〇八頁。
(13)神戸都市協会昭和一五年総会決議『神戸市会史　昭和編（一）』一九七三年、二一四―二一五頁。
(14)同右、二一三―二一四頁。
(15)阿部環「続　神戸市長物語（二）野田文一郎」神戸市紀要『神戸の歴史』第八号、一九八三年三月、二八―二九頁。
(16)神戸商工会議所『南進拠点大神戸建設構想』一九四二年。
(17)原忠明『激動期　六人の神戸市長』神戸オール出版、一九八八年、五四―五七頁。
(18)建設省編『戦災復興誌』第一巻、都市計画協会、一九五九年、一九頁。
(19)建設省編『戦災復興誌』第一〇巻、都市計画協会、一九六一年、五七八―五八〇頁。
(20)『新修神戸市史　歴史編Ⅳ』九〇八頁。
(21)『戦災復興誌』第一巻、一―三頁。
(22)同右、五六―六〇頁。
(23)同右、三頁、一八八頁。
(24)『神戸市会史　昭和編（一）』七四六―七四七頁。
(25)『戦災復興誌』一〇、五八五頁。
(26)『神戸市史　第三集　行政編』三三四―三四九頁。
(27)『戦災復興誌』一〇、五八六―五九五頁。
(28)本荘雄一「マスタープランから見た神戸づくりの変遷」神戸都市問題研究所編『都市政策』第一四三号、二〇一一年四月、五六頁。
(29)『震災復興誌』一〇、六一八、六四一頁。
(30)阿部環「続神戸市長物語（三）中井一夫」神戸市紀要『神戸の歴史』第九号、一九八四年一月、五〇頁。
(31)原口忠次郎『わが心の自叙伝』のじぎく文庫、一九七一年、五二―五七頁。
(32)原口忠次郎『技術者の夢――都市づくり、人づくり』ダイヤモンド社、一九六五年、八三頁。
(33)越沢明『満州国の首都計画――東京の現在と未来を問う』日本経済評論社、一九八八年、九三―一〇〇頁。

(34) 西澤康彦『海を渡った日本人建築家――二〇世紀前半の中国東北地方における建築活動』彰国社、一九九六年、一一七頁。
(35) 原口忠次郎『過密都市への挑戦――ある大都市の記録』日経新書、一九六八年、三頁。
(36) 原口『わが心の自叙伝』四五―五〇頁。
(37) 原口忠次郎「西日本建設大臣の二〇年」『日本経済新聞』一九七〇年一月二四日付。
(38) 自由民主党政務調査会・都市政策調査会『都市政策への提言　その五（原口忠次郎、志村富寿）』政調・都市政策調査会記録第一八号、一九六七年。
(39) 阿部「続　神戸市長物語（二）野田文一郎」、二八頁。
(40) 宮崎辰雄『神戸を創る――港都五十年の都市経営』河出書房新社、一九九三年、七八―八一頁。
(41) 罹災面積と当初計画決定面積は『震災復興誌』第一巻、一六―一九頁、一八二―一八七頁、施行面積は国土交通省都市局市街地整備課「都市問題の変遷と市街地整備施策のこれまでの取組」二〇〇七年、三頁。
(42) 座談会「神戸市建設行政を振り返って」神戸市紀要『神戸の歴史』第四号、一九七一年八月、三八頁。
(43) 阿部「続神戸市長物語（三）中井一夫」五二頁。
(44) 宮崎『神戸を創る』一一六頁。
(45) 原口『わが心の自叙伝』序に代えて。
(46) 宮崎辰雄『私の履歴書――神戸の都市経営』日経事業出版社、一九八五年、一三―一四頁。
(47) 小野清美『テクノクラートの世界とナチズム――「近代超克」のユートピア』ミネルヴァ書房、一九九六年、四四、五二、二〇四頁。
(48) 大嶽秀夫「テクノクラシー論の再構成」『レヴァイアサン』第四号、木鐸社、一九八九年四月、七―八頁。
(49) 原口忠次郎伝編集委員会編『技術に生きて――原口忠次郎伝』原口忠次郎顕彰会、一九八三年、一一八―一一九頁。
(50) 宮崎辰雄「都市の実際的運営」柴田徳衛・石原舜介編『都市の経営』（NHK市民大学叢書一六　現代都市学シリーズ〈2〉）、日本放送出版協会、一九七一年、二三六頁。
(51) 広原盛明編著『開発主義神戸の思想と経営――都市計画とテクノクラシー』日本経済評論社、二〇〇一年、第二章「開発主義とテクノクラシー」四九―八〇頁。
(52) 原口『技術者の夢』はしがき。
(53) 同右、第Ⅰ部2「大都市肯定論」ハワードの罪、三三頁。
(54) 同右、第Ⅰ部2「大都市肯定論」公共投資の不足が問題、四九頁。
(55) 同右、第Ⅰ部3「新しい都市像」自然主義的都市像と機能主義的都市像、五七―五八頁。
(56) 原田『過密都市への挑戦』まえがき。
(57) 同右、第3部Ⅱ・2「国土づくりの最適体系」一七三頁。

(58)同右、一七四頁。
(59)同右、第3部Ⅱ・3「国土開発エネルギーの定着」一八〇頁。
(60)宮崎辰雄『市民都市論』日本評論社、一九七一年、戦災復興、四頁。
(61)同右、過密都市の弁明、六三―六四頁。
(62)同右、六五頁。
(63)第一次神戸市基本計画。
(64)本文、広域計画との関連、三八頁。
(65)本文、三九―四〇頁。
(66)本文、一頁。
(67)本文、一頁。
(68)本文、九頁。
(69)神戸市『ポートアイランド――海上都市開発の一五年』一九八一年、二一―二六頁。
(70)本文、三頁。
(71)原案、一七頁。
(72)原案、一七―一八頁。
(73)本文、五頁。
(74)原案、三頁。
(75)原案、七頁。
(76)原案、三頁。
(77)原案、一二頁。
(78)『神戸市総合基本計画原案内容についての専門アンケート、専門委員意見集』神戸市総合基本計画審議会、一九六五年、七、二九頁。
(79)『インナーシティ総合整備方策懇談会報告書』神戸市、一九八七年、六四頁。

第2章　臨海開発、公害対策、自然保護
——高度成長期横浜の環境史

小堀　聡

はじめに

自分が嘗て都市計画界の世界的指導者レイモンド・アンウィン博士に合つ《（ママ）》た時、彼は都市計画に於て忘れてならないものはライフに関する関心であり、それは特にシイサイド（臨海地帯）に於て重要であると教へた。……（略）……「日本の港湾の現状は」概ねひたすら埋立地造成と臨港地区完備に集中せられ（此とて容易ではないが）他は大なり小なり自然発生的、便宜的に放置されていた様に見へる。ましてや都市に対する関心は殆どされて居らざる如くである。……（略）……それがどの位の不幸を胚胎するかは今後の日本の重心が港湾にかゝるに従い歴然となつて来様。[1]

都市計画家の石川栄耀は、その死の三年前、日本の港湾計画をこう批判した。「生活」を重視した都市計画を、紆余曲折を経つつも、戦間期から晩年まで一貫して追求し続けた石川らしい発言である。

だが、日本がその後高度成長を達成しえたのは、石川が「不幸」とみなすような臨海開発を進めたからでもあった。この「不幸」の背景は「日本の高度成長は、狭い国土をより狭く使って、集積利益を最大限にあげることによって進

められた」ことである。産業基盤整備は大都市周辺の太平洋ベルト地帯と称される地域に集中し、企業はその市場やインフラを徹底的に利用することで利潤を追求した[2]。そして、工場用地の確保策として広く用いられたのが、臨海工業地帯の造成である。地方自治体が漁業補償や浚渫・埋立によって航路や用地を提供し、それに石油精製、化学、鉄鋼、火力発電といった資源・エネルギー多消費型産業が進出することで、重化学コンビナートが太平洋ベルト地帯各地に建設された。臨海工業地帯の造成は、用地を安価に獲得するだけではなく、大型船舶を活用し、資源・エネルギーを世界中から低廉・安定的に輸入する上でも「経済合理的」であり、またこのような合理的な構想がエネルギー革命（国内の水力・石炭から輸入原油への一次エネルギーの転換）に象徴される資源の対外依存を急速に進展させたのである[3]。

そして、最大限の集積は利益と同時に不利益をもたらす。開発に伴う汚染物の集積は深刻な公害を生み、埋立に適した太平洋ベルト地帯の臨海部では、自然海岸が激減する一方、工場敷地のように市民が立ち入り不可能な地域が増加した[4]。高度成長は「生活」と海とのかかわりを希薄にしたのである。

公害による健康被害や破壊された自然・景観の多くは不可逆的な損失である。だが、一九六〇年代末葉以降、公害対策基本法や環境庁設置に象徴されるように、公害対策や環境保全が進展し、一定の効果を挙げてきたことも事実である。その原動力は何だったのか。この点について最も包括的な説明を提供したのは宮本憲一である。宮本は日本の公害・環境政策の独自性として、革新自治体の成立（自治体改革）と公害裁判を強調した。住民要求の強い地域では、環境保全に積極的な首長を選出することで政府よりも先進的な環境政策を実現した一方、企業城下町など公害反対の世論の弱い地域では、少数派とされた被害者が裁判所に救済を求めたのである。これらはともに政府への圧力となり、国政レヴェルでの政策転換につながった。日本の公害・環境政策を牽引したのは政府でも大企業でもなく、各地域の住民であった[5]。

宮本の議論の特徴は、公害問題とアメニティ問題（景観や自然環境の破壊）をともに環境問題の一領域として、しかも連続した問題として把握している点にある。これは、アメニティの悪化が累積するなかで公害が発生すると宮本が考えるためである。[6]これに対して、公害問題と環境問題との断絶性を指摘したのが友澤悠季である。[7]友澤は、一九七〇年を挟んで「公害」から「環境」へと概念が変わるなかで、差別や格差といった「公害」概念が提起していた「問い」が捨象されていくことを指摘すると同時に、この社会状況下で独自の研究を進めた飯島伸子の生涯を描いた。友澤の研究は、公害、環境、自然、景観といった諸問題の担い手が現実には必ずしも一致しないことに注意を促すとともに、担い手間での利害対立の可能性も示唆している。公害問題とアメニティ問題とが理論的には宮本の指摘通り連続しているにせよ、当事者がそれを正確に認識し、行動しているとは限らない。したがって、公害対策、自然保護など環境政策の諸領域が、それぞれどのような主体によってどのように進められたのかを地域レヴェルで具体的に解明することは、日本の環境政策の遺産や失敗をより豊かに継承することにつながると同時に、日本やさらには東アジアの環境政策の特徴を世界史全体のなかに位置づけることにも寄与するであろう。各国の環境政策史を諸主体の動向の違いに注目して比較する作業は、欧米圏でも広くおこなわれている。[8]

高度成長期の地方自治体や地域住民が公害と自然破壊とにどう対応したのかを考察する上で貴重な例を提供しているのが、横浜市の臨海開発である（図2-1）。それは、次の三つの理由による。第一に、平沼亮三、半井清を市長とする一九五一～六三年の保守市政は、根岸湾や本牧沖に大規模な臨海工業地帯を造成し、自然海岸の喪失や臨海部の景観破壊をもたらした。第二に、横浜では一九六三年に日本社会党の飛鳥田一雄（一九一五―九〇年）を市長とする革新市政が成立しており、それは根岸湾での公害問題が本格的に懸念される時期でもあった。公害に対して飛鳥田は「横浜方式」と称される先駆的な対応をとり、これはその後各地の自治体に広がっていく。これが第二の理由。そして第三の理由は、飛鳥田の開発政策である。飛鳥田市政は根岸湾南の金沢地先埋立を決定し、横浜の自然海岸を全長五〇〇mの野島海岸を除いて消滅させた。つまり、飛鳥田は革新市政であるが、公害防止と同時に臨海開発も積極的におこなったのである。事実、金沢地先埋立では地元住民の一部と自然保護活動家とを中心とする埋立反対運動が展開された。

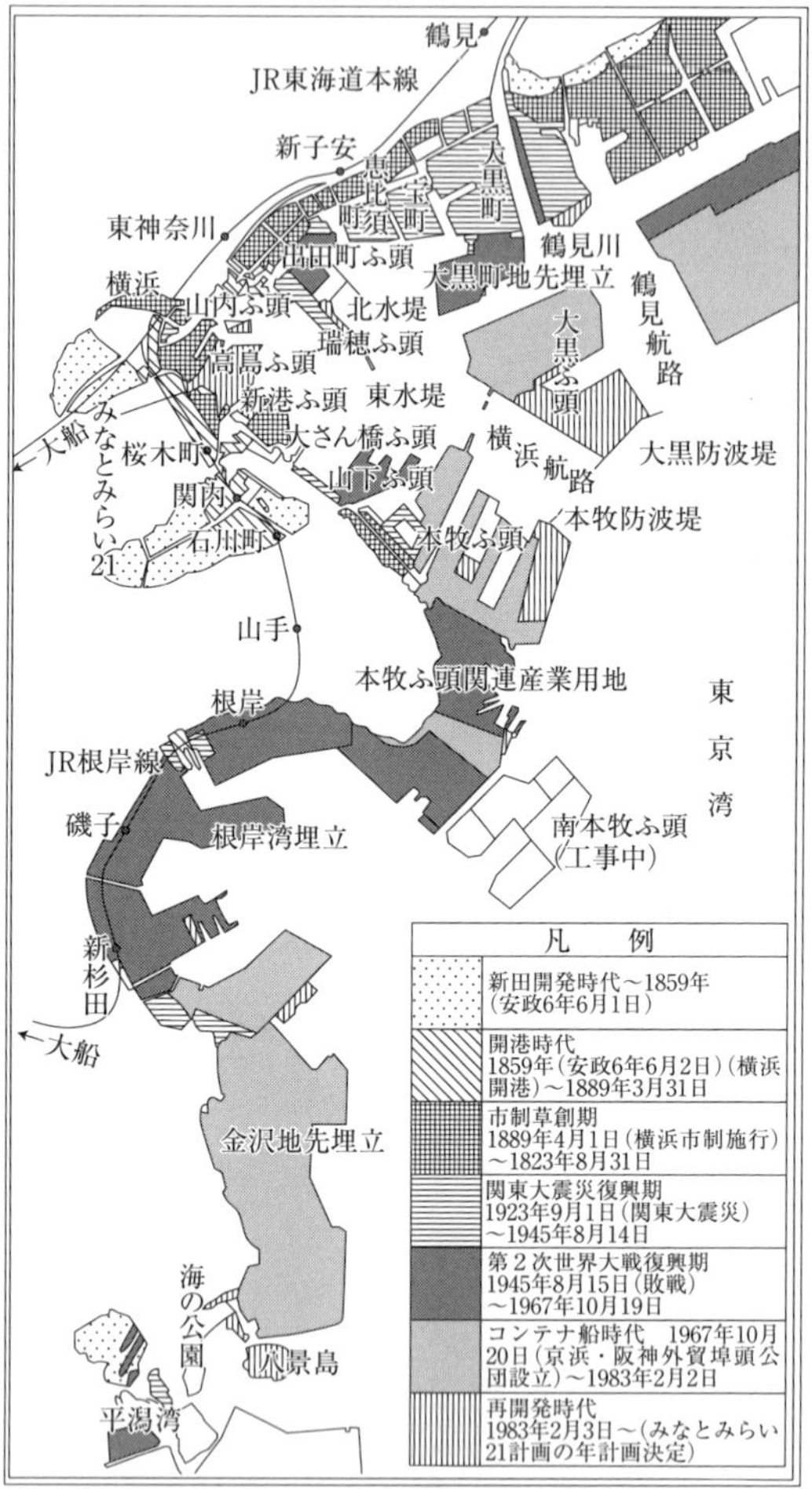

図 2-1　横浜における埋立の変遷

資料）若林『東京湾の環境問題史』182 頁。

注）原資料は横浜市港湾局提供。

飛鳥田市政の公害対策と臨海開発については、横浜市史編さんに関連する研究が蓄積されている。(9)(10) ただし、金沢地先埋立については、おもに中小企業政策の観点から研究されており、自然保護問題からの検討はあまりなされていない。また、公害対策についても、住民運動の特徴や政策手法について加味すべき点や、臨海開発と関連させつつ検討するなかで浮き彫りになる点がまだあると思われる。これらのほか小林照夫は金沢地先埋立における漁業者の反対運動と漁業補償・転業対策について分析しているが、(11) 自然保護を理由とする反対運動については扱っていない。また、伊藤康は根岸湾に進出した東京電力・東京瓦斯の公害対策に自主的な側面があったことを実証するとともに、それを引き出した飛鳥田市政の役割と限界を明らかにした。(12) 横浜方式の実態を検証する上で貴重な研究である。

そこで本章では、根岸湾および金沢地先における横浜市の臨海開発と公害・自然保護問題の経過を行政と住民との協調・対立関係に留意しつつ解明する。以下、保守市政期の根岸湾開発、飛鳥田市政期の公害対策と金沢地先埋立について節を分けつつみていく。

第一節　保守市政期の臨海開発

臨海工業地帯の普及

横浜市の分析に入る前に、臨海工業地帯が太平洋ベルト地帯を中心に普及していく過程を確認しておく[13]。今日、臨海工業地帯と称されるような産業基盤投資が進展したのは、両大戦間期のことであった。その嚆矢が浅野総一郎の埋立事業である。浅野は一九〇八年から鶴見・川崎一帯で工業用地の確保を目的とした埋立事業を進め、二〇年代末には当初計画の完成にこぎつけた。さらに、三〇年代から戦時期にかけて、工業化を目的とする埋立計画がさまざまな主体によって各地で立案・実施された。この際、浅野の埋立事業を「工業港」と命名した上で理論化し、普及を進めたのが鈴木雅次ら内務省土木局である。

鈴木の定義によると、工業港とは、①工場専属の港で、②入港船舶は工場地先へ直接横付けされ、③その工場の原料または生産品を荷役するものである。すなわち、それまでの港湾の主流は商港であり、この場合原料や製品は港に荷揚げされたのち、後背地の工場まで陸路で流通していたのであるが、大量生産体制の確立とコスト削減の必要とから、臨港地帯に工場を建設することの利益が注目されはじめたのである。しかも土木局は、「海上運賃に要する費用は、同一距離の陸上運送に要する費用の一〇分の一以下で済むのが普通であるから、我が国のごとき四面環海の国は、世界のどこからでも、きわめて安い運賃で、原料を輸入し得る便宜を有する」のであり、「国内に原料のないことそれ自体は、工業の発達に必ずしも不利不便とは云ひ得ない」との理由で、工業港開発を促進するよう訴えた[14]。高度成長期に大型船舶を駆使して世界各地から資源・エネルギーを輸入する状況を先取りした議論といえよう。

日中戦争期には臨海工業地帯という用語も定着し、ついで高度成長の始まる一九五五年頃から、埋立地の造成とそれへの工場誘致が盛んになった。ただし、これを主導したのは国家ではなく地方自治体であった。雇用問題や財政難を背景として、太平洋岸の大都市とその周辺各地の自治体とが互いに競争しつつ、臨海開発を進めたのである。太平洋ベルト地帯構想を明記した六〇年の国民所得倍増計画は、五〇年代後半における地方自治体の開発競争をオーソライズしたものであった。そして、六四年には工業整備特別地域（工特）が指定され、鹿島や播磨など太平洋ベルト地帯でも開発が比較的遅れている地域に臨海コンビナートをつくることが国策として正当化された(15)。

とはいえ、内務省土木局の工業港構想と太平洋ベルト地帯とは、ある一点で鋭く対立するものであった。それは、工業港が工業地帯の地方分散も目的としていたことである。鈴木らの考えによれば、工業港はそれ自体が後背地を成しているため、商港とは違って既存の消費地や生産拠点が存在する必要はない。そのため、後進地域にも大規模な工業港を建設すれば、工業化に成功すると考えたのである。鈴木の構想に近いのは工特ではなく、それと同年に指定された新産業都市（新産）であったといえよう。自由民主党や経済企画庁を中心に構想された新産は、苫小牧、八戸、富山・高岡など太平洋ベルト地帯から離れた地域にも臨海コンビナートを計画することで所得格差是正を目指したものであり、工業港構想を真の意味で高度成長期に甦らせたものであった。そして、その多くは結局挫折を余儀なくされる(16)。これは、大都市圏の集積利益に反する企業活動が、当時の日本ではいかに困難であるかを示すものであった。鈴木の先駆的な工業港構想は、高度成長のみならず、その後の土建国家とその行き詰まりにも通じる思想だったのである。

保守市政下の臨海開発

横浜市による臨海工業地帯造成は、以上の一連の流れのなかできわめて早い時期から本格的に実施されていた。その契機は、関東大震災後の復興事業である。「大横浜」建設の一環として「工業地帯の建設」を掲げた有吉忠一市政（一九二五—三一年）は、子安・生麦沖六四万坪市営埋立を一九二七年に開始した(17)。

このような「工業立市」の理念は戦災・接収をはさんで一九五〇年代にも引き継がれ、横浜市南部でも開発が本格化する。[18] その最初の場所が根岸湾である。根岸湾一帯は五〇年代に入ってからも景勝地と目されていたが、横浜市会は社会党を含む全会一致で根岸湾埋立事業（一〇六万坪）を五六年に決定した。その後、漁業者の反対運動と漁業補償を経て一九五九年に造成を開始する。一九六三年には根岸湾北側の本牧ふ頭関連産業用地整備事業も決定され、名所三渓園の前も埋め立てられた。

根岸湾埋立地に進出したのは日本石油精製、東京瓦斯、東京電力、電源開発、新潟鐵工所、日清製油、東京芝浦電気、石川島播磨重工業（ＩＨＩ）といった大企業であり、しかも原燃料の大量輸入という高度成長のメカニズムの主役を担う企業であった。日本石油精製は東洋最大規模の製油所で、大型タンカーの繋留施設を配備し、東京電力と東京瓦斯も海外からの輸入エネルギーを原燃料とする。新潟鉄工所では石油プラントも製造し、ＩＨＩでは世界最大のタンカーが相次いで建造された。根岸湾はエネルギー革命を推進する地域開発となったのである。また、日清製油の進出理由も、原料大豆の輸入自由化に対応できる大型臨海精油工場を建設することにあった。[19]

このような合理的なレイアウトを実質的に決定したのは横浜市の港湾技官であった。横浜市の港湾技官と主管官庁である運輸省の技官との打ち合わせでは、原則として水際線を必要とする工場を誘致する方針が合意されており、横浜市上層部へもこの方針に沿って説得がなされている。根岸湾埋立事業は内務省土木局の工業港構想を常識としている港湾技官主体の事業であり、この点は飛鳥田市政期の臨海開発との決定的な違いであった。

開発の思想、反対運動の思想

しかしながら、実際のところ、エネルギー革命に適合したレイアウトが横浜市の市益を最大化するとは限らない。たとえば、雇用吸収力という点では、水際線を必要としない中小機械工業の方が石油精製工場よりも大きいであろう。では、開発を推進した横浜市首脳部らはどのような期待から開発を推進したのか。

横浜市の開発理由としては財源の確保や雇用対策が当然想定されるが、実際には、これらは後付け的なものであった。横浜市上層部によって最初から掲げられ、かつ市会や地元財界にも共有されていた理由は、「市の発展のため」というもっと漠然とした危機感であり、この漠然とした危機感の背後にあるのは、米軍の接収によって横浜の復興が川崎、東京など近隣他都市よりも遅れていることへの焦りである。このことが、接収のハンディキャップを乗り越え、他都市に追いつくには、横浜の海を埋め立て、臨海工業地帯をつくるしかない、という切迫感へとつながった。

だが、横浜市上層部のこうした切迫感はあくまでも漠然としたものであるため、誘致業種など工業地帯のプランについての具体的な構想を伴うものではなかった。「ただ工場がくればそれに伴って後は自動的にすべては整い、繁栄の道につながるというような発想[20]」といってよい。このため、誘致業種では水際線の徹底利用という港湾技官の工業港的発想が貫徹され、これが結果としてエネルギー革命の推進要因にもなったのである。

開発にかんするもう一つの特徴として見逃せないのが、公害に対する横浜市の姿勢である。以下は、横浜市幹部と漁業者との交渉時のやり取りである[21]。

横浜市経済局長「東京内湾の特性というか、御承知の通り内湾の水質は年々京浜間に蝟集する会社、工場よりの汚水、大都市よりの排水により汚濁され、そのために沿岸漁業は年々衰微しつつある状況である。従って市経済局としてもこの対策については研究中であるが、この埋立計画と関連して、若し皆さん方にご希望があれば沖合或いは遠洋漁業転換のため、漁港施設の整備、漁船建造の援助を行う用意がある。又他産業の転換の場合、勤人を希望される向には、工場等え（ママ）の就職あつ旋を行いたい。……（略）……商店等を開業したい人達に対しては埋立により鉄道も敷設されるのだから駅に近い土地を提供する用意がある。」

漁協幹部「最近の東京内湾の水質が悪化しているということは水産課長も、学者も言っていることだし、我々の経験上からもうなづけるところだ。この様な環境のなかでどうすれば生産があがるかということについては我々も足りないながら研究しているが、のり養殖については移植の方法の改良でやっと明るい見通しが持てるようになった。」

以上からわかるのは、横浜市が水質汚濁という公害の存在を認めていること、そしてそのことを漁業者の転業の説得材料にして埋立を実現しようとしていることである。ここで想起されるべきは、宇井純であろう。宇井の主張は、公害を高度成長のひずみや副産物と考えるのは誤りだ、ということであった。なぜなら公害は高度成長の単なる結果ではなく、公害が無視・許容されるような社会だからこそ日本は高度成長を遂げたからである。(22) 宇井の批判が適合する事例の一つが一九五〇年代後半の横浜に存在していたのは確かであろう。

では、横浜市の開発行政に対して反対運動はどのような主張を展開したのか。漁業者が埋立に反対する際の論拠は「生活権」であり、それが戦後新たに獲得した権利であるとの自覚であった。彼らの文書や発言には、「現在我々は日本国憲法に規定され、漁業法に依って漁民の生活権は擁護されている」、「日本の戦時中の政治と敗戦後の政治というものは違い、われわれ漁民といえども言わんとすることは言い、また市の当局者の責任ある方々から十分説明を聞く」といった表現がみられる。(23) 一九五〇年代に登場した「新しい保守主義」の一例といえよう。(24)

だが、生活権を掲げたにも関わらず、結局埋立は実施された。これに関する特徴として以下の二点を挙げたい。まず、漁業者も工業化を通じた「発展」という横浜市の構想自体を否定することはできず、山林地帯を利用した工業化を要望していた。だが、工業化の推進という点からいえば、山林ではなく臨海部に工業地帯を建設する方がはるかに合理的であるがゆえに、漁業者の提案は十分な反論にはならなかった。第二に、漁業者の主張する生活権には環境権的な思考はまだ十分には内包されていなかった。公害を利用してでも埋立をしようとする横浜市政にどう反論したのかを先の資料からみると、「我々も足りないながら研究している」というように「研究」や「改良」といった自助努力が強調されている。漁業者は横浜市の監督責任を争点にすることはできなかったのである。

結局、反対運動は横浜市との交渉が進むにつれて、「生活権」を、生業＝漁業によって確保するのではなく、補償金の増額と転業とを通じて確保する方向で落ち着いていく。漁業者が受け取った補償金総額は、横浜市の当初予定の一〇倍となった。

第二節　飛鳥田市政の公害対策と住民運動

飛鳥田革新市政の成立

保守市政期の開発と公害の状況は飛鳥田革新市政期にどう変化したのであろうか。根岸湾の地元磯子区出身の飛鳥田一雄は、一九六三年の横浜市長選では社会党の代議士として候補者選定にあたっていたものの、誰も引き受け手がいない状況に陥っていた。飛鳥田はその責任をとって立候補し、僅差で当選したのである。当選理由には、現職市長の半井清と元助役で横浜商工会議所会頭の田中省吾とがともに出馬する分裂選挙に保守陣営が陥っていたこと、郊外の人口増加地域において飛鳥田が比較的大きな支持を得ていたことがあげられる。飛鳥田市政はこの敵失と社会的変化とを背景として成立し、社会党委員長就任を理由に辞職する七八年まで、四期一五年間続いた。(25)

この間、飛鳥田は少数与党であったため、鳴海正泰・田村明に代表されるブレーンを市職員に採用し、彼らと相談しつつ、そのアイデアを下ろしていく政策手法を採用した。(26) 飛鳥田市政の主要な意思決定は、飛鳥田自身が理想とした住民参加ではなく、「アイデア行政」、「啓蒙市政」とも呼ばれるトップダウンが特徴であった。(27)

公害対策「横浜方式」の成立

横浜方式とは、工場（とくに大工場）が設備を新増設する際に、汚染物質の排出基準について市と個別に契約を結ぶことで、公害を抑制する方式である。そして、この個別契約が公害防止協定と称される。条例を通じて市内全域に包括的に規制をかけるのではなく個々の案件ごとに市と企業とが交渉をすることで、国の基準以上の排出規制を実現したのである。その嚆矢が根岸湾での公害対策であった[28]。

根岸湾において横浜市が有利だったのは、当該地が市の埋立地だったため、市と進出予定企業との間で用地売買契約が結ばれていたことである。このなかに、「埋立地の引渡後三年間は当該埋立地を甲［横浜市］の書面による同意がなければ第三者に対し譲渡し、または使用させることはできない」という条項が存在していた[29]。そこに偶然、一九六四年二月に東京電力が電源開発への敷地譲渡を横浜市に申し入れたのである。そこで横浜市は、市の公害対策基準を受け入れなければ譲渡を認めないと主張し、同年一二月には横浜市の意向に沿う契約を結ぶことに成功した[30]。電源開発が根岸湾に計画していた磯子火力は国内炭専焼であり、その立地の可否は政府の石炭産業保護政策の遂行に大きな影響を及ぼすと予想されていた[31]。このため政府は横浜市の要求を受け入れたものと思われる。一方、横浜市も、立地のよい横浜には何らかの企業は必ず来るため全面拒否は得策ではないという考えと、社会党の支持母体である日本炭鉱労働組合への配慮とから、電源開発の立地自体は容認する姿勢で臨んでいた[32]。こうした両者の思惑により、横浜方式は誕生したのである。

電源開発との交渉が進みつつある一九六四年秋には、横浜市は東京電力など根岸湾に進出する他企業にも、同様に厳しい公害対策を要求する。当時もっとも大気汚染が懸念された東京電力南横浜火力の新設に対しては、公害防止は「公益事業の当事者として当然担うべき社会的義務」だと主張し、①東京電力が電源開発に譲渡する以外の用地で火力発電所を建設する際には、事前に「公害防止対策上必要な建設計画書を提出し本市と十分協議をおこない、その協議が整った上で建設に着手すること」、②「前項の協議が整わないときには東電は本市と改めて協議をおこない、両者合意の上でその用地の処置を決定すること」を確認した。用地売買契約の事実上の変更を実現したのである[33]。以後、公害発生源となることが懸念された日本石油精製、東京電力、東京瓦斯といった工場は、いずれも横浜市との交渉の末、厳しい排出基準を受諾することで操業に漕ぎ着けた。市との用地売買契約のない既成の工業地帯では、同様の方式は困難であったものの、大工場では一部達成された[34]。

このように横浜市との公害防止協定を締結しえた企業が進出を果たした一方で、協定の締結に失敗した企業は進出を拒否された。その数は「小さな企業まで入れますと、数十の企業」といわれており[35]、代表例が日本原子力船開発事業団である。同事業団は一九六七年に根岸湾埋立地の一角に原子力船の定係港を設置するために敷地購入を申し込んだのであるが、横浜市独自の検討によって安全性が認められなかったため、進出を果たせなかった[36]。こうして、根岸湾臨海工業地帯では、七〇年代になると国道一六号線の自動車公害が深刻になるとはいえ[37]、大工場からの公害はかなり防止された。

横浜方式の背景

横浜方式が一定の成果を収めたのはなぜか。進出企業と交渉に当った鳴海と助川信彦公衆衛生課長は何れも、横浜方式が住民運動に支えられていたことを強調している[38]。事実、根岸湾の公害反対運動の主役を演じた横浜市中区磯子区環境衛生保全協議会（保全協）は、電源開発以外にも日本石油精製、東京電力といった具体的な企業名を挙げて公害対策の改善を要求し[39]、「市当局に対し、電源開発の土地転用を許可する以上は、事前にいずれの工場を問わず、将来公害による被害をこの埋立地には発生させないと約するだけの保証的内容について地元民の諒解を得るよう強く要望[40]」するなど、電源開発への規制を他工場にも波及させるよう、横浜市の企業との交渉を背後から支える役割を果たした。実際、東京電力は住民運動の動向を非常に警戒している[41]。そこで、本項目では住民運動の特徴を検討した上で、横浜市の政策手法を確認する。

保全協の結成は一九六四年五月であった。同年三月に操業を開始した日本石油精製根岸製油所の騒音・悪臭が地元住民から問題視されたことを受けたものである。保全協の最初の見解は、「東洋一の大石油コンビナートは東洋一の公害センターとなる、恐るべき可能性を秘めている」というきわめて強い調子のものであった。文中では「根岸石油コンビナートの公害産業の規模」を四日市および三島（当時、政府の事前調査中）と比較し、「我々住民は『四日市の教訓』を生かし一日も早く立ち上らねば、取りかえしのつかぬ惨めな姿を受け入れねばならぬ」と結論づける。(42)大工場を発展ではなく公害の象徴とみる意見が出るのは五〇年代の横浜とは大きな違いであり、それは四日市公害の深刻化や沼津・三島でのコンビナート反対運動を経て、住民意識が次第に変化した結果であった。以後、保全協は調査や陳情活動を活発に続ける。(43)

保全協の特徴としては次の二点がある。第一に、地域有力者主導の運動であった。保全協は北村清之助が高野己之助、小貫喜堂ら知人四氏に呼びかけて発足したものであり、北村は伊勢佐木町の女性洋品店「かがや」の社長で中区連合町内会連絡会会長、高野は同連絡会副会長、小貫は磯子区振興会（同区の社会福祉協議会、町内会自治会連合会、商店街連合会、医師会など二一団体で組織）会長。発足した保全協の会長は北村、副会長は小貫と高野で、役員には区医師会長、民生委員・保健指導員の幹部、婦人団体連絡会長、町内会役員、商店街幹部らが名を連ねていた。このように町内会長ら地域有力者主導の運動であったことが、北村らの初会合から約二週間での設立を可能とした。(44)

第二に、住民運動組織は横浜市中枢と直結していた。保全協幹部と市当局とは市長室でたびたび打ち合わせをおこなっており、横浜市も保全協に公害事前調査などの関係資料を提供していた。(45)また、保全協に理事を送り込んでいる区医師会も「一九六三年に飛鳥田市長が就任すると、御本人が磯子区民でしたし、弟さんは、医師会の幹部でしたから、医師会幹部が御自宅へ伺って話し合ったりしたようでした」と伝えられる。(46)

なお、保全協幹部は決して社会党支持者ではなく、副会長の小貫は半井市政を高く評価し、(47)会長の北村も自民党支持者で、一九六三年の市長選では半井を支援していた。だが、北村はその後飛鳥田と協力しつつ公害反対運動を進め、六七年の飛鳥田再選を支援した「飛鳥田市長とともに住みよい横浜をつくる市民の会」（市長と市民の会）の初代会長も務める。北村は自民党支持者ながら飛鳥田を個人的に応援していたのであり、こうした保守層からも一定の支持を得て、飛鳥田は長期政権を実現したのであった。(48)

横浜市当局の特徴としては、次の二つを挙げることができる。第一に飛鳥田のアイデア行政である。根岸湾での公害対策にかんするアイデア行政としては、以下の三つを紹介したい。まず、飛鳥田は自分が弁護士資格を持っていることが役に立ったと回想している。当時、横浜方式については、脱法行為ではないかとの懸念もあったが、飛鳥田は自分の弁護士経験からして問題ないと決断した。そして躊躇する助川公衆衛生課長を説得して、企業との交渉に臨ませたのである。(49)

また、住民運動に支えられた横浜方式であるが、それが不十分と思われる際には住民運動を自ら創出した。一九六七年に日本原子力船開発事業団から進出申し入れがあった際には、李家正横浜商工会議所会頭が受入賛成を表明するなど、地元財界と横浜市とは意見が対立していた。そこで横浜市は「市民集会を持ったり、杉田商店街に働きかけたり、反対の市民運動の組織化をすすめた」のである。(50)

最後に、先述のように横浜市は原子力船の定係港設置を安全性の検討を踏まえた上で拒否したのであるが、横浜市は表向きにはこのことを強調しなかった。水掛け論になることを懸念したためである。そこで横浜市は、経済的理由を前面に出すことで進出拒否に成功した。(51)「原子力船は二年に一度の燃料交換及び半年に一度の寄港にすぎず、燃料及び廃棄物の貯蔵庫としてのみ使われることは、［埋立地の］効率的な利用をねがう横浜経済にとっては、はなはだ不経済」と論じたのである。(52)

横浜市の第二の特徴としては、技術系職員が十分に雇用されていたことが挙げられる。横浜市は一九六四年四月、根岸湾埋立地の操業開始などにあわせて衛生局公衆衛生課に公害係を設置し、公害対策の拡充を図った。公害係は同年一二月に衛生局横浜市公害センターに改組され、一〇名の係員が配置された。横浜市の公害行政の特徴は、公害の実態調査、分析、予測を重視し、基礎資料に基いた科学的な公害対策を目指す点にあった。(53)横浜市の調査能力は企業との交渉でも生かされており、たとえば原子力船開発事業団から進出希望があった際には、横浜市は自らアメリカに職員を派遣し、調査をおこなうことで、進出拒否の結論を導いた。(54)

もっとも、横浜市が公害の実態や予測について高い調査能力を有した一方で、公害防止プロセスの予測については誤りもあった。たとえば、横浜市は重油脱硫技術の革新を過大に予測しており、東京電力南横浜火力が重油脱硫ではなく重油専焼から世界初の液化天然ガス（ＬＮＧ）専焼への転換によって排出基準を達成するに至るのは、ＬＮＧ供給者の東京瓦斯が主導し、大口需要者の東京電力がそれに応じた結果であった[55]。横浜方式の意義は、公害被害についての市の高い調査能力と住民運動とに支えられた飛鳥田のアイデア行政が、「無理難題[56]」ともいえる要求を進出企業に課すことで、進出企業の公害防止への投資を増やし、技術革新を実現させると同時に、その投資負担に耐えられない企業を横浜から撤退させたことにあったといえよう。

第三節　飛鳥田市政の臨海開発と住民運動

「六大事業」構想

飛鳥田市政の開発政策の基本方針は一九六五年発表の「六大事業」に集約される。これは、環境開発センター主宰の浅田孝が横浜市からの依頼で策定したものをベースとしており、①都心部強化、②金沢地先埋立、③港北ニュータウン建設、④高速鉄道建設、⑤高速道路網建設、⑥横浜港ベイブリッジ建設、から構成された[57]。

六大事業についてまず押さえるべきは、六つは決して並列的な事業ではないということである。飛鳥田市政は横浜市の問題点を人口急増と公共投資の遅れとに伴う過密に見出し、それが横浜市の環境の悪化・機能の低下をもたらしていると把握していた。具体的には、スプロール的な開発、住工混在、交通障害、横浜の東京都民（横浜から東京に通勤する住民）である。そして、これらの対策に掲げられたのが「横浜都心の魅力を増す」ための①都心部強化事業で、関内・関外周辺と横浜駅周辺とに分かれて発展してきた横浜都心を一体化することと、工場移転により跡地を再開発することで住工混在を解消することとを骨子としていた。一体化と住工混在解消との手段には三菱重工業横浜造船所、国鉄高島貨物ヤードや各種工場の移転が掲げられており、移転先に位置づけられたのが、②金沢地先の埋立地である。また、スプロール的開発に対する「防衛と先手」策として、横浜市北西部に③港北ニュータウンを建設し、これら横浜市周辺部の住民を東京ではなく横浜都心部に惹きつけるために④都市高速鉄道（地下鉄）を整備する（市電は廃止）。また、東京および東名高速と連絡する⑤高速道路網を建設することで、横浜都心部の首都圏での位置を強化し、その際、臨海部の工業地帯と埠頭とで発生する交通需要が横浜都心部を通過しないようバイパスするとともに横浜のシンボルとして計画されたのが⑥横浜ベイブリッジ、であった。「六大事業は、都心部強化事業をその中心的位置において相互に関連しあって横浜の基本的都市構造を変革していくもの[58]」であり、一プラス五大事業と呼ぶのが正確な事業であった。

以上の計画を臨海開発という観点から注目すると、つぎの二点が保守市政期との違いとして注目される。第一に、「水際線を市民に開放し」たことである。都心部強化では「臨海部に公園を造成する」ことが重視され、工場の移転先として計画された金沢地先でも、その一角には「失われる自然の海岸線にかわって、新しく海の公園を建設し市民のレクリエーションの場とする」ことが計画された。第二に、中小企業育成と公害対策を重視した点である。工場の金沢地先埋立地への移転では、横浜造船所のほかは都心部再開発や公害防止に役立つ市内の企業に優先分譲し、この際自力移転が困難な中小企業には移転を支援することで「近代的かつ無公害の企業団地」を建設することが掲げられた。横浜ベイブリッジも横浜都心部の自動車公害を防止するための事業といえる[59]。大工場からなる臨海工業地帯建設に力を注いだ保守市政期の根岸湾開発や一九六〇年代における全国各地の臨海開発とは、目的・内容の点で大きく異なる計画であった。

金沢地先埋立事業と反対運動

金沢地先の埋立計画は半井清市政末期の一九六三年三月に発表された横浜国際港都建設総合基幹計画改訂案でも明

記されていた。ただしこの計画は、臨海工業用地二二〇万坪と観光・レクリエーション施設一〇〇万坪から成る巨大なもので、臨海工業用地が「重化学工業用地」とされた点で飛鳥田市政とは根本的に異なっていた。また観光・レクリエーション施設でも、それが公害などの「緊迫した生活環境を緩和」するためであると記されていたものの、「具体的な施設建設は民間による」とされるのみで、六大事業と比べると、その理念や具体性の点で著しく弱いものであった。[60]

六大事業の計画以降、金沢地先埋立もそれに沿う形で修正された。その面積は二〇〇万坪に縮小されるとともに、工場移転のための再開発用地に加えてその関連住宅や公共用地も重視されている。利用区分には若干の変動があるが、一九七四年時点では、再開発用地八一万坪（全体の四一％）、住宅用地二二万坪（同一一％）、海の公園用地二〇万坪（同一〇％）、公共用地七七万坪（同三八％）となっていた。施工は北から順に一〜三号地および海の公園を分割しておこなうこととされ、埋立地の中央部を高速道路が貫き、その内陸側がグリーンベルトを挟んで住宅地区。道路の海側は再開発用地と公共用地とから成り、一号地は中小企業用木材センター、公共荷捌地、三菱ドック、下水処理場。二号地は下水処理場の一部、清掃工場、貨物ヤード流通業務用地、中小企業用地。三号地も中小企業用地で、海の公園用地が埋立地最南端部に位置していた。海の公園用地は人工海浜（海の公園）と人工島（八景島）で構成され、人工砂浜、ヨットハーバーなどが計画された。[61]

では、公害対策や水際線の市民への開放も重視する点で従来とは大きく異なる開発に住民はどう対応したのか。横浜市会で金沢地先埋立事業が決定されたのは一九六八年七月であった。この時に最後まで反対したのは日本共産党である。だが、共産党が反対した理由は中小企業の移転方法への懸念や市会の審議スケジュールへの批判からであった。[62]争点は埋立自体の是非ではなく、埋立の成功可能性にあったのである。同年には、地元在住の洋画家で市長と市民の会の発起人のひとりでもあった高間惣七（一八八九―一九七四年）らが、自然破壊の観点から反対運動をすでに開始していたが、漁業補償問題などの影に隠れ、あまり注目されていなかった。[63]二年後の一九七〇年には漁業補償交渉も妥結し、横浜市は一号地の埋立免許を取得した。[64]

自然保護を掲げる埋立反対運動が本格化したのは、高間を代表とする金沢の自然と環境を守る会（守る会）が結成された一九七一年一一月のことである。その契機は横浜市が二号地の免許申請と同時に事業計画自体の修正を横浜市会の審議に付したためであった。この修正では資材高騰や漁業補償の増加を理由として工費がほぼ倍増されるとともに、工期も五年から一〇年へと延長された。埋立計画全体の妥当性が議論となるなかで、その自然への影響も話題になったのであり、守る会は二号地以南の埋立中止を要求した。だがこのときは、埋立問題の協議機関として金沢地先埋立問題協議会を設置することなどを条件に自民党が賛成に転じ、最後は自民・社会両党の「強行採決」により乗り切る。[65] 横浜市会の自民党は一九六七年の市議選で第一党ながら過半数割れしたのを機に半与党化し、「飛鳥田自民党」と揶揄される存在になっていた。[66]

反対運動が再び、そして最も活発化したのは横浜市が三号地および海の公園の埋立免許を申請するとともに、京浜急行電鉄による同市金沢区の釜利谷地区開発を認可した一九七三年のことであった。横浜市は釜利谷開発の条件として京急に土砂の無償提供などを認めさせることで、埋立の促進を期したのである。だがこれは、市街化調整区域内での大規模開発を認める初の案件であったため、反対運動を再燃させた。横浜市会での審議は、同年六月に共産党以外の賛成多数で通過したが、この時に反対運動にとって幸いだったのは、三号地の一部と海の公園が横浜港区域外であるため、埋立には神奈川県知事の免許も必要だったことである。そのため守る会は、埋立計画の縮小（三号地および海の公園の埋立中止）と釜利谷開発反対の請願二件を社会党以外の各会派から紹介議員を得て、一九七三年六月の神奈川県議会に提出した。その後、埋立賛成の陳情も出されたことなどから六月県議会では継続審議となる。審議が持ちこされた九月の県議会でも賛成・反対の両派からさらに請願・陳情が寄せられ、その数は合計三八本に上った。なかでも守る会は一万名以上の署名を付けた陳情を再度提出する（表2－1、2－2）。反対請願の否決（公明・共産の賛成少数）は一九七三年一〇月の神奈川県議会建設常任委員会にまでずれ込み、建設大臣からの埋立免許認可は一九七四年三月一一日であった。[67]

表 2-1　金沢地先埋立関係請願一覧（1973 年）

No.	請願者	受理日	紹介議員所属会派	内容
〈埋立不許可請願〉				
①	金沢の自然と環境を守る会	6.11	自２、民・公・共・県各１	「埋立ては、金沢区民の生活ならびに広くは横浜市民の環境に有形無形の大きな影響をおよぼ」すにもかかわらず、横浜市は「積極的に同意を得る活動をせず、当初計画を強行」と批判。計画縮小（３号地以南の中止）を要求
②	金沢の自然と環境を守る会	6.11	自２、民・公・共・県各１	「緑地帯の破壊を許すことは、私たち住民の環境権をうばうばかりか、広く市民県民の生存をあやうくする」
③	神奈川県勤労者釣の会	6.12	自２、民・公・共・県各１	「つりを唯一の趣味とする勤労者にとりつりは明日への活力を養うために不可欠の生活側面」。埋立はつり場と生態系の破壊
④	横浜詩人会議	9.17	自・民・公・共・県各１	「歴史的風土・景観は、民族的な遺産として大切に保全されなければな」らない。
⑤	新日本婦人の会神奈川県本部	9.20	公・民・共各１	「横浜市は、子どもを大切にする市政とうたいながら最後のこの海岸さえ埋立てようとしてい」る。
⑥	新日本婦人の会神奈川県本部	9.20	公・民・共各１	「横浜最後の海金沢海岸」の埋立反対
〈埋立許可請願〉				
⑦	金沢を住みよくする会代表ほか 2891 名	9.25	社２	埋立は「都市化現象に対応する区民の生活環境の整備、改善」に必要で、「快適な生活を約束する」
⑧	金沢区商店街連合会	9.25	社２	埋立は商業活動の発展に必要
⑨	横浜市金沢団地協同組合	9.25	社２	交通渋滞の緩和、従業員住宅、レクリエーション施設などに資し、根岸湾ハ地区進出の中小企業にとって必要な事業
⑩	横浜市鶴見区自治連合会会長ほか各区連合町内会長連絡協議会長 13 名	9.26	自１、社１	「私達、市内の地域住民組織を代表するものとして、地域住民の利益につながる事業に対しては、常に、それを理解し、積極的な協力をしておる」。都心部の再開発、公害除去に不可欠

資料）『神奈川県議会会議録』1973 年６月、９月、神奈川県議会編『神奈川県議会の百年』同議会、1979 年、207-209 頁。

註１）自：自民、社：社会、民：民社、公：公明、共：共産、県：県政会

２）No. ⑩は原資料では、横浜市鶴見区自治連合会会長ほか 13 名となっている。だが、後掲表 2-2- No.⑲と文面、代表者名、連名者数が全く同じため、表中の記載に改めた。

３）No. ⑨横浜市金沢団地協同組合は、根岸湾臨海工業地帯のうち金沢地先埋立１号地に隣接するハ地区に進出した中小企業の組合である。保守市政期には大規模な重化学工業の誘致を計画していた根岸湾ハ地区の利用計画は、飛鳥田の市長就任を機に白紙に戻され、金沢地先と同様、住工混在の解消を目的とする中小企業団地の建設に重点をおくものへと大幅な変更を遂げていた（横浜市港湾局臨海開発部編『横浜の埋立』93-101 頁、長島「重化学工業化の矛盾」432-443 頁）。

表 2-2　金沢地先埋立関係陳情一覧（1973 年）

No.	陳情者	作成日
〈埋立不許可陳情〉		
①	神奈川自然保護連盟	6.10
②	金沢地先埋立反対期成同盟	6.10
③	神奈川県患者同盟	6.28
④	横浜母親連絡会	9.17
⑤	富岡シーサイドコーポ埋立問題を聞く参加者有志	9.24
⑥	飯田耕作 （神奈川大学教授、金沢の自然と環境を守る会会長代行）	9.26*
⑦	横浜指路教会員	9.26*
⑧	椿ヶ丘婦人部	9.26*
⑨	キリスト教関東地方連合婦人会会計部長、 大韓民国居留民団横浜支部民住課長	9.26*
⑩	横浜市立金沢高等学校教職員一同	9.29
⑪	新日本婦人の会金沢支部	9.29
⑫	金沢の自然と環境を守る会全日自労金沢分会	9.29
⑬	金沢の自然と環境を守る会町屋地域の会	9.29
⑭	金沢の自然と環境を守る会六浦町民の会	9.29
⑮	高間惣七（金沢の自然と環境を守る会代表）ほか 10,628 名	10.01*
〈埋立許可陳情〉		
⑯	金沢区連合町内会長連絡協議会長、同副会長	6.12
⑰	日本婦人会議横浜金沢支部	6.15
⑱	横浜市西区再開発促進会役員会	6.29
⑲	横浜市鶴見区自治連合会会長ほか各区連合町内会長連絡協議会長 13 名	6 月
⑳	富岡商店街睦会	8.13
㉑	金沢木材港建設促進協議会	8.21
㉒	新山下地区開発振興会	9.05
㉓	富岡、柴、金沢の 3 漁業協同組合	9.06
㉔	南部市場付属営業世話人会	9.08
㉕	南部卸売市場仲卸準備委員会、横浜市南部市場水産卸組合	9.08
㉖	横浜丸魚株式会社ほか 4 社	9.08
㉗	横浜港木材保管調整審議会	9.10
㉘	神奈川県木材業協同組合連合会	9.20

資料）『建設常任委員会陳情』綴、5 および 7、建設常任委員会委員長「陳情の意見聴取について（依頼）」1973 年 10 月 2 日『昭和 48 年度常任委員会記録（建設）』綴、6 冊の 4（以上、神奈川県立公文書館所蔵、1200441424、1200441428、1199601690）。

注 1）No. ⑥飯田耕作の肩書きは原資料では金沢の自然と環境を守る会所属となっているが、『毎日新聞』1973 年 10 月 16 日付より、上記の通りとした。飯田は、高間の死後は同会会長に就任している（飯田「金沢地先埋立と住民運動「金沢の自然と環境を守る会」」）。

注 2）No. ⑦の陳情者は飯田耕作と同住所。

注 3）No. ②金沢地先埋立反対期成同盟は発起人 1 名単独の行動といわれている。「地元等の反対運動について」横浜市都市開発局『金沢地先埋立について』綴、1972 年 10 月 12 日（神奈川県立公文書館所蔵「佐々井典比古氏関係資料」2601200520）。

注 4）作成日のうち * を付したものは付議日。

最終的には埋立が認可されたとはいえ、九月県議会は地元紙から「金沢県会」と報じられるほどに注目を集め、「開発か自然保護か」が活発に議論された[68]。この背景には以下の四点を指摘できよう。第一に、一九七〇年前後を境として、保守陣営でも自然保護行政が一定程度進展していたことである。一九六七年に神奈川県知事に就任した津田文吾は七〇年に県農政部に自然保護課を設置し、一九七二年には県知事の諮問機関として自然環境保全審議会を発足した[69]。

また首都圏の関係自治体と経済団体で構成される東京湾総合開発協議会（会長：津田文吾）も東京湾の埋立抑制を七一年に打ち出し、七三年四月には政府も埋立免許の基準に環境保全を加えた公有水面埋立法の改正案を国会に提出していた（九月公布、翌三月一九日施行）[70]。飛鳥田市政の臨海開発は一連の自然保護行政の進展に逆行していた。

第二に、反対運動には地元住民に加えて、一九六九年結成の神奈川自然保護連盟（連盟、事務局長：原実）を中心とする自然保護活動家が参加していた。神奈川県内の自然保護活動の嚆矢は金田平と柴田敏隆を指導者とする三浦半島自然保護の会（五九年結成）で、自然観察会や機関誌発行のほか、有志による開発反対運動も展開していた。同会に刺激されて、丹沢自然保護協会（六〇年、中村芳男）、鎌倉の自然をまもる会（六二年、原実）なども結成され、とくに原の活動は日本初のナショナルトラストである鎌倉風致保存会の設立や古都保存法の成立につながる成果を生んでいた。連盟は、これら県内各地の自然保護団体が開発計画に対して意思表示のできる連絡組織を作ることを目的に結成された[71]。

設立当初、連盟は「県内の自然保護重点地域として、丹沢・箱根・湘南・三浦半島・それに海としての相模湾、また古都としての特殊性のゆえに鎌倉を数えて」おり、これら地域の一一団体で構成されていた。だが一九七〇年代に入り、「最近都市の自然環境がいまさらのように重要視されるようになると、横浜市はもちろん、川崎市やその他内陸の工業開発重点地域の自然にも無関心で過せなくな」る[72]。連盟は横浜市会で事業計画の変更が審議された一九七一年には反対運動に参加した。守る会も一九七三〜七四年頃には連盟に加盟し、連携を深める[73]。

第三に自民党の党利党略である。横浜市会で第三区の埋立に賛成した各党のうち、社会党を除く自民、公明、民社の県議会各会派は方針を当初明確にしなかった。なかでも問題となるのが第一会派の自民党である。自民党が方針を明確にしなかった背景には、津田県政下で開発への規制圧力が高まるなかで「相模川以西の郡部出身議員の中には『横浜の開発を認めて、郡部の事業は全て赤信号では、選挙区に帰れない』といった声が強」いとの事情と、「数の上で優位に立つ保守系県議の中には、この機会に飛鳥田革新市政をゆさぶろうとする空気」とがあった[74]。埋立反対の請願への紹介議員が横浜市会半与党の自民党からも出た（表2・1）のはこうした党内事情のためであった。
第四に、自然保護運動と自民党の党内事情とを媒介した要因として、連盟と神奈川県との協調的関係と自民党県議会議員新堀豊彦の存在とを挙げることができる。連盟の年次大会には副知事らが出席する一方、[75]県の自然環境保全審議会でも柴田、原ら連盟の活動家や彼らと交流のある宮脇昭（横浜国立大学助教授、生態学）が委員を務めていた。連盟事務局長の原は「神奈川県は率直にいって、自然保護政策を重視している最先進県だと思う……（略）……行政当局と集まった団体とも息が合うし、かみ合う。こういうことは珍しいと思う。普通、住民運動とかいうと、行政当局を突き上げるだけが目的のようだが……」と県の自然保護行政を高く評価していた。[76]
連盟が県行政との協調関係を重視するなかで交流を深めたのが、一九六七年に横浜市南区から初当選した自民党県議会議員、新堀豊彦（一九三一―　）であった。新堀は初当選時から自然保護への関心を有しており、最初の議会質問では都市部の緑地保全について詳細に演説し、都市部に自然を残すことの意義を力説していた。[77]横浜市内の自然保護に対して、連盟の活動家よりも早くから関心があったことが窺える。新堀は金田、宮脇ら県内の自然保護活動家や研究者と交流を深め、開発予定地の視察をおこなったり、神奈川県の植生図作成を予算化したりした。新堀は自然保護活動家の同意も得て、自然環境保全審議会の初代会長にも就任した。[78]
新堀が自身の「自然保護に対する一番大きな直接的なスタート」[79]と回顧するのが金沢地先埋立の反対運動であった。新堀は一九七二年一二月の県議会本会議で、反対運動への「賛意」を表明するとともに、埋立予定区域に知事の免許が必要な水面が存在することを指摘している。また、守る会など三件の請願（表2・1①・②、④）の紹介議員に名を連ね、自民党内反対派の中心人物と報じられていた。[80]新堀は「金沢の埋め立ての時は、初めのうちは、社会党の飛鳥田をやっつけるチャンスがないわけですね、だから新堀さんこれ、ちょうど良いから飛鳥だ《ママ》をやっつけるために反対してやれ」という党利党略と、「せめて一つくらいは横浜市内に自然の海岸線を残すべきだ」[81]という自らの自然保護への理念との二つの理由から、反対運動を支持したのである。おそらく新堀以外の自民党議員の大半は党利党略で同調しているだけであるため、彼らは次第に少数派となったのであろう。結局自民党は、横浜市が高校新設用地の確保などで県政に協調することと、同時期に審議されていた足柄下郡の開発反対請願も不採択とすることを前提条件として、埋立賛成に転じた[82]。だが、一連の党利党略を通じて新しい考えが広まったこともまた、事実であった。

開発の論理、反対運動の論理

一連の反対運動に対して横浜市はどのような論理で開発を貫き通したのか。その要点は以下の三点である。第一に、飛鳥田が最も強調したのは「横浜全体のためにも、それから金沢の近代化のためにも」埋立が必要ということであった。まず、前者については横浜都心部の過密や住工混在を具体的に指摘し、「一体これらの過密地帯をそのままほうっておいてぼくは金沢の海だけを楽しむということでいいだろうか。私は少なくとも横浜全体の責任者としてこのことについて決断をせざるを得ない」と訴えた。さらに、「三菱重工業の土地が商業地区あるいは道路、公園等になりますならば、私は横浜の景観は一変するだろう〔と思う〕」とも述べる。横浜都心部において、住工混在を緩和し、市民の憩いの場もつくる方が、金沢の自然海岸を守ることよりも「横浜全体のため」というのが横浜市の考えであった[83]。また、後者に関しては、「純粋に金沢区自身の再開発だけ」の意味でも、金沢地先埋立が利益となることが強調された。具体的には、下水処理場、清掃工場、公園といった「内陸に得難い」公共施設の用地を取得でき、高速道路の新設により国道一六号線の交通渋滞も緩和されることが掲げられた[84]。

第二に、埋立地への下水処理場建設によって、水質汚濁という公害が改善されることを横浜市は強調した。沿岸海域の生態系の危機は排水の流入が原因であり、この対策は下水処理場の完備以外にありえない、と反対運動を批判した[85]。

第三に、海の公園での人工砂浜・人工島造成計画に関連して、飛鳥田はそれが「自然を守ろう」という考えに基づくものであり、「新しい自然をここに造成したい」、自然に「変改を加えるという形で守る場合もあ」ると論じた[86]。公害対策局長の助川信彦も、海の公園が「施設の整ったレクリエーションの場」となることを強調する一方、「金沢の海岸線の大半は、崖地あるいは接収地や国有地であったから、これまでも市民が自由に立ち入りできた場所ではない。それ以外の海岸線にしても、すでに住宅が密集し荒れた海岸線となっている」と指摘し、「金沢埋立は市民から海岸線をとりあげる」という主張に反論した。(87) 横浜市にとっての自然保護は、汚染の進んだ自然海岸を保全することではなく、市民向けに整備された人工海岸を造成することであった。

では、横浜市のこうした論理に対して、反対運動はどのように対抗したのであろうか。三点にまとめて紹介したい。第一に、自然の含意を横浜市よりも厳密な意味で定義した。反対派にとって、海の公園は「レジャーランド的発想」であり、「今や住民の要求するものは、自然そのもの」であった（表2-2①）。そして、自然を厳密に定義することは、横浜市の公害防止行政への批判にもつながった。守る会は「公害さえ起さなければ自然の破壊は軽視する議論が、当事者の間でよく聞かれる」(88)というように、自然保護と公害防止とを峻別することを強調し、連盟も「公害を出さないとしても歴史的な由緒ある、生物も豊富な、情緒ある自然海岸が簡単に埋立てられてしまってよいものでしょうか」と論じた。(89) 横浜市が大気汚染や水質汚濁といった公害に問題を限定し、自然破壊を無視していると批判したのである。

なお、ここで留意すべきは、反対運動の指導者が開発自体を批判したのではない、ということである。守る会会長代行の飯田耕作は「われわれは開発をすべて否定するものでは」ないと述べ（表2-2⑥）、連盟の構成団体として反対運動に関与していた三浦半島自然保護の会も、自然保護がprotectionではなくconservationであることを一貫して強調していた。「自然保護ということばは、自然をそのまゝの形で保護し保存しておこうという考え」ではなく、「自然の法則を知り、その中で自然に手を加え、豊かな自然の中で、人間の生活を豊かにしよう」という「Nature conservation」なのである。(90) にもかかわらず彼らが埋立に反対したのは、「昭和四三年に埋立事業が着手された当時に比べて、七〇年代の公害の多発と都市問題のひん発は自然および生活環境に対しての価値観を大きく変えている」と考えたからであった（表2-1①）。一九六〇年代が「経済優先」だったのに対し七〇年代は「人間優先」であり、たとえ横浜市が計画を途中で中止するとしても、「それはメンツをつぶすこと」ではなく「時流をつかんだ知見」として将来評価されるだろうと訴えた[91]。

第二に、環境を「自然そのもの」として尊重することは横浜市の強調する〝公共性〟への批判にもつながった。この批判は二つの類型に分けられる。一つ目は「都市再開発によって、一地区の環境が改善されたとしても、そのために他の地区の環境が破壊されるなら、この都市再開発はおこなうべきではない[92]」という共産党県議会議員（森田三之丞）の発言に集約されるように、自然海岸を犠牲にして横浜市全体の公共性を追求する横浜市政への批判である。森田の発言は「景勝金沢八景の美しさにひかれ私共は、このシーサイドコーポに移って参りました。無心に浜辺に遊ぶ子供達の姿に良かったと思ったのもつかの間、最近前面の海が埋め立てられ大変心配に堪えません」（表２‐２⑤）というような、海辺の価値を重視する住民が自らの環境を脅かされることへの不安を事実上代弁していた。

二つ目として、金沢の自然海岸を残すこと自体に大きな公共性を見出す議論がなされた。たとえば、新日本婦人の会は金沢の「横浜最後の海」が「潮干狩り、海水浴、魚つり等に利用され、多くの市民、県民また県外の人々にも親しまれて」きたというように金沢の海辺は地元住民以外にも有意義であると指摘し（表２‐１⑥、表２‐２⑪）、三浦半島自然保護の会も都市部の「身近かな小さな自然」は都市住民の「肉体的、精神的健康の基盤であ」り、「今や、首都圏内の自然の価値は大きい」と論じた[93]。また、飯田も「金沢の海だけは、貴重なる自然財として保存し、長く子孫に伝えるべき」という主張は果たして「巨視的展望を欠如した単なる地域エゴイズムに過ぎないと一蹴すべきものでしょうか」と問いかける（表２‐２⑥）。彼（女）らは金沢の自然海岸を残すことに「横浜全体の」価値を見出さない横浜市に対して、別の公共性を提起したのである。

第三に横浜市の政策形成過程を当初計画の強行と批判した（表２‐１①）。具体的には、市が設置した金沢地先埋立問題協議会に、埋立反対を唱える住民や海岸線や後背地の価値を知る研究者が全く入っておらず[94]、反対運動への「妨害」として横浜市が「町内会の利用」をおこなっている[95]といった合意形成の方法に加えて、手続日程についても以下のように批判したのである。「公有水面埋立法が環境保全の立場や、住民の意志尊重の立場から改正されようと今国会で審議されようとしている折に旧法でおしきろうとすることは計画が開発指向であることの証左であり、もし住民のためにすることなら改正をまつて手続きすべきである」（表2－2①）。

とはいえ、このような議論を通じて一万名以上の署名を集めたにもかかわらず、反対運動は敗北した。敗因としてまず指摘されるべきは、それが既に施工中の事業であったということである。埋立賛成派には一号地などへの進出を既に予定している中小企業、木材業者、市場関係者らが加わっており、反対運動がその経済的利害を覆すことはできなかった（表2－1⑨、表2－2㉑・㉒、㉔～㉘）。この点に関してさらに注目すべきは、漁業補償交渉を既に妥結させていた地元三漁協も埋立に賛成していたことである。「事業の進捗の遅れは我々漁民総てにとって今後の生活設計上の大きな狂いを生ずる」というのがその理由であった（表2－2㉓）。これに対して連盟は「海は漁民だけのものではない……（略）……漁業補償がすんだからとて埋められてはかないません[96]」と主張し、自然保護運動は漁業者の生活権と真っ向から対立していた。

第二に公害対策への期待である。横浜市都心部の西区からは「公害のない良好な環境の中で健康で文化的な日々を過したい」（表2－2⑱）という陳情が出されており、自然保護運動は住工混在地域の住民の生活権とも対峙させられていた。これに対して反対運動は「市の期待する市街地再開発、公共施設設備等は既埋立地等で解決すべき」と言及するにとどまっており（表2－2①）、具体性に欠けるのは否めない。

第三に埋立賛成派には金沢区内外の町内会が加わっていた。鳴海正泰自らが「飛鳥田さんの選挙ですら、やっぱり町内会の推薦状を集めてくるというやりかたでしたね[97]」と反省するように、町内会は飛鳥田市政でも大きな地位を占めていた[98]。自民党議員が唯一紹介議員に加わった請願が横浜市内の連合町内会連絡会長の連名によるものであることからも、その影響力がみてとれる。彼らは自らが市内の地域住民組織の代表であるとの立場を掲げて、横浜市の開発を全面的に支持し（表2－1⑩）、また金沢区の連合町内会連絡会も「金沢地先埋立を中断させた場合、一体誰れが責任もって、金沢区の今後の生活環境の整備を、してくれるのか」と主張した。町内会幹部にとって金沢の景勝はもはや「今日その面影すらとどめていない現状」に過ぎず、「過ぎにし幻影」だったのである（表２‐２⑯）。

おわりに

最後に以上の内容を三点にまとめたうえで、一点を補足することで結びとしたい。

第一に、横浜市の開発政策を整理すると、まず一九五〇年代後半の保守市政は、公害を利用してでも臨海工業地帯の造成をしていく方針であり、公害利用的開発といってよい段階であった。生活権を掲げて抵抗した漁業者も、この点を説得的に批判することは出来なかった。これに対して飛鳥田市政は、臨海開発をあくまでも公害を防ぎつつおこなう、もしくは公害を防ぐためにおこなう公害防止的開発の段階であった。また、保守市政が水際線を使用する重化学工業の誘致を掲げた点で戦間期以来の工業港的開発を推進した一方、飛鳥田市政は水際線の市民への開放を掲げた点で、生活重視的開発でもあった。

第二に、だが飛鳥田市政の公害防止的かつ生活重視的開発は、一九七〇年代に入ると自然保護運動から厳しい批判を浴びることとなる。自然保護運動にとって、重視すべきは都会の自然を保全すること自体の価値であり、金沢埋立がいくら公害防止や生活環境の整備に寄与するにしても、それは自らの生活権のみならず首都圏住民の公共性に反するものであった。環境破壊が高度成長期に急速に進むなかで、当初は先駆的であった飛鳥田市政の公害対策と開発政策は、保守市政期の開発と同様の過去のものとして批判されたのである。また、こうした批判が広がる上で無視できない役割を果たしていたのは、三浦半島や鎌倉で六〇年代から地道に活動を続けてきたという意味で横浜市の周辺部に位置する自然保護活動家であり、飛鳥田市政で主導権を失っていた自民党に属し、かつ市会ではなく県議会議員という意味で横浜市政の周辺部に位置する地方政治家であった。高度成長期の横浜市においては、公害問題と自然保護問題とでは、その担い手は断絶していたのである。

自然保護活動家の議論は、本格的な反対運動が漁業補償交渉の妥結後になされたこともあり、海面を最も利用してきた漁業者の生業と結びつけて自然保護を展開することができず[99]、また横浜市他地域の現存の公害へのまなざしも弱いといった難点を有していた。だが、彼（女）らが今日の自然保護においても参照されるべき論点を提起していたことは決して無視しえない。問題なのは彼（女）らの主張自体ではなく、それが石油危機以降に十分には継承されなかったことにあろう。連盟は七八年に活動を停止しており[100]、この点は石油危機後に住民運動が全国的に停滞したのと同様の経過をたどった。少なくとも神奈川県では、石油危機後の企業社会の確立は、企業での省エネルギー energy conservation を促進すると同時に、自然保護 nature conservation を停滞させたのである。

第三に、しばしば草の根保守とも称される町内会が公害防止的開発における飛鳥田のアイデア行政を下支えした。すなわち、根岸湾の開発では、町内会幹部と市当局とが密接に連携していたことが迅速な公害対策の原動力となり、金沢地先埋立でも、町内会は、公有水面埋立法改正前に埋立免許を取得しようとする横浜市の手続日程を事実上正当化した。

最後に、飛鳥田市政の公害対策を日本全体のなかに位置づけてみたい。飛鳥田市政が開始されたのは新産を中心として全国に臨海コンビナートが計画されていく時期であった。コンビナート計画がこのように拡散した理由としては、所得格差是正に加えて、「公害をおこす工業は、都会に近い東京湾あるいは大阪湾からなるべく遠慮してもらうという方向に」、すなわち「消費地には遠いけれども公害があまりおこらんようなところに――瀬戸内海の田舎だとか、鹿島、苫小牧、新潟とかいうところに――なるべく行ってもらう」という考えが確実に存在していた[101]。一九七〇年代になると「公害輸出」の構想が出てくるが[102]、その前段階として、国内の周辺地域に公害の発生源を移転していく開発移出・公害移出の段階があり、それを背景として「都会に近い」横浜が公害防止的開発をなしえたことは指摘されるべきであろう。

問題はこの構造に横浜市や横浜市内の住民運動がどう向き合っていたかである。一例をあげると、横浜市は原子力船の定係港化を「経済的理由」を強調することで阻止した。これは横浜市だけで考えると巧みなアイデアであるが、定係港でも一定の建設需要や雇用が発生するわけであるから、より有望な進出希望者が他にもいるような大都市圏ではさておき、地方では「経済的」利益になってしまう。果たして原子力船の定係港は青森県下北半島のむつ市に建設され、原子力船は「むつ」と命名された。しかも、原子力船開発事業団は、むつ市に対して、横浜が断ったのはあくまでも経済的理由である、と説得したのである。[103] 横浜方式は公害移出に竿を差したのであった。

［付記］本章は、拙稿「エネルギー革命と地域開発」（『人文研ブックレット』四八、同志社大学人文科学研究所、二〇一五年一月）に大幅な加筆修正を施したものである。修正に際しては、沼尻晃伸氏から頂いた旧稿へのコメントと、環境経済・政策学会二〇一五年大会における伊藤康、辛島理人、喜多川進、友澤悠季の各氏との議論から多くの示唆を得た。なお、本章は科学研究費補助金（新学術領域研究：二五一〇一〇〇五）「新興国における経済発展経路の国際比較」（代表：杉原薫）、（基盤研究C：一五K〇三五七三）「アメリカの原子力覇権に対する日・西独の依存と自立化」（代表：小堀聡）による成果の一部である。

注

（1）石川栄耀「港湾都市計画の問題」『港湾』二九（二）、一九五二年二月、七―八頁。
（2）宮本憲一『戦後日本公害史論』岩波書店、二〇一四年、一二九頁。
（3）橋本寿朗『日本経済論――二〇世紀システムと日本経済』ミネルヴァ書房、一九九一年、第二章。小堀聡『日本のエネルギー革命――資源小国の近現代』名古屋大学出版会、二〇一〇年、第三編。
（4）宮本『戦後日本公害史論』一二九―一三〇頁、若林敬子『東京湾の環境問題史』有斐閣、二〇〇〇年。
（5）宮本『戦後日本公害史論』。
（6）同右、一一―一二頁。
（7）友澤悠季『「問い」としての公害――環境社会学者・飯島伸子の思索』勁草書房、二〇一四年。
（8）環境政策や環境経済学における歴史研究の有効性を提起した研究として、喜多川進『環境政策史論――ドイツ容器包装廃棄物政策の展開』勁草書房、二〇一五年。また、米・独の大気汚染対策の比較研究として、Frank Uekoetter, *The Age of Smoke: Environmental Policy in Germany and the United States, 1880-1970*, Pittsburgh: University of Pittsburgh Press, 2009.
（9）横浜市総務局市史編集室編『横浜市史Ⅱ』第三巻（上）、二〇〇二年。横浜市総務局市史編集室『横浜市史Ⅱ』第三巻（下）、二〇〇三年。とくに長島修「重化学工業化の矛盾」『横浜市史Ⅱ』第三巻（上）、二〇〇二年、四〇一―五五四頁。大豆生田稔「公害問題」『横浜市史Ⅱ』第三巻（下）、二〇〇三年、五六五―六八〇頁。

(10) 平沼・半井市政期の臨海開発についての研究動向は、小堀『日本のエネルギー革命』第八章。

(11) 小林照夫「横浜における戦後漁業史の一面――金沢地先埋立と柴漁業協同組合を中心に」『関東学院大学文学部紀要』一〇二、二〇〇四年一二月、一七五―一九四頁。

(12) 伊藤康『環境政策とイノベーション――高度成長期日本の硫黄酸化物対策の事例研究』中央経済社、二〇一六年。

(13) 以下、本項は断りのない限り、小堀聡「臨海工業地帯の誕生と普及――土木技術者鈴木雅次の軌跡一九二〇―一九七〇」『ノートル・クリティーク』五、二〇一二年五月、二一―三〇頁。

(14) 内務省土木局『躍進日本の経済的実相と地方港湾改良の必要』一九三六年三月、五―九頁（国立国会図書館憲政資料室所蔵「新居善太郎文書」二六六）。

(15) 浅井良夫「一九五〇年代における経済自立と開発」『年報日本現代史』一三、二〇〇八年五月、五一―九四頁。藤井信幸『地域開発の来歴――太平洋岸ベルト地帯構想の成立』日本経済評論社、二〇〇四年。

(16) 藤井、同右。

(17) 高村直助『都市横浜の半世紀――震災復興から高度成長まで』有隣堂、二〇〇六年、二六―四五頁。

(18) 以下、根岸湾開発については断りのない限り、小堀『日本のエネルギー革命』第八章。

(19) 日清製油株式会社社史編纂室編『日清製油六十年史』同社、一九六九年、二六〇―二六三頁。

(20) 横浜市政調査会編・発行『一六〇万人の市政――横浜の歴史・仕事・財政』一九六四年、五七―五八頁。

(21) 神奈川県農政部水産課「根岸湾問題協議会部会出席復命書」一九五七年一〇月一九日（『根岸湾問題協議会関係綴』神奈川県立公文書館所蔵、一一九九四―四一七一）。

(22) 宇井純『公害原論』亜紀書房、一九七一年（合本・新装版、二〇〇六年、二二一―三五頁）。

(23) 神奈川県内湾漁業青年連合協議会「決議」一九五七年三月一六日（横浜市史資料室所蔵「横浜市各課文書」七四八九）、『根岸湾問題協議会議事録』第一回、一九五七年三月一六日、一〇―一一頁（『根岸湾問題協議会関係綴』）。

(24) 藤井祐介「市民主義再考」同志社大学『人文研ブックレット』四八、二〇一五年一月、五―一七頁。

(25) 天川晃「過渡期の市政」『横浜市史』第三巻（上）、二〇〇二年、一八二―二〇二頁。

(26) 天川晃「人事と機構」『横浜市史』第三巻（下）、二〇〇三年、四六―六四頁。

(27) 飛鳥田一雄・鳴海正泰「元横浜市長飛鳥田一雄への鳴海正泰のインタビュー――飛鳥田市政時代をふりかえって」『横浜市史資料室紀要』二、二〇一二年三月、一―八七頁。

(28) 長島「重化学工業化の矛盾」四五七―四七五頁。

(29)横浜市公害センター『根岸、本牧工業地区の公害問題について――横浜市根岸湾埋立地火力発電所建設に伴う公害問題の経過』一九六四年一二月、一二頁。
(30)長島「重化学工業化の矛盾」四六六―四七〇頁、伊藤『環境政策とイノベーション』四六―四七頁。
(31)助川信彦・猿田勝美「根岸・本牧工業地区における火力発電所立地にともなう公害問題の経過」横浜市総務局調査室『調査季報』六、一九六五年二月、六四頁。
(32)飛鳥田一雄『生々流転――飛鳥田一雄回想録』朝日新聞社、一九八七年、八〇―八五頁。
(33)助川・猿田「根岸・本牧工業地区における火力発電所立地にともなう公害問題の経過」六八―七〇頁。
(34)長島「重化学工業化の矛盾」四五七―四七五頁。
(35)鳴海正泰「公害対策「横浜方式」の再検討」『環境破壊』一（七）、一九七〇年一二月、一〇頁。
(36)五十嵐冨英『「むつ」漂流――ある国家プロジェクトの軌跡』日本経済新聞社、一九七七年、一五―三二頁。
(37)大豆生田「公害問題」六六一―六六七頁。
(38)鳴海正泰「公害対策「横浜方式」の再検討」、大豆生田、同右、六二二頁。
(39)大豆生田、同右、六一六頁。
(40)中区磯子区環境衛生保全協議会／通商産業大臣・厚生大臣宛「横浜市根岸湾埋立地工場地帯進出の東京電力他諸工場の公害防止対策に関するお願い」一九六四年一一月二〇日（横浜市公害センター『根岸、本牧工業地区の公害問題について』九九―一〇〇頁）。
(41)助川・猿田「根岸・本牧工業地区における火力発電所立地にともなう公害問題の経過」六八―六九頁
(42)横浜市中区磯子区環境衛生保全協議会「恐るべき公害工場の設置に対する見解」一九六四年六月（横浜市中区磯子区環境衛生保全協議会（保全協）『横浜市中区磯子区環境衛生保全協議会の歩み』一九六九年八月、一一―一二頁）。
(43)大豆生田「公害問題」六一二―六一五頁。
(44)北村清之助「横浜市中区磯子区環境衛生保全協議会の歩み」、中区磯子区環境衛生保全協議会「役員名簿」昭和四二年六月現在（以上、保全協『横浜市中区磯子区環境衛生保全協議会の歩み』三―一四頁、二九―三〇頁）。横浜市公害センター『根岸、本牧工業地区の公害問題について』二五頁。北村清之助「下駄屋からレディース・ストアへの道」『オール生活』一六（七）、一九六一年七月、五六―六〇頁。
(45)「中区磯子区環境衛生保全協議会主要活動状況経過概要」昭和四四年八月現在（保全協、同右、二六―二八頁）。横浜市公害センター、同右、一―七頁。助川信彦「高度成長期の公害行政――初代公害対策局長助川信彦氏に聞く」『市史研究よこはま』一四、二〇〇二年三月、五三頁。
(46)助川、同右、五一頁。

(47) 小貫喜堂「私どもの公害防止住民運動」(保全協『横浜市中区磯子区環境衛生保全協議会の歩み』一四頁)。
(48) 飛鳥田『生々流転』五八―六一頁。船橋成幸「飛鳥田一雄さんとともに歩んだ社会党――船橋成幸氏に聞く(下)」『大原社会問題研究所雑誌』六六二、二〇一三年一二月、六七―六八頁。
(49) 飛鳥田・鳴海「元横浜市長飛鳥田一雄への鳴海正泰のインタビュー」七一―七三頁。
(50) 鳴海正泰『自治体改革のあゆみ――[付]証言・横浜飛鳥田市政のなかで』公人社、二〇〇三年、一七九頁。
(51) 飛鳥田『生々流転』九三―九五頁。
(52) 横浜市「原子力船定係港設置の申し入れについて」(横浜市史資料室所蔵「鳴海正泰家資料」三三一―一六)。
(53) 大豆生田「公害問題」六三〇―六三一頁。
(54) 五十嵐『「むつ」漂流』二四―二七頁。
(55) 伊藤『環境政策とイノベーション』第二章、第六章。
(56) 瀬川弘(一九六四年当時電源開発火力建設課長)の証言(飛鳥田『生々流転』八二頁)。
(57) 鳴海正泰『飛鳥田横浜市政と革新自治の時代――そのときヨコハマは燃えていた』横浜地方自治研究センター、二〇一二年、五一―七二頁。
(58) 宮腰繁樹「六大事業の基本理念」横浜市企画調査室『調査季報』二八、一九七一年三月、二―九頁。横浜市『横浜市総合計画・一九八五――市民による新しいまちづくり』一九七三年一二月、一二七―一三八頁も参照。
(59) 横浜市、同右、一二九―一三八頁。
(60) 横浜市『横浜国際港都建設総合基幹計画(改訂案)』一九六三年三月、四五頁、六六頁。
(61) 助川信彦「金沢地先埋立計画と公害問題」飛鳥田一雄・富田富士雄編『都市自治の構図』大成出版社、一九七四年、三一七―三二二頁。横浜市港湾局臨海開発部編・発行『横浜の埋立』一九九二年、一三〇―一三二頁。
(62) 『横浜市会会議録』一九六八年七月二五日、一一七―一三四頁。
(63) 『神奈川新聞』一九六八年一二月二四日付(川崎版)。飛鳥田市長とともに住みよい横浜をつくる市民の会『入会のご案内』一九六六年一二月五日、一九頁(横浜市史資料室所蔵「飛鳥田一雄資料(芦名橋)」一二三〇)。
(64) 横浜市港湾局臨海開発部編『横浜の埋立』二二七頁。
(65) 『神奈川新聞』一九七一年一一月二一日付(横浜版)、一一月二六日付、一一月二八日付、二九日付。横浜市港湾局臨海開発部編『横浜の埋立』一二三―一二四頁も参照。
(66) 新堀豊彦『かながわ乱の時代――戦後県政五十年』かなしん出版、二〇〇二年、二六一頁。
(67) 神奈川新聞編集局編『緑の復権』一九七四年、一五二頁。横浜市港湾局臨海開発部編『横浜の埋立』一二五―一二七頁、一四七―一四八頁。『日本経済新聞』一九七三年六月六日付。『神奈川新聞』一九七三年六月二二日付、一〇月一六日付。『か

ながわ政経特報』一九七三年八月二三日号。以下、一九七三年の新聞記事については、神奈川県立公文書館所蔵「佐々井典比古氏関係資料」二六〇一二〇〇一七六～二三七のスクラップを利用した。なお、京急の釜利谷開発はその後石油危機などの影響で一九七八年まで一時凍結され、土砂の大半は千葉県の浅間山から供給された。
(68)『神奈川新聞』一九七三年九月一七日付、一〇月一六日付。
(69)神奈川新聞編集局編『緑の復権』七一頁。
(70)『神奈川新聞』一九七一年一二月三日付。『第七一回国会衆議院建設委員会議録』第一二号、一九七三年四月一七日。横浜市港湾局臨海開発部編『横浜の埋立』一二六―一二七頁。つまり、三号地の埋立免許認可は改正法施行八日前の駆け込みだったのである。
(71)神奈川新聞編集局編『緑の復権』九七―一〇三頁。原実『歴史的風土の保存――「鎌倉市民」の日々』アカンサス建築工房、一九八九年。金田平「神奈川県自然保護協会の三〇年」『かながわの自然』五八、一九九六年三月、二三―二七頁。藤澤浩子『自然保護分野の市民活動の研究――三浦半島・福島・天神崎・柿田川・草津の事例から』芙蓉書房出版、二〇一一年。
(72)原実「小松ヶ池を守れ」鈴木一喜・石渡喜一郎編『小松ヶ池について――この自然を大切に』一九七二年一月（神奈川県立公文書館所蔵「佐々井典比古氏関係資料」二六〇一二〇一二二〇）。
(73)神奈川自然保護連盟事務局『神奈川自然保護連盟』一九六九年（「佐々井典比古氏関係資料」二六〇一二〇一三四五）。神奈川自然保護連盟「金沢地先き海岸埋立計画の問題点について――何故我々が埋立て中止を主張しているか」一九七三年六月（神奈川県立公文書館所蔵『建設常任委員会陳情七』綴、一二〇〇四四一四二八）。同『五〇年度大会　参加団体報告書』一九七五年一一月三〇日（「佐々井典比古氏関係資料」二六〇一二〇〇五三二）。篠田健三「神奈川を自然保護のメッカに――神奈川自然保護連盟四八年度大会の記録から」『鎌倉市民』一六〇、一九七三年七月、四―七頁。
(74)『朝日新聞』一九七三年六月一九日付。『神奈川新聞』一九七三年一〇月九日付。
(75)神奈川自然保護連盟『五〇年度大会　参加団体報告書』。
(76)神奈川新聞編集局編『緑の復権』二八九頁。
(77)『神奈川県議会会議録』一九六七年九月二六日、一八八―一九五頁。
(78)新堀豊彦『自然環境と昆虫たち』丸井図書出版、一九八一年、第二章。同『新しい保守政治をめざして』新堀豊彦事務所、一九八五年。同「神奈川の自然への思い」『神奈川自然保護協会ニュースレター』七〇、二〇一三年四月、二―七頁。
(79)新堀「神奈川の自然への思い」三頁。
(80)『神奈川県議会会議録』一九七二年一二月一五日、四四―四五頁。『毎日新聞』一九七三年一〇月一三日付。
(81)新堀「神奈川の自然への思い」三頁。
(82)『読売新聞』一九七三年一〇月一六日付。『神奈川新聞』一九七三年一〇月一六日付。
(83)『横浜市会会議録』一九七三年五月二三日、二五八―二七一頁。なお、金沢地先埋立と同様、住民運動が飛鳥田市政の政治理念や手法を厳しく批判した横浜新貨物線反対運動に関連して、鳴海は以下のように回顧し、飛鳥田も同意している。「今は国鉄も無力になっているけど、あの頃はなかなか相当の力を持って」おり、都心部整備事業に関連する高島ヤード廃止交渉など「横浜市の行政との関連で、相当こちらに弱いところがありましてね、「新貨物線建設をめぐって」国鉄と喧嘩するという体制になかったですね」（飛鳥田・鳴海「元横浜市長飛鳥田一雄への鳴海正泰のインタビュー」八〇頁）。飛鳥田市政は、新貨物線建設予定地よりも市都心部の生活環境に「横浜全体の」利益を見出していたのである。

(84) 助川「金沢地先埋立計画と公害問題」三一七―三一九頁。

(85) 同右、三一八―三一九頁。

(86) 『横浜市会会議録』一九七一年一一月二九日、五七八頁。

(87) 助川「金沢地先埋立計画と公害問題」三一八頁。

(88) 金沢の自然と環境を守る会「金沢海岸埋立の虚偽」神奈川自然保護連盟『五〇年度大会　参加団体報告書』二頁。

(89) 神奈川自然保護連盟「金沢地先き海岸埋立計画の問題点について」。

(90) 三浦半島自然保護の会「Nature conservation ということ」その一～二『自然のたより』五二、一九六四年三月、二頁。同、五三、一九六四年四月、二頁。

(91) 神奈川自然保護連盟「金沢地先き海岸埋立計画の問題点について」。

(92) 『神奈川県議会会議録』一九七三年九月二六日、二八八頁。

(93) 三浦半島自然保護の会「金沢埋立てはやめるべきである」『自然のたより』一四六、一九七二年一月、二頁。

(94) 神奈川自然保護連盟「金沢地先き海岸埋立計画の問題点について」。

(95) 飯田耕作「金沢地先埋立と住民運動「金沢の自然と環境を守る会」」日本科学者会議神奈川支部公害委員会編『海面埋立と住民の生活――横浜市金沢埋立を考える』日本科学者会議神奈川支部、一九七六年、一四四―一四五頁。

(96) 神奈川自然保護連盟「金沢地先き海岸埋立計画の問題点について」。

(97) 飛鳥田・鳴海「元横浜市長飛鳥田一雄への鳴海正泰のインタビュー」五一頁。

(98) 広原盛明『日本型コミュニティ政策――東京・横浜・武蔵野の経験』晃洋書房、二〇一一年、一二章。

(99) 自然保護を生業と結びつけて考察することの重要性については、鬼頭秀一『自然保護を問いなおす――環境倫理とネットワーク』筑摩書房、一九九六年。

(100) 金田「神奈川県自然保護協会の三〇年」。

(101) 鮫島茂談（金関義則「広域港湾の誕生の変貌」『自然』二三（一〇）、一九六八年、八四頁）。

(102) 友澤『「問い」としての公害』三七頁。

(103) 五十嵐『「むつ」漂流』六二―六五頁。

第3章 合成洗剤追放運動の存在理由
――「安全」をめぐる社会運動史の視点から

原山浩介

はじめに

日本において合成洗剤は、一九六〇年頃から今日に至るまで、その安全性が議論の的になり続けている。とりわけ一九七〇年代から九〇年代にかけてはその傾向が顕著で、合成洗剤をどう評価するのか、家庭での使用についてどのような態度を取るのかが、環境保護や公害に取り組む諸団体や個人、生活協同組合などにとって、時としてそれ自体が党派性を構成するほどの、重要な問いであった。

日本における合成洗剤をめぐる動きについては、世界的に見て特異なものであると指摘されることがある。もっとも、そうした指摘は、多分に、合成洗剤の業界側から合成洗剤追放運動などに対しての批判的な文脈で、日本での動きが「異常」であることを訴えるためになされることが多かった。

とはいえ、たしかに、日本における動きには、欧米諸国とは異なった面があったのは事実である。それは、次の二つの意味においてである。

まず第一に、合成洗剤の人体と環境への悪影響に対して、市民団体が問題として向き合い、さらに地方自治体なども問題を共有する動きを見せるかたちの、幅広い社会運動となった点がある。しかもそうした動きが、全国各地で起こり、それらの点を結ぶかたちで連絡会や研究会が結成され、そしてその動きと連動して、合成洗剤を忌避する論理が浸透していった。他方で、こうした論理への対抗と、合成洗剤の普及のために投じられた洗剤会社や業界側のエネルギーは膨大なものがあり、その執拗さもまた、かなり特異であったといえる。

第二に、合成洗剤追放運動が、日本の現代史、とりわけ社会運動の歴史を考える上において重要な位置にあるという点である。公害問題が表面化し、反公害や自然環境に関わる論点が重要な問題として広く共有されていく一九七〇年代、合成洗剤追放に多くの活動家、団体、市民が取り組んだ。すなわち、新たな運動のスタイルが作られようとする時期に、他の社会問題と深く絡み合うかたちでこの合成洗剤問題への取り組みがあった。そう考えると、合成洗剤問題は、その後の市民運動をどのように形成していくのかを問う重要な試金石の一つでもあったということになる。

こうした、日本の合成洗剤をめぐる議論や運動をめぐって、その現代史的な意義を考えていく上で、当座の課題は二つある。

ひとつは、上記の第二の点、すなわち社会運動史的な構図をどのように整理するのかという問題とも関わる、非常に大きな論点である。これまで、反公害闘争、コンビナート建設反対運動などの歴史については、いわゆる現代史の議論としても繰り返し顧みられてきた。他方で、一九七〇年代以降に目立つようになった市民運動をめぐっては、「新しい社会運動」という、そもそもの概念構成からいささか異なるラベリングが為され、それ以前の社会運動と断絶しているかのようなイメージが少なからずある。

もう一つは、合成洗剤をめぐる議論や運動における懸念が、人体への有害性と水質汚染という、大きく二つの問題に向けられ、しばしば両者が渾然一体となっていたこと、そして、そうした懸念が、より一般的な公害への懸念、公害による被害、そしてその社会問題化を背景にしながら人びとの認識のなかに位置付いていったことである。

このうち、最初の課題である戦後日本の社会運動史に関わる構図の再整理については、紙幅の問題と、そして筆者自身の作業の進捗状況から、本章で扱うにはいささか荷が重く、留保せざるを得ない。本章では、第二の課題を念頭に置きながら、合成洗剤の有害性に対する問題化の始まりとその時代性を概観した上で、市民運動などにおいて合成洗剤問題が広く取り組まれるに至る過程をたどっていく。その際、合成洗剤に向き合った者の記録もいくつか拾いつつ、業界などによる情勢認識や反発、そして運動の内部矛盾を視野に入れ、そこで生じた議論のすれ違いを浮かび上がらせながら、同時代的視点から問題の位相を見ていくこととしたい。

第一節　合成洗剤への疑義

ミヨシ化学「ハームレス・レディ」の発売

一九六一年一一月、ミヨシ化学が粉石けん「ハームレス・レディ」を発売した。この時、同社は、「今お使いになっている石油化学による洗剤は人体に危ない点がある」とのパンフレットを作っている。[1] このミヨシ化学の動きが、後に示す研究者による危険説の公表とあいまって、合成洗剤をめぐる議論の火付け役になった。

このミヨシ化学という会社とは別に、当時、ミヨシ油脂という会社が存在していた。この両者の関係は少し複雑であり、またこの時のミヨシ化学の状況が、粉石けん「ハームレス・レディ」の登場と関わっている。そこで、ミヨシ化学の会社そのものについて、少し立ち入って説明しておく。

この二つの会社の前身は、ミヨシ化学興業株式会社である。敗戦後、同社には、江戸川工場と綾瀬工場があった。江戸川工場の方がより豊富に物資が残っており、一方の綾瀬工場は生産体制の再構築を図ろうとしていた。この時、両工場が対立含みになったこともあり、両者を別の会社として分離することとなった。そして最終的には、綾瀬工場が存続会社となり、ミヨシ油脂株式会社として一九四九年二月一一日に発足した。一方の江戸川工場は、分離された第二会社、ミヨシ化学株式会社となった。

このミヨシ化学江戸川工場で、一九五八年一一月二二日に火災が発生した。この火災で、日東捕鯨がミヨシ化学に分解加工を委託していたマッコウ鯨油を消失することとなった。この時、ミヨシ化学は経営状態が悪く、三菱銀行の管理下にあった。そしてこのトラブルを契機に、同年の一二月二七日に、日東捕鯨が、ミヨシ化学の株式を取得して経営参加し、三菱銀行出身の社長が退陣、日東捕鯨社長の柳原勝紀が社長に就任した。「ハームレス・レディ」の発売はその三年後、日東捕鯨の経営参加の下でのことである。

この「ハームレス・レディ」発売の事情を記した書籍等はいくつかあるが、ここでは会社の内情をうかがわせる叙述がある、『土佐の鯨男――柳原勝紀伝』の記述を拾っておきたい。そこでは、同社での合成洗剤の製造中止に至る過程が、次のように記されている。

> 合成洗剤の製造中に工員一名が中毒死し、この洗剤が人体の皮膚に浸透して呼吸神経を侵して有毒であり、細菌によって分解されずに河川や海浜のプランクトンを死滅させて、環境衛生上も有害であることが判明した。そこで、勝紀は断固としてこの洗剤の製造を中止させようとしたが、同社の幹部から、製造中止は会社を倒産に至らしめるものとの強い反対にあった。さらに、合成洗剤業界はそれまで無害無毒としてこれを宣伝販売中であったため、合成洗剤協会は、ミヨシ化学株式会社を公正取引委員会に提訴した。そのために社長である柳原勝紀は、四面楚歌の中に立たされた。
>
> （中略）
>
> 勝紀は有毒と判明しながら、敢えて生産を続けることは、事業家として人類社会に対して恥ずべき行為であると決意して、断固として合成洗剤の製造を中止させた。この事件は、勝紀の正義感の一面を表わしたものであった。結局、公正取引委員会も、合成洗剤協会の提訴を取り上げなかった。(2)

同書は、柳原勝紀の評伝であり、それゆえの肯定的な評価が強調されている可能性はあるものの、この「ハームレス・レディ」の発売、そして合成洗剤に対する問題提起がおこなわれたことに、日東捕鯨の経営参加が少なからず作用していたことを類推させる。

なお、ミヨシ化学における「中毒死」については、日本家庭用合成洗剤工業会の調査で「胸部打撲膜炎による急性心臓衰弱」であったとされる。また、ミヨシ化学そのものは、一九六三年六月一七日に、日東捕鯨に吸収合併され、社名が消滅した。洗剤メーカーからの問題提起は、いささかすっきりとしないままとなった。

研究者からの問題提起

一九六二年一月一〇日、柳沢文正（東京都立衛生研究所）と柳沢文徳（東京医科歯科大学）が、中性洗剤の人体に対する有害性を発表し、新聞等で報道された。新聞報道レベルでいえば、「中性洗剤を使い続けると肝臓やヒフをおかされるおそれがある」[3]との内容だった。告発内容は、同年に『合成洗剤の科学』として出版された[4]。基本的には洗剤は人体と環境に対して影響があるので使用は好ましくないとの内容であった。

これに対する業界や政府の反応は早かった。

業界側では、一九五七年に洗剤メーカーが結成した中性洗剤懇話会を発展させるかたちで、日本中性洗剤協会を、本郷慰与男（ライオン油脂）を会長とし、六社の理事会社、二社の監事会社、会員数二七社で結成し、一九六二年七月一二日に創立総会を開催した。その際、「問題は、洗剤にたいする根本的な疑問であり、また業界全体にたいする攻撃である」との認識があったとされる[5]。

国会では、一九六二年二月二七日に、参議院社会労働委員会で、柳沢文正を参考人招致し、「合成洗剤問題」を議題にした。ここでは、人体への影響、洗剤による野菜洗浄の是非と表示・広告宣伝のあり方、下水などの環境への影響まで、広く俎上にのぼった。この後も、国会ではたびたび合成洗剤が取り上げられ、そのなかでいくつか問題も浮かび上がった。例えば、野菜の洗浄における合成洗剤の使用について、三月二八日「厚生省が、あたかも宣伝の主役を演じているかのごとき広告の文章は、これはすみやかに撤廃してもらいたい。それからまた、あと（ママ）洗浄するという点で、疑わしいことについては、明確な使い方についての指示を与えてもらいたい」という指摘に対して、厚生省側から前向きな答弁が引き出されている。[6] さらに、四月四日には、衆議院科学技術振興対策特別委員会において、「合成洗剤の毒性の有無等に関し」、「科学的調査をおこない、必要とあればその行政的措置をも含めて速やかにその結果を本委員会に報告」することを要望する決議が採択されている。

こうした流れを受けて、厚生省の食品衛生調査会は、一一月一四日に、厚生大臣の諮問を受けた答申で、「中性洗剤を野菜、果物類、食器等の洗浄に使用することは、洗浄の目的から甚だしく逸脱しない限り、人の健康を害うおそれがない」として、安全性を確認した。さらに、一九六五年に科学技術庁の「中性洗剤特別報告」においても同様に安全である旨を示した。

この二つの答申と報告を見ると、合成洗剤には何ら問題がないとの結論に達したかに見える。その一方で柳沢文徳らは、肝臓障害などの危険性を訴え続け、合成洗剤が有害であるとの姿勢を崩さなかった。そうした柳沢らの論陣とともに、この時点での問題として注目しておいてよいのは、一九六五年五月に厚生省から自治体等に出された通知と、科学技術庁の報告書の水質汚染に関わる内容である。

厚生省から自治体等への通知は、「中性洗剤の適正な使用について」（環食化第五〇二二号）の標題で、一九六五年五月一三日に出されている。そこでは、洗剤の表示について、次のように定められている。

1　使用方法の表示について

（1）消費者に使用方法を守るよう特に注意すること。

（2）標準濃度以上で使用した場合や荒れ性のものは、手の荒れることもあるので、手袋の着用、使用後の水洗等によって防止するよう注意すること。

2　以上の表示は家庭用中性洗剤すべてに適用すること。

また他方で、科学技術庁の「中性洗剤特別報告」は、通常の使用方法であれば人の健康には影響がないものとされたものの、下水への影響を懸念するものだった。新聞報道でも、例えば讀賣新聞では、「やっぱり無害　中性洗剤　野菜も心配なし　上下水道は対策を急げ」との見出しで報じられており、多摩川の川辺に溜まった洗剤の泡の写真を示しながら、「将来もっと増加すれば、下水処理上、問題化することも考えられ、下水処理施設機能の改善、分解性のよいABSの採用などの対策をとることが望ましい」[7]とまとめられている。

なお、この間に、のちに「庵島事件」と呼ばれることになる出来事があった。これは、一九六二年九月に、ライオン油脂の合成洗剤「ライポンF」の誤飲による死亡事故として報道された[8]。二日後には、東京都衛生局が死因を洗剤によるものと発表した[9]。遺族がライオン油脂などを訴えた民事訴訟では、一九六七年六月一五日に、この誤飲と死亡との直接的な因果関係は認められないとされたものの[10]、この一件は、合成洗剤の安全性に対する疑いを増幅する効果を持った。

このように、柳沢文正・柳沢文徳両氏の問題提起をめぐっては、厚生省および科学技術庁サイドから、安全性には問題がない旨の見解が示されたものの、排水や使用方法について一定の問題が同時に示された形になった。さらに、誤飲事件があったことなどから、人びとの心証においては、合成洗剤の安全性に対する疑問を大なり小なり残したといえる。

そして一九六九年六月二〇日、日本先天異常学会において、三上美樹（三重大学）が「マウス胚の発育におよぼす洗剤の影響について」とのタイトルで報告をおこなった。妊娠したマウスの胃に洗剤を注入し、その結果「0.042ml/g注入群では、口蓋裂、外脳症の発現がそれぞれ三五・二%、一・八%で、対照群のそれぞれ六・七%、〇%に対して明らかに有意差が示された。また母マウスの臓器ではとくに、胸腺に変化がみとめられ、その程度は、0.021ml/g注入群の場合にくらべてさらに強く、しかも、異常仔を保有していた母マウスでの変化が顕著であったことは注目に値しよう」[11]とある。

ここで問題なのは異常仔（胎児の異常）、つまり口蓋裂や外脳症が認められる胎児があったという点である。洗剤を体内に取り込むことで奇形が発生するということの報告は、人びとの合成洗剤への疑いをさらに高めることになった。

公害時代の合成洗剤問題

合成洗剤が問題化した時代というのは、高度経済成長期であり、それは合成洗剤の生産量が年々増加を続けた時代でもある。そしてまた、日本各地で公害が多発し、人体や環境への深刻な被害をもたらした時期でもあった。

公害時代という背景を見過ごしたまま、合成洗剤追放運動を評価することは本来できないはずである。しかしながら、洗剤の「安全性」を主張しようとする議論においては、それが業界側からの見解という体裁であれ、あるいは科学性に根ざしたものであれ、そして同時代に書かれたものか後になって書かれたものかを問わず、そうした時代性への注意が低下しがちになる。

科学的には全く異なる問題であるとはいえ、ここで想起しなければならないのは、水俣病の問題である。

一九五〇年代から水俣病の被害が現れ、熊本大学では一九五七年に有機水銀が原因であると結論づけた。そして厚生省の食品衛生調査会により一九五九年一一月に有機水銀原因説が示された。こうした議論に対し、新日本窒素（のちにチッソに社名変更）などから疑義が出された。さらに、同じく一九五九年一一月に、清浦雷作（東京工業大学）により、魚貝類の毒素が原因であるとして、工場排水を否定する報告書が通産省に提出された。こうしたことは、新聞などを通じて報道されるところとなる。例えば一九六〇年四月二七日付の朝日新聞には、「水俣病をめぐる論争　上」と題し、「学説まちまち　工場廃水との関係も不明」との見出しを付けた上で、「熊大側の有機水銀説」「新日本窒素も猛反発」「東工大清浦説も登場」として取り上げつつ、食品衛生調査会の結論として「水俣病の原因は水俣湾とその周辺に生育する魚貝類を多量に食べることによって起こる中枢神経系障害の中毒性疾患で、主因はある種の有機水銀化合物である」と答申内容を紹介している[12]。

水俣病の原因は、工場廃水に含まれる有機水銀が次第に有力になっていくのだが、原因企業であった新日本窒素がその事実と責任を認めるまでには長い時間を要し、それは一九六九年に始まった裁判まで続いた。また裁判の過程で、新日本窒素水俣工場の病院長であった細川一による猫を用いた実験で工場廃水が原因であることが解明されかけたときに、会社側がこの事実を握りつぶしたことも判明している。

合成洗剤の問題は、水俣病の問題と同時期に提起されていた。一方で科学の名の下に公害の原因が究明されつつ、他方で同じく科学の名でこれを打ち消す議論がおこなわれ、当該問題に利害関係を有する企業が、自らの責任を認めず、あるいは責任を取らずに済むような論陣を張るという事態が進行していた。しかも、政府が公式に水俣病と排水の関係を認めるのは、一九六八年になってからである。

こうした、汚染や被害への懸念に対する満足な応答を期待できない状況は、当然のことながら、問題に向き合おうとする人びとの不信や警戒を助長することになる。そこにはむやみな安全論や、問題に取り組む市民・専門家を敵視するかのような発言も含まれる。

一例として、少し後になるが、一九七五年三月二六日の参議院公害対策及び環境保全特別委員会における、自民党の森下泰の発言に、次のようなものがある。ここでは、少し長めに引用する。

　三十七年の庵島事件以来一部の学者、消費者の間から合成洗剤には手荒れ、発がん性、催奇形性等の原因となる有害説を唱える声が上がってまいりました。この声を聞くたびに、私は率直に申しまして、中世の魔女裁判、またガリレオの地動説に対する非難の声を思い起こさざるを得ない次第でございます。特に催奇形性に関しましては、国立衛生研究所、京都大学、東京都衛生局、イギリスのハンチングトン・リサーチセンター、そして昨年末の大阪府衛生部の実験結果と、いずれも催奇形性はないという否定の公式発表がございました。

（中略）

年間約一千万トンという合成洗剤が世界じゅうで生産されておりますが、その中でわずか八十三万トンを生産しております日本だけに限って、どうして合成洗剤の追放という声が起きるのか、ましてや、多くの学者、専門家の実験からも有毒性が否定されております中にあって、なぜ特別に取り上げられなければならないのか、まさしく合成洗剤追放運動は、他の最近やかましい排気ガスの問題あるいは騒音公害などについてのヒステリックな論調と同様に、魔女狩り以外の何ものでもない、率直に私はかように考えるものでございます。(13)

この発言のなかの、催奇形性を否定する研究結果が複数存在すること、各国で大量の合成洗剤が生産されていることなどを指摘するくだりは、おおむね誤りではない。しかしながら、「魔女裁判」や「地動説に対する非難の声」を引き合いに出し、「排気ガスの問題あるいは騒音公害などについてのヒステリックな論調と同様」として、現実に存在する他の公害をめぐる訴えをも否定し去る姿勢が、問題をこじれさせる。

こうした姿勢からの発言は、議員一個人の問題というよりも、むしろ合成洗剤に取り組もうとする人びとやその意見に対して反駁する際にしばしばみられたものであり、根本的には水俣病をめぐる企業側の動きとも通底する乱暴さがある。合成洗剤追放運動は、安全—危険や無害—有害を軸にした、企業や政治から発せられるステレオタイプ化されたといってもよい傲慢な言い分と、これに不信・疑問・不満を持つ市民、という、この時期において実はさほど珍しくなかった対立図式のなかに置かれていた。

第二節　合成洗剤追放運動の広がりと葛藤

市民運動における問題化

合成洗剤追放運動は、一九七〇年代に入って各地に広がっていく。一九七〇年代は、四大公害病に代表されるような公害が大きくクローズアップされる時期であり、加えて環境問題を視野に入れたさまざまな市民運動が拡大する時期でもあった。そうした、汚染や健康被害を問題化し、これに向き合おうとする取り組みのなかに、合成洗剤の問題も位置付いていた。

東京都大田区で合成洗剤追放などの住民運動に関わってきた貝塚せい子は、その体験を、一九七六年に刊行された『日本洗剤公害レポート』と、一九九五年の『史誌——大田区史研究』四一号に綴っている。[14] 前者の『日本洗剤公害レポート』に寄せた原稿のなかで、「昭和四五（一九七〇）年ごろから、いわゆる高度経済成長政策の矛盾が表面化し、あちこちで公害が出はじめてきた。そして、光化学スモッグ、ＰＣＢ、水銀の鮮魚などが、私たちの日常生活を脅かし始めていた」との一文が、活動を振り返る文面の冒頭部分に出てくる。これは、一九七〇年代に、合成洗剤追放に関わって生きた人びとの率直な感覚であろう。以下、この貝塚の記録に沿って、一九七〇年代の合成洗剤追放運動の高揚を跡づけてみる。

貝塚は、「合成洗剤にはっきりと不安をもつようになったのは、昭和三八（一九六三）年に柳沢文正先生の講演を小学校のＰＴＡで聞いてから」としている。その上で、一九七〇年の「東京都新生活運動協会の企画で、「生命と健康を守る講座」都民大学が開設され」たため、これに参加し、「修了生が、「都民生活の会」を結成」、その中の「洗剤班」で「水質を研究するうちにとくに家庭用洗剤に関心が集中し、もっと洗剤に対して知識・情報をあつめ、それを実践活動に生かしていこうと決心した」という。[15]

その後、「洗剤班」は「都民生活の会」の会員を通じてアンケートを実施し、一三七六枚を回収して報告書をまとめた。

このアンケート結果には、洗剤の「標準使用量を守っている人はわずかに六%」、洗剤が「まったく安全と思っている人は五%で、「危険である」が三〇%、「それほど危険でない」が六〇%で、結局、平均的主婦たちはなんらかの不安はもっているが、使うときはそのことは忘れて、つい便利さにまけたり、忙しさにおわれて、容量も計らず適当に使っているという事実がわかった」という。そして報告書を手に「関係官庁、東京都庁各局、洗剤メーカー、新聞社、テレビ局と、思いつくかぎり精力的に訪問」を続けたところ、「まずNHKの教育テレビが、婦人学級の「洗剤」に私たちのアンケート調査を取り上げ、その後も合成洗剤をテーマにくみこんだNHKの「こんにちは奥さん」に三回出場」した。[16] この時のことについて、「これらの放送によって、ようやく全国的に洗剤問題が話題にのぼっていくような手ごたえをおぼえ」、「私たちと同じ考えをもっている人が、日本中にいるのが分かって自信をもつことができ」たとしている。[17]

このあと、「何年も前から水道水の汚染や洗剤の危険について勉強を続けて」きた婦人民主クラブの公害班と合同で運動を進めていくことになる。また同時に、貝塚が大田母親連絡会に所属していたことから、一九七一年八月に仙台で開催された日本母親大会の公害分科会に参加し、「洗剤公害を問題提起」し、「申し合わせ事項として、「石けんを使用する運動」「安全な洗剤を作らせる運動」「環境基準を政府につくらせる」などの項目をいれることができ」たとしている。そして一九七二年四月に、都民生活の会洗剤班、婦人民主クラブ公害部、東京母親大会連絡会の三団体が中心になり、「洗剤のための連絡会」が結成されることになった。[18]

この、貝塚らによる都民生活大学以来の取り組みは、個人名こそ出していないものの、『日本中性洗剤協会二十年史』でも、この時期の動きとして示されている。そこではさらに、新日本婦人の会などを加盟団体とする日本婦人団体連絡会も、婦人民主クラブと同様に先行して合成洗剤に取り組んでいたことが把握されている。大筋でいえば、婦人民主クラブなどが先行して合成洗剤の問題に取り組んでいたところへ、一九七〇年代に東京母親大会連絡会などが合流するかたちで運動の裾野がさらに拡大したという図式になる。マスメディアを通じた社会問題化を挟んだがゆえに、業界側と市民運動の担い手の双方にとって、特筆すべき展開であったということになる。

オイルショックによる揺り戻し

一九七二年に、「洗剤のための連絡会」が結成された。この頃から、合成洗剤追放の動きは盛り上がり始めており、一九七三年には西日本と東日本それぞれで、大規模な集会が開催された。ところが同年の一一月に、いわゆる「トイレットペーパー騒動」が発生する。第一次オイルショックの下で、日用品のパニック買いが生じ、供給が追いつかなくなる事態が発生した。この時、合成洗剤や石けんも、店頭で手に入りにくくなった。この結果、合成洗剤の追放を訴える声よりも、むしろ合成洗剤を求める声の方が遙かに大きくなるという事態になった。合成洗剤追放運動は、いわば水を差されたかたちになった。

この時のことを、『日本中性洗剤協会二十年史』では、次のような、いささか皮肉な書き方でまとめている。

> 昭和四八（一九七三）年一一月から四九年二月に洗剤品不足が発生して、衣料用洗剤が市場から姿を消した際、これら消費者団体の運動は、むしろ「洗剤よこせ運動」に転換した。パニックが終わってみると、運動の自己矛盾が明らかとなり、活動は停滞した。[19]

「洗剤よこせ運動」を担った消費者団体は、必ずしも合成洗剤追放を訴えた団体と一致するわけではないものの、状況としては確かに大きな変化である。ただ、この変化の内実に立ち入ってみると、オイルショックの下に置かれた合成洗剤追放を訴える人びとの困難さがよくわかる。次に示すのは、三重県南勢町（現南伊勢町）職員の川口祐二による同町の合成洗剤追放の取り組みの報告である。[20]

同町では、映画『合成洗剤を追求する』の上映などを通じて住民の啓発を図り、これが住民による合成洗剤追放の取り組みを促す原動力となったとされる。同町の場合、水産業がさかんだったこともあり、行政による取り組みが早かった。すなわち、「わたくしの町が他の市町村と一味違うところは、住民からの要求があって行政が動いたというのではなく、行政の方が一歩早くこの仕事に着目し、住民をリードしておこなった」とされる。

その同町での経験でも、オイルショックが合成洗剤追放運動に水を差したとされる。川口が映画『合成洗剤を追求する』に初めて接したのが一九七三年三月下旬とあり、その後、フィルムを購入し、啓発活動に着手している。これにより、町内で、合成洗剤から石けんへの切り替えが進んでいく。しかし、同年一一月に始まるオイルショックを契機とする物不足によって、洗剤の使用へと戻ってしまう住民が出たとされる。こうしたプロセスを、川口は次のように述べている。

市中から洗剤が忽然と姿を消してしまいました。さあ大変、世のお母さんたち、汚れを落すものなら何でもよいと買いだめし、……（中略）……不幸にも石けんも仲よく姿を消しました。わたくしは機会ある毎に、どうせ買いだめするのなら、石けんを求めなさいと言ったのですが、求める品はなく、うろうろしているうちにオイルショックは値上りというおまけがついて終りをつげたのであります。

洗剤を買い込みましたから、それをすてるのはもったいないという気持ちもあったのでしょう。いったん石けんを使う生活になれた家庭もまた逆戻りしてしまったようです。わたくしたちの運動も一頓挫しました。[21]

南勢町の場合は、この物不足騒ぎを経て、再度、合成洗剤追放の動きを始めることになった。同町に限らず、全体の傾向としていえば、一九七四年以降、合成洗剤追放の動きが本格化する。

一九七四年一一月には、全水道（全日本水道労働組合）や、同年に正式発足した日本消費者連盟などが中心になり、「きれいな水といのちを守る合成洗剤追放全国連絡会」を結成し、全国レベルでの活動を展開していく。さらに、生活協同組合やそれに類する共同購入グループなどでも、とりわけ環境問題などに関心の高いところでは、合成洗剤から石けんへの転換を図ろうとする動きを伴うことになる。本章ではその詳細までは立ち入らないが、全体としていえば、各地にさまざまな形で、合成洗剤を使うことをよしとしない人びとの拠点ができていくのが、オイルショック後の動きであるといえる。そこには少なからず、問題への関心とともに、公害とオイルショックを経た後での自然回帰の発想が介在した。人びとのモノへの欲求と、欲求そのものの問い直しの交錯が、この時期の合成洗剤追放の動きへの評価を複雑なものにしたといえる。

合成洗剤研究会の発足と分裂

一九七七年四月二三日に、合成洗剤研究会の第一回研究会が開催された。この研究会は、それまで合成洗剤の危険性を訴えてきた柳沢文徳、柳沢文正、三上美樹、小林勇など、いわば合成洗剤に関わる理論的支柱となってきた人びとが中心になり結成されたものである。そもそもは、一九七六年五月の三重大学での「発起人の呼びかけ」にはじまるとされている。第一回研究会は「開会前すでに満席となり、座席数をはるかにこえて総数六三三名に達し、入場できずに帰られた方も一〇〇名をこえ」たとされることから、相当の盛況であったとみられる。会員数そのものは、一九七七年七月末の時点で二七二名にとどまっているが、このことはむしろ、メンバーシップに関わらず、この研究会、ないしは合成洗剤問題が広く関心を集めていることを示していると見ることもできる。[22]

この合成洗剤研究会では、『合成洗剤研究会誌』と『合成洗剤研究会会報』というふたつの刊行物を刊行していた。会誌の方は、学会誌仕立ての雑誌で、おおむね年二号を一九九六年まで刊行し、その後は洗剤・環境科学研究会編『洗剤・環境科学研究会誌』として巻号番号を継承し、国会図書館で確認できる限りでいえば、二〇〇五年まで刊行が継続された。会報の方は、会務に関わる記事を中心に構成され、おおむね年三回程度の刊行が一九九六年まで続き、会誌と同様、『洗剤・環境科学研究会会報』を後継誌として二〇〇六年まで刊行された模様である。

会誌の創刊号には、第一回研究会の「演題抄録」が掲載されている。報告者の肩書きをみると、大学などに所属する研究者や各地の市民団体の関係者の報告が目立つほか、自治体関係者、横浜市生活学校連絡会、日本消費者連盟が名を連ねていることである。

自治体関係では、川崎市衛生研究所の小林勇の名がある。小林は合成洗剤研究会の連絡先になっている時期がある。また、同会の会長を務めていた時期もある。これと並んで、全水道からの報告者もある。

日本消費者連盟は、一九六九年に設立委員会が結成され、一九七四年に正式に発足した団体で、アメリカ合衆国の消費者活動家であるラルフ・ネーダーを範としながら、専門家として消費者問題を提起・告発する、日本では新しいタイプのものだった。

一方、生活学校運動は、新生活運動を母体に一九六四年から姿を現したもので、各地に生活学校や連絡会などが作られていた。「主に家庭の主婦たちを中心に日常の家庭生活の中の問題をとりあげ、行政とかメーカーとか消費者とか、いろいろな立場の人が集まって研究し合い、勉強し合い、工夫し合い、そして問題を解決」していく場として位置づけられ、その後、内部における議論の方法論などにおいて、いわゆる告発型の他の消費者団体等とは一線を画していた。[23]

こうした第一回研究会の顔ぶれをみると、この合成洗剤研究会の広がりが非常によく理解できる。水道行政などに関わる公務員や全水道などの労組、各地域の市民団体、研究者や医師などが登場しており、それぞれが合成洗剤に関わる運動の推進力となった。さらに、生活学校や日本消費者連盟、そして第一回研究会の報告者としては登場しなかったが、母親大会や地婦連といった団体の関係者も評議員に名を連ねている。このほか、一九七〇年代初頭の動きの中でみたように、婦人民主クラブなどがいち早く合成洗剤の問題に取り組んでいた。合成洗剤研究会の枠にとらわれず、合成洗剤に向き合う動きという角度で見れば、そこに関わった個人と団体は、かなりの広がりを持つことになる。

それら諸個人、諸団体は、生活や消費をめぐる問題に向き合いながらも、相互に異なる性格を持つものが含まれており、通例、あまり行動を共にしないものもあった。合成洗剤追放運動は、そうした多様な主体を糾合したかたちになった。

ただ、この糾合から間もなく、この合成洗剤研究会は分裂することになる。一九七九年七月二九日の第三回研究会・総会に先立ちこの分裂の火種が表面化したとされる。その経緯は、次のようにまとめられている。

総会準備の過程でみられた一部評議員の間にあった意見の不一致は、会則第二条の影響の研究か、危険性の研究かをめぐって、とうとう顕在化してしまいました。（中略）問題の〝かくれた本質〟はまだ皆様にご理解いただきにくい面もあるかと思います。

（中略）

今迄発表をひかえておりました、総会準備過程でおこったことの一部を紹介したいと思います。

昭和五四（一九七九）年一月一六日、新潟滞在中の柳沢文正氏と河辺とが会談した。

柳沢——三上氏が新居浜へ昨年講演に行ったのは業者との癒着を示す事実であって許せない。除名しろ。

（中略）

柳沢——その後、三上氏の書いたものには、合成洗剤支持の観点があり、協同組合で作った合成洗剤に三上氏が関与しており、某合成洗剤の開発に協力している証拠がある。従って、第三回総会で三上氏が演題申込みをしても拒否すべきだ。

（中略）

柳沢——研究会発足に際して、〝合成洗剤追放、石けん使用よう護〟を目的に入れるべきだと主張したが、とりあげられなかった。今回も、この項目が入らない限り私は協力しないし、ことによると研究会をつぶしてもよいと考えている。[24]

この後、新しく開発された洗剤の成分について、その安全性をめぐるやり取りが記されているが、基本的には、合成洗剤の追放を研究会の基本的な目的とするべきであるとの主張が展開される。なお、「会則二条」は、「本会は、合成洗剤（界面活性剤と関連する化学的合成品）の生態系および人体に対する影響を広く調査研究することを目的とする」とされており、この「影響」を「危険」に書き換えよとの要求が柳沢から主張されたというものである。

この後、会長に選出されていた柳沢文徳は、第二条の変更がおこなわれるまで就任を保留するとした。さらに変更が幹事会で否決されて別の会長（藤原邦達）が選出された後で、柳沢文徳が会長就任の挨拶の発送と会費徴収、そして独自の大会開催という経過を辿った。[25]

この分裂は、後年になると、「より良い洗剤追求派」として歩もうとする研究会から、柳沢兄弟らの「純石鹸以外絶対反対派」が分派したとされる。[26]柳沢文正は、「三上教授はアルコール系合成洗剤の無害を主張しておられる。たとえば生協のCOOP・Kソフト・セフターによる催奇形性障害、内臓障害について安全性を確認されている」として批判している。[27]分裂に至る論点は、この時期に開発されたいわゆる高級アルコール系洗剤への評価をめぐる対立であった。

なお、このようにまとめると、あたかも進歩的な「本流」としての研究会に対する、少数派としての「石けん派」という図式にみえる。たしかに、生活協同組合連合会が新たな洗剤の開発に向かい、そして多くの生協でこれを採用していったことも踏まえると、販売量ベースで見れば、運動内で石鹸派は少数派に過ぎなかったともいえる。しかしながら、環境問題をはじめとする諸問題に根気強く向き合いながら活動を続けた市民団体のなかには、「石けん派」が多く存在したことを、ここでは見逃せない事実として付け加えておきたい。

水質汚染をめぐる合成洗剤の評価

『日本中性洗剤協会二十年史』では、昭和五〇年代以降の合成洗剤追放に関する動きを、次のようにまとめている。

昭和五〇年代にはいり、三上美樹氏から問題提起された催奇形性説にたいする追試結果が続々と発表されてきた。いずれも、催奇形性説には再現性なしとする結果であったが、なかでも、三上美樹を含めた四大学合同実験による三上説否定は、運動家に大きな打撃を与えた。

安全性問題によりどころを失った運動は、次に、環境問題に焦点をあてた運動に変わってきた。これは滋賀県の琵琶湖富栄養化防止条例ともからんで、石けん運動に、はずみをつけた。

（中略）

環境に焦点をあてた合成洗剤追放運動は、無リン洗剤の普及により、その対象を失い、再びその安全性に焦点をあてて運動せざるをえなくなった(28)。

三上により主張されていた催奇形性説をめぐり、一九七五年五月から一九七六年一月にかけて、京都大学、三重大学、名古屋大学、広島大学の四大学でそれぞれ同一の実験がおこなわれ、催奇形性は認められないとの結論に至った。柳沢文正・柳沢文徳の問題提起をめぐっても、早い段階で否定的な見解が示されてきたこともあり、洗剤メーカーに寄り添った見方でいえば、人体への影響をめぐって論ずべきことは残っていないともいえる状況に至った。

しかしながらその一方で、琵琶湖の水質問題にもっとも顕著に表れたように、合成洗剤による水質汚染の問題が大きくクローズアップされるようになった。東京での運動の拡大においても、水質汚染の問題が論点に入っていた。ただ、この問題は、ここに来て初めて表面化したというわけではない。一九六五年の、科学技術庁の「中性洗剤特別報告」で指摘されていた下水の影響への懸念が、合成洗剤を構成する成分は変わったものの、依然として残っていたということである。

琵琶湖では、第一回合成洗剤研究会が開催された一九七七年に赤潮が発生し、対応が迫られた。これを受けて、滋賀県内の生活協同組合では、合成洗剤の扱い取り止めや、石けんの普及に乗り出すところが出たほか、行政においても対策が取られた。そして一九七九年一〇月に「滋賀県琵琶湖の富栄養化の防止に関する条例」が制定された。この条例により、リンを含む合成洗剤の販売・購入・使用が禁止された。

この条例をめぐっては、制定に先立つ一九七九年七月に、日本石鹸洗剤工業会から滋賀県知事に条例反対の申し入れとともに、違憲訴訟をおこなう意思表明があった。またこれに伴ってしばしば言われたのが、水質の汚染原因のうち合成洗剤によるものはごく僅かであり、それゆえに条例による規制は筋違いであるという論理だった。また、下水道の普及率や下水処理の質の悪さが槍玉にあがることもしばしばあり、「リン酸は第三次処理をおこなえば除去される。何よりも下水道普及率が非常に低い滋賀県が、合成洗剤禁止を言うのは主客転倒である。下水道建設を促進するのが自治体の義務である」[29]といった類いの、いささか乱暴な主張も業界やメーカー側から示されることがあった。

ところが、実際の条例施行に際しては、洗剤メーカーは次々と無リン洗剤を発売し、次第に売り上げにおいて有リン洗剤が駆逐されるかたちになった。興味深いのは、無リン洗剤そのものに対する、洗剤メーカー側の評価である。花王石鹸社会関連部が内部資料として発行した『洗剤問題大論争』では、有リン洗剤追放への不満を示しつつも、「本当に湖沼の水質を改善するためには有リン洗剤の追放だけでは不十分であり、それを達成するための財政負担はきわめて大きなものとなる」と、事実上、有リン洗剤の使用停止の効果を認めるような叙述があり、さらに巻末では、「洗剤追放運動が衰退した理由」として、次の三点を示している。

（1）洗剤追放運動の主張は、科学的な討論に耐えることができなかった。つまり、非科学的であった。
（2）洗剤業界は速やかに無リン洗剤への転換を実行した。つまり、洗剤追放の一つの根拠が消滅した。
（3）合成洗剤に代るべき洗浄剤としての「粉せっけん」は、多くの消費者の支持がえられなかった。つまり商品価値の小さいものへの転換はむづかしい[31]。

ただし、洗剤追放の動きを強く敵視し、有リン洗剤の追放の無意味さを説きながら、無リン洗剤の効果を認めるいささか屈折した動きや評価とは別に、『日本中性洗剤協会二十年史』に掲載されている座談会記録には、滋賀県の施策をめぐる鋭い指摘を含む発言が記されている。以下に示すのは、吉田克己（三重大学）によるものである。

琵琶湖、滋賀県の知事さんのお話、私が聞いたのではですね、琵琶湖の場合、工場に対してもリンの規制を現在かけておるわけです。そうしますと、琵琶湖に立地している、滋賀県に立地しているがゆえに、京都や大阪に立地している同種の企業よりも高い経済的負担というのが、大津市の近郊でかなりあるらしいですね。実は、政治的にも非常に困っていると。下流の京都、大阪に対して不利になる。しかし、県民がすべて無リンに、条例でもって切り替えている。そういうことを考えれば、工場も諦めざるをえないだろう。そういうことで現在は納得しているとのことです。もう一つは、農業関係の技術者の人も、洗剤すら取り替えてきておるんだから、肥料管理を一所懸命やろうではないかということで、私はそういうことにひじょうに期待していると、こういうことをいわれたわけで、ひじょうに感心しました。これはやっぱり、社会全体が、全力を出さなきゃ問題解決はできないと思いますね。そういう地域の中で、どういう方向が正しいかということ、これを、責任もって充実した議論にしないと。[31]

吉田は、四日市ぜんそくと大気汚染の因果関係を立証した研究者で、公害についての理解が高かった。そのため、こうした公害の解消を視野に入れた発言につながっているものと考えられる。この発言は、基本的には合成洗剤業界への「逆風」に抗おうとした歴史をまとめた『日本中性洗剤協会二十年史』において、汚染の現場に根ざした異彩を放つものでもある。

ただ、吉田の発言が異彩を放ってしまうほどに、水質汚染をめぐる業界側からの発言や記録の中には、独りよがりと言わざるを得ないものが多い。それぞれの時点における業界側の瑕疵を基本的に認めないまま、外側から投げかけられた批判に背中を押されるかたちで結実した改善は、自らの成果として肯定的に主張しようという姿勢が、強く認められる。合成洗剤追放運動とは、ある面ではそうした企業・業界側の姿勢への対峙であったということもできる。

おわりに――合成洗剤問題のその後と歴史的評価

合成洗剤の社会問題化と、追放運動への展開を改めてたどってみると、次のようになる。まず、一部の洗剤メーカーや研究者からの合成洗剤の安全性に対する疑義が示された。これは主に人体への影響に関わるものであった。これが市民運動としての広がりを持ち始めるのがおおむね一九七〇年頃である。この時、実は人体への直接的な影響と、環境汚染、それもとりわけ水道水への影響が、問題意識のなかに含みこまれており、両者はイメージの中でまざりあう局面が多分にあったとみられる。

そして琵琶湖での赤潮発生を前にした滋賀県の取り組みを挟んで、市民運動や行政の動きはさらに目立っていく。しかしながら、高級アルコール系洗剤への評価、ないしは石けんへの切り替えをどれだけ徹底するのかという点をめぐる立場の相違が、合成洗剤研究会の分裂、ひいては合成洗剤追放運動の分裂へとつながっていった。

ここまでの過程で、企業・業界側には、合成洗剤に疑問を呈したり、これを追放しようとする動きに対して、正面から対決姿勢を示す場面が目立った。公害問題をめぐる構図との相似性を持つこうした動きが、さらに問題をこじれたものにしていった。この構図の中で盛り上がった市民運動のうねりは、他の公害問題などをめぐる市民の取り組みや抵抗と連動しながら、異議申し立ての拠点形成の一翼を担うことにもなった。

公害という枠組みのなかで捉えたとき、合成洗剤の問題は、人びとの家庭生活の中に環境・人体に対する汚染源があるという点に特徴がある。この生活との根深いつながりの中で、一定の不便さを甘受しながら石けんだけを使うのか、それともより良い合成洗剤を認めるのかということが、市民運動のリーダーのみならず、運動に関わる多くの人びとにとっても大きな分岐点になった。本章ではその詳細には立ち入れなかったが、そうした、身体性をも伴うような生活思想と、問題への向き合い方が連動したことが、運動が分裂にまで至らざるを得なくなった要因であると同時に、市民がこの運動に関わり続ける原動力にもなったといえる。

さらにここで留意すべきは、この合成洗剤の問題が、公害問題が表面化し、被害者と企業が対峙していく過程を背景にしながら浮かび上がったことである。それは、なぜ、日本で合成洗剤の問題が市民運動ベースで取り扱われ続けたのかという、本章の冒頭で示した点についての、ひとつの解答でもある。こうした日本の合成洗剤問題の時代性は、メーカー側からの、反対運動への執拗な応戦姿勢をも規定したとみることも可能であり、国会などで繰り出されるメーカー防衛の論理においては、他の公害問題と合成洗剤の問題が強く連動する場面がみられた。告発する研究者・市民、さらにはそこに合流する地方の行政と、それらに対してなりふりかまわぬ防戦態勢に入る企業・業界のそれぞれが、高度成長期から低成長期にかけての時代性を背景に、合成洗剤という問題領域と闘争の場を作り出したといえよう。

注

(1) 日本中性洗剤協会『日本中性洗剤協会二十年史――台所用中性洗剤のあゆみ』一九八三年、六九頁。
(2) 柳原紀文・大隅清治『土佐の鯨男――柳原勝紀伝』水産タイムズ社、二〇一一年、一四六―一四七頁。
(3)『讀賣新聞』一九六二年一月一一日付（朝刊）。
(4) 柳沢文正・山越邦彦・柳沢文徳『合成洗剤の科学――白い泡の正体』学風書院、一九六二年。
(5) 日本中性洗剤協会『日本中性洗剤協会二十年史』一九―二〇頁。
(6) 一九六二年三月二八日、参議院予算委員会第四分科会。
(7)『讀賣新聞』一九六五年八月一九日付。
(8)『讀賣新聞』一九六二年九月二〇日付（夕刊）。
(9)『讀賣新聞』一九六二年九月二二日付（夕刊）。
(10)『讀賣新聞』一九六七年六月一五日付（夕刊）。
(11) 三上美樹・永井広・坂井義雄・福島早苗・西野平「マウス胚の発育におよぼす洗剤の影響について」（『先天異常：日本先天異常学会会報』九（四）、一九六九年一二月）。なお、この報告に対し、熊本大学の原田義孝は、有機水銀の母体から胎児への移行との比較から質問をしている。

（12）『朝日新聞』一九六〇年四月二七日付。
（13）一九七五年三月二六日、参議院公害対策及び環境保全特別委員会。
（14）貝塚せい子「合成洗剤追放運動の理念とあゆみ」日本地域社会研究所編『日本洗剤公害レポート』一九七六年、二八一―二九二頁。同「一つの波紋が大きな波に――環境を破壊する合成洗剤の害」大田区史編さん室編『史誌――大田区史研究（特集：私たちの生活と住民運動）』四一号、一九九五年二月、二八―三七頁。
（15）貝塚「合成洗剤追放運動の理念とあゆみ」二八三―二八四頁。
（16）同右、二八五―二八六頁。
（17）貝塚「一つの波紋が大きな波に」三一頁。
（18）同右、三一―三二頁。
（19）日本中性洗剤協会『日本中性洗剤協会二十年史』七二頁。
（20）川口祐二「地方自治体における合成洗剤追放運動について――環境行政の現場からの報告・南勢町の場合」『合成洗剤研究会誌』二（一）、一九七八年一一月。
（21）同右、三頁。
（22）会員数や年月日等の数字は『合成洗剤研究会誌』一、一九七七年八月、四六頁（「会報」および柳沢文正「第一回研究会を終えて」）。
（23）鬼嶋淳「生活学校運動」大門正克編『新生活運動と日本の戦後――敗戦から一九七〇年代』二〇一二年。なお、この後、一九八〇年の生活学校運動全国大会では、「環境汚染と洗剤」がテーマの一つに掲げられた。
（24）河辺広男「第三回合成洗剤研究会総会を終って」『合成洗剤研究会誌』三（一）、一九八〇年五月。
（25）『合成洗剤研究会会報』二、一九八〇年一月、および同、三、一九八〇年五月。
（26）『合成洗剤研究会会報』五一、一九九六年三月、八頁。
（27）柳沢文正編『洗剤とまれ――草の根研究二十年』績文堂出版、一九八二年、二一―二二頁。
（28）日本中性洗剤協会『日本中性洗剤協会二十年史』七二―七三頁。
（29）日本消費者連盟『消費者リポート』三八四、一九八〇年一月二七日。日本石鹸洗剤工業会リポート『クリーン・エイジ』四三、一九七八年、などをもとにまとめたもの。
（30）花王石鹸社会関連部内部資料「洗剤問題大論争」。
（31）日本中性洗剤協会『日本中性洗剤協会二十年史』九九頁。

第4章　高度経済成長と消費生活の変化
――コープこうべの牛乳販売事業から

尾崎（井内）智子

はじめに

日本の牛乳普及の契機は、一般に、一九四六年から提供されたララ救援物資（アジア救援公認団体 Licensed Agencies for Relief in Asia による物資提供）で学校給食に取り入れられた脱脂粉乳だと言われている。日本人はこのララ物資で乳飲料に慣れ、続く高度経済成長期に所得の上昇によって牛乳飲用が一般化し定着したというのである。ところが、当初提供されたのは「動物の飼料に使われていた脱脂粉乳[1]」だったために食味が悪く、乳糖不耐症によって脱脂粉乳を飲んだ児童に腹痛や下痢を訴える者が続出したことが広く知られている[2]。そのため、学校給食で提供された脱脂粉乳は児童に「「牛乳はまずい」という強い第一印象をあたえ[3]」、逆に、給食で牛乳への苦手意識を持った児童が多くなった可能性がある。また、中澤弥子によれば学校給食が脱脂粉乳から牛乳に代わるのは一九五七年頃からであり、安定的に供給されるようになるのは六三年以降だという[4]。高度経済成長期は、経済史からみればおおむね一九五五年〜七三年、民俗学ではより長期の変化に注目して、一九五〇年頃〜一九七〇・八〇年代までとみている[5]。このことを考慮すると、一九六三年に学校給食で牛乳が提供される以前から、牛乳の消費が広がったことになる。それでは、高度経済成長期に牛乳の消費が増えていくのはなぜだろうか。本章では、消費者に直に接する小売業者の販売促進の取り組みから、消費増加の要因を検討したい。具体的には、現在では兵庫県一円および大阪府北部で活動するコープこうべの牛乳販売事業を取りあげる。

先行研究では、種々の統計から高度経済成長期に牛乳の消費が増加したことが示されてきた。(6)さらに、成田公子は女子栄養大学が発行する『栄養と料理』をとりあげ、昭和三〇年代を境として、牛乳が白ソースや衣の材料といった料理への少量の利用から「チキンソテークリーム煮」「カリフラワーのグラタン」といった多量の利用へと、変化することを指摘した。(7)氏の研究からは牛乳は飲用されただけではなく、料理に利用されることによっても消費が増加したことがわかる。しかし、これら諸研究は、牛乳の消費増加については詳述しているものの、消費が増加した要因については詳しく分析してこなかった。近年この点に新たな視角から検討をくわえたのが藤原辰史「牛乳神話の形成」である。(8)氏は乳業各社のなかでも特に雪印の広告戦略に着目し、雪印と皇室の関係をとりあげて「そもそも乳食文化圏ではない」日本で「乳食の「伝統」」が「創出」され、牛乳を飲むことによって「天皇をはじめとする高貴な」「日本人」に包摂されていくという物語が「民衆の潜在意識」の中で広く共有されたために一九六〇年代に牛乳の消費が増加したと述べる。筆者は、氏と同じく消費増加の要因について考察したいと考えているが、要因が「神話の形成」だったという点には疑問をもっているため、後述したい。

本章がとりあげる高度経済成長期には牛乳の小売りは、乳業メーカー→牛乳専売店→各家庭への個別配達のルートでおこなわれていた。乳業各社は、たとえば神戸市内でいえば雪印乳業東灘販売所・雪印牛乳大日販売所・森永牛乳芦屋地区販売店・森永牛乳湊川販売所(9)といった自社の専売店と特別販売契約を結び、消費者の六〇～七〇%がこうした乳業メーカーの特約店から牛乳の宅配を受けていたのである。(10)だが、流通業の再編と量販店によるプライベートブランドの開発、牛乳瓶から紙パックへの容器の急速な変化にともない、(11)牛乳宅配店（以後、乳業メーカーと特約を結んだ専売店を、本文では牛乳宅配店の名称に統一する）は一九七〇年以降数としては急速に減少する。主要な販売ルートは牛乳宅配店だったので、牛乳の専売をしているわけではないコープこうべの小売は牛乳の流通ルートの中では珍しい。しかし、のちにコープこうべとなる灘生活協同組合も神戸生活協同組合も昭和戦前期から牛乳販売をはじめ、現在まで販売を続けている。このように、高度経済成長期の以前の時期とも比較できるため、コープこうべは当該期の牛乳販売を検討する好適の事例だと筆者は考えている。

それでは、議論の前提として、時代をさかのぼり開港以来の日本の酪農業ならびに牛乳飲用の広がりと神戸市のそれについて概観したい。

第一節　兵庫県での牛乳飲用と酪農業の広まり

日本における本州以南の近代酪農業は、農村からではなく都市部から発展した[12]。明治維新後、東京では「士族の商法」として搾乳業者が起業し、文明開化の飲み物あるいは薬用として牛乳販売を始めた。搾乳業者の多くは都市の内部で牛を飼う小規模な業者で、開業当初は牛を連れ、客の目の前で乳を搾って牛乳の宣伝に努めたともいわれている[13]。これら搾乳業者は都市の市街化が進むとともに、市街地周縁へと移転する一方、移転しない業者は牛の飼養をやめて、ミルクプラントをつくり牛乳の加工・販売へと特化した。他方、明治末期に創設された明治製菓株式会社・森永製菓株式会社といった製菓業者は、原料確保の点から練乳生産へと進出し、練乳の原料となる原乳を得るため大都市近郊の酪農家を組織し始めた。昭和初期に入ると行政による衛生規制の強化の影響を受け、これら製菓資本が大都市市街地の牛乳加工・販売店を傘下におさめる形で牛乳販売業へと進出する。これが、明治乳業・森永乳業といった乳業メーカーによる飲用乳販売の端緒となった。

これに対し、兵庫県は東京における「士族の商法」とは異なり開港によって浸透した「異国料理[14]」が牛乳普及の契機になっているように思われる。現在、首都圏以外での酪農業発展の過程と牛乳飲用広がりの研究は進み始めたばかりだが、二〇〇九年の総務省『家計調査』によれば神戸市の牛乳消費は全国的にみて比較的高い水準にある。[15] もちろん、大規模な都市ほど牛乳が多く購入される傾向はあるものの、この調査を分析した吉濱誠は都市の規模に加えてその土地の食習慣が牛乳の消費量増加に影響を与えていることを指摘している。

兵庫県、特に一八六八（慶応三）年に開港した神戸市は、ドイツ人のつくる手作りパンやケーキの店、コーヒー豆にこだわる喫茶店、ロシア料理店など西洋料理店がいちはやく開店した。続いて大正末期から昭和初期にかけてはパンと牛乳を出すミルクホールや、コーヒーを出す喫茶店も増え、こうした店々では熱くした牛乳、そしてコーヒーに混ぜた牛乳が菓子と共に売り出された。[16] 当時、常温の牛乳の匂いを嫌っていた日本人は多かったことに加え、冷蔵庫がなかったために熱くした牛乳の方が衛生上からもよかった。この点に配慮した「ハイカラ」なミルクホールや喫茶店での体験は神戸市民に牛乳へのよい印象を与えたのではなかろうか。

港町の「ハイカラ」な文化によって神戸市は牛乳の一大消費地になると同時に、兵庫県では酪農業が早くから勃興した。第二次世界大戦後における県の調査によれば、[17] 居留地に牛乳を供給するため牧場経営が始まり、一八七四（明治七）年には豊岡に短角種・「デブオン種」（デボン種ではないかと推測される）が、一八七九年には津名郡釜口にも「デブオン種」の牛が導入された。現在、短角種やデボン種は、一般には肉牛として、もしくは乳・肉・役牛兼用で利用される。だが、明治年間には淡路島で初めて「デブオン種」での搾乳が試みられたという。同島ではその後、エアーシャ種、ホルスタイン種など乳牛に特化した牛を積極的に輸入して乳業を喚起し、阪神圏への牛乳供給および加工用の原乳生産に尽した。デボン種で搾乳を始めた淡路島では、一時外資系企業ネッスル社が大規模な工場をつくろうとしたこともあったほど原乳生産を順調に伸ばしていく。[18] 同島をはじめとして兵庫県内では開港を機に酪農が盛んになり、神戸市内でも牛乳を販売する搾乳業者が興った。『兵庫県牛乳統計表』によれば神戸市内には一九二八（昭和三）年の時点で、兵庫県内の市町村では最も多い九五七〇石（兵庫県内全体では四万九五三〇石）の搾乳高があったという。当時、神戸市内には二七の搾乳業者が乳牛五九〇頭を飼養していた。[19]

次節以降検討するコープこうべは、日本に現存する最も古い生活協同組合の一つで、前身である灘購買・神戸消費の二組合は一九二一（大正九）年に設立された。灘購買組合は二八（昭和三）年より牛乳の取扱いを始め、戦前、組合員へ午前と午後二回牛乳を配達していたという。その後、同組合は自身でミルクプラントを造って、牛乳の加工も始めた[20]。また、神戸消費組合は灘購買組合とは異なり、戦前は加工はしなかったものの、三四年にはやはり牛乳の取扱いを始める。当時の灘購買組合の値段表をみると「牛乳」は、毎朝配達される「食パン」の隣に書かれており、パンと一緒に牛乳を飲むという洋風の文化を朝食へ取り入れることを提唱しているようにみえる[21]。一方、神戸消費組合の「組合牛乳」はとりわけ「お子様達の営養」に良いと、栄養と健康面から宣伝された[22]。

第二次世界大戦後、灘購買組合・神戸消費組合は生協法の成立にともなって灘生協（灘生活協同組合）・神戸生協（神

表4-1　牛乳売上高が全売上高に占める割合の推移

年度	①牛乳売上高（千円）	②全商品売上高（千円）	牛乳の割合 ①／②（%）
1950	3,993	354,066	1
1951	10,237	408,988	3
1952	6,002	420,777	1
1953	9,944	557,108	2
1954	14,759	608,728	2
1955	9,247	681,912	1
1956	25,218	787,501	3
1957	41,377	992,887	4
1958	65,709	1,323,032	5
1959	93,863	1,724,576	5
1960	130,326	2,277,759	6
1961	173,104	3,091,553	6
1962	170,225	4,534,055	4
1963	331,865	6,645,071	5
1964	452,122	8,883,523	5
1965	474,346	11,672,514	4
1966	595,081	14,833,057	4
1967	720,672	18,911,913	4
1968	802,217	23,869,804	3
1969	996,998	31,435,457	3
1970	960,375	39,773,327	2
1971	1,450,212	49,176,389	3
1972	1,596,818	60,960,050	3
1973	1,988,477	80,217,415	2
1974	2,680,800	97,693,825	3
1975	3,143,561	112,834,590	3
1976	3,408,809	123,472,497	3
1977	3,508,666	128,757,196	3
1978	4,153,080	139,332,318	3
1979	4,573,796	153,560,577	3
1980	4,858,726	168,590,014	3

出典）1961年までの売上高…神戸消費組合・神戸生活協同組合『事業報告書』各年度、灘購買組合・灘生活協同組合『事業報告書』各年度。1962年合併以降の売上高…『愛と協同の志――コープこうべ70年史』。牛乳売上高…二宮歳一『牛乳史の断面』1985年、灘神戸生活協同組合、72頁より補足

戸生活協同組合）と名称を変更し、一九六二年には合併してコープこうべとなる（合併当初は「灘神戸生活協同組合」だったが紛らわしいため、以後、本文では合併後の名称をコープこうべで統一する）。

両組合とも昭和初期の牛乳取扱い開始から現在に至る八〇年間あまり、全売上高に占める牛乳売上高の割合は一〇％を上回ったことはない。表４‐１からわかるように、データが整備された一九五〇年代〜八〇年代の割合をみても、牛乳販売高が占める割合は五〜六％が最高で、それは一九六〇年前後に集中し、六八年以降は二〜三％で推移する。一九五八年〜六四年の間は全商品の売上高自体が伸びているので、この売上高の伸びを牛乳売上高の伸びが上回ったことがわかる。このように売上高に占める割合が低くても両組合にとって、牛乳は長らく「力を入れて」販売した商品の一つだった。このことはコープこうべの二〇〇〇年度の職員向け研修資料にも、牛乳が「古くはバランス食品として、今はカルシウム食品として大切であることは間違いない[23]」いと書かれているうえ、組合員も「運動商品として、力を入れて供給してきた歴史がある[24]」と回想してきたことに示されている。

それでは、これら生協が牛乳の販売にこだわってきたのはなぜだろうか。そして、一九五八〜六四年の間の牛乳売上高の伸びは何によるのか。両組合による戦後直後からの牛乳取扱いの歴史をたどり、考察していきたい。

第二節　ミルクプラントの経営失敗

日本では第二次世界大戦中から大戦後にかけて、乳製品の統制と配給制度が敷かれていた。この制度が解除され、牛乳の自由販売が認められたのは一九五〇（昭和二五）年のことである。当時も、先にふれたララ物資が依然配給中だったため、神戸市内では牛乳の配給制度は残っていたものの、全国的にはこの統制解除によって、飲用乳の消費が大幅に増加した。一人当りの牛乳消費量の推計は生産量と家計消費の二方向からおこなわれており、生産量からの推計は図４‐１のようになっている。これをみると、戦前は一九八〇年代の一〇分の一ほどである一九四一年の三・二四ℓ

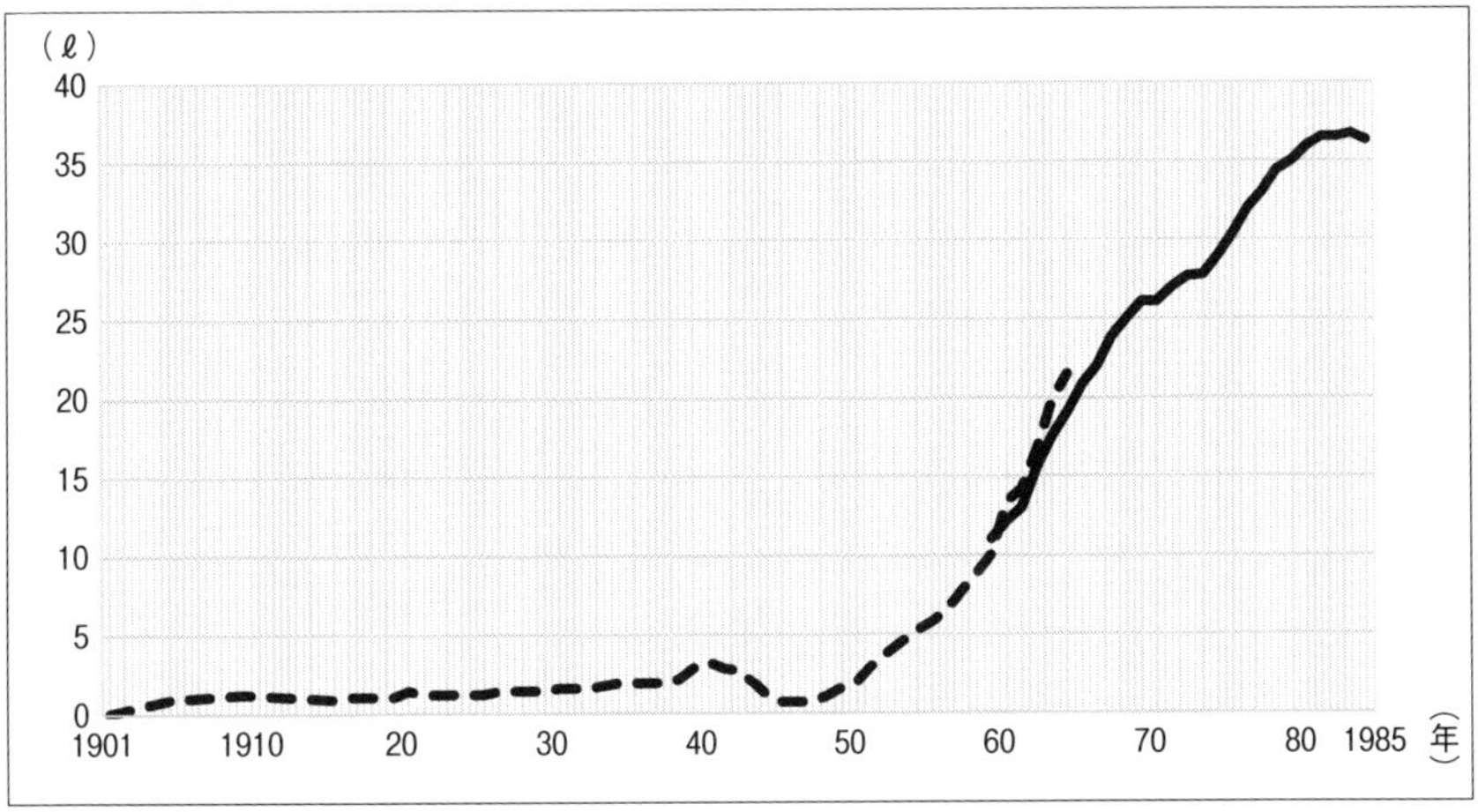

図 4-1　1900 年代における１人当り１年間の牛乳飲用量推計（ℓ）

注）点線は、松尾幹之『ミルクロード』日本経済評論社、1986 年、85 頁、表 8（b）および『雪印乳業史』2 巻（「全国乳製品生産・輸出入量・消費実績統計」）をℓに換算。実線は、農林省の『食料需給表』をℓに換算した。

が最高だった。戦後は一九四六～四八年の消費量が最少を記録した後は、前年度の消費の一割以上を増やすほど急激に伸び続け、その勢いが落ち着いたのは一九六七～七三年頃だったことがわかる。

先行研究によれば、一九四九～五〇年に牛乳、なかでも飲用乳の生産が増大したのは、ひとえに乳牛を飼いたいという農民の意欲が高まり「酪農ブーム」の様相を呈したためだったという。養豚・養鶏に比べても酪農に懸ける農家の情熱は強く、四六年に四万九〇〇〇戸だった酪農家は六〇年には四一万戸と約一〇倍に増加した。これに対し、養豚・養鶏農家は戦前に比べて一・五倍程度の増加にとどまった(25)。酪農家の大幅な増加を受け、全国で個人経営、あるいは農協経営の中小ミルクプラントが族生し、酪農家が生産した原乳が牛乳として加工・販売された(26)。しかしながら、この時期につくられた中小ミルクプラントの多くは経営的に失敗し、一九五〇年代後半から六〇年代前半にかけては明治・森永・雪印といった大手乳業メーカーの飲用乳に対するシェアが拡大することになる(27)。神戸・灘両生協の場合も他の中小乳業メーカー同様、ミルクプラント経営に失敗した結果、五〇年代後半から森永・雪印乳業の牛乳を取り扱い始めた。

乳製品統制廃止の前後、両生協は神戸市周辺の酪農家と連携してミルクプラントを二度建設した。まず、一度目のミルクプラント建設は、「市民、とくに幼児の栄養確保につとめ[28]」ることを目的に、神戸生協のみでおこなわれた。これは北海道から運んできた二十数頭の乳牛の飼育を神戸市近隣の八多村・有馬郡有野村の酪農家に委託し[29]、神戸市役所が持つ土地を無償で借りて加工・販売するものである。ミルクプラントは一九四六年末に完成し[30]、翌年には配給制度の下で神戸市内の乳幼児優先切符の七割を配給した[31]。優先切符が市全体で牛乳二〇〇〇本だったという職員の回想に基づけば[32]、神戸生協は一四〇〇本余の配給をおこなった計算になる。だが、酪農家は乳牛に与える飼料を闇値で購入せざるを得ず、生協は一本一円五〇銭[33]という公定価格で牛乳を販売しなければならないので、うまく採算が取れなかったという[34]。さらに、市役所移転の話が起こってプラントの立ち退きを迫られ[35]、神戸生協の経営が傾いたこともあって[36]、このミルクプラントは出資者を新たに募って再出発することとなった[37]。

一九五一年九月一〇日神戸生活協同組合に加え、灘生活協同組合、神戸市に編入された八多村・有野村の関係者及び加古川・明石酪農協同組合の出資によって協同牛乳株式会社が設立された[38]。神戸生活協同組合は「真に生産者団体と消費者団体の協力体制[39]」だと同社の設立を宣伝している。同社が生産した牛乳は、「牧場直結[40]」で「水を一滴も混ぜ」ず「安心して飲める[41]」ところが特長とされ、ミルクプラントは一九五三年三月に葺合区布引町へ移転・再建された。これが二度目のミルクプラント建設にあたる。そして、一九五四年末に主婦連合会を中心に東京で「十円牛乳」運動が始まると、これに呼応して一九五五年二月に牛乳を一本一三・五円から一二円へと引き下げた[42]。東京の主婦連合会とは異なる成り立ちの組織だが、類似した名称の「関西主婦連合会」という団体が大阪にある。この関西主婦連合会も一九五五年に主婦連合会同様に牛乳の値下げ運動をおこなっている。東京の主婦連合会は一九五四年に主婦連生協をつくって埼玉県内各地の中小ミルクプラントから購入を始め[43]、関西主婦連合会も一九五九年に「主婦の牛乳会社」を創立して大阪市内の中小メーカーと取引を始めた。ただ、大阪府下の場合一本一〇円ではなく一二円を目指し、運動の結果、一三・五円となったという[44]。首都圏より関西圏の方が牛乳の値段が高く、その中で協同牛乳の一二円が安かったことがわかる。

主婦連合会の「十円牛乳」運動は、「安い牛乳をもっと沢山のみたい」と、一九五四年一二月一五日に連合会主催で生産者団体と厚生省・農林省の関係官庁とで懇談会を開いたことで始まった[45]。懇談会では、消費者は、栄養を添加した「ビタ牛乳」や、乳脂肪分を均質化するホモジナイズをおこなった「ホモ牛乳[46]」など余計な加工が牛乳を高価にする要因だとしてこれらを排除し、市価一本一四～一九円[47]のところ「十円で配達する牛乳屋さんをげきれい、育成する」ことを決めた。同時に、関係官庁には、乳牛に安い飼料を与えることや、省令改正による高温殺菌施設建設の支援、牛乳飲用の増加に努力することを求めている。神戸の協同牛乳株式会社は牛乳を均質化することは変えなかったが、一本一三・五円のホモゲ牛乳は一二円へ、同一五円のパンビット牛乳は一三円へと値下げした。この値下げは一時的に組合員に歓迎され、神戸生活協同組合は実に「九九％」も牛乳の需要が増加したと機関紙で述べ[48]、灘生活協同組合も「急激なる取扱増加」に対して新たに牛乳用の冷蔵庫を各支部へ設置したほどだった[49]。しかし、しばらくして組合員の協同牛乳に対する熱狂は冷めてしまう。一九五五年夏には、ホモゲ牛乳は一三円、パンビット牛乳は一四円に値上げされたばかりでなく、五七年に灘生協はクローバー乳業（のちに雪印乳業株式会社と合併）と取引を始め、神戸生活協同組合も一九五九年に森永乳業へと取引先を変更した。協同牛乳は、神戸製鋼や鉄道弘済会[50]、市中のパン屋など灘・神戸生協以外の販路を開拓したものの、一九五九年多くの借金を抱えたまま倒産した。

「十円牛乳」運動の渦中にある一九五五年に灘生協で牛乳係となり、のちに一貫して牛乳販売を担当した二宮歳一によれば、同生協が取引先を変えたのは、機関紙では協同牛乳を「安心できる純良乳[51]」「良心的なよい牛乳[52]」と宣伝していたにもかかわらず、同社の技術が未熟で製造ミスを繰り返し、流通の段階でも腐敗乳を出し続けたためであったという[53]。灘生協の機関誌『協同』は、「十円牛乳」運動当時、関西主婦連合会の運動を「最初の一日二日は物珍しさで売行きも良かつたらしいが次第に減少、殆ど失敗」であると評し、「確固たる事業団体としての組織なしに婦人の集団などで取り扱う事の危険[54]」を批判していた。しかし、二宮の述べるとおり結果としては「危険」な牛乳によって、消費者の信頼を失ったのは協同牛乳の方だった。協同牛乳に限らず、「酪農ブーム」によって族生した個人経営・農協経営のミルクプラントは殺菌技術が未熟なことが多かった。たとえば、小金澤・伊藤によれば、仙台市では一九五一年の法令改正にともなう衛生管理基準に達する設備が準備できなかった中小ミルクプラントは、大乳業メーカーを誘致して宅配店へ移行したという。(55) 一九五五年の新聞記事には前述の「十円牛乳」運動が盛り上がる最中、大腸菌が多すぎるために「十円牛乳」の販売が禁止されたとも報じられている。(56) 記事によれば、この時、東京都衛生局が検査した市販牛乳四〇二件のうち販売禁止となったのは一一件で、これは全て「十円牛乳」だった。主婦連合会の「十円牛乳」運動に賛同していたのは、東京の中小ミルクプラントと近隣の生産者団体だったが、これらの団体が生産する牛乳も衛生管理が行き届いていなかったといえよう。

これに対し一九五〇年代末、大手乳業メーカーは、設備投資を重ねて飲用乳生産量を増やしたばかりではなく、新技術を導入して牛乳の安全と衛生面の向上を図っていた。本章に関連する関西圏でいえば、まず一九五七年から六〇年にかけて雪印大阪工場が飲用乳生産ラインを増やした。同社は、飲用乳生産のみに特化した姫路工場を一九五八年八月に操業していたが、これも一九六〇年にかけて設備を拡大する。両工場の生産量を合せると一時間で六万本の牛乳を生産できるようになり、この時期「市乳」＝飲用乳の「事業飛躍時代」を築いたという。(57) 次に、森永乳業は一九五五年にヒ素ミルク中毒事件を起こしながらも、五七年には工場用地を取得し五九年五月に姫路工場を新設した。(58) 同社はこれに先立ち一三〇度の高温で瞬間的に殺菌をおこなうウルトラプロセスという技術をイギリスから導入し、この技術によって同社の牛乳はより長期に保存することが可能となった。長期保存ができるので製品の輸送距離は飛躍的に伸び、この技術を導入した大阪工場と阪神工場からは遠く和歌山・姫路・赤穂まで牛乳を輸送できるようになったという。(59) 戦前、雪印乳業は協同組合であったために事業区域が北海道に限られていた。(60) 同社は戦後積極的に本州以南へ進出したため、森永乳業は新技術導入によってこれを迎え撃つ形となったといえる。「十円牛乳」運動は中小ミルクプラントが、こうした大手乳業メーカーの飲用乳生産への本格的参入と設備拡充に危機感を覚えて支援した側面がある。だが先に述べたように、個人経営あるいは農協経営のプラントは、品質、特に安全性の点で大手乳業メーカーに優ることができず、一九五〇年代後半にかけて倒産していく。灘・神戸生協が出資した協同牛乳株式会社が一九五九年に倒産したもこの一例に含めることができよう。表４‐１をみると、一九五五年に「十円牛乳」運動に呼応したことは両生協にとって、その後の牛乳の売り上げが増加する契機となったことは確かである。ただし、大手乳業メーカーとの取引に変えた一九五七年と五九年も増加傾向に変化がないため、組合員＝消費者は牛乳の品質の安さばかりではなく衛生面や安全性で牛乳を選んでいるのであって、組合側が当初意図したミルクプラントでの独力での加工や「生産者団体」との「協力体制」には注意を払っていなかったことがわかる。

結局、灘・神戸生協はミルクプラント経営の失敗によってそれぞれ雪印乳業・森永乳業の販売店となった。灘生協の場合、新しく取り扱う牛乳を機関誌で「オートメーション化され完全衛生の近代設備によつて処理された新鮮牛乳」と宣伝したばかりではなく、組合員を積極的に雪印乳業（当時まだクローバー乳業）大阪工場へ引率して工場が「衛生に特に留意[61]」していることを見学させた。また神戸生協の場合も、一九五九年に森永と取引を始める際には少なくとも八回、森永乳業の工場を見学している[62]。同組合は特に団地住民が多いと思われる垂水支部の新規組合員を、組合に入ると即森永工場へ案内しており[63]、とりわけ団地住民に牛乳工場を見学させることが重要だったことがわかる。次節では、一九六〇年代両生協が主に団地をターゲットに新規組合員獲得を目指す過程を述べる。団地での合員獲得では主食である米とともに牛乳配達の契約をとることが重視された点が注目される。それでは、なぜ「団地」で牛乳配達の契約を取ることが重要だったのかをみていきたい。

第三節　「団地族」と牛乳

一九六〇年代にかけて、明治・森永・雪印の大手乳業メーカー三社による飲用乳市場におけるシェアは高まっていった。一九五七年には三社合計で三五・二%だったシェアは、一九六九年には六五・二%にまで跳ね上がっている。[64] 大手乳業メーカーは系列の宅配店を組織し、宅配店用のPR誌を発行して新商品の知識定着を図り、販売技術の向上や経営相談に乗って飲用乳の販売拡大を目指した。[65] そして、当時、牛乳の販売増加に最も効果的だったのは各宅配店が「生活革新がもっとも典型的に進んでいる地域社会[66]」である団地一帯を販売区域にすることだった。灘・神戸両生協も雪印・森永両乳業の販売店として、他の宅配店とし烈な競争をしつつ団地を中心に牛乳販売を伸ばしていく。

一九五五年、鳩山内閣が策定した住宅建設一〇ヶ年計画に基づき、日本住宅公団が設立された。この組織は、敗戦後の急速な人口増加と大都市への人口集中に対する対策として、大都市の周辺部で大規模な宅地開発をおこない、公団住宅を建てていく。また、一九六五年に地方住宅供給公社法が施行されると、兵庫県にも兵庫県住宅供給公社が設立され、公営住宅を建設していった。これら団地の建設が相次いだことで、一九六〇年代から七〇年代にかけて神戸市内では垂水区をはじめとする郊外の人口が伸び、兵庫県内でも宝塚市・西宮市・明石市・芦屋市といった神戸市の隣接自治体で軒並み人口が伸びている。世帯数でみると、神戸市垂水区は一九五五年から七〇年の間に一万九九〇〇世帯から五万五二九一世帯へと二七八%も増加し、隣接自治体では宝塚市(一九七〇年に四万六一〇世帯/五五年から三一二%)・西宮市(同、一〇万八二九二世帯/同、二二五%)・明石市(五万五五一五世帯/二〇九%)・芦屋市(二万六九〇世帯/一七九%)の順で増加率が高く、これらの市では神戸市内よりもそれが高いことがわかる。[67] このような団地の開発による人口増加に、灘・神戸両生協も対応した。

まず灘生協が、「阪神間に於いては現在各方面に新しい大住宅地が建設されつつあるので将来組合店舗の設置が必要と思われる地域については理想の土地があり次第随時購入して将来に備えるとともに、急を要する場合は本年中にも店舗を設置する[68]」という方針に則り、神戸市東灘区の御影団地に進出したのは一九五八年のことだった。この団地は同年から翌五九年にかけて日本住宅公団によって造られ、二DKから三Kの住宅合計四〇二戸が貸し出された。[69] 同生協は、続けて一九五九〜六〇年にかけ西宮市の鳴尾団地(四〇〇戸あまり)、宝塚市の仁川団地(二DK〜三DK、八九八戸)

の周囲にも支部を設け、団地の住民を勧誘するなど、[70]次々と団地へ進出した。次に神戸生協の場合は、一九六〇年に神戸市垂水区に出来た東舞子団地の敷地内に、日本住宅公団から分譲を受けて、[71]支部をつくったことが団地進出の契機となった。この団地は一ＤＫ～三Ｋの計五六四戸という規模で、一九五〇年には再建計画を建てねばならないほど経営不振に陥った同生協は、団地の組合員を獲得することで経営を持ち直す。御影団地や鳴尾団地の一部、仁川団地、東舞子団地の四つは、日本住宅公団によってつくられた公団住宅だった。

一九六〇～七〇年代に建てられた団地は、現在は老朽化や住民の高齢化、住民の減少といった課題を抱え、再生と活性化が全国で検討されている。ところが、建設当初は「最新式ダイニングキッチンに象徴される近代的な家族生活を実現する憧れの居住空間」だった。[72]ただし、量産が優先されたために全国共通の標準設計が採用され、団地住宅のサイズが家族のサイズを決定することになったとも指摘されている。[73]御影団地・仁川団地・東舞子団地の三つの団地からもわかるとおり、一九五〇年代末から六〇年代につくられた団地は二Ｄ～三ＤＫなので夫婦のみ、もしくは夫婦と子供という核家族しか住めない。何十棟から何百棟という団地には、夫も妻も学歴の高い、何千何万という若いサラリーマン家族いわゆる「団地族」が住んでいると言われていた。

「団地族」という言葉は、一九五八年に『週刊朝日』によって使われたのが初出とされている。「団地族」の説明としてよく引用される、一九六〇年度の『国民生活白書』[74]は彼らについて、次のように述べる。曰く、団地住民は若いホワイト・カラーのサラリーマンとその妻である専業主婦（と子供）、世帯主の年齢の割には所得水準が高いために消費傾向としては、エンゲル係数が低く電化製品など耐久消費財をいち早く手に入れる。主食にはパン食を非常に好み、肉・乳・卵類といった副食も充実している。ただし、「団地族」がパン食を好むという記述、すなわち白書一四三ページの第一二一表「パン食の回数の比較」は引用が誤っているために[75]団地住民が実際以上にパン食を好むという結論が出てしまっている。パンが主食である場合、牛乳が添えられることが多いので、この白書は牛乳消費と最も関連の深い項目が不正確なのだが、かえってこの誤りが新しい様式で生活する団地住民という同時代的なイメージを端的に示していて興味深い。

灘・神戸両生協は団地への進出に際し、どちらも牛乳を契約の要と考えていた。まず、団地で新規契約をとるときには米と牛乳の利用から勧め、契約をとったあとはパンと牛乳の利用増を宣伝した。たとえば灘生協による御影団地進出の際、支部長は「団地開拓は、まず、米、牛乳を獲得し、つぎに、組合加入を勧める方式」[76]で臨めと指示した。また同生協の一九六〇年度・六一年度の事業計画には、牛乳および食パンの利用拡大を図る方針が書かれている。[77]次に、神戸生協による東舞子団地内の組合員獲得もやはり「米穀の登録と牛乳の申し込みを受ける」ところから始めた。そして一九五九年の役員会で東舞子団地内の支部は「パンとミルクを中心」に建設すると決まり、森永乳業の要請を受けて支部内に牛乳取り扱い所をつくっている。[78]さらにこの団地は垂水区内にあり、新規組合員を森永乳業の工場へ連れて行ったのは前述のとおりである。

高度経済成長期には一般には食の「洋風化」が進んだとみられているが、食事はある時期まで依然として米が中心だった。米の消費量は一九六二年まで増え続け、この年、一人一年間の消費量は一一八・三kgを記録する。これは現在の二倍以上の消費量で、[79]当時の食事の中での米の重要性がわかるだろう。加えて、米は重いために宅配に適し、一度契約すれば継続して購入してもらえる可能性が高い商品である。そのため、新規契約に際して米の契約を確保することが重視されたのだろう。また『国民生活白書』に書かれているように、「団地族」は新生活を好む傾向があり、実際、引っ越しを機に生活様式を変えようとした家族も多かっただろう。こうした人びとにはパンと牛乳の食生活は、目新しく映ったに違いない。生協の機関誌には図４‐２のようなパンと牛乳の朝食の広告がたびたび掲載されていた。

牛乳の消費は、図４‐１にみられるように順調に伸びていた。図４‐１ではどちらのデータでも一九六一年には一二ℓを超え、一人が一月に一ℓ以上牛乳を飲むようになったことを示している。そして一九六九年には二四ℓを超え、一人が一月二ℓ以上と六一年の倍以上も飲むようになった。神戸市経済局がおこなった実態調査でも、[80]一世帯あたり一年間の牛乳購入本数が、一九六一年には二七二本、六二年には二八七本、六三年三三四本、六四年四四二本、

図4-2 『協同』より牛乳の広告（1961年5月）
注）この広告は右端には男児の写真が掲載されているが、今回は除外した。

六五年四五六本と増えている。六五年には一世帯あたり一年間三五六本以上、すなわち一日一本以上は飲むようになったことがわかる。このような牛乳消費の増加は、「最新式」で「近代的な家族生活を実現する憧れの居住空間」である団地が牽引したと推測される。

ところが、乳業メーカーのシェアは拡大し牛乳の消費が伸びるものの、高度経済成長期の間、各々の牛乳宅配店は零細で経営は厳しいままだった。一九六八年に発行された二つの調査資料によれば[81]、神戸市を含む日本の六大都市には平均一〇〇mに一つの割合で競合店がある。たとえば東舞子団地に近い戸建ての住宅地、垂水区霞ヶ丘地区には購入世帯八〇〇世帯に対して、牛乳宅配店が一九店あり、大手乳業メーカーの牛乳を取り扱っても同じ地域で同じ系列の宅配店と争うこととなった。団地建設時に新たな顧客を得ようと努力したのは生協だけではなく、近隣の宅配店も同様である。宅配店は新聞販売店や米穀店と組んで、団地住民の引っ越しの手伝いに人員を割いて、引っ越しの最中に契約をとろうとした[82]。生協も同じく引っ越しの手伝いに従業員を多数出したため、引っ越し現場では宅配店などとの小競り合いが絶えなかったほどだという。コープこうべはこのようなし烈な競争を経て、団地一帯を確固たる販売区域とし、表4-1にみられるように牛乳の売り上げを伸ばした。最終的にコープこうべは、牛乳小売業のなかでは抜きん出て大きな販売店となった[83]。このことは、のちに牛乳に関する消費者運動に対峙する上で有利に働いた。

以上、本節ではいわゆる「団地族」の特徴の一つ、新生活を好むという点についてふれた。だが、これに加えてもう一つ「団地族」の特徴として同時代から指摘されていたのは、核家族が標準であるために子供の教育に熱心であることだった[84]。子供に目を向け、教育に熱心な家庭であればあるほど、子供の健康にも注意を払う家庭であるのは予測できる。次に、牛乳を勧める広告から今一度「団地族」と牛乳の消費の伸びの関連性を考察していきたい。

第四節　牛乳広告からみる消費者の志向

本章は「はじめに」で、藤原氏の先行研究が特に雪印の広告によって、「牛乳神話」が「形成」されたことで日本人が牛乳を飲み始めたと述べていることにふれた。より詳しくいえば、牛乳には戦後「アメリカ」のイメージがついたと同時に、蘇と酪の時代から乳製品を食べてきたのは天皇をはじめとする「高貴な人びと」で、一般大衆も乳製品をとる事によって「高貴な人びと」へ近づけるという「神話」が「形成」されたために、一九六〇年代に爆発的に普及したと氏は述べる。しかしながら、筆者はこの仮説には次の二つの点から、疑問を持っている。

第一に、雪印をはじめとする大手乳業メーカーは決して広告のみに頼って販売促進を図ったのではなく、本章で述べたように新商品の開発や牛乳の品質向上、そして傘下の宅配店へ向けた販売技術指導といった形でも販売増加を図っていたためである。乳業メーカー→牛乳専売店→各家庭への個別配達の販売ルートでは、販売店の営業努力が消費者へのマーケット拡大にとって欠かせない。したがって、雪印乳業は調理室を備えた訓練所で宅配店主・その妻・社員に教育と訓練を施し、店舗デザイナーの講演と派遣もおこなった[85]。森永乳業も宅配店向けの「経営ゼミナール」を開き、冬期に稼働率が低下する飲用乳工場から社員を選抜して宅配店と共に戸別訪問販売に出向いた[86]。競争が激しかった宅配店も売り込みに必死で、「一カ月の契約でもいいから」と牛乳一本あたりの金額を値引きして契約をとることが普通だった[87]。もちろん、広告の効果も消費拡大に寄与したことは否定しないが、一時値引きしてでも試してもらい飲用習慣をつけるという消費者への直接的な働きかけも広告以上に消費拡大の効果が高かったと考えられる。そのために、乳業各社は宅配店への支援に力を入れたのであろう。

第二の疑問は、雪印乳業は戦後本州以南に進出するため、確かに大衆へ向けて「あらゆる機会をとらえて当社製品の広報宣伝活動を間断なく続けた」という。[88] しかし、雪印乳業の社史を読む限り、これらの広報活動では藤原氏の指摘するような「高貴な人びと」との関連は強調されなかったようにみえる点である。たとえば、一九六四年六月にベニスでおこわれた国際広告映画祭で入賞したミネラル牛乳のCMは「強くなろう大きくなろう」をテーマに幼児を描いたものだった。[89]「強くなろう大きくなろう」というテーマは一九七一年二月にハリウッド国際放送祭に入賞したCMにも引き継がれ、「こどもの国」「こどもの朝」など子供たちを使うことも変えなかった。一九五六年から同社の提供で放映されたテレビ番組も、題名から育児関連、「奥様お料理メモ」「世界の食卓めぐり」など食べもの関連、「マジックショー」「ホームジェスチャー」「冒険王クラッチ」など娯楽番組と推測される。[90] 牛乳の歴史や薬用としての伝統は宣伝では関連づけられず、「牛乳神話」の「形成」は実証できないと考えられる。一方、森永乳業の牛乳に関する宣伝は、同社はホモ牛乳にちなんだ「ぼくはホモちゃん　みんなの子」という太陽のキャラクターを主に使っていた。[91] 同社は、雪印乳業とは趣の異なる、若い女性の健康美を謳う広告も新聞には掲載しているのだが、雪印・森永両社に共通するのは牛乳を「子供」と関連づけていることだろう。そして、牛乳と「子供」の結びつきは、両社の販売店である灘・神戸生協（コープこうべ）の牛乳広告になると、より一層強くなる。

前掲の図4-2は、実は広告の一部で、右端には男児の写真が印刷されている。写真はうつりが悪いため本章では割愛したが、この写真は複数回生協の機関誌に登場する。一九六〇年代半ばになると、牛乳の広告には写真ではなくイラストが使われるようになる。そしてイラストで描かれるのも、やはり大人ではなく子供だった。一九六二年以降、灘・神戸両生協が合併してコープこうべになった時期に何度も使われたイラストが図4-3である。このほか、牛乳を飲む男児のイラストも複数回掲載されており、宣伝文句として「学校の勉強で頭を良く使う人に牛乳は欠かせぬ食品の一つ」

図4-3 『協同』より牛乳の広告

「頭脳の働きを助ける[92]」と書かれているものもあった。先に、「団地族」あるいは「団地族」に牽引される新しい家庭の特徴の一つとして、子供の教育に熱心であることをあげた。右の宣伝文句は、高度経済成長期に表れた、新しい家庭に対する広告であったことの傍証としたい。もう一つ、コープこうべの牛乳の宣伝の中で特徴的なのは「ご家族みんなで牛乳を‼ 牛乳は人体に必要な栄養素をほとんど全部含んでいます。お父さんも、お母さんも、僕も、わたしも、みんなでたくさん飲みましょう[93]」という例にみられるように、核家族に向けて呼びかけられていることである。

歴史的にみれば、戦前から灘・神戸両生協（灘購買組合・神戸消費組合）は「ハイカラ」なパンと牛乳の組み合わせおよび、子供の栄養のためになると牛乳を宣伝してきた。戦前の組合員には公吏・教員・銀行員・会社員といったサラリーマン家庭が多く[94]、彼らは時代に先んじて栄養知識に基づく新しい食生活を取り入れ、妻たちは子供たちの心身の健康や教育に関心が高かった[95]。両組合がおこなったパンとの組み合わせ、子供の栄養のためという宣伝の方針は戦前から変わっていない。無論、戦前から高度経済成長期まで活動している従業員はいないので、戦前の体験が直接高度経済成長期の広告へ生かされているわけではないだろう。だが、サラリーマン家庭を長く顧客としてきたコープこうべには、他の競合店に比べ宣伝に一日の長はあったのではないだろうか。人びとが牛乳に向けたのは、「天皇」と同じ「国民」になりたいという願望ではなく、もう少し一般的な、子供に丈夫になってほしい、健康に育ってほしいという願いだったと推測される。

高度経済成長期は、大量生産と大量消費の時代であったといわれている。年々豊かになり新しくなる生活の重要なアイテムとして牛乳の消費は増加し、牛乳飲用は一般化した。第二節では、一九五五年に主婦連合会・関西主婦連合会の主導で、「十円牛乳」運動がおこなわれたと述べた。両団体は、その後も牛乳値下げ運動に毎年のように取り組んでいく。本章では最後に、たびたびふれてきた牛乳の業界構造も含めて牛乳に関連する消費者運動が続く経緯を説明し、「おわりに」としたい。

おわりに

一九五五年の「十円牛乳」運動は、当時シェアを失いつつあった中小ミルクプラントの支援を受けて、起こった牛乳値下げ運動だった。中小ミルクプラントはその後減少し、大乳業メーカーがシェアを伸ばすのだが、中小ミルクプラントのシェアが後退したのちも主婦連合会と関西主婦連合会は何度も牛乳値下げ運動に取り組んだ。試みに、主婦連合会の『歩み』年表より抜き出すと、左のようになる。

一九五六年六月　牛乳メーカー品の一円値上げ反対主婦大会とデモ行進をおこなう。
一九五八年三月　牛乳の成分分析調査をおこない、「栄養分は値段に比例しない――安くて良い牛乳を豊富に飲もう」運動を展開
一九六二年二月　牛乳の値上げ反対運動
一九六七年四月　牛乳二円値上げは価格協定だと公正取引委員会に告発。共同購入のすすめ。[96]

さらに、年表からは省かれているが主婦連合会の創設者奥むめおの旧蔵史料には「不当な牛乳値上げに抵抗しょ《ママ》う」[97]という一九六四年五月のビラが残されており、この年も主婦連合会は牛乳値下げを各方面へ働きかけたことがわかる。高い需要の伸びを背景に、一九五〇年代後半から六〇年代にかけて消費者団体が牛乳値下げ運動を相次いでおこなったのは、[98]乳業メーカーが年々卸売価格を上げるのにともない、牛乳の小売価格も上昇していったためだった。牛乳の小売価格は一九五九年八月に一本につき一円下がったほかは、基本的に上がり続けており、一九五六年六月は

五〇銭の値上げ、六二年二月は一円の値上げ、六四年六月に二円の値上げ、六七年四月にも二円の値上げがなされている。大手の乳業メーカーは小売市場でのシェアを拡大する一方、その傘下に入っている宅配店は零細で、卸売価格の上昇を吸収する余裕がない。こうした状況について一九六四年のビラは「大メーカーは宣伝費や営業費の浪費をやめ合理化分で値下げせよ」「販売店は配達方法の合理化を真剣に考えよ」と、業界の改革を呼びかけた。

　右の運動の経緯は、第一に、値下げ運動を毎年のように続けられるほど、牛乳が普及し牛乳に関する運動が幅広い消費者の支持を集めることができるようになったことを示す。牛乳は大衆的な飲み物となり、一本五〇銭ほどの値段の上下が日々の生活を左右するほど習慣的に消費されるようになってきた。また、消費者運動が毎年続いたことにより、大手乳業メーカーのシェアが高く、宅配店が零細である業界の構造が世間に知られていく。一九七二年には「成分無調整」を謳う農協系牛乳が販売され始め、大手乳業メーカーの飲用乳に対するシェアは再び落ちていった。

　一九五五年の「十円牛乳」運動を契機に、主婦連合会は主婦連生協、関西主婦連合会は「主婦の牛乳会社」を設立し、前者は六五年に牛乳二万本の販売を確保[99]、後者も一九六七年に「売れ行きは定着してきた」[100]という。コープこうべも第三節でみたように、団地への進出によって一九六七年には一日平均一二万本を配達する巨大な販売店となっていた。主婦連合会・関西主婦連合会ほどではないが、コープこうべも一九六七年には乳業メーカーの卸売価格引き上げに反対する姿勢を明確に示した[102]。一九六〇年代、主婦連や関西主婦連、生協にも関係がない一般の消費者が牛乳値上げに対抗しておこなっていたのは「牛乳集団飲用運動」、つまり牛乳の共同購入であった。これは、特に近隣の家庭がまとまりやすい団地で「団地牛乳」「町づくり牛乳」といわれて盛んにおこなわれ[102]、新聞でも報道されている[103]。だが、主婦連・関西主婦連・コープこうべの三者は、一般の消費者とは異なり、もとから牛乳の共同購入をする仕組みを持っていた。これらの団体にとって、牛乳の値上げ問題は解決できる見通しのある課題で、この運動に積極的に参画することによって自身の組織が拡大する可能性がある。コープこうべにとって、このため牛乳は売上高に占める割合以上に重要な商品で、「運動商品として、力を入れ」ることができたと考えられる。

注

（1）吉田豊『牛乳と日本人』新宿書房、二〇〇〇年、一九六頁。
（2）乳糖不耐症が日本人に多いのは現在でも牛乳飲用を進める際の問題点の一つだが、岩崎美智子（同「「ララ」の記憶――戦後保育所に送られた救援物資と脱脂粉乳」『東京家政大学博物館紀要』一四、二〇〇九年二月）の指摘によれば、腹痛や下痢には食中毒が含まれていた可能性もある。
（3）吉田『牛乳と日本人』。
（4）中澤弥子「日本の学校給食における牛乳利用の歴史的評価」『乳の社会文化学術研究報告書』二〇一四年。
（5）浅井良夫「日本の高度経済成長の特徴」国立歴史民俗博物館編『高度経済成長と生活革命』吉川弘文館、二〇一〇年
（6）たとえば、松田延一は、厚生省『国民栄養調査成績』、農林省『農民栄養統計』を用い、戦後乳製品と卵の消費が増加し、牛乳・チーズの消費は一九六〇年代後半以降も増加し続けたことを示した（同「高度経済成長下における食生活の変化（Ⅴ）」『名古屋女子大学紀要』二七号、一九八一年三月、ほか）。また、小林康平は、総理府の『家計調査』から、牛乳の消費は高所得層ほど多く粉ミルクの消費は低所得層ほど多いこと、また、粉ミルクの消費は一九六七年以降出生率低下と軌を一にして減少することなど、消費の内容をより詳細に明らかにした（李炳旿・小林康平「戦後日本における牛乳及び乳製品の需要分析――需要の構造変化と時系列・横断面分析の統合」『帯広畜産大学学術研究報告 第Ⅱ部 人文社会科学論集』六（一）、一九八一年六月〔この稿は、小林康平『牛乳の価格と需給調整』大明堂、一九八三年に所収〕）。
（7）成田公子「牛乳の調理への利用（第二報）『栄養と料理』にみる昭和二〇年代の牛乳利用」『名古屋女子大学紀要　家政・自然編』四六号、二〇〇〇年三月。成田公子・熊崎稔子「牛乳の調理への利用（第三報）『栄養と料理』にみる昭和三〇年代の牛乳利用」『名古屋女子大学紀要　家政・自然編』四九号、二〇〇三年三月。成田公子「牛乳の調理への利用（第四報）『栄養と料理』にみる昭和四〇年代の牛乳利用」『名古屋女子大学紀要　家政・自然編』五〇号、二〇〇四年二月。
（8）以後、藤原辰史「牛乳神話の形成」富永茂樹編『転回点を求めて――一九六〇年代の研究』世界思想社、二〇〇九年をまとめる。なお、この論考は藤原辰史『食べること考えること』共和国、二〇一四年に再録された。
（9）販売所名は、神戸市小売市場連合会『神戸市小売市場連合会二〇年史』神戸市経済局、一九七〇年による。
（10）杉山道雄・安田俊哉「牛乳の流通構造と段階別価格構成に関する経済的研究」『岐阜大学農学部研究報告』五五号、一九九〇年一二月。また、この販売形式の名残りは今でも全国に乳業メーカーの名入りの受け箱として残っている（横溝健志『思い出 牛乳箱』ビー・エヌ・エヌ新社、二〇〇八年）。
（11）林弘通『二〇世紀乳加工技術史』幸書房、二〇〇一年、一二三―一二四頁。

(12)首都圏の酪農業発展については斎藤功『東京集乳圏――その拡大・空間構造・諸相』古今書院、一九八九年を参照。
(13)松本友里「牛乳瓶の始まりを探して」『民具マンスリー』四六(四)、二〇一三年七月。
(14)日本の食生活全集兵庫編集委員会『聞き書 兵庫の食事』(日本の食生活全集二八)、農山漁村文化協会、一九九二年、三四五頁。
(15)吉濱誠『牛乳・乳製品の消費拡大』(酪総研選書九二)、デーリィマン社、二〇一二年、七頁。
(16)日本の食生活全集兵庫編集委員会『聞き書 兵庫の食事』。
(17)以下、兵庫県の酪農の始まりについては、兵庫県農林部編刊『兵庫の農業と農家』一九六二年参照。
(18)日本乳製品協会編『日本乳業史』一九六〇年。
(19)この時期、兵庫県内では北海道・東京に次ぐ全国三位の乳牛飼養頭数と三位の搾乳高があった(兵庫県知事官房統計課『兵庫県牛乳統計表 昭和三年』一九二九年三月)。
(20)生活協同組合コープこうべ七〇周年記念事業推進室『愛と協同の志――コープこうべ七〇年史』生活協同組合コープこうべ、一九九一年、四九―五〇頁。
(21)灘購買組合『消費組合』一九二九年一〇月。
(22)神戸消費組合『新家庭』一九三四年八月。
(23)[生活協同組合コープこうべ]「協同学苑の概要」二〇〇〇年カ、五頁(コープこうべ協同学苑所蔵)。
(24)湯浅夏子『くらしをつくる――コープこうべの女性たちの歩み』神戸新聞総合出版センター、一九九九年、八一―八二頁。
(25)松尾幹之『ミルクロード』日本経済評論社、一九八六年、九六―九七頁。
(26)中島常雄『食品――現代日本産業発達史一八』現代日本産業発達史研究会、三二五頁。
(27)飯国芳明「飲用乳市場における「寡占体制」の形成・変質・崩壊過程の分析」『農林業問題研究』二〇(二)、一九八四年六月。
(28)涌井安太郎『星をめざして――わたしの協同組合運動』家の光協会、一九七二年、一〇六頁。涌井安太郎は一九四五年より神戸消費組合(のち神戸生協)の専務理事・常務理事等を歴任し、灘生協との合併後も一九七六年まで理事を務めた。以後、コープこうべ協同学苑所蔵の涌井メモも適宜用いる。
(29)神戸生協『新家庭』一九四七年一〇月。八多村は八多村酪農組合を設立して対応し(八多町誌編纂委員会編刊『八多町誌』二〇〇八年、二八二頁)、コープこうべの『愛と協同の志』にはその他依頼した村は「有馬村」とあるが同じくのちに神戸市に編入された有馬郡有野村の誤りと考えられる。有野村は有野農業会が対応した(有野村誌編纂委員会『有野村誌』有野解村処理委員会、一九四八年、六八頁)。
(30)神戸消費組合『事業報告書』一九四六年。
(31)同右、一九四七年。
(32)長川太郎『すすきのごとく――生協の叢の記』灘神戸生活協同組合、一九八七年、二〇四―二〇五頁

(33) 同右。
(34) 生活協同組合コープこうべ七〇周年記念事業推進室『愛と協同の志』一六二頁。
(35) 神戸生活協同組合『事業報告書』一九五二年。
(36) 涌井『星をめざして』一二六頁。[神戸生活協同組合]『神戸生活協同組合再建計画書』[一九五〇年カ]、コープこうべ協同学苑所蔵。
(37) 神戸生活協同組合『事業報告書』一九五一年。
(38) 現在、メイトーを主要なブランドとする「協同乳業株式会社」とは全く異なる会社である。
(39) 神戸生協『新家庭』一九五一年一〇月。生産者と消費者の提携は、生活協同組合では戦前から目指した理想の一つだった。本章がとりあげた期間ののち、各地の生協では産地直送が始まるが、これも同じ理想の下に取り組まれている。
(40) 同右、一九五二年一月。
(41) 同右、一九五一年一一月、一九五二年一月。
(42) 「神戸でも牛乳値下げ」『朝日新聞』一九五五年二月一四日付（夕刊）。
(43) 主婦連合会編刊『歩み――主婦連五〇周年記念』一九九八年、四六―四七頁。
(44) 関西主婦連合会編刊『消費者運動三〇年――関西主婦連のあゆみ』一九七六年、六九頁。
(45) 主婦連合会『主婦連だより』六八号、一九五四年一二月。
(46) 乳脂肪分を均質化した牛乳は、この技術を開発した森永乳業株式会社が「ホモ牛乳」で商標を登録した。したがって、他社はこのホモジナイズをおこなった牛乳を、後述するように「ホモゲ牛乳」「ホモジ牛乳」「均質牛乳」「完全均質」と表現している。
(47) 主婦連合会『主婦連だより』五九号、一九五四年三月。
(48) 神戸生協『新家庭』一九五五年四月。
(49) 灘生協『事業計画・収支予算剰余金処分案』一九五五年、二頁。
(50) 神戸生協『新家庭』一九五八年一〇月。
(51) 同右、一九五一年一一月、一九五二年一月。
(52) 灘生協『協同』一九五五年三月。
(53) 二宮歳一「牛乳一本に賭けた人生」『生協運動』二五八、一九七三年。
(54) 灘生協『協同』一九五五年四月一面「再び牛乳合戦に思う」。
(55) 小金澤孝昭・伊藤慶「仙台市における牛乳宅配業の変遷」『宮城教育大学紀要』四二、二〇〇七年。
(56) 「十円牛乳に大腸菌／六メーカーに販売禁止」『毎日新聞』一九五五年四月二七日付（東京、朝刊）。
(57) 以上、雪印乳業史編纂委員会編刊『雪印乳業史 第三巻』一九六九年、六九―七三頁。
(58) 大野勇『吾が生涯は乳業とともに――森永乳業五十年小史』デーリィ・ジャパン社、一九六七年、七〇―七二頁。

(59)森永乳業五〇年史編纂委員会『森永乳業五〇年史』森永乳業株式会社、一九六七年、二九〇―二九二頁。
(60)本章で扱う灘生活協同組合・神戸生活協同組合にも共通する点だが、協同組合は非営利組織として税制上の優遇を受けられる代わりに、通常の企業とは異なり事業エリアが限定されている。雪印乳業は当初有限責任北海道製酪販売組合という協同組合として設立されたため、戦前は事業エリアが北海道に限られていた。
(61)灘生協『協同』八七、一九五七年六月「クローバ牛乳工場及ライオン歯磨工場の見学」。
(62)前掲、涌井メモ「神戸生活協同組合一九五九年度第三回役員会議事録」。また、機関誌『新家庭』でも同年に森永乳業の工場見学の話が複数掲載されている。
(63)神戸生協『新家庭』一一一、一九五九年一〇月一面。
(64)松尾『ミルクロード』一七八頁。
(65)雪印乳業史編纂委員会編『雪印乳業史　第三巻』、森永乳業五〇年史編纂委員会『森永乳業五〇年史』二九六頁。
(66)経済企画庁『国民生活白書　昭和三五年度版』大蔵省印刷局、一九六一年、一六頁。
(67)『神戸市統計書』『宝塚市統計書』『西宮市統計書』『明石市統計書』『芦屋市統計書』
(68)灘生活協同組合『事業計画・収支予算剰余金処分案』[一九五八年]。
(69)日本住宅公団編『日本住宅公団業務年報　昭和三九年版』一九六五年、七五頁。
(70)灘生活協同組合『事業計画・収支予算剰余金処分案』[一九五九年]、一一頁ほか。
(71)[神戸市編刊]『東舞子団地』パンフレット、一九六〇年、西山卯三記念文庫所蔵。
(72)杉本星子・小林大祐・西川祐子『京都発！　ニュータウンの「夢」建てなおします――向島からの挑戦』昭和堂、二〇一五年、「はじめに」。
(73)西川祐子『住まいと家族をめぐる物語――男の家、女の家、性別のない部屋』集英社、二〇〇四年、第九章、第一〇章。
(74)経済企画庁『国民生活白書　昭和三五年度版』一三七―一四五頁。この白書で示された「団地族」の特徴は、橋爪貞雄『変りゆく家庭と教育――団地文化が予見するもの』(黎明書房、一九六二年、二八頁)や、生活科学調査会編『団地のすべて』(一九六三年、九〇頁)などに引用されている。
(75)引用元は、海津美代子「消費者の購買動機に関する研究(第二報)――食料品の購入について」『家政学雑誌』一〇(一)、一九五九年四月。
(76)二宮歳一『牛乳史の断面――コープミルクのあゆみ』灘神戸生活協同組合、一九八五年、四三―四四頁。
(77)灘生活協同組合『事業計画・収支予算剰余金処分案』[一九六〇年]、一二頁。同、[一九六一年]、一五頁。
(78)牛乳取り扱い所には、牛乳の収容本数一五〇〇本という大型冷蔵庫が設置してあった(涌井メモ「神戸生活協同組合一九五九年度第一回役員会議事録」「同年第三回役員会議事録」)。

(79)農林水産省『食料需給表』各年度。
(80)神戸市経済局編刊『神戸市小売商業地域構造調査報告書』一九六七年。この調査は「消費者一般家庭ならびに神戸市消費生活モニター」で、六割が「ホワイト・カラー族」の主婦が答えているので、図4-1に比べて少し高い値が出ていると考えられる。
(81)神戸市経済局編刊『牛乳配達実態調査報告』［神戸市］消費経済部、一九六八年。全国牛乳商業組合連合会編『牛乳の流通事情——海外とわが国の現状』一九六八年。
(82)涌井『星をめざして』一四一頁。
(83)一九六七年の神戸市内の宅配店一店は一日平均一八七〇本の牛乳を配達しているとされ、前記の垂水区霞ヶ丘地区の場合は、一五〇〇本あまりだった（神戸市経済局編『牛乳配達実態調査報告』、全国牛乳商業組合連合会編『牛乳の流通事情』）。この年、コープこうべは全体で一日平均一二万本を配達している。灘・神戸両生協の合併後も引き続き雪印乳業・森永乳業との二企業と取引していたのは変わらないので、二分割するにしても一社六万本を一日で売っていることとなり、他の宅配店を圧倒していることがわかる。
(84)橋爪『変りゆく家庭と教育』ほか。
(85)雪印乳業史編纂委員会編『雪印乳業史　第三巻』一八五―一八七頁。
(86)森永乳業五〇年史編纂委員会『森永乳業五〇年史』二九七頁。
(87)神戸市経済局編『牛乳配達実態調査報告』は、同じ地区で同じ銘柄の牛乳を販売していても各家庭によって価格には相当な開きがあり、これは宅配店が契約を取るために値引きをしているからだと推測している。
(88)雪印乳業史編纂委員会編『雪印乳業史　第三巻』一八六―一八七頁。
(89)同右、四〇四頁。
(90)同右、一八七、四〇二頁。
(91)森永乳業五〇年史編纂委員会『森永五〇年史』。
(92)灘生協『協同』一九六二年二月。
(93)灘神戸生協『協同』合併後一二号、一九六二年三月。
(94)灘購買組合は、住吉村のいわゆる「別荘値段」へ反対する当時の富裕層によって組織された。また、神戸消費組合は三菱・川崎造船所争議を契機として設立され、当初は労働者によって組合員が構成されていたが、一九三〇年代に入ると諸調査によって銀行員や会社員といったホワイト・カラーの組合員が大半を占めていたことがわかる（産業組合中央会編刊『消費組合経営事例　第二輯』一九三四年、及び神戸消費組合『新家庭』各年度附録）
(95)神戸消費組合の婦人会では毎月母親のための「算術研究会」が開かれ、健康のための学童用弁当料理講習会・ランチ講習会のほか「男女青少年指導講演会」「真に子供路信頼せしめ得る母親」といった教育関係の講演会も外部から講師を招いて不定期に開かれている（『新家庭』各号）。
(96) 主婦連合会編『歩み』より抜粋し、文章を直した。
(97) [主婦連合会]「不当な牛乳値上げに抵抗しょう」一九六四年（国立女性教育会館デジタルアーカイブシステム、奥むめおコレクション［http://w-archive.nwec.jp/il/meta_pub/detail］最終閲覧日二〇一六年九月二七日）。
(98) 関西主婦連合会も一九五八年・五九年・六二年・六七年・六九年に牛乳値下げのための運動をおこない、七〇年になってはじめて農薬ＢＨＣによる牛乳の汚染問題に大々的に取り組んだ（関西主婦連合会編『消費者運動三〇年』）。
(99) 『朝日新聞』一九六五年一月一五日（朝刊）一六面。
(100) 関西主婦連合会編『消費者運動三〇年』一一九頁。
(101) 灘神戸生活協同組合編刊『灘神戸生協五〇年の歩み』一九七一年、一六一―一六二頁。
(102) 明石市立文化博物館編刊『くらしのうつりかわり展　団地の時代――明舞団地』二〇〇九年。
(103) 湯浅『くらしをつくる』六一―六二頁。前掲「不当な牛乳値上げに抵抗しょう」にも記述あり。

第5章　戦後京都と民主戦線
――「民主化」をめぐる相剋

福家崇洋

はじめに

一九五〇年の京都は、「革新」的な首長や議員を次々に誕生させたことで知られている。この原動力になったのが全京都民主戦線統一会議（民統会議）を核とする京都民主戦線だった。

民主戦線自体は敗戦直後から存在し、再建まもない日本共産党がその運動を担った。一九四六年一月、亡命先の中国延安から帰国した野坂参三は、歓迎国民大会で民主人民戦線の結成を提唱した。この路線は共産党の運動方針に位置づけられ、中央委員会総会（同年二月）でも平和革命に向けた民主人民戦線の結成が再確認された。敗戦から数年経て、GHQ（連合国最高司令官総司令部）の対日政策が転換しはじめると、共産党の民主人民戦線は民主民族戦線に切り替えられた。一九四八年二月の党中央委員会では「民主、自由、平和、民族独立」をスローガンとする民主民族戦線宣言が打ち出された(1)。

また、日本共産党から日本社会党に共闘が呼びかけられ、一九四八年八月には民主主義擁護同盟（民擁同）準備会結成大会が開かれた。民擁同は、「基本的人権と民主主義を擁護する」などを綱領に掲げて、約一〇〇団体、一〇〇〇万人を結集したとされる。しかし、一九四九年には地方における大衆的基盤の脆さから加盟団体が次々と脱退した。同年九月の正式な結成大会では「全国的な一大民主民族戦線に結集して斗うこと」を訴えたが、同年末には統一戦線の実態を失っていた。[2]京都で民統会議が誕生した一九五〇年初頭は、こうした動きの再建が焦眉の課題になっていた時期であった。

敗戦直後の京都民主戦線を分析したものに松尾尊兊氏の「敗戦直後の京都民主戦線」(『戦後日本への出発』二〇〇二年)がある。この重厚な検証を通して、松尾氏は「当時の民主戦線の真の力量を測定する手がかり」をつかもうとし、中央に比して京都の民主戦線が存続しえた特徴として「社会党の容共主義」「共産党の野坂路線」「知識人の人民戦線経験」「自由主義者の自由党をめざした高山義三一派の主権在民感覚」をあげた。[3]この仮説は、今後の課題として残された一九四〇年代末以降の京都民主戦線の分析でも示唆に富む。

一九五〇年前後の京都民主戦線に関する文献としては、小柳津恒氏の『京都民統の思い出』(一九七七年)と京都府立総合資料館編『全京都民主戦線統一会議略史』(一九七五年)がある。[4]小柳津氏は実際に民統会議の活動に携わった日本共産党京都府委員会幹部で、その旧蔵資料は現在「小柳津文書」として京都大学総合博物館に所蔵され、本章でも活用した。[5]『全京都民主戦線統一会議略史』は年表形式だが、今日参照できない「民統会議資料」などが随所に収録されている。

本章は、以上の研究・文献に学びながら、一九四〇年代末以降の京都民主戦線を日本共産党の動向と連動させながら考察している。とりわけ、日本共産党が一九五〇年初頭に推し進めた民主民族戦線路線が冷戦の影響によっていかなる変化を遂げたか、この変化が京都民主戦線にいかなる影響を与えていったかという点を明らかにしたい。そのために本章が依拠するのは、米国国立公文書館(NARA)所蔵MIS(Military Intelligence Service)「徳田球一ファイル」「高山義三ファイル」(以下「徳田ファイル」「高山ファイル」と略記)やフーヴァー研究所アーカイヴ所蔵資料である。

冷戦下東アジアの国際状勢のもとで、日本の「戦後民主主義」が依拠したとされる「愛国」や「民族」がいかにして日本共産党など「民主」勢力の路線に組み込まれていったか、しかしその一方で、こうした「民主化」とは異なる「民主化」も同時期の日本に存在していたことを戦後史研究に位置付け、そこにいかなる可能性と限界があったかを本章で明らかにしていきたい。

第一節　ＧＨＱ対日政策の転換と日本共産党

高揚からの転落

当初「民主化」を推し進めていたＧＨＱの対日政策は、一九四八年頃から転換しはじめた。そのきっかけの一つが一九四八年一〇月の中国共産党による中国東北部制圧だった。これに危機感を抱いたＧＨＱは対日政策を「民主化」から経済復興に切り替え、同年一二月のＧＨＱ経済安定九原則を提起し、翌年二月にはドッジによる経済再建路線を実施した。一九四八年七月には政令二〇一号を公布（同日施行）し、公務員の争議行為を禁止した。

このＧＨＱの方針転換は、日本共産党や労働組合との対決をもたらし、党への支持を集めた。同年一一月頃から共産党は各地で社共合同運動を進めており、昭和電工事件で動揺していた社会党支持層の一部を取り込んでいた。この結果は選挙にもあらわれ、一九四九年一月二三日の総選挙では、社会党が一四三から四八議席に激減、共産党が四から三五まで議席数を伸ばして躍進を遂げた。

この時期になっても、ソ連共産党は日本共産党と公然とは接触していない。しかし、「徳田ファイル」には、一九四七年末頃に徳田らがキシレンコ対日理事会ソ連代表代行に会い、抑留者の帰還状況などの説明を求める手紙を渡したとか[6]、翌年二月に四国の党幹部が徳田から、キシレンコを介してソ連と日本共産党は緊密な関係が維持されていることを伝えられたという記録がある[7]。こうした日ソ両共産党の交渉はロシア側公文書にも記録され、ソ連共産党から野坂参三を通じて日本共産党に極秘の資金援助がおこなわれ、社共合同運動が展開された一九四八年一一月頃に

五〇万円が拠出されたという。(8)

国内の党活動に目を移せば、日本共産党中央委員会総会（一九四九年二月五、六日）で野坂参三が「新国会対策にかんする報告」で民主人民政権はいまや「現実の問題」になったと述べたほか、伊藤律は「社共合同闘争と党のボリシェヴィキ化に関する報告」で社共合同運動の成果を伝えた。ここに見られる党幹部の高揚感は、第一五回拡大中央委員会（六月一八、一九日）でもあらわれ、徳田球一ら幹部が自信をもって述べた吉田茂内閣打倒と民主人民政府の成立はのちに「九月革命説」として流布されていく。

しかし、日本共産党に対する風向きは変わりつつあり、同年七月頃から下山事件、三鷹事件、松川事件といった怪事件が起きた。翌月、共産党に対する規制を強める法務府特別審査局は、団体等規正令によって「細胞」までの届け出を勧告した。これらGHQや日本政府の攻勢に、共産党は有効な手だてを打つことはできていない。これは第一六回中央委員会総会（八月二一日）でも同様だった。この委員会後におこなわれた徳田・野坂会談について「アカハタの記者」山主俊夫の伝えるところでは、「第十六回総会では人民斗争の形で前進させることに決議されたのであるが現在の諸状勢は共産党に非常に不利であり、一歩誤れば党の存在を危くするところまできておる」との認識下で「地味な選挙斗争」への路線転換が確認されたという。(9)

共産党にとって打撃だったのが、九月八日に党関連組織で戦闘的な在日朝鮮人連盟、在日朝鮮民主青年同盟が解散に追い込まれたことだった。このとき、徳田球一と温泉で休養中だった亀山幸三（党書記局員）は、朝連事件の第一報を聞いた徳田が「朝連につづいて共産党も弾圧されると感じた」意外な様子を見て取っている。(10)また、党の「官僚主義」を批判した中西功意見書の提出も九月で、党内外からの圧力は増しつつあった。

この事態に危機感を露わにした共産党は九月二八日に第一七回緊急中央委員会総会を開催した。徳田の一般報告をめぐる議論をへて、中西の「偏向」に関する志賀義雄報告が承認された。委員会で決議された「情勢の急速な発展と、党の緊急任務の遂行について、全党員諸君に訴う」では、「民自党を先頭とするファッショによつて打ちのめされるか、わが党を先頭とする人民民主主義が勝利するかの重要な岐路に立つ」として党員に「真に大衆に根を下ろすこと、行動の質を向上させること」が訴えられた[11]。

日本共産党は依然としてソ連共産党と非公式な接触を続けていたが、一九四九年秋から中国建国（一〇月）、毛沢東の訪ソ（一二月〜翌年二月）など日本を取りまく東アジアの共産主義運動に転機が訪れていた。こうしたなか、日本共産党に対するソ連共産党の態度が変わりつつあった。

「批判」と「所感」

「徳田ファイル」には、一九四九年一〇月七日、ソ連代表部に野坂参三とともに呼ばれた徳田球一が日本共産党方針による未熟な戦略をソ連代表部から叱責されたとある[12]。また、一九四九年一一月一〇日に日ソ親善協会の会合が上野で開かれ、対日理事会ソ連代表部代表デレビャンコが講演し、野坂参三も挨拶した。翌日、デレビャンコ、政治顧問代行ゲ・イ・パヴルイチェフ、徳田、野坂、伊藤律で懇談し、徳田と野坂は「このような大組織に発展して日本人民のあいだで巨大な影響力をもっている共産党を、アメリカ軍があえて禁止することはないだろうと、きっぱりと断言した」という[13]。

とはいえ、この時期の日本共産党は、党傘下労働組合の分化が進むなど足もとはぐらついていた。産別を脱退した産別民主化同盟は一二月上旬に全国産業別労働組合連合（新産別）を結成した（新産別公称組合員数約三三万人、産別七六万人）。また、一時は一〇〇〇万人の会員を擁した民主主義擁護同盟も労働組合が次々に脱退し、一二月末になると統一戦線の実態を失っていた。

一方で、共産党中央委員会組織活動指導部から各地方委員会宛の「秘指令ソ一〇二号　単独講和反対の闘争について」（一二月一八日付）では「ソ同盟ならびに中華人民政府との連絡は円滑におこなわれており『単独講和』問題についても十分な援助が与えられることも明か」として国際的な後ろ盾を示すことは忘れていない[14]。この「援助」について、この頃、野坂は一九四八年一一月に受け取った資金は使い切ったとして日本共産党への資金援助（五〇万円）をソ連側に要求した。同月二三日にデレビャンコはこの要請を取り次いだが、二五日、ソ連共産党対外政策委員会議長グリゴリヤンはスターリンに対して「経常費への資金援助は合目的でない」との返事をデレビャンコに出すことを建議した。[15] ここに日本共産党に対するソ連共産党の不信と対日本共産党の方針転換の兆候が読みとれる。

こうしたなかでも、共産党中央委員会組織活動指導部から各地方委員会宛に送られた「指令六七号　新たな攻勢を準備せよ（講和前の弾圧について）」（一二月一二日付）では、「これら諸国〔コミンフォルム〕の共産党と緊密な友好関係」や「中共の在日代表団の常駐決定後はほゞ満足すべき状態にあり、活動調整、情報交換の機能を果している」などと述べられた。

けれども、現実は、これと時を同じくして、モスクワでは日本共産党に対する批判論文が用意されていた。一九五〇年一月六日、評論員論文「日本の情勢によせて」がコミンフォルム機関紙『恒久平和と人民民主主義のために』に発表された。「評論員」という形式ながら、ソ連共産党国際部内で準備され、スターリン、モロトフも関与したとされる。[16] 内容は、野坂の平和革命論（野坂の言葉では「マルクス＝レーニン主義の日本化」）を徹底的に批判し、ソ連共産党による日本共産党の「指導」を白日の下にさらしながら、日本共産党の方針を占領軍との対決へ導くものであった。

しかし、日本共産党はコミンフォルム批判をすぐには受け入れず、『アカハタ』一九五〇年一月一〇日付に「党かく乱のデマをうち砕け」を発表し、評論員論文を伝える電報は「敵の兆《ママ》発行為」であり「粉砕」すべきとした。[17] その後、論文の背景が明らかになるにつれ、党内で「批判」を受け入れるべきかが問題となる。無条件受け入れ論を展開したのが志賀義雄、宮本顕治で、徳田、野坂、伊藤律、志田重夫、紺野与次郎は反対した。後者の意向が通る形で発表されたのが「「日本の情勢について」に関する所感」（『アカハタ』一九五〇年一月一三日付）だった。「所感」では、野坂論文には確かに欠点はあったものの、「すでに実践において同志野坂等と共に克服されている」とし、「奴隷の言葉」や「迂余曲折した表現」を用いなければならない状況を顧慮せずに、「外国の諸同志が、わが党ならびに同志の言動を批判するならば、重大なる損害を人民ならびにわが党に及ぼすことは明か」として評論員論文を逆批判した[18]。「所感」をめぐる党内対立は、一月一八日から二〇日まで開かれた第一八回拡大中央委員会でも続いたが、総会二日目に伝えられた中国共産党の意向は状況を一変させた。中国共産党は『人民日報』一九五〇年一月一七日付に社説「日本人民解放の道」を発表し、野坂の平和革命論と「所感」を批判、コミンフォルム批判の受け入れを日本共産党に迫った。このため、会議で徳田らは評論者論文を受け入れ、その積極的意義を認める決議を採択した。野坂は政治局に止まる形で責任は問われない一方で、『アカハタ』一九五〇年二月六日付に自身の平和革命論を批判する「自己批判」論文を掲載した[19]。

第二節　京都民主戦線の機運と市長選

公認候補の内示

日本共産党がGHQと中ソ両共産党から挟撃されるなか、コミンフォルム批判や中西功除名は在京党員を動揺させたと思われる。しかし、「批判」以前からソ連代表部の圧力は地方にも間接的に及び、一九四九年一一月に来京した徳田球一が党京都府委員会メンバーと私的な会合を持って過去の府委員会活動を批判した[20]。

このため、党京都府委員会は同年一二月に「通達第一〇一号　直ちに党の立遅れを克服せよ‼」[21]を出して、これまでの路線を克服しようとしたが、同時期に突如としてわきあがったのが京都市長選への動きだった。一二月二〇日頃から神戸正雄市長の辞任が新聞紙上を賑わせ、各陣営とも急な対応に追われた（翌年一月一九日告示、二月八日開票）。「保守」陣営（民主自由党、民主党）は当初田畑盤門助役の擁立でまとまっていたのが、のちに和辻春樹元市長も立候補を表明する。和辻擁立の背後には民主党野党派の芦田均がおり、芦田派や国民協同党府連の支援を得た[22]。

選挙戦に取り組むなかで、「革新」陣営（社会党、共産党、労農党各支部）も提携に動き出す。市長が辞表を提出した翌日（二七日）、労農から社・共に三党協力の打診があり、『夕刊京都』一九四九年一二月二八日付はこの動きを「民主戦線」と呼んだ。[23]社会党候補として何人か報じられたが、三〇日の社会党京都府支部連合会執行委員会で弁護士の高山義三を市長候補として推すことが決まった。[24]年明け六日に全官公（全官公庁労組京都地方協議会）が共闘委員会を開き、三万二〇〇〇人の全組合員を動員して高山を推すことになり、社・共・労農両党との共同闘争を展開する。[25]この動きは他労組にも広がり、全京金（全京都金属産業労組連合会）、産別京都会議（産別会議関西地方会議京都地区協議会、以下産別）、総同盟（日本労働組合総同盟）、日農府連（日本農民組合京都府連合会）も高山支持にまわり、その数は一二日時点で三三団体にのぼった。[26]

この間、共産党京都府委員会の動きは新聞などでほとんど報じられていないが、早くから市長選に取り組んでいた。[27]党府委員会幹部小柳津恒の回想によれば、一九四九年末頃、市長選に向けて党府委員長の岡本俦一の訪問と相談を受けていたという。[28]岡本の口から出たのは敗戦直後の京都民主戦線で活躍した高山義三の名前だった。小柳津は「もちろん共産党本部のある個人から、誰かの線を経て、市長候補に高山を推す内示が内々岡本の方にあったのではなかろうかと、私は推測した」と述べている。[29]それでも、党府委員会自体の動きは「独自の立場から高山氏を推す」と報じられたり、[30]また『アカハタ』一九五〇年一月六日付で党府委員会による民主戦線統一のスローガンが掲載されたりしただけで、[31]表面では選挙戦の陣頭に立っていない。同誌一月一七日付には、一三日に社会党府連から共産党府委員会に市長選での協力が申し入れられ、「なごやかなふんいき」だったという。[32]これらの共産党府委員会の態度について「高山ファイル」は以下のように伝えている。

日本共産党が精力的に左派社会党・高山義三の選挙支援運動をおこなった理由は、高山と野坂参三（KM・CP、日本共産党中央委員）が学生時代からの親しい友人であることによる。一九二〇年代、日本の警察や憲兵隊が全共産党員の検挙に奔走していたとき、高山が野坂に隠れ家を提供して手助けしたことも伝えられている。また、野坂が現在の妻、野坂龍

（リュウもしくはタツ、KM・CP、女性、野坂参三と同住所、日本共産党中央委員）と結婚した際に兵庫県神戸市長田区の野坂の隠れ家に集った同志四人のひとりが高山であったとも報じられている。一九四五年九月［一九四六年一月］、野坂が中国北部延安から帰国したときに、野坂を京都駅に迎えに行った高山が再会の喜びに涙したことも特筆される。それゆえ、野坂が日本共産党京都府委員会に高山に対する全面的支援を熱心に命じ、前述したように共産党候補を推薦することで票が分れることを回避したことは当然のことであった。[33]

こうして統一戦線は具体的な形となってあらわれてくる。ただし、党ではなく労組が主導する形だった。一月一六日、全官公、総同盟、産別、全京金の四ブロック代表者は京都労働組合統一会議世話人会を開いた。会では、賃金値上げ、市長選挙を目標に共同闘争を展開することが決まったほか、「左右両翼の統一戦線」が重要課題として一決され、広く民主戦線に呼びかけることになった。[34]彼らは二一日にも全京都労働組合統一会議準備会を開いて市長選を協議し、ここで労組、民主団体の各代表参加のもと全京都民主戦線統一会議を結成することに決し、その日を二五日とした。[35]

一方、東京では「共闘」どころか分裂が起きていた。一月一九日、社会党は左右両派に分裂したが（右派書記長水谷長三郎は京都府連会長）、府連自体は分裂を避ける方向に動く。[36]コミンフォルム批判の対応に追われる共産党は一月一八日からの第一八回拡大中央委員会総会でこの問題を協議し、批判を受け入れて、野坂ものちに「自己批判」する。しかし、野坂に対して共産党はその「指導的健斗に対し深い期待と信頼」を一月二〇日付で表明し、新たな運動方針として合法的な統一戦線を唱えた。[37]「勝利のための緊急任務」（『アカハタ』一九五〇年一月二四日付）で、共産党は「あらゆる人民層を結集した民主民族戦線を強固」にするべく以下の四点をあげた。「戦線の統一を労働者、農民、漁民その他あらゆる人民層において確立すること」「地域斗争を組織し、これを全国的斗争にまで発展させること」「戦線統一は、三党統一懇談会によって政治的領域に拡大しなければならない」「民主民族戦線を拡大するために民主主義擁護同盟を大きくしなければならない[38]」。

ここに「民主民族」とあるが、この頃の党の民主民族戦線はいまだ「民族」よりも「民主」を重視していた。上記の「勝利のための緊急任務」では、のちに見られるようなアメリカ帝国主義からの植民地（日本）及び民族の解放や「愛国者」といった文字は露骨に盛り込まれていない。これに対し、京都民主戦線では「民族」という言葉さえ盛り込まれていなかった。なぜなら、京都民主戦線はイデオロギーや党主導の形ではなく、労組の統一戦線を基盤として裾野を広げていったのであり、ここに松尾氏があげた一九四〇年代半ばの京都民主戦線の成果（「社会党の容共主義」「共産党の野坂路線」「知識人の人民戦線経験」「自由主義者の自由党をめざした高山義三一派の主権在民感覚」の絡まり）がこの時期も息づいていたことを物語っている。

こうした京都民主戦線の高まりを『アカハタ』は見逃さず、一九五〇年一月二九日付一面に次節で触れる民統会議結成と初の党員集会開催を報じた[39]。後者の集会には、共産党側から政治局員長谷川浩、中央委員高倉テルが、来賓として生水徳松（社会党京都府連）、長岡新太郎（同党労働対策部長）、市長候補の高山も出席した。長谷川、高倉からは第一八回拡大中央委員会報告と所感が述べられたが、これは民主民族戦線を鼓舞し、京都における運動の高まりを党の方針と成果に位置づけようとするものであった。このあと市長選挙を討議し、満場一致で高山推薦に決まった[40]。同日付の『アカハタ』では、市長選にあたって共産党側が「一切の利己心捨つ」ことが強調された[41]。

「利己心」なき選挙戦

一月二五日に全京都民主戦線統一会議（民統会議）の結成大会が公楽会館で開催された。司会者挨拶のあと、議長団に梅村信一（全官公）、浅川亨（産別）、日下部秀太郎（全京金）など八名が選出され、浅川が代表挨拶した。共産党からは来京中の高倉テルや共産党京都府委員長岡本俜一、社会党からは加藤勘十、府連副会長生水徳松、労農党からは久保田文雄の演説があった。これに続き、勤労婦人連盟の中井あい、婦人協議会の勝谷道らも演説した。立命館大総長末川博、花園大学学長山田典文、元同志社大総長牧野虎次の言葉が伝えられるなど大学関係者の後援も目立つ。

この会で決議されたのは「統一市長候補に高山義三氏支持」など八項目だった。(42)共産党は『アカハタ』一九五〇年一月二九日付一面で同会議を取りあげたうえで、「社共協力の花咲く」として共産党員の献身ぶりを強調した。(43)もっとも、現実は党側の思惑とずれがあり、一月二六日に社会党京都府連は市長選共闘申し入れを正式に拒否していた(44)にもかかわらず、対立が表面化していないのは、『夕刊京都』同年二月一四日付が「社会党公認の高山氏が社会党の思惑如何に拘らず事実上社、共、労組などを一丸とした「民主戦線統一候補」の形で臨み」と報じたことから推測される。(45)この内幕を小柳津恒（共産党京都府委員会幹部）が次のように明かしている。

烏丸四条上ル高山法律事務所を社会党高山選挙事務所との重要な連絡場所とした。高山の息子の高山裕［寛］が当時共産党員で、しかもオルグ的活動をしていたので、彼が有力な連絡活動を行ない、ほかに高山の秘書がこの裏面活動に全身的に協力した。ここを通じて、共産党の選挙方針が高山選挙活動に大きく影響を与えていったのである。高山推薦の宣伝隊、演説会、高山支持の大小集会と街頭デモ、そしてビラ、ポスターが共産党員とシンパのみならず、多数の民主団体員の手によって配られ、貼られ、その宣伝力ははるかに、敵のそれを抜いていた。(46)

高山寛らの動きは「高山ファイル」にも記録され、社共の駆け引きのなかで京都民主戦線が裾野にまで広がったのも彼らや労組の献身的動きがあってこそだった。二七日、民統会議は労働会館で委員会を開き、下部組織を行政区単位で組織したうえで、二月五日から七日にかけて各区で民統会議支部結成記念大会を開いた。(47)こうした運動を支えた組織が各区の生活を守る会だった。

また、党員や労働者だけでなく、文化団体所属の大学関係者も高山の選挙戦を支えた。高山が社会党公認を得る直前の一月七日、文化人懇談会が京都クラブで開かれ、新村猛（人文学園長）、奈良本辰也（立命館大教授）、島恭彦（京大教授）、藤谷俊雄（日本民主主義文化連盟事務局長）、木俣秋水（新日出新聞主筆）、岡新太郎（社会党労働部長）、安井信雄（共産党市議）、高山義三ら三五名が出席した。ここで市長に誰を選ぶかが話し合われ、「保守」派市長候補に反対する声が出た[48]。知識人らの高山支援は「高山ファイル」にも記録され、時期は不明だが高山の事務所で開かれた円卓会議に京大から松井清、島恭彦、渡部徹が、立命館大から奈良本辰也、武藤守一が出席し、高山の選挙支援に賛意を表明し、さらに両大学の「細胞」を選挙運動に動員することを決定したという[49]。また、同ファイルの別の記録には高山の支援者として名和統一、恒藤恭、津司市太郎の名も記されている[50]。

各界から支持された選挙戦を経て、二月八日から始まった開票の結果は、高山が一五万三〇〇一票を獲得し、次点の田畑磐門に約三万四〇〇〇、和辻春樹に約六万五〇〇〇の票差をつける圧勝に終わった。下馬評では高山の組織票は約七万と考えられたが[51]、結果は倍になった。この背景を『夕刊京都』一九五〇年二月一四日付は「一五三〇〇一票という予想をしのぐ圧倒的な得票が労組、生活を守る会、共産党などの組織固定票の倍近くなつているのは、税に対する小市民層関心の度合いを示すものとして注目されるとともに、民主戦線統一が決定的な勝因となつたことは動かし難い」と総括した[52]。市政経験者である田畑や和辻に対して、高山は新人である新鮮味を強調したほか、「働く者の代表」であろうとしたことが広汎な得票につながったとされた[53]。

高山を公認した社会党府連は、府連会長水谷長三郎による「声明書」（一九五〇年二月九日付）という形で選挙戦勝利を表明した。水谷は、「議会主義平和革命の道を放棄した共産党の再起を迎《ママ》へ今日の社会民主主義政党の役割の重大さに思いを致し」、「あくまで党一本の姿を以て」、生活権擁護のために闘うと述べ、共産党とは距離を取ろうとする[54]。

一方、共産党は高山の当選を『アカハタ』一九五〇年二月一一日付一面で報じたうえで、「主張　京都市長選挙戦の勝利の教訓」で五点を教訓としてあげる。第一は「今日わが国大衆が、いかに民族の独立を求め、そのためにたたかおうとしているか」ということ、第二は「人民の統一、民主戦線こそ、人民の利益と勝利のかぎであること」、第三は「一切の利己心をすてたわが党の献身こそこの統一の土台である」こと。第四は「労働者が斗争の先頭に立つたこと」、第五は「社会党が人民の利益に忠実であるなら、わが党と常に共同してたたかうほか、絶対に道はない」ことである。「主張」は今後の課題として「大衆と共に民主戦線を死守し、拡大すること」をあげ、第一八回拡大中央委員会の方針の忠実な実践だとした[55]。

第三節　「民主」と「民族」の狭間で――府知事選と民主戦線

揺れる「革新」陣営

京都民統会議は勝利の余韻に浸る間もなく、二月九日に選挙事務整理、電気料金値上げ反対、寿十条スト応援、西陣休機対策、市長当選祝賀などを協議した。また、二二日に民統会議は民統規約草案を検討したが、総同盟や全京金の反対があってまとまっていない。二五日には民統会議の中小企業対策委員会が開かれ、京都における「三月危機」（中小企業の倒産）の実相を描いた文書を配布するなど[56]、民統会議が選挙戦だけでなく、京都労働運動の統一戦線として機能していたことがわかる[57]。

こうしたなか、突如として、木村惇京都府知事が市長選の政治資金規正法違反容疑で京都地検に出頭を求められる事件が起きた。府会で追求された木村知事は、井上清一副知事とともに三月一日に退職を申し入れた（三月二〇日知事選告示、四月二〇日実施）。

急な対応を迫られた各陣営にとって候補の選定が問題だった。水谷長三郎ら社会党府連関係者は市長選と同じく、党公認候補擁立のうえで民主戦線の支援を得ることを考えた。しかし、党の持ち駒はなく、名前の挙がった元中小企業庁長官蜷川虎三も来る参議院選候補と考えており、知事選への鞍替えは考えていなかった[58]。労農党京都府本部は三月五日の執行委員会で委員長太田典礼を候補に推して社共の協力を求めたが、社会党府連は難色を示して独自候補擁立にこだわったため[59]、太田も取りやめた。また、共産党は党関西地方委員会発行『関西党報』一九五〇年二月一五日付の誌面や京都府委員会拡大委員会（二月一九日）で市長選の総括をおこなったが、社会党の分裂策を警戒していた[60]。時期は不明だが、小柳津は委員長の岡本俰一と話し合って、民統会議の擁立候補として蜷川を推すことで一致したという。

一方、「保守」陣営は、三月一日に民主自由党と民主党連立派が合同して自由党を結成した。「保守」層の票を割った市長選の反省から統一候補の擁立を模索したが、三月六日に市政協議会（革政会〈民主系市会議員一三人で構成〉が「保守」統一戦線として結成）が崩れるなど出足から躓いていた[61]。民主党は野党連合として蜷川を推すことも考えたが、のちに彼の社会党入党により断念した。告示直前の三月下旬に民主党、自由党、国民協同党の「保守」連携が成り、井上副知事を推すことが決まった。要請を受諾した井上は反共府民戦線統一会議を結成して、「革新」陣営に対抗した[62]。

共産、社会、労農各党の足並みが揃わないなか、「革新」陣営をリードしたのは民統会議だった。三月八日、民統会議は市長選勝利祝賀・生活危機突破市民大会第一回準備委員会を開催した。産別、全官公、電産の代表者が集まり、スト支援や知事選対策を協議し、統一候補に末川博、蜷川を推薦することに決した[63]。しかし、末川は民統会議の推薦を辞退し、蜷川に絞り込まれた。

当初参院選出馬が報じられた蜷川が府知事選に動いたのは民統会議の働きかけが大きかった。小柳津は蜷川の門下生足羽徳（経済懇話会代表）との交流から、「府委員会は［蜷川］博士が知事選挙に立候補するにいたることの確信をもち、必らず社会党は博士の知事選挙立候補の方向に向かわざるを得ないという見通しを立てた[64]」。三月一〇日、京都駅に着いた蜷川を民統会議代表団が出迎え、知事選出馬を懇望した。後日、谷口善太郎、岡本俰一、小柳津が蜷川を自宅に訪ねて再び蜷川に立候補を要請、小柳津は「博士が民統を強く指示する人であって、結局その線で立候補される意志」を見て取った[65]。これらの説得が功を奏し、蜷川は出馬を決意する。しかし、社会党の支持が条件であった[66]。

一四日に民統会議は市民大会準備委員会を労働会館で開催し、蜷川を候補に決定し、社会党府連に共闘を申し入れた[67]。社会党府連も一六日に入党を条件に蜷川に出馬を要請し、蜷川もこれを受諾した[68]。この間党として目立った動きが報じられていなかった共産党京都府委員会も声明を出し、「蜷川推薦は党略」というデマを一掃するため、参院選には当初予定された浅川産別議長を立てず、「大乗的見地」から民主戦線統一に努力するとした[69]。

三月一八日に民統会議主催で市長選祝賀・生活危機突破市民大会が華頂会館で開かれた。西橋富彦（全京金）、浅川亭（産別）、梅林信一（全官公）ら九名の議長団は、税制批判、失業者救済、給与増額、軍事基地反対、全面講和促進、民族独立のための教育予算増額、徳田書記長喚問即時取消しと吉田首相の喚問などを審議し、いずれも可決した。また、緊急動議では知事選での蜷川推薦、民主戦線の強化などを打ち出した。高山義三市長、蜷川、社、共、労農各党、朝鮮解放救援会からメッセージが寄せられ、散会後はデモ行進に移った[70]。この時のメッセージで、蜷川は「民主戦線の一兵卒」となって闘うことを約束した[71]。なお、この記事を掲載した『夕刊京都』一九五〇年三月一九日付は社説「民主戦線の統一と互譲精神」を掲げ、社、共、労農が「お互に党エゴイズムを払拭し互譲の精神に立つことが民主戦線統一の最大の条件」と民主戦線の動きを後押しした[72]。

しかし、蜷川の立候補までことはスムーズに運ばなかった。同月一九日には社会党府連事務所で、社、共、労農各党支部代表者と民統会議代表者が話し合った。ここで、社会党から「一、民主党は蜷川氏の入党でソッポを向き野党連合はならず」「二、社会党は独自の立場で蜷川氏を推すこと」「三、共産党、労農党は前の市長選挙のように闘ってほしい［、］民統はこれを確認してもらいたい」ことが述べられた。他党と一線を画す社会党に対して、共産党は「今度は野党連合でおしたいから蜷川氏を無所属にかえせ」、民統会議は「今度は我々が極力蜷川氏を推し、それを社会党が公認したもので不承知だ」と反対したという。このため、三月二一日、民統会議は野党連合の立場上、蜷川の社会党公認を取り消すように社会党府連に要請した。そもそも蜷川自身は民主党を含めた野党連合を考え、それを条件として社会党に入党した経緯があった。それゆえ、蜷川が社会党府連に野党連合を捨てるなら無所属での立候補をと告げたため、三月二〇日に社会党府連は協議し、社会党公認、民統推薦という形でまとめること、民主党を除く野党連合で行くこととして蜷川もこの案を受け入れた。蜷川が府知事選への立候補を届け出たのは三月二三日である[73]。

持ち込まれた「民族」

この前日二二日付で日本共産党中央委員会はある重要な文書を発表した。「民族の独立のために全人民諸君に訴う」（『アカハタ』一九五〇年三月二四日付）である。この文書は「労働者、農民、知識人、中小業者、民族資本家」と「全国の愛国者」に呼びかけながら、「自主性」が失われた日本で、「外国独占資本の支配が、全面的に浸とうし、しかも、全国土を第三次世界大戦の永久的軍事基地に転化しようとする工作が、強力に遂行されている」とGHQ批判を展開したものだった。そして、GHQによる「植民地化」と「帝国主義」に対決する方法としてあげられたのが民主民族戦線だった。一八から成る民主民族戦線綱領の冒頭には、主権回復と講和締結後の全占領軍撤退を要求し、民主民族戦線政府の樹立を掲げた。この実現には「ただ一つのことだけが必要」として「全国の愛国者が、あらゆる日常の痛切な要求のために共同してたたかいつつ、右の綱領のもとに、大同団結して、民族の敵と勇敢にたたかう」ことを訴えた。(74)

その翌日の二三日付で、日本共産党中央委員会書記局は「全党員諸君に　民主民族戦線への檄文発表に際して」（『アカハタ』一九五〇年三月二四日付）を発表した。かつて打ち出した民主民族戦線の反省が述べられ、行き詰まりの原因が分析される。党があげた最初の原因は「帝国主義支配を排除するために斗う民主民族戦線の意義に対する過小評価が党内にあつた」こと、「民族の独立こそ日本人民の社会的解放の前提であり、国家の独立なしに、民主主義や社会主義の実現を期することは不可能である」ことであった。もうひとつの原因は「民主民族戦線の基本的スローガンを叫ぶだけで、これと日常斗争との結合が緊密になされていないところ」である。ここで先述の京都の市長選勝利が、「いかに広はんな人民の間に、強い統一への要望があるかを立証している」例として紹介された。(75)しかし、統一戦線結成の点は同じでも、今回共産党が打ち出した民主民族戦線は占領軍との対決と民族解放を強く掲げ、京都民主戦線とは思想や方向が異なるものだった。日本共産党の方針変化が京都府知事選で共闘する他党や民統会議にそのまま影響したとは考えられないが、共産党としてはこの方向に京都民主戦線をいかに位置づけるかが考えられた。

府知事選で「革新」陣営の中心になったのは民統会議で、三月二五日に京都労働会館で民主戦線統一会議を開いて選挙対策本部の設置、統一会議の拡大などを決定した[76]。二九日には社会党府連、民統会議代表ら約五〇人が労働会館で選挙対策会議を開き、蜷川は反動と闘う一切のものを民主戦線に含めること、演説会に重点を置かず組織を通じての職場大会などに重点を置くこと、選挙戦中盤に大きな会合を開いてほしいことを告げた。引き続きおこなわれた民統会議の委員会で、翌月中旬を期して「市民団体の主催で細胞者大会」を開くことを決めた[77]。

四月三日にも民統会議主催の吉田内閣打倒大会が開かれた。円山公園の会場には約三万人が押し寄せた。議長団には梅林信一（全官公）、小川廣之助（総同盟）、浅川亨（産別）、松岡富士夫、渡辺ツルエらが選出された。議事では、統一民主戦線の拡大強化、戦争反対全面講和促進、売国吉田内閣打倒、民主戦線の統一知事といった項目が話し合われ、満場一致で可決された。高山義三市長、蜷川候補に加え、東京から大山郁夫（民擁同委員長）、堀眞琴（労農党）、平野義太郎（中国研究会会長）、徳田球一共産党委員長が登壇する力の入れようであった[78]。

「徳田ファイル」によれば、徳田は四月二日に来京し、その足で共産党府委員会の会合に出席した。その後、安井信雄宅で長谷川浩、春藤誠一、津司市太郎、岡本俰一、小柳津らと大山郁夫の出馬問題、朝鮮人の帰還問題などについて話し合ったという[79]。また、翌日の吉田内閣打倒大会における徳田の演説も記録された。徳田は軍事基地化、植民地化されようとする日本を憂い、「日本の人民なら、これら反動的な資本家を地球の表面から永遠に消し去ることができる」などと述べ[80]、前掲「民族の独立のために全人民諸君に訴う」の影響が色濃く読み取れる。社会党側は浅沼稲次郎のメッセージが代読されただけで、共産党及び民統会議の主導で大会準備は進んだ。

民統会議は四月一三日にも労働会館で代表者会議を開いた。約九〇団体の代表三〇〇名が知事選挙対策やメーデーの準備を協議し、メガホン隊を組織して、二〇日の投票に向け運動を盛り上げていくことを決めた[81]。さらに民統会議は一六日から府下各地でトラック宣伝をおこない、一七日から一九日までに市内七カ所で区民大会を開いた[82]。社会党府連も一九日になって吉田内閣打倒大演説会を円山公園で開催した。約八〇〇〇の聴衆を前に、浅沼稲次郎、水谷長三郎、大山郁夫、蜷川が熱弁をふるった(83)。

府知事選の投票は翌日から始まった。開票結果は、蜷川が三二万五九五五票、井上清一が二九万二七五二票で、蜷川の勝利だった。当初郡部は井上、市部は蜷川の優勢が伝えられたが、郡部で井上が蜷川に大差を付けることができなかったことが敗因だった。井上の選挙スローガン「建設の反共戦線か破壊の容共戦線か」から明らかなように「反共」を押しすぎたきらいがあった。一方、蜷川は「広い意味の民主戦線」の育成を訴えたことが広汎な支持層獲得に結びついた(84)。

『アカハタ』一九五〇年四月二三日付でも蜷川の勝利を「平和と独立の勝利」「狂気の反共戦線粉砕」などと報じて、これまでの軌跡を振り返った。ここには野坂の談話も掲載され、京都府知事選勝利に人民における平和と独立への要望の高まり、民主民族戦線としての勝利を見て取った。野坂は最後に「共産党が主導勢力とならなければ共同戦線も成功しないことを京都の選挙は教えている」として、「利己心」を捨て全人民の利益のために尽くすこと、「この選挙はこんにち、共産党がとつている政策と戦術とが正しいことを実証した」ことを述べた(85)。徳田ほど「民族解放」を強調していないものの、今度の府知事選勝利を路線変更後の党の功績として位置づけている。

京都民主戦線を積極的に報じてきた『夕刊京都』一九五〇年四月二三日付も社説で府知事選を総括した。ここで「勤労層が単にイデオロギーのみからではなく日常生活の不安に対する直接的な感情から一つの大きな社会的に結実された力として発展しつつあることは民主戦線統一への前進として否定出来ない」と述べたことは重要な指摘だった(86)。こうした主張が六月の参院選に向けた準備が水面下で進むなかで発せられたことは興味深い。しかし、この社説は逆に言えば、京都民主戦線において「イデオロギー」がもたらす影響をけん制するものでもあった。かつての「なごやかなふんいき」は過去のものになりつつあったが、この変化に大きな影響を与えたものこそ、次節で見る国外共産主義勢力と日本共産党の関係だった。

第四節　党内分派問題の行方と後方攪乱指令

「志賀意見書」の波紋

ＧＨＱにおける日本共産党対策の転換、朝鮮戦争にいたる東アジア国際状勢の影響下で、日本共産党の民主民族戦線は、植民地化阻止を目的とした運動に置き換えられていった。その中でも国外共産主義勢力から日本共産党に課せられたのは、朝鮮戦争に向けた後方基地攪乱だった。一九五〇年一月以降のコミンフォルム批判はもとより、「民族の独立のために全人民諸君に訴う」（『アカハタ』一九五〇年三月二四日付）における民主民族戦線強化などはそれに沿うものであったと考えられる。しかし、ソ連共産党から日本共産党の活動に対する信頼は高いとはいえなかった。

しかも、この時期、日本共産党内ではコミンフォルム批判以来続いていた分派問題が再燃化した[87]。『アカハタ』一九五〇年四月一六日付に統制委員会議長の椎野悦朗が「同志志賀提出の「意見書」を中心とする策動に就て」を発表した。志賀意見書とは、第一八回拡大委員会（同年一月）に志賀義雄が提出したもので、コミンフォルム批判に対する党の対応を批判したものだった。志賀意見書は訂正させられたうえで、党中央委員会で不採用となり、志賀もこれを了承していたが、訂正前の意見書が全国の党組織に配布されていた。

椎野は同論文で、三月九日の政治局会議で党内に志賀・宮本顕治をいただく分派活動の芽生えが存在すること、二人に分派の誤りと分派とは無関係である声明を出させようとしたが断られたことを明らかにした。その上で、椎野は三月以来の「分派活動」を「反幹部闘争」「トロツキー的左翼日和見主義」として批判した[88]。椎野論文に対して宮本顕治が批判を寄せ、さらに紺野与次郎、東京都委員会が志賀を批判するなど両派の亀裂は大きくなった。しかも、志賀意見書が一九五〇年四月一九日付の全国紙に志賀に近いとされた宇田川恵三の除名抗議声明とともに発表されたことで、分派問題は一般にも広く知られた。これへの対応として、四月二六日、日本共産党は『アカハタ』に「志賀意見書」全文を紺野与次郎の批判とともに掲載した。紺野は志賀を「文字にとらわれる文献主義者」などと称したうえで、分派活動や意見書を批判した[89]。

また、四月二八日から三日間、日本共産党は第一九回中央委員会総会を開催した。ここで主に話し合われたのは志賀の規律違反問題、徳田書記長の報告、徳田提出の綱領草案だった。最初の問題は、志賀が意見書の流出を謝ることでおさまった。徳田の一般報告の内容は、第一八回拡大中央委員会以来の既定路線の追認と「分派主義」「官僚主義」の批判だった。もっとも議論されたのが、綱領草案「当面する革命における日本共産党の基本的任務について」（『アカハタ』一九五〇年五月一日付）である[90]。綱領草案をめぐる話し合いは、翌二九日も引き続いておこなわれた。しかし、コミンフォルム批判以来続く「主流派」と「国際派」の対立が影響し、結論を出すには至っていない。結論が流れたもうひとつの要因として、綱領草案の議論中、来る憲法発布記念日（五月三日）にマッカーサー司令官が日本共産党を非合法化するという情報が伊藤律によって持ち込まれたことがあった。これをきっかけに対立状況が一変し、党統一に向けた機運が高まったという。

「裏切り」への最後通告

第一九回中央委員会総会は、これらの問題以外にもうひとつ別の課題があった可能性がある。それはソ連共産党との関係である。「徳田ファイル」には、徳田がソ連共産党から第一九回中央委員会総会に出ないように指示されたが、それを無視して徳田は出席したとあり、ソ連共産党と徳田の距離を示唆している[91]。

しかも、この総会の前に出席者に文書がまかれた可能性がある。それが「Gより国際資料として第十九回プレナム出席委員に手渡せる秘文書」である[92]。「G」ことG機関の実態については不明な点が多く、資料によって錯綜しているが、ソ連代表部に連なる一非公式機関である可能性が高い。冒頭で、野坂自己批判後の日本共産党と「G機関」と思われる「我々」のやりとりが記された。そこでは、第十八回拡大中委決議も同志野坂の理論とその実践活動についてきびしい批評討議を与えたが党組織としてのつながりを看過したのは事実」として「今后に於ける日本共産党の克服した実践活動に総ての期待をつないでいるというのが現在の日本共産党の革命任務の段階」とする。つまり、「我々」の「期待」が指令となってあらわれたのがこの「国際資料」だったと考えられる。その構成は「国際共産主義斗争への直結又は国際的同志的連帯の強化」「カードルに与えられた政治局の偏向」「社会民主主義の誤謬或は野坂問題における政治局と地方機関の離反」「議会政治斗争の基本」「党勢の質的拡大と量的誤謬」「党支持者及団体に対する統制的欠陥又は統制委員会の第二義的任務」「党教育基本」「天皇制の完全打倒と天皇ヒロシト《(ママ)》戦犯処罰」「啓蒙宣伝文化工作の展開」「むすび」であり、かなりの長文である。

すべてを紹介することはできないものの、この「国際資料」で日本共産党の「誤謬」として指摘されたのは、国内同志の連帯が国際的な同志の連帯にまでいたらなかったこと、野坂の「社会民主主義革命」の任務を遂行する非共産主義分子を党員として迎えていることなどであり、後者は同時期に進行していた京都府知事選下の京都民主戦線を事実上否定する内容だった。そして、これらの点を日本共産党が克服し、「日共の量的なものから質的なものへの転換についてもつとも勇敢に党内斗争を決意しなければならら」ないことや「速かに天皇の潜在的神秘性を人民大衆の眼前にバクロしその盛りとり《(ママ)》を国際プロレタリアートの連帯性に直結する政治的経済的社会的解放斗争の拡大を図るべき」ことなどが要求された。

最後の「まとめ」で、この要求に添えないならば「我々に対する敵」「国際プロレタリアートの裏切り」になるとしたうえで、「われ〱は監視している〔。〕今后あくまで日共の実践活動が日本革命条件の革命的段階への変動を与えない限り国際プロレタリアートの名に於て、はつきりと最后通告を我々は用意している」と脅しを加えた。この「最后通告」が第十九回中央委員会総会出席予定者に渡されたとすれば、ここに列記した内容を来る委員会で討議されるテーゼ案に採用せよということに等しかったと考えられる。

『アカハタ』で報じられた総会記事にはこの様子は記されていないが、同月三〇日に「秘密会議」が開かれた可能性がある。この会議の「秘　第十九回中央委員会決議」（一九五〇年四月三〇日付）にその内容が書かれている。[93]この文書には日本共産党内の明確な方針転換が描かれていた。それは、日本共産党が「植民地的収奪的性格を持つ政府政党その他の団体の諸政策、米占領基地、産業機構の徹底的破壊工作を極東共産党労働者党情報局〔極東コミンフォルムカ〕の指令に従つて決行する」こと、「合法的革命斗争戦術」や日本国内外事情の分析態度の「原則的誤謬」を「実践克服」することである。

この決議から数日後の五月三日、マッカーサーによって示唆された日本共産党の非合法化は、すでに情報が伝わっていた党幹部以外の党員には衝撃だったはずである。GHQや日本政府の弾圧に備える一方で、日本共産党はまたも批判にさらされた可能性がある。それが五月一七日付でG機関から日本共産党政治局宛に送られた「G指令一二〇号緊急を要する調査資料について」である。(94) これは日本共産党から送付された「第十九回中央委員会決議」に対する回答と思われる。四項目の最初以外は「調査」という名を借りたG機関からの批判であった。一、三は学生運動に対する党方針への批判だが、もっとも厳しいのは四だろう。「G機関の持つ日共監察情報」と「日本共産党本部のG機関報告書（一九五〇、五、一）」の相違をまず指摘したうえで、「G機関は日本共産党が一九五〇年テーゼを籍口した誤つた方向——民族共産主義的売名的斗争をもつて労働者、農民及学生を欺瞞しているものと確信する」として徳田書記長への強い批判を加えた。いわば「チトー化」する日本共産党と徳田に対する不信がこの文書には渦巻いており、第十九回中央委員会総会決議で示した方針転換に対する批判でもあった。

しかし、G機関はこの指令からまもなく「解散」する。朝鮮戦争目前の五月二八日、対日理事会ソ連代表部代表デレビャンコ中将が代表団とその家族をともなって帰国したためである。帰国前の彼に徳田と野坂が接触しようとしたが会えなかったことが「徳田ファイル」に記録されている。(95) G機関解散を伝えるデレビャンコの日本共産党宛書簡が届いたのはこの直後だったと思われる。

G機関の一方的な解散通告の後に残されたのは、日本共産党における分派問題の激化と党非合法化への傾斜であった。こうした傾向は以前から地方組織にも及んでいたが、京都も例外ではなかった。一九五〇年四月下旬、京都民主戦線は高山義三市長につづき蜷川虎三を府知事に押し上げたが、その勝利の足もとでは、共産党の方向転換を警戒する社会党京都府連と、共産党京都府委員会や京都民統会議との溝はさらに大きくなろうとしていた。

第五節　参院選と京都民統会議の亀裂

分裂と「主体性」

京都府知事選投票日の一九五〇年四月二〇日、共産党京都府委員会は拡大委員会を開き六月の参院選対策を話し合った。候補者の選定は早く、この場で大山郁夫一本に決まる。(96) すでに大山は同年二月下旬に参院選出馬を地方新聞や『アカハタ』で明らかにし、順当な人選といえた。しかし、問題は社会党との関係だった。共産党とＧＨＱの関係が悪化するなか、社会党府連は独自候補擁立に動き、馬谷憲太郎京都教職員組合委員長の内定を決めた。このため、委員会では「最悪の場合には、民統が大山と馬谷を抱き合わせで推薦することになるのもやむを得ない」とした。(97)

この四日後、民統会議は参院選対策を協議した。会議には一〇〇団体から約三〇〇人が参加し、議長には梅林信一（全官公）、浅川亨（産別）、石橋富彦（全京金）が就いた。会場は当初労働会館が予定されたが、参院選候補者問題によって予想を上回る人が集まったため、途中から大雲院に変更した。社会党、全京金は馬谷憲太郎を支持し、総同盟は態度保留、産別や他の組合は大山支持といったように、民統会議内でも方向性が異なってきていた。こうした傾向は市長選後から徐々にあらわれ、蜷川擁立で一端は沈静化するが、参院選を前に再び表面化した。(98) この日の会議では激しい議論を経て、民統会議を割らない、地方区統一候補として大山を推す、「態度未決定の団体及び馬谷氏を推す団体もあるので、各団体は以上の事実を速やかに下部に伝え、統一の方向へ努力する」ことにひとまず決まったが、最終決定は二八日に持ち越された。(99)

一方、参院選勝利に向けて、共産党は『アカハタ』一九五〇年四月二五日付に「主張　民主民族戦線と参議院選挙」

を掲載したが、これは「民主」民族戦線というより、民主「民族」戦線の方針を強調したものだった。冒頭で京都府知事選の勝利に言及しながら、「植民地化、軍事基地化政策」への防波堤を築く「民主民族戦線」を推し進めること、「党の当面のスローガン及び民主民族戦線綱領を徹底的に宣伝普及し、その旗の下にあらゆる職場、地区、県、地方に政治的経済的文化的斗争をまき起し、そこで平和と独立を守るサークルを組織する」ことが訴えられた[100]。

これら共産党及び民統会議の方針に難色を示したのが社会党で、市長選、府知事選に党公認候補を立てながら、事実上共産党に乗っ取られたことを苦慮していた[101]。また、占領軍と公然の敵対関係となった共産党に対して距離を取ったことも考えられる。社会党は馬谷、共産党は大山でまとまるなか、間に立たされた民統会議は判断を迫られた。四月二八日に民統会議は大雲院で協議したが、社会党系の総同盟は態度を保留し、全京金は馬谷を支持するなど方向性の相違が再び顕在化した[102]。

民主戦線を後押ししてきた『夕刊京都』一九五〇年四月二八日付も社説「民主統一戦線成長のために」を掲げて、「革新」陣営の状況を俯瞰した。その主張は「分裂は避けねばならない。しかし内包する矛盾は大衆の信に問うてみるべきだ」というものだった。民主統一戦線はもともと左右両派を勤労者の立場から統一したもので、二度の選挙によって量的には拡大してきたが、質的な発展を遂げるための苦悩をはじめから内包していたという。それゆえ、「社、共それぞれ旗印を明かにして堂々と保守陣にイドむことが参員《ママ》選の帰すうを超えてよりプラスする面を得られるのではないだろうか」とし、ここに質的な発展のきっかけを見出そうとした[103]。

四月三〇日には民統会議主催でメーデー前夜祭がおこなわれ、円山音楽堂に約五〇〇〇人が詰めかけた。民主戦線を讃える花電車も京都の街中を走り、メーデーを盛り上げた[104]。翌日の第二一回メーデーには御所に約七万人が集まり、民統会議幹部や馬谷、共産党府委員会の岡本俦一委員長らのメッセージ、高山市長、蜷川知事の挨拶、大山郁夫の演説があった。手を組んだ高山、蜷川、大山がデモの先頭に立って民主戦線をアピールしながら、御所から円山まで練り歩いた[105]。

しかし、この一大イベントですら民主戦線を結束には向かわせていない。四月三〇日、社会党府連は連合委員会を開いて、生水徳松副会長、蜷川知事ら約五〇名の参加者のもと、馬谷を公認候補として正式に決定した。[106] これは社会党が「あくまで社会党の主体制《ママ》を確立する」こと、「勝敗を別として今次参院選挙には明確に共産党と一線を画する」ことを強く意識した結果だった。[107] 五月三日の執行委員会、四日の選挙対策委員会でも馬谷を公認、民統会議の推薦を受けることを再確認し、大山を推薦しないことに決議した。[108]

選挙の告示は五月四日におこなわれ、開票は六月四日に決まった。地方区への出馬は、「革新」陣営からは大山、馬谷が、「保守」陣営からは無所属だが民主党京都支部（のち国民民主党京都支部）の支援を受けた木村惇元知事、また現職で自由党が推す京都支部長大野木秀次郎が立ち、四つ巴の争いになる。

この間、民統会議は五月二日に労働会館で会議を開き、約二〇〇団体から五〇〇人が参加した。ここで決められたのは大山・馬谷二人を推すこと、参院選勝利に向けて知事、市長と社、共、労農三党の会合を持つことである。翌三日にはメーデー議長団と三党との話し合いがもたれ、各党は民統会議を割らない、各団体の自主性に基づき大山または馬谷推薦を決定する、各党は民統会議と選挙闘争に関する具体的事項を連絡し合うという結論に至った。[109] すでに社会党の腹は決まっていたが、ぎりぎりの交渉が続けられた。

最終的な結論が出たのは五日である。この日、労働会館で社、共、労農各党支部代表と民統会議代表は候補擁立問題を話し合った。社会党府連は馬谷公認、民統会議推薦を譲っていない。一方、共、労農、民統会議は大山推薦ならいかなる条件でも受諾すると社会党に申し入れた。社会党は民統会議に集まった資金の折半や生活を守る会の票の半分をもらうという条件を提示したが折り合いはつかなかった。結果として、各党は民統会議を分裂しないよう最善の努力をする、社会党は馬谷公認、民統会議推薦で闘う、共、労農は大山推薦、ただし社会党が馬谷、大山を推薦するなら共、労農は馬谷を推薦する、大衆団体における各党員は団体の決定に従うか否かは各個の場合で検討することが決まった。[110] 党の「主体性」を確立しようとする社会党府連の堅さが浮き彫りになった形であった。それゆえ、『夕刊京都』

五月七日付の社説「社会党と主体性」では、社会党が「口では「主体性」の確立ということをしきりに叫ぶが果してそれを裏づけるだけの実践活動が人民大衆の中に浸透しているかどうか」と批判した。[111]

五月一〇日には民統会議の代表者会議が労働会館で開催され、各代表の三〇〇名が集まった。会議では社会党の大山非推薦に疑問が呈されたが、大山、馬谷両氏を当選させることに話がまとまり、大山、馬谷からも挨拶があった。このとき民統会議は大山から選挙準備を一任され、梅林信一（全官公）が選挙総指揮を執ることになった。[112] 労組青年部や市民団体によるデモ、トラック隊、自転車隊、メガホン隊などの組織のもとで街頭宣伝に乗り出す形で選挙活動がおこなわれた。

「暗夜の灯台」

こうしたなか、日本共産党幹部はＧＨＱとソ連共産党双方の対応に追われていた。五月三日、マッカーサーは「国外支配」に屈服する日本共産党を批判し、非合法化を示唆した。もっとも、四月末の第一九回中央委員会総会で党幹部には情報が伝わっていたため、共産党は前掲「秘　第十九回中央委員会決議」で「準備指令を一九五〇年五月二十日全党機関に発する決意を確認した」などと記している。

この「準備指令」に相当するかは不明だが、五月一六日付で党の組織活動指導部から都道府県委員会に送られた文書がある。タイトルは「「緊急事体に関する党機関及党員対策基本方針」草案」である。[113] ここでは、マッカーサー声明の背後に共産党「指導者の単独弾圧」「末端機関の弾圧」が予想されており、これに備えるべく配布されたのが同草案であった。党から地方委員会への指示として、緊急事態抵抗戦術を機関ごとに立てること、党の基本的任務は不動であること、党の地下潜入工作が終わるまで末端機関は「極左的行動」を慎むこと、緊急事態に備えて各機関は緊急資金カンパを党内でおこなうことが列挙された。

この翌日付でＧ機関から日本共産党政治局宛に「Ｇ指令一二〇号　緊急を要する調査資料について」が送られ、「遺憾」の意が表明されたことはすでに見た。この指令を受けてか、約一週間後の五月二五日付でふたたび党組織活動指導部から都道府県委員会に「党維持に関する件」が発令された[114]。これは、現下の「党非合法計画」に対して「万全の策」を講ずることの必要性を訴えた内容であり、第一段階から第二段階までである。第一段階では各機関に「重要拠点斗争委員会行動隊」編成による運動の指導や日本青年祖国戦線の活用など青年層の取り込みが記された。第二段階は、「戦斗的同志」を大衆のなかに潜入させることで闘争の「成熟」と同志の擁護が可能になること、党機関の統合計画の実施、「細胞の改組による戦斗的同志の合法的潜入」などである。

ソ連代表部デレビャンコ中将の帰国にともない、G機関が「解散」したのは三日後のことだった。しかし、党方針は「解散」で後戻りはせず、この二日後にいわゆる「五・三〇事件」が起きた。五月三〇日、東京の人民広場に集まった労働者、青年、学生ら数万人が民主民族戦線として「五・三〇人民けっ起大会」を開いた。ここで決議されたのは「帝国主義侵略、それによる生活の奴レイ化反対」「植民地化、軍事基地化を阻止し平和産業を復興し全面講和を斗かいとる」「自由、平和、独立のため労働者階級の斗かう戦線を統一する」である。これ以外にも参院選候補の細川嘉六や堀眞琴の支持が掲げられた。このあとデモに繰り出すなかで、米軍人への暴行事件が起き、逮捕者が出た。共産党はこの事件を非難する声明を発表するが、警視庁によって集会・デモが禁止され、GHQの軍事裁判で逮捕者に有罪判決が下された。これはGHQの党弾圧に口実を与えるものとなった。

一方、京都の民主戦線はこれほどの急進化は遂げていない。投票間近の五月二四日、民統会議が主催して平和擁護大会を円山音楽堂前で開催し、約一万五〇〇〇人が参加した。大会では議事として、ポツダム宣言に基づく全面講和促進、南朝鮮の兄弟を殺す武器を作るな送るな、家を焼き親子を殺す戦争絶対反対、日本の独立と平和のため民主戦線統一を強化せよ、など七項目が提出され、満場一致で決議された。このあと、大山郁夫夫妻や花園大学学長山田無文、前進座中村翫右衛門、淡徳三郎、関西主婦連合松田フサオ、櫛田フキ代理京都婦人民主クラブ中井アイ、社会革新党大石よしえの各メッセージが述べられた。

そして、社会党再建準備会師岡栄一の演説に続いて、来京した野坂参三が登壇した。彼は「外国独占資本」や単独講和、戦争への軍事基地化を批判し、「市長、知事選選挙で誇るべき成果をあげた京都も結局は分裂主義者のため分裂へ導かれている」と述べた。すでに五月下旬から『アカハタ』でも社会党府連へのイデオロギー批判が展開され、かつての「なごやなかなふんいき」は消え去っていた。野坂は、演説の最後で「働くものが団結して統一戦線を全国につくりあげねばならぬ」ために京都は模範たるべきことを訴えた。[115]

六月四日から始まった参議院地方区選挙投票の結果は、自由党の大野木秀次郎が二二万九六八五票、大山郁夫が二〇万一五三八票で当選し、馬谷は一二万九三八二票、木村は一二万四二二九票で落選した。「革新」陣営の票は他の二候補を合わせた票に届いていない。社会党は京都では議席を落としたが、全国では自由党とともに数を増やした。共産党は改選前と同じ四議席で、民主民族戦線統一候補として京都から大山、東京から堀眞琴、香川から森崎隆らが当選した。

ひとまず大山当選によって勝利にこぎつけた京都民主戦線だったが、この直後から問題が深刻化した。民統会議は六月五日に労働会館で「大山氏激励並に民統の在り方を批判するための民統大会」を開いた。[116] 高山、蜷川、大山、末川博も参加し、蜷川、高山の祝辞のあと、議案について話し合った。当時の状況から重要な議案は第一号の「民統会議のあり方に就て」であったと思われる。同議案に対しては「社会党並に日和見主義者を民統から追放せよ」「社会党を捲き込まねば民統は生長しないし意義もない幅を以てうけいれよ」「政党の空気を持ちこむから分裂騒ぎがおこるので市民、労働者の真実の声を持ちこむべきである」などの意見が寄せられた。なかでも「社会党に対する焦慮の感」がもっとも強かったというが、一三日開催予定の大山氏激励大会に持ち越すことになった。

また第二号議案の前に、大山、末川、櫛田ふきがそれぞれ演説した。末川は京都の民統会議は東京へ行っても大評判で恥ずかしくないと述べ、こうした動きが全国に波及することは日本の民主化にとって最良だとする。その上で、「分裂主義者はこのことを知らず、自分のイデオロギーで大衆を引きづつていこうとしている、残念なことだ」と批判した。なお、この大会には民統会議の一角をなす総同盟と全京金の代表は参加していない。

六月六日、マッカーサーは吉田首相に日本共産党中央委員二四名への公職追放を指令した。翌日にはさらに『アカハタ』編集関係者聴涛克巳ら一七名に追放指令が発せられた。幹部が地下に潜ったため、共産党は六月七日に統制委員会任命という規約にない形式で臨時中央指導部員を選出した。

共産党への弾圧と党内の軋轢は、京都民主戦線にも大きな衝撃を与えた。ひとつは、民主戦線の後押しを受けて当選した首長への攻撃である。六日の京都定例市会では高山に対して「反共質問」が投げ付けられ、九日の臨時府会本会議では蜷川が「共産党問題」について攻撃された(117)。

六月七日には、社会党府連が府連支部合同会議を開催し、参議院選挙の「自己批判」をおこなったうえで、民統会議のあり方について「民主戦線の拡大強化に異論はないが現在の民統はその指導方針に共産党的色彩が強く現状では将来にわたつて勤労大衆の要望にそうことは出来ない従つて社会党が協力しうる態勢に改められねばならない」との見解を示した(118)。

こうした姿勢は民統会議に参加した労組に及んだ。すでに六月五日の民統会議で総同盟と全京金は消極的な姿勢を見せていたが、八日に開かれた社会党府連労働対策委員会に出席し、民統は実質的に分裂しているとして、総評（日本労働組合総評議会）の線で固まることを明らかにした(119)。これを受け、全京金は九日に執行委員会を開き、全会一致で民統会議脱退を決議した。この間産別、全官公から民統会議を恒久的日常闘争機関として再編成・強化する申し出が総同盟府連になされていたが、一二日に総同盟はすでに民統は存続の価値がなくなったとして申し出を拒否し、一三日に正式に民統会議との絶縁声明を発表した(120)。

共産党府委員会は、一〇日におこなわれた党葬のあとに公開党集会を開き、参院選における「分裂主義者とのたたかい」に関する討議や統一戦線の重要性の再確認をした。また、府委員会の活動方針として「一、弾圧の瀬ぶみとして警察の動向に注意しいたずらに挑発にのるな、二、生活を守る会、生活擁護同盟など外廓団体が動揺しているのでこれを食ひ止めるため党とそれらとの表面的つながりを断ち切つて団体独自の動きとしなければならぬこと及びそれらの責任者として党文化部長西田［口］克己　三一書房竹村亘、弁護士小林孝太郎が担当する」ことを決定した。(121)

六月一三日に民統会議主催で大山氏を激励する会が堀川高校講堂で開かれた。ここではイールズ声明反対や共産党弾圧反対、工場閉鎖反対、全面講和、朝鮮人強制送還反対など八つの議案が話し合われ、それらをスローガンとして採用した。このなかには「民統の拡大強化のために」も含まれていた。(122)この問題を取りあげた梅林信一（全官公）は、「民統は分裂したか　否　それは本日の諸君の顔色にも現れてゐる　統一の決意を以て絶対に破壊されないという事実が証明されてゐる　これは特定の政党やイデオロギーのものではない　一切の苦しめられしいたげられている大衆のものである　それは暗夜の灯台の如きものである　この灯台を守つてゆくため今や心を新にして立ち上らうではないか」と呼びかけた。(123)このあとメッセージを寄せた末川博は、日本人のなかにありつつづける「奴隷根性」を取り除くには「組織」が必要だとして民統会議の拡大強化の必要を訴えた。会議では大山郁夫、末川博を民統会議顧問に決定した。(124)

しかし、ここにはかつて京都民主戦線から送り出された高山市長と蜷川知事の姿はなかった。大会の参加券やポスターには高山、蜷川の名前が使われていたが、高山は一二日の市会で参加しない旨を言明、蜷川の方も府秘書課から不参加の旨が主催者に告げられた。(125)大会で、末川は「民統から選んだ市長知事に対して何等かの圧力が加わつてゐる」と述べたが、共産党の影響を受ける民統会議に公の場で近づくことが難しくなったことは確かだろう。六月二日に京都市公安委員会は河原町二条から四条までのデモ禁止を発令し、二〇日には京都府調査課が共産党下部組織機関紙発行停止を指令した。これらの弾圧は、六月下旬から始まる朝鮮戦争に向けた国内統制の一環でもあった。

おわりに

本章は、一九四〇年代末から五〇年にかけて、京都民主戦線が日本共産党の民主民族戦線の路線変更と絡まるなかで、いかなる軌跡を描いたかを明らかにした。

この転換に重要な影響を与えたのが東アジアの冷戦状況だった。ソ連、中国、北朝鮮が朝鮮戦争に向けて歩調を整えるなか、国外共産主義勢力から日本共産党に後方基地攪乱の指令が課せられていった。これらの「指導」は、日本共産党における「愛国者」「民族」の強調や非合法活動方針となってあらわれていくが、「左派」政党による「国家」「民族」の強調という思想的交錯は、かつて共産党が「ファシズム」「転向」として徹底的に否定し去ったものだった。その「国家」や「民族」がいまや占領下の日本という「植民地」解放への統一戦線形成に向けて必要なスローガンとなった。しかし、この路線変更は統一戦線に集う大衆の要望を反映したものではなく、他国の共産党の動向に依拠したものであった時点で限界を孕んでいた。

一九五〇年の京都民主戦線は、コミンフォルム批判後における「野坂路線」（「民主人民路線」）凋落のなかで誕生したにもかかわらず、「革新」的な首長や国会議員を押し上げるなど統一戦線として希有な実績を残した。けれども、時を同じくして、日本共産党の「民主」民族戦線は、民主「民族」戦線へ変わっていった。これが冷戦下東アジアにおける「植民地」解放に呼応したものであることはいうまでもない。このため、党としては京都民主戦線の高まりをいかにして民主「民族」戦線へ誘うかが目指された。しかし、京都民主戦線の支持者は、敗戦後の生活や待遇の改善を求めて候補者を当選に導いたのであって、「愛国者」として「民族」や「植民地」の解放を求めたわけではなかった。なにより、京都民主戦線にあって当初「利己心」なき態度を強調したのは共産党自身であった。

けれども、こうした「民主化」をめぐる二つの動き（京都民主戦線と「民主」民族戦線）は、共産党が持ち込んだ「愛国」や「民族」によって、似て非なるものになっていく。民主「民族」戦線を掲げた共産党と社会党間のイデオロギー対立の深まりは、京都民主戦線にも分裂の楔を打ち込んでいった。メーデーにデモの先頭に立って高山市長、蜷川知事、大山郁夫らが腕を組んで京都の街を進んだ姿は過去のものとなってしまったのである。

［付記］本章は、拙稿「京都民主戦線についての一試論」（『人文学報』一〇四、京都大学人文科学研究所、二〇一三年三月）を本書収録のために大幅に改稿したものである。

注

（1）民主民族戦線の軌跡は、法務府特別審査局『民主主義擁護同盟の結成　昭和二十五年における民主民族戦線　平和擁護運動の動向』一九五一年、参照。
（2）吉田健二「占領後期の統一戦線運動――民主主義擁護同盟の結成と活動」五十嵐仁編『「戦後革新勢力」の奔流――占領後期政治・社会運動史論　一九四八―一九五〇』大月書店、二〇一一年。
（3）松尾尊兊『戦後日本への出発』岩波書店、二〇〇二年、二五〇―二五一頁。
（4）小柳津恒『京都民統の思い出』小柳津恒、一九七七年。京都府立総合資料館編『全京都民主戦線統一会議略史』一九七五年。これ以外に浅川亨「民統会議と蜷川知事の誕生」京都民報社編『戦後京都のあゆみ』かもがわ出版、一九八八年、同「京都民統運動の覚え書」『燎原』同年八月一五日号、一九八一年などがある。
（5）同文書利用に際して故松尾尊兊氏、永井和氏、岩﨑奈緒子氏、山田徹氏のご厚意に負うところが大きかった。この場を借りて感謝申し上げたい。
（6）NARA/ RG319/ Entry 134B (A1)/ Box 320A /Kyuichi TOKUDA Vol.10 of 11 (Fldr.4 of 4)/ 2.4.
（7）NARA/ 319/ 134B (A1)/ 320A /Kyuichi TOKUDA Vol.10 of 11 (Fldr.4 of 4)/ 48.
（8）和田春樹『歴史としての野坂参三』平凡社、一九九六年、二〇八―二〇九頁。
（9）NARA/ 319/ 134B (A1)/ 320A/ Kyuichi TOKUDA Vol.11 of 11 (Fldr.2 of 3)/ 34.
（10）亀山幸三『戦後日本共産党の二重帳簿』現代評論社、一九七八年、九〇―九一頁。
（11）「党・緊急中委総会開く」『アカハタ』一九四九年九月三〇日付。以下、『アカハタ』を『アカ』と略記。
（12）NARA /319 /134B (A1)/ 320A /Kyuichi TOKUDA Vol.11 of 11 (Fldr.1 of 3)/ 65.
（13）和田『歴史としての野坂参三』三〇五頁。
（14）以下共産党の指令は日野二郎編『共産党の秘密指令』労働展望社、一九四九年、一二一―一二四頁、参照。

(15) 和田春樹『朝鮮戦争全史』岩波書店、二〇〇二年、七四頁。RGANIにはデレビャンコ宛ザハロフ書簡控が残されており、日本共産党に活動資金を渡すことは無駄であり、現在管理している資金からも活動資金を拠出してはならないとある（RGANI/89/50/2/88）。
(16) 下斗米伸夫『アジア冷戦史』中央公論新社、二〇〇四年、五八頁。
(17) 「党かく乱のデマをうち砕け」『アカ』一九五〇年一月一〇日付。
(18) 「「日本の情勢について」に関する所感」『アカ』一九五〇年一月一三日付。
(19) 野坂参三「私の自己批判」『アカ』一九五〇年二月六日付。
(20) NARA/319/134B (A1)/320A/Kyuichi TOKUDA Vol.11 of 11 (Fldr.1 of 3)/63.
(21) 日本共産党京都府委員会「直ちに党の立遅れを克服せよ‼」『小柳津文書』（A-七六）。
(22) 芦田均著、進藤栄一ほか編『芦田均日記　第三巻（昭電事件と講和問題――空隙の日々）』岩波書店、一九八六年、一三一頁。
(23) 「各党、漸く急な雲行　左、右とも人物如何では提携出来る」『夕刊京都』一九四九年一二月二八日付。以下、『夕刊京都』を『夕京』と略記。
(24) 「高山氏市長候補に　社党執委、満場一致で推す」『夕京』一九五〇年一月一日付。高山の軌跡は、高山義三『わが八十年の回顧――落第坊主から市長まで』若人の勇気をたたえる会、一九七一年、参照。
(25) 「全官公も高山氏を」『夕京』一九五〇年一月八日付。「水谷（社党府連）会長も賛成　京都市長選に統一候補」『アカ』一九五〇年一月一二日付。
(26) 「各労組相次いで高山氏を　市長戦に民主戦線の動き活発」『夕京』一月一二日付。京都府立総合資料館編『全京都民主戦線統一会議略史』一八―一九頁。
(27) 「ノート」（『小柳津文書』A-四四）一九四九年一二月二三日条、三〇日条には市長選対策のために会合を開いたことが記されているが、中小企業救済問題と結びつけて市長選対策が進んだことがわかる。
(28) 岡本の軌跡は橋本雅弘「岡本俢二」日本共産党京都府委員会・京都民報社編『京都礎をきずいた人びと』京都民報社、一九九四年、参照。
(29) 小柳津『京都民統の思い出』二七頁。
(30) 「労農も高山氏」『夕京』一九五〇年一月一六日付。
(31) 「京都市長選挙各党の動き」『アカ』一九五〇年一月六日付。
(32) 「社会党から申入れ　京都市長選挙　共産党の協力要請」『アカ』一九五〇年一月一七日付。
(33) NARA/319/134B (A1)/224/GIZO TAKAYAMA/22. 各人物の国籍、住所などは引用時に省略（以下同）。
(34) 「手をつなぐ労働界　市長選を機に統一戦線」『夕京』一九五〇年一月一八日付。

(35)「全京都民主戦線統一会議結成　二十五日公楽会館で挙行」『夕京』一九五〇年一月二三日付。
(36)「分裂は避ける　府連　市長選挙終了まで」『夕京』一九五〇年一月二二日付。
(37)「同志野坂について」党の見解」『アカ』一九五〇年一月二二日付。
(38)「勝利のための緊急任務」『アカ』一九五〇年一月二四日付。
(39)「全京都民主戦線成る」『アカ』一九五〇年一月二九日付。
(40)「民主戦線統一会議結成さる　参加六千　統一候補高山氏推セン決議」『京都のハタ』一九五〇年一月二六日付、『小柳津文書』(A-一六五)。
(41)「一切の利己心捨つ　共産党、公開集会で熱烈な討議」『アカ』一九五〇年一月二九日付。「民擁同議長団の京阪神出張報告」(『戦後日本共産党関係資料』七―一六六八～一六七〇、不二出版)でも共産党の高山支持が「党利己心をはなれ、民主民族戦線の立場から」であったことが強調されている。
(42)「廊下にあふれる大衆　きのう盛大に民主戦線統一会議」『夕京』一九五〇年一月二七日付。
(43)「全京都民主戦線成る」『アカ』一九五〇年一月二九日付。
(44)「市長選共闘お断り　社、共産党の申入れに回答」『京都新聞』一九五〇年一月二七日付(朝刊)。以下、『京都新聞』を『京都』と略記。
(45)「高山氏かくして市長の栄冠を　底力示す民主戦線　小市民層の進歩陣営への移行目立つ」『夕京』一九五〇年二月一四日付。
(46)小柳津『京都民統の思い出』五一頁。
(47)「京都の民主戦線ひろがる　各区で統一大会」『アカ』一九五〇年二月六日付。「各界消息」『夕京』一九五〇年一月三〇日付。「民主戦線統一会議支部結成記念大会」『夕京』一九五〇年二月三日付。
(48)「保守派市長候補に反対　京都市で文化人懇談会開く」『アカ』一九五〇年一月一二日付。安井の軌跡は「安井信雄小伝」編集委員会『安井信雄小伝』「安井信雄小伝」出版発起人会、一九九〇年、参照。
(49)NARA/ 319/ 134B (A1)/ 224/ GIZO TAKAYAMA/24. 松井、島、奈良本は「KM-CP」(Known member, Communist Party)、武藤は「P［Rヵ］M-CP」(Reported member, Communist Party)と表記。
(50)NARA/ 319/ 134B (A1)/ 224/ GIZO TAKAYAMA/ 22.
(51)「市長選挙戦を繞つて　本社記者覆面座談会」『夕京』一九五〇年二月六日付。
(52)「高山氏かくして市長の栄冠を　底力示す民主戦線　小市民層の進歩陣営への移行目立つ」『夕京』一九五〇年二月一四日付。
(53)「市長三候補立会演説会　本社主催」『京都』一九五〇年二月五日付(朝刊)。
(54)水谷長三郎「声明書」一九五〇年六月、京都府立総合資料館所蔵。
(55)「主張　京都市長選挙戦の勝利の教訓」『アカ』一九五〇年二月一一日付。
(56)全京都民主戦線統一会議中小企業対策委員会「三月危機の実相　中小企業及市民層(その一)」一九五〇年二月二五日付、『小柳津文書」(G‐四〇四)。
(57)京都府立総合資料館編『全京都民主戦線統一会議略史』二四―二五頁。
(58)「蜷川氏近く入党　知事選挙再び民主戦線で　水谷氏帰洛談」『夕京』一九五〇年三月六日付。蜷川の軌跡は、蜷川虎三伝記編纂委員会編『蜷川虎三の生涯』三省堂、一九八二年、参照。
(59)「太田氏を知事選に　労農党で公認、社、共に申入れ」『夕京』一九五〇年三月七日付。「知事選除々に胎動　手駒に悩む各党、首脳待つて協議」『夕京』一九五〇年三月九日付。
(60)「統一戦線の勝利　京都市長選挙戦の経験」『関西党報』一九五〇年二月一五日付。『小柳津文書』(A‐二一三)、「ノート」一九五〇年二月一九日条、『小柳津文書』(A‐四四)。
(61)「保守派の足並崩る　革政会十三人、市政協脱退」『京都』一九五〇年三月七日付(朝刊)。
(62)「知事選挙いよいよ本舞台　容共と徹底戦う〝反共府民戦線統一会議〟声明」『京都』一九五〇年三月二三日付(朝刊)。
(63)「京都府知事選挙に統一候補おす　民戦会議と地労協共斗」『アカ』一九五〇年三月一三日付。「民主戦線統一会議　知事選挙など協議」『夕京』一九五〇年三月一一日付。
(64)小柳津『京都民統の思い出』一一二頁。
(65)同右、一一三頁。
(66)「知事選挙に「出馬の覚悟」あり　けさ蜷川氏民主戦線の要望に答う　問題は社会党の支持如何」『夕京』一九五〇年三月一二日付。
(67)「市交労民統委でも蜷川氏を」『夕京』一九五〇年三月一六日付。
(68)「知事選出馬を決意　蜷川氏、社党に入党届出す」『京都』一九五〇年三月一七日付(朝刊)。
(69)「蜷川氏ついに出馬　正式入党、社党公認として」『夕京』一九五〇年三月一七日付。
(70)「勤労陣営が気勢　民統市長選祝賀生活危機突破市民大会」『夕京』一九五〇年三月一九日付。
(71)京都府立総合資料館編『全京都民主戦線統一会議略史』京都府、一九七五年、二八頁。
(72)「民主戦線の統一と互譲精神」『夕京』一九五〇年三月一九日付。
(73)「蜷川氏出馬の大勢は決る　民主除く野党連合で」『夕京』一九五〇年三月二二日付。「ついに革新陣営も駒進　蜷川氏要望に答え届出　知事選挙決戦の火蓋切る」『夕京』一九五〇年三月二四日付。
(74)「民族の独立のために全人民諸君に訴う」『アカ』一九五〇年三月二四日付。
(75)「全党員諸君に　民主民族戦線への檄文発表に際して」『アカ』一九五〇年三月二四日付。
(76)「京都で民主戦線統一会議」『アカ』一九五〇年四月一日付。
(77)「蜷川氏を囲む選挙対策会議」『夕京』一九五〇年三月三一日付。
(78)「戦線統一の突破口　京都三万人の倒閣大会」『アカ』一九五〇年四月七日付。

(79) NARA/ 319/ 134B (A1)/ 318/ Kyuichi TOKUDA Vol.9 of 11 (Fldr.1 of 2)/ 45.
(80) NARA/ 319/ 134B (A1)/ 318/ Kyuichi TOKUDA Vol.9 of 11 (Fldr.1 of 2)/ 64.
(81) 「統一メーデーへ　愛国者結集　平和・独立を守る　京都民主戦線統一会議開く」『アカ』一九五〇年四月一六日付。
(82) 京都府立総合資料館編『全京都民主戦線統一会議略史』三五頁。
(83) 「円山で昨夜内閣打倒大演説会」『京都』一九五〇年四月二〇日付（朝刊）。
(84) 「知事選挙・両候補の公約」『京都』一九五〇年三月三一日付（朝刊）。
(85) 「売国勢力に痛打　野坂参三氏談」『アカ』一九五〇年四月二三日付。
(86) 「革新陣営の勝利と蜷川府政」『夕京』一九五〇年四月二三日付。
(87) コミンフォルム批判以降の分派問題やテーゼ草案問題は日本共産党中央委員会五〇年問題文献資料編集委員会編『日本共産党五〇年問題資料集　一』新日本出版社、一九五七年、参照。
(88) 椎野悦朗「同志志賀提出の「意見書」を中心とする策動に就て」『アカ』一九五〇年四月一六日付。
(89) 「「志賀意見書」について」『アカ』一九五〇年四月二六日付。
(90) 同問題をめぐる諸文献は、日本共産党『十九中総に提出されたテーゼ草案とその批判意見　日本共産党党内資料』一九五〇年、参照。
(91) NARA/ 319/ 134B (A1)/ 318/ Kyuichi TOKUDA Vol.9 of 11 (Fldr.1 of 2)/ 75.
(92) Stanford University Hoover Institution Archives/the East Asian Collection/ the Japanese Modern History Manuscript Collection/ Post-World War II communist movement/ Box 71/ Fldr 3-1/『資料一〇三号』.『資料一〇三号』は一九五〇年代初頭の日本共産党及び京都民主戦線に関する手書き日本語資料を綴じたもので、「Gより国際資料として第十九回プレナム出席委員に手渡せる秘文書」の写しを収録。
(93) 「秘　第十九回中央委員会決議」の写しは『資料一〇三号』に収録。GHQ／SCAP文書「Gビューロー」ファイルに英訳収録。
(94) 「G指令一二〇号　緊急を要する調査資料について」の写しは『資料一〇三号』に収録。
(95) NARA/ 319/ 134B (A1)/ 318/ Kyuichi TOKUDA Vol.9 of 11 (Fldr.1 of 2)/ 92.
(96) 「ノート」一九五〇年四月二〇日条、『小柳津文書』（A‐四四）。
(97) 小柳津『京都民統の思い出』一四四頁。
(98) 「知事選の立役者　全京都民統　ソッポ向く社会党系　参院選挙後には大揺れか」『京都』一九五〇年四月一四日付（朝刊）。
(99) 「民統あくまで割らず　地方区に大山氏を、各労組の態度」『夕京』一九五〇年四月二六日付。京都府立総合資料館編『全京都民主戦線統一会議略史』三六―三七頁。
(100) 「主張　民主民族戦線と参議院選挙」『アカ』一九五〇年四月二五日付。

(101)「参院選挙　木村（前知事）立候補確実　革新陣営馬谷、大山調整に苦悩」『京都』一九五〇年四月二五日付（朝刊）。
(102)「民統あくまで大山氏を　総同盟態度保留、全京金馬谷氏を」『夕京』一九五〇年四月二九日付。京都府立総合資料館編『全京都民主戦線統一会議略史』三八頁。
(103)「民主統一戦線成長のために」『夕京』一九五〇年四月二八日付。
(104)「民主戦線讃う花電車　見よ！働く者の、この圧巻を」『夕京』一九五〇年五月一日付。
(105)「知事、市長を先頭に！「働く者」の讃歌響く　嵐と繰りひろぐこの圧巻」『夕京』一九五〇年五月二日付。京都府立総合資料館編『全京都民主戦線統一会議略史』三八頁。
(106)「社党、馬谷氏に決定　参院選地方区　革新二、保守二の立候補」『京都』一九五〇年五月一日付（朝刊）。
(107)「革新二本建の公算大　社党遂に馬谷氏を公認」『夕京』一九五〇年五月二日付。
(108)「民統大山一本の公算　社党馬谷固執注目される革新の動き」『夕京』一九五〇年五月六日付。
(109)京都府立総合資料館編『全京都民主戦線統一会議略史』四〇頁。
(110)「民統紙一重で分裂回避　社、共、労に妥協点！　戦術上の対立は不可避か」『夕京』一九五〇年五月七日付。
(111)「社会党と主体性」『夕京』一九五〇年五月七日付。
(112)「大山、馬谷で完勝を　きのう民党会議参院選対策練る」『夕京』一九五〇年五月一二日付。
(113)「緊急事体に関する党機関及党員対策基本方針」草案」の写しは『資料一〇三号』に収録。
(114)「党維持に関する件」の写しは『資料一〇三号』に収録。
(115)「統一戦線を全国に　野坂氏演説」『アカ』一九五〇年五月二八日付。NARA/ 319/ 134B (A1)/ 570/ Sanzo NOZAKA (Fldr.17 of 22)/ 48.
(116)同大会の記録である「大山氏激励並に民統の在り方を批判するための民統大会」は『資料一〇三号』に収録。
(117)「反共質問を展開　保守議員、市長に迫る　京都市会」『京都』一九五〇年六月七日付（朝刊）。「初陣の蜷川知事に猛襲　共産党と無関係　府民の利益が第一　知事答弁　京都府会」『京都』一九五〇年六月一〇日付（朝刊）。
(118)「民統の現状に不満　社党府連が対策を協議」『夕京』一九五〇年六月九日付。
(119)「ついに民統分裂！　総同盟、全京金など脱退」『夕京』一九五〇年六月一二日付。
(120)京都府立総合資料館編『全京都民主戦線統一会議略史』四三頁。「総同盟、離脱を声明　「民統」遂に消滅の危機」『京都』一九五〇年六月一四日付（夕刊）。
(121)「大衆との結合強化　京都、公開党集会開く」『アカ』一九五〇年六月一三日付。同集会記録を含む「京都民統のゆくえについて」は『資料一〇三号』に収録。
(122)京都府立総合資料館編『全京都民主戦線統一会議略史』四三頁。

(123)梅林談話が掲載された「京都民統のゆくえについて」は『資料一〇三号』に収録。
(124)「顧問に大山・末川氏　民統大山氏激励大会盛況」『夕京』一九五〇年六月一五日付。
(125)「民統行事に名を列記されて当惑　知事、市長出席せず　ポスターの抹消方申入れ」『夕京』一九五〇年六月一四日付。

第6章　高度経済成長とうたごえ運動
――社会運動から「生活」への転換

河西秀哉

はじめに

一九五五年、高度経済成長が始まりを迎えた時期、ある運動がいくつかの週刊誌で大きく取りあげられた。本章が対象とする「うたごえ運動」である。

その端緒である『サンデー毎日』は、「〝うたごえ〟の若人たち／埋れたベストセラー『青年歌集』物語」と題する二ページの記事を掲載している。(1)この時期、新書ブームが起こっており、そのなかでも『青年歌集』がベストセラーとなっている、それはなぜなのか。記事は『青年歌集』について説明しつつ、それが使用されているうたごえ運動とは何かを論じたものであった。そこでは、うたごえ運動が各職場に広がっており、そこから生まれた歌が多数存在すること、うたごえ運動に多数の人びとが参加し運動が高まるにつれて「あれは極左の文化攻勢だ」と批難する声が高くなってきたことなどを紹介し、「低俗歌謡に、そっぽを向いた若い人たちの歌ごえは、メーデーの行進の中でも、快く健康な響きを、街の人たちに感じさせることだろう」と記事を結んでいる。この記事はうたごえ運動について賛否を問うようなものではなく、運動について知らない読者に対してその内容を紹介するために書かれたものだったと考えられる。流行になっているものを伝える記事と言えるだろうか。

その後、『週刊朝日』が同じように『青年歌集』を取りあげる形で、九ページにもわたってうたごえ運動を紹介する特集記事を掲載していく。[2]やはり『青年歌集』がベストセラーとなっているのはなぜなのか、その社会的背景の説明から論じられる。そして、うたごえ運動について詳しく記し、各地のうたごえサークルの実態についても紹介がなされ、評論家などの運動に対する意見を掲載している。

このようにうたごえ運動は、一九五五年になって初めて、『サンデー毎日』『週刊朝日』という老舗の週刊誌に取りあげられた。それまではこうした週刊誌のみならず、新聞などのメディアがほとんど注目していなかったにもかかわらず、である。それだけこの時期になると、運動が高揚して世間でも放っておけない現象になっていたことがうかがえる。これらの記事をきっかけにして、うたごえ運動は世間的にも注目され、一般に知られたものになっていく。つまり、高度経済成長期の始まりとともに高揚した運動であった。

近年、このうたごえ運動の研究が盛んである。それらは、おおよそ三点の傾向からなっている。第一に、音楽学的な関心からうたごえ運動全般を検討し、その意味を解明しようとするものである。そのなかで最も網羅的かつ体系的にうたごえ運動を検討し、それを総体として把握したのが長木誠司の研究である。[3]それまで、音楽学のなかでうたごえ運動が本格的に研究されることはほとんどなかった。その理由として、うたごえ運動の担い手の多くがアマチュアであり、政治的・社会的背景を有していたことから、職業的音楽家の検討を中心とした音楽学の分野ではなじまなかったことが考えられる。それに対して長木の研究は、戦後音楽史を社会的な背景とともに捉えることを目的としており、そのなかでうたごえ運動を検討し、その意味を考察した。他に、甫出頼之が初期のうたごえ運動の歴史的展開をコンパクトにまとめており、[4]近年になって敗戦後の日本の音楽史のなかでのうたごえ運動の重要性が強調され始めている。

第二に、歴史学・思想史のなかからうたごえ運動を検討した研究である。こうした研究は、具体的な団体・地域のうたごえ運動を取りあげ、検討対象としているケースが多い。サークルに集う労働者の意識を解明する一つとして国鉄のうたごえ運動を取りあげた三輪泰史の研究[5]、一九五〇年代の九州・北海道の炭鉱労働者によるうたごえ運動を取りあげた水溜真由美の研究[6]、一九五八年の王子製紙争議（北海道・愛知）とうたごえ運動の関係性を論じた岸伸子の研究[7]、東京南部におけるうたごえ運動の状況を取りあげた道場親信の研究[8]、京都府の被差別部落やその後にはフォークなどでも歌われた「竹田の子守歌」を通して一九六〇年代の京都におけるうたごえ運動の展開過程を解明した武島良成の研究[9]など、史料や聞取りを駆使した実証的で優れた研究が多い。

こうした研究が近年に出てきた背景には、社会運動史の再検討という歴史学の課題があろう。従来の社会運動史研究が運動の形態や展開過程といったハードの側面に焦点を当てていたのに対し、近年の社会運動史はその担い手の意識といったソフトの側面に注目されることが多い。そして、社会運動史のなかで取り組まれた文化的な活動の一つとしてうたごえ運動が検討され、担い手の意識が解明されるようになったのである。その結果、なぜ人びとはうたごえ運動というサークル活動に参加したのか、明らかになりつつある。本章もこの意識を引き継ぐ。

第三に、うたごえ運動のなかでも特に一九五〇年代後半や昭和三〇年代を中心的な課題とし、その時代像とともに把握する研究である。門奈由子は、一九五五年に日本のうたごえ実行委員会が創刊した『うたごえ新聞』を史料として、当該期のうたごえ運動についての解明を試みた[10]。また、昭和三〇年代の民謡ブームとうたごえ運動の関係性について検討した研究も、うたごえ運動におけるレパートリーとしての日本民謡という側面を示す[11]。

以上のように、うたごえ運動の研究は近年、急速に進展している。一方で課題も残っている。第一に、史料的な問題である。うたごえ運動を総体的に検討した長木や甫出の研究は、後の編纂物や回想を主な史料として用いている。当該期の史料については、うたごえ運動で実際に使用された『青年歌集』を長木が用いた以外はほとんど利用されていない。後世になって書かれたものではなく、当該期の一次史料を検討して、うたごえ運動とは何かを明らかにする必要はあるのではないか。一次史料を使用した研究はこれまで、第二の具体的な団体・地域を取りあげる以外は、対象とされてこなかった。『うたごえ新聞』も、国立国会図書館では一九五八年七月発行の五八号以下からしか所蔵しておらず、それ以前については利用されてこなかった。

ところが近年、日本のうたごえ全国協議会が所蔵しているうたごえ運動に関する一次史料を収録した史料集が刊行された。[12]そのなかには、創刊当時からの『うたごえ新聞』ほか、うたごえ運動のなかでの討議の記録、演奏会のパンフレットなどが収録されている。それによって、この史料の検討が今後の研究課題として浮上してくるのである。そこで本章は、高度経済成長期のうたごえ運動を、こうした新しく発掘された一次史料に基づいて明らかにしていきたい。高度経済成長期にあって、職場に広がっていたうたごえ運動はどのように展開したのか。その検討によって、当該期における企業と労働者の関係性、労働者同士のサークル的活動、そしてそれと社会とのかかわりなどが明らかになるだろう。なお、本章は紙幅の都合もあり、高度経済成長期でも特に前半期に焦点を当てて、その時期のうたごえ運動について検討する。

第一節　高度経済成長までのうたごえ運動

すでに別稿において詳しく論じたことがあるが、[13]行論の関係で、まず高度経済成長期までのうたごえ運動についてごく簡単に述べておきたい。

うたごえ運動の始まり

敗戦後に再建された日本共産党は職場における文化サークル組織の支持・強化の方向性を打ち出し、一九四六年二月に日本青年共産同盟（青共）第一回大会を開催する。文化運動を重視する同党の方針は、うたごえ運動の誕生に大きな影響を与えていく。この動向と前後して、マルクス主義者や自由主義的知識人らが参加した民主主義文化団体が相次いで設立された。そして、敗戦後に復興した民主主義文化団体を結集する形で、日本民主主義文化連盟（文連）も同じ月に設立される。文連は文学・映画・演劇・音楽などの分野別のサークル協議会を組織し、文化人と勤労者双

方が協同し相互に学びあう形での文化運動を構築していった。(14)

この文連結成に参加し音楽部門の指導を担当したのが、後にうたごえ運動の指導者となった関鑑子である。関は戦前、プロレタリア音楽家同盟（ＰＭ）の中心メンバーとして活躍していた。しかし一九三〇年代の左翼勢力への弾圧のなかで、彼女は次第に活躍の場を失っていく。(15)

敗戦後、関は「打ちひしがれた人びとに音楽をあげようと決心し」て自宅で歌の集いをおこなった。そして、共産党で文化工作活動を展開していた蔵原惟人の訪問を受けて励まされたこともあり、関は積極的に文化運動に参画していく。(16)同時期、青共でも文化工作の一環としてコーラス隊の結成が構想され、一九四七年一二月に青共中央コーラス隊が結成された。関はその指導にあたっていく。コーラス隊は翌年に団体名を青共中央合唱団と改称し、正式に創立に至った。このように中央合唱団は共産党の文化工作の一環として組織され、関は指揮者として関わったのである。これによって、うたごえ運動が開始された。その後中央音楽院が設立され、次第に全国各地から人びとが運動に参加していく。また関の発案により「みんなうたう会」が始められ、その後に全国に組織される職場合唱団やうたごえサークルの基盤となった。そして、うたごえ運動は全国的に広がりを見せていく。(17)

一九四九年二月には青共が民主青年団（民青）に改称したことを受けて、団体名を民主青年団中央合唱団に変更した。その後、民青との関係性が希薄になっていたこと、うたごえ運動を共産党の文化工作よりも幅広い民主運動として拡大していく意識を合唱団が有していたから、一九五一年六月には民青からの独立が決定され、中央合唱団と改称された。

しかし、中央合唱団は当初は民青の組織であった以上、その主張のなかには共産党の影響を受けた政治性・社会性が見られた。設立当初の機関紙であった『うたごえ』には、共産主義国やそれに関係する組織に対する親しみを訴える記事がたびたび掲載された。(18)また一九五〇年ごろからは、アメリカなど西側諸国のみとの片面講和を推進する吉田茂内閣の政策に対する反発が、『うたごえ』のなかにも現れてくる。吉田内閣の進める「逆コース」は、うたごえ運動にも大きな影響を与えた。職場において、うたごえ運動のサークルが「アカ」だとしてつぶされるケースもあった。

こうした状況を受け、うたごえ運動を通じて「逆コース」への批判と民主化運動を展開していこうという方向が強まり、『うたごえ』にもそうした意見が掲載されていく。

うたごえ運動の性格

機関紙『うたごえ』には楽譜も数多く掲載されているが、うたごえ運動には政治性を帯びた意図があったことから、ソビエトや中国などの共産主義を讃えるような革命歌が数多く掲載された。それとともに民謡も数多く掲載され、なかでも日本民謡とロシア民謡が多かった。戦前の日本において、ロシア民謡は人びとの歌のレパートリーとなっていたほか、敗戦後にはシベリア抑留者の帰還と抑留されている間にソビエト共産党に傾倒した音楽家たちの帰国が、ロシア民謡のうたごえ運動へのレパートリー化に寄与した。[19] 彼らの共産主義への傾倒がロシア音楽へのあこがれとなり、うたごえ運動もロシア民謡をレパートリーとしたのである。シベリア抑留から帰国したチェリストの井上頼豊は、うたごえ運動の指導者として積極的にロシア民謡の普及に貢献していた。ソビエトからの帰国者たちの集団「楽団カチューシャ」や関鑑子・中央合唱団も積極的に訳詞をおこない、ロシア民謡の日本への定着を図っていった。

日本民謡についても共産主義の影響がある。日本共産党は一九四八年三月、自らの文化工作を「日本民族文化の独立のための闘争」と位置づけた。民族の概念を用いることで、人びとに一体性を持たせ、それによって革命へと向かうことを提起したのである。[20] 民族をひとつの共同体として意識させるために用いられたのが民謡であった。そして、民謡に政治性を帯びた歌詞を付けて歌うこともあった。ただし、日本民謡はこうした政治的思考だけで歌われたわけではない。うたごえ運動では、歌にそれまで親しみのなかった人びとを惹きつける手段として用いられた。歌にはそれまで興味のなかった初心者が参加しやすい環境を用意することを目的に、振りを付けながら民謡が歌われた。民謡を歌うことは、自身にきわめて身近な生活の実感などをみなで共有するためであった。

うたごえ運動では当初から中央合唱団の団員が地域の職場などへ赴き、積極的に歌唱指導をおこなっていくことで、全国に運動が拡大していく。また敗戦後に労働運動が盛んになっていくことも、うたごえ運動が急速に広がっていく背景にはあった。うたごえ運動は頻発する労働運動とそこに集う活動家との関係性を強く持っていく。うたごえ運動で歌われた歌のなかには新しく作曲された労働歌もあり、労働運動や労働者を励ます作用があったことも、労働運動のなかでうたごえ運動が広がっていく理由となった。

その意味で、うたごえ運動は共産党の影響を受けた運動という性格だけではなかった。民主主義を守る運動・平和を求める運動として展開されたのである。うたごえ運動のなかで平和を求める動きは大きかった。平和を求める歌が積極的に歌われ、党派性を越えて人びとの共感を得ていた。一九五〇年代前半、反基地闘争や原水爆禁止運動に見られるように、国民の反戦・平和要求の機運が盛りあがった。そして、労働者の祭典であるメーデーにおいてもうたごえ運動が大きくかかわっていた。メーデーなどの集会・デモ行進においては、シュプレヒコールを挙げるだけではなく、参加者がみなで歌を歌い、それによって主張を訴え団結を高めた。社会運動を盛り上げるためにうたごえ運動が展開されたのである。さまざまな社会運動において展開されたうたごえ運動は、そこから全国へと広がる効果を有していた。争議などの後、それまでうたごえ運動にかかわっていなかったような人びとが地元に帰り、争議の時に経験したうたごえを基にサークルを結成して各地にうたごえ運動を広めるケースもあった。

一九五四年三月の第五福竜丸事件などを経て高揚する原水爆禁止運動においても、うたごえ運動は積極的に関与している。〈原爆を許すまじ〉（浅田石二作詩、木下航二作曲）はその時に創作された曲であり、うたごえ運動において最も著名な曲の一つとなった。うたごえ運動のなかで平和を求める動きが高まり、そのなかで平和を求める歌が作られ、この時期に盛んであった社会運動・平和運動と結びついていくことでより発展していった。

一緒に歌うこととしての意義

うたごえ運動はまた、こうした社会運動・平和運動としての意味だけでもなかった。職場のサークルとしての意義も大きかったと思われる。労働者が職場の仲間どうしで気楽に集い、歌うことによって楽しみを持っていた姿が、『うたごえ』やその後継誌とも言える『音楽運動』には数多く掲載されている。残業という労働のつらさを解消するものとして、参加者たちはうたごえ運動を捉えていた。うたごえ運動は、職場のレクリエーション・サークルとしての意味合いを持っていたのである。歌を歌うことによって心身の解放・日々の生活の苦労の緩和、日常の糧になる作用があり、それゆえにうたごえ運動は広がっていた。みなで歌うことによって、そうした作用が浸透する意図をうたごえ運動は持っていたのである。そしてうたごえ運動が職場の人間関係の触媒になることもあった。うたごえ運動を通して、歌だけではなく職場の人びとが集うこと・話し合うことが頻繁におこなわれるようになり、職場の人間関係が親密になっていく。うたごえ運動は実際に歌うだけではなく、参加者どうしが自身の意見を訴えながら、相手の意見にも耳を傾け、運動を展開する意識を有していた。うたごえ運動に参加した人びとのなかには、政治性・社会性ではなく、こうした点に魅力を感じていた者も数多くいたのではないだろうか。

そのような意義でうたごえ運動に参加していた人びとにとって、共産党の運動や「アカ」と見られることには抵抗感があった。みなで一緒に歌うことを重要視し、だからこそ彼らはうたごえ運動の歌に政治的な部分があることも批判していた。そして、そうした思想を越えたところで歌を通じて繋がることを訴えたのである。それは、うたごえ運動がより広がりを持つ運動になることを求めた意見でもあった。共産党の文化運動にとどまらない、サークルとしての繋がりを希求し、思想を越えた歌の集団としてのうたごえ運動を求める参加者の存在があったのである。

第二節　うたごえ運動への注目と批判

「日本のうたごえ」祭典の開催

うたごえ運動はこれまで述べてきたように、一九五〇年代前半の人びとの反戦・平和要求の機運を背景に、それまで以上の広がりを有していく。全国各地でうたごえ運動サークルによる合唱祭がたびたび開催されるようになった。そして、地域のなかでうたごえの交流が図られていく。一九五二年には、第一回「日本のうたごえ」祭典が中央合唱団の四周年記念音楽会として開催された。この音楽会は基本的には中央合唱団の演奏が主であるが、各職場のうたごえ運動サークル三〇〇名ほども賛助的に出演しているのが特徴である。[21]うたごえ運動が中央合唱団だけではなく、広がりを有していたことを示しているだろう。そして、それを全国的に束ねる催しが開催されることになったのである。

「日本のうたごえ」祭典は翌年以降、全国の地域・職場合唱団などが集う合唱祭へと性格を変化した。[22]関鑑子は第二回「日本のうたごえ」祭典について、「これはもう全国合唱団・うたう会・愛好者結集の大デモンストレーション」と評価している。プログラムを見てみよう。まず、開幕に神田囃子保存会による囃子が披露された後、第一部として「全国地方・地域・職場合唱団」による演奏がおこなわれた。これが一一月二九日・三〇日と二日間にわたって実施されている。「仙台のうたごえ」「東海のうたごえ」「東京のうたごえ」「関西のうたごえ」といった地域に分かれ、それぞれの地域のうたごえサークルが合同合唱団を結成し、何曲か歌うステージを構成している。また、「学生のうたごえ」「国鉄のうたごえ」「専売のうたごえ」などのように、職業別の合同合唱団によるステージもある。うたごえ運動が全国各地に、そしてあらゆる層に広がっていることを示す事例と言えるだろう。

第二部は「郷土民謡・舞踊」と「管弦楽と合唱・独唱・独奏」に分かれ、前者は民謡と舞踊（日本のみならず朝鮮半島や中国のものも含む）が、後者はうたごえ運動に関係していた音楽家たちの演奏が披露されている。そして第三部は「平和組曲『日本のうたごえ』」と題して、中央合唱団を中心に、その他全国のうたごえサークルを加えた合唱団による演奏がなされた。ここではタイトル通り、平和運動に関する歌が歌われている。最後に、出演者などによる全員参加の「合唱交流」がおこなわれ、第二回「日本のうたごえ」祭典は終幕した。ここには、東京のうたごえサークルだけで九九団体（地域・職場・学校）・五四〇人ほどの人びとが参加したという。うたごえ運動は、全国に、そしてあらゆる層に広がりを持つようになり、「日本のうたごえ」祭典のような大きなイベントを開催するようになったのである。

翌年以降も「日本のうたごえ」祭典は開催され、参加者人数を増加させていく。前述した〈原爆を許すまじ〉も、一九五四年の「日本のうたごえ」祭典で披露され、その後歌い継がれた曲である。このように、うたごえ運動にとって、「日本のうたごえ」祭典はその運動が広がっていることを表象する大きなイベントとなっていった。[23] うたごえ運動側では、この時期から「うたごえ運動は新らしい段階に入りました」との認識を有していた。運動が拡大し、そのなかで新しい創作曲や活動が生まれ、演奏表現に関する討論や指導・教育についての研究活動も盛んになってきたからである。

うたごえは、いま、民族の音楽をつくり、ひろめほりおこし、日本人のよりよい平和な生活をかちとるために、潮のような勢いでかぞえきれない多くの人々によって支えられ、進められていっているのです。[24]

このようにうたごえ運動側は、平和運動が盛んに展開されているなかで自身の運動が次第に広がっていると考えていた。だからこそ、「日本のうたごえ」祭典において、〈原爆を許すまじ〉のように、平和を訴えかける歌を盛んに歌っていった。高度経済成長期の初期、そうした社会的な問題を背景に、うたごえ運動は「新らしい段階」に至ったと考えられたのである。

うたごえ運動の一般化

そして、本章の冒頭で取りあげた『サンデー毎日』と『週刊朝日』による、うたごえ運動について詳細に紹介する記事が掲載された。『サンデー毎日』『週刊朝日』の記事はともに、うたごえ運動に対する何らかの意見を書いたものではなく、ブームとなっている理由や背景について、運動を知らない人びとに紹介する目的だったと思われる。このメジャーな週刊誌に取り上げられたことで、うたごえ運動はより一般にも知られるようになった。

その後、『毎日新聞』『東京新聞』『読売新聞』などの新聞でもうたごえ運動に関する記事が掲載され、その賛否が問われるようになった[25]。そのなかでは、うたごえ運動が広がっているのは歌いやすい歌・健全な歌を歌っているからであり、それはこれまで社会教育が軽視してきた側面ゆえに人びとに受け入れられたとする賛成意見、うたごえ運動は全体的には共産党による組織的な動きのなかにあり、その政治性を批判する反対意見が展開された。一九五五年になると、新聞という一般的なメディアのなかで、うたごえ運動に関する意見が戦わされることになった。それだけ、うたごえ運動が広がりを持ち、人びとに影響を与え始めていたからであろう。大手メディアも無視できない勢力となっていたのである。また同時期、岩波の『文学』などでもうたごえ運動に関する特集が組まれ、さまざまな文化人などからのうたごえ運動に対する賛否の意見も展開された[26]。こうして、うたごえ運動は一般の人びとにも知られる運動になっていったのである。

ところで、うたごえ運動を取りあげたのはメディアだけではなかった。文部省も、『青年歌集』の学校現場への浸透やうたごえ運動の広がりを重視し始めていた（それは先述の『週刊朝日』の記事にも書かれており、『週刊朝日』はこの文部省の動向を見て記事にしたのだろうか）。そして、文部省はうたごえ運動への対抗策を発表する。文部省は、全国の社会教育担当者にうたごえ運動について注意を喚起するとともに、文部省選定による歌集の発行を計画していく。文部省はうたごえ運動の広がりに危機感を持ち、それを止めるための方策を実施しようとしたのである。文部省をも動かすほどに、うたごえ運動は大きくなっていたと言える。この年の七月、共産党はそれまでの武装闘争方針を放棄したものの、そのイメージは根強く、うたごえ運動は共産党による革命のための文化工作と見られる意識も強かったものと思われる。一方で合法活動路線への転換は、共産党がうたごえ運動のようなブームと結びついていたとすれば、運動を通じて共産党の思想が人びとに浸透してデモや投票行動に繋がり、政権にとっては脅威となり得ることも予想された。それゆえに、文部省はその対策に乗り出したのである。

しかしこうした文部省の方針に対しては、主に音楽関係者などからうたごえ運動は政治的なものだけではないとの批判が出た[27]。また、運動に関係する人びとからの批判もあった。作曲家の林光はうたごえ運動によって、「上から」与えられた文化としてしかなかった日本の音楽が変わりつつあると見た。林は、うたごえ運動が参加者どうしを結びつける役割を果たしており、しかもそのなかでの歌は「ひとときのいこい」の意味だけではなく、参加者の生活自体に働きかけるものだと主張した[28]。林は、うたごえ運動がブームとなっているのは政治的な意味ではなく、一緒に歌うことに人びとが共感しているからだと強調した。彼は文部省が批判することこそ、政治的目的があると見ていたのである。林は、うたごえ運動は人びとの生活に密着した取り組みをおこなっていると考えた。そこに意義を見出し、今後も運動を展開すべきと主張したのである。

文部省側はその後、『青少年の合唱』と題する歌集を作成し、全国に配布することを決定する。文部省はその歌集について、うたごえ運動を「押さえるような印象を与えないように、青少年に良い歌をすすめ」ようと製作したという[29]。しかしそれは「官製うたごえ」と揶揄され、新味に乏しく試みは上手くいかなかった。うたごえ運動の盛りあがりを前に、文部省による取り組みは失敗に終わったのである[30]。

うたごえ運動の転換

うたごえ運動側はマスメディアに取りあげられ文部省などからの批判を受けても、当初はそれほど方針を転換していなかったように思われる。一九五五年の『うたごえ新聞』には、ソビエト連邦を訪問した関鑑子の様子[31]やポーランドのワルシャワで開催された世界青年学生平和友好祭にうたごえ運動の代表が参加したことなど[32]が報じられるなど、共産主義諸国との関係性を示す記事が掲載されている。つまり、政治性に対する批判に対してその政治性を隠すことはしなかった。先述したように、平和を訴えかける社会的な意識を背景に「新らしい段階」に至った＝人びとに浸透し広がったと考えていたうたごえ運動側は、その旗印を降ろすはずはなかった。平和を求める社会運動が展開され、保守政権に対峙することによってうたごえ運動の拡大してきたと自負していたからこそ、共産主義諸国との関係性は批判されても、方針はそのまま継続したのである。

しかし、うたごえ運動を一定程度評価する音楽家からも、運動の性格を変化すべきとの意見が次第に提示されるようになる。指揮者・作曲家であった石丸寛は、うたごえ運動が政治的目的に利用されているとの批判は「一種の錯覚」であるとしつつも、平和運動において主張を訴える歌として展開された運動から、生活に則しつつしかも技術的にも支えられたうたごえ運動へと転換を促そうとする意見を展開した[33]。

また作曲家の芥川也寸志も、うたごえ運動は「庶民の生活に直接結びつけられ」たからこそ発展したのだと評価しつつ、「決して今のままでいいとは言えない」と述べて五つの提言をしている[34]。第一に、「理論の欠如」。実践だけではなく理論が必要との主張である。第二に、「何でもすぐに政治闘争に結びつけないと気がすすまないやり方」。芥川はそれが人びとの生活になくてはならないものであったことは認めつつも、そればかりでよいのか疑問を呈したのである。これは、うたごえ運動の政治性を批判する側の論理を一定程度受け入れたものであった。第三に、「やたらにだれにでも歌わせようとする傾向のあること」。第四に、「音楽的な高さを追及する精神を旺盛にしなければいけない」。第五に、「もっと広く音楽専門家の協力を要請し得るような体制を早く作ること」。これらは、より音楽的なレベルを高めることで運動の性格を変化させようとする意見であった。芥川はうたごえ運動にも関与していた作曲家である。彼がこのような批判を提言したことの意味は大きかった[35]。

こうした意見を受け、うたごえ運動側も方針を次第に変化させていく。一九五五年に開催された「日本のうたごえ」祭典では、それまでの平和運動を掲げたスローガンから、「ふるさとの歌を、しあわせの歌を」へとそれを変化させた。人びとの生活に密着するうたごえ運動への転換を図ったのである。『うたごえ新聞』に掲載されたよびかけ文には、「うたごえは平和の力／原爆許すまじ」と、平和運動に対する基軸は残しつつも、「私たちの身のまわりでうたわれているうた、そして長い伝統を持っているふるさとの民謡、平和のうた、明るいうた、闘いのうたをひろめ掘起し創作して〝日本のうたごえ〟祭典に参加しましょう[36]」と、生活に密着した形での祭典を開催する意思を表明したのである。

こうした「日本のうたごえ」祭典の変化は、『毎日新聞』には「『どなる』から歌うへ」「純粋な音楽運動へと転換した」と報じられた[37]。文部省などからの批判を受け、うたごえ運動内部からもその運動の質を変えようとする動きが出、それを評価する意見も見られるようになったのである。また、翌年の『毎日新聞』は次のような見方も示している。

平和運動として進んできた「うたごえ」が、昨年から純音楽運動としての線を強く打ち出すようになった。それは少なくとも「うたごえ」の雪解け現象として広く歓迎され、一そうこの運動を広めるのに役にたったようだ[38]。

このように、うたごえ運動が批判を受けて質を転換させ、主張を伴った運動から純粋な音楽運動へとシフトしたと見たのである。そしてそれによって、運動がより広がったと『毎日新聞』は推測した。しかしこの記事はそれを評価はしていなかった。たしかにこの年の「日本のうたごえ」祭典の進行は「秩序がとれていたが、むしろあまりにも整然と次から次へスムーズに運ばれていった」ため、ステージと参加者の交流も希薄になったという。それを記事は「お行儀がよかった」と評した（記事の見出しには「お行儀がよすぎた」とある）。この言葉からは、『毎日新聞』がうたごえ運動の質の転換を必ずしも歓迎していない様子がうかがえる。平和運動などの主張を伴ったうたごえ運動の方が、エネルギーを持ち、参加者どうしの交流も積極的に図られていたと見ていたのである。

ここからは、うたごえ運動の性格をいかなる方向へともっていくのか、それを決定することがいかに難しかったかをうかがうことができるだろう。高度経済成長期前までのうたごえ運動の成長は、「政治の季節」を反映して社会運動にコミットしたがゆえに果たされたものであった。しかしそうして拡大したからこそ、政治的であると批判をされる。それに対応して音楽的に運動を転換させれば、それまでの運動が有していたエネルギーが減少していく可能性もあった。『毎日新聞』の記事はその点を指摘したものであった。

一方で、この時の「日本のうたごえ」祭典に参加した人びとからは、「今年のうたごえはよかった」との感想が出ていた[39]。例えば次のようなものである。

私は昨年も今年もうたごえに参加したのですが、昨年のうたごえにくらべて、今年は誌的なしかもだれもがすぐうたえるようなものが多く、誰がきいても楽しい（北海道札幌）。

労働歌が悪いというのではないが、大切なことはみんなが一緒にうたうということです（東北若松）。

こんどのうたごえはほんとうに教訓になった。楽しくしかも芸術的なものを感じた。もっと明るさ、健康さをもったうたごえをひろめたい（東京本郷）。

ここからは、一九五五年の「日本のうたごえ」祭典の転換を参加者が歓迎していた様子がうかがえる。もちろん、感想のなかには従来のように平和を求めるうたごえ運動を希求するものもある。しかし一方で、一緒に歌うことの意味を強調する感想はかなり多い。このことは、それだけ参加者にとっても運動の転換への期待感が大きかったことを示しているのではないだろうか。

企業側の視点

高度経済成長は、企業を中心とした社会へと変化することを促した。人びとの生活は企業の体制のなかに組み込まれていったのである。そのなかで、職場のサークルとしてのうたごえ運動はどのように見られていたのか。内外文化研究所という共産党の文化活動などについて調査していた機関の所長であった安嶋史郎は、一九五六年に『経営者』という雑誌のなかに「「うたごえ運動」最近の動き」という文章を寄せている[40]。これは、高度経済成長期の企業側がうたごえ運動をどのように見ていたのかを知る手がかりとなる文章である。

安嶋はこのなかで、うたごえ運動側が「最近は『うたごえ運動は赤だ』という大衆の警戒心を解くことに全力をあげ、斗争的、宣伝的、扇動的なうたごえから生産者に密着した明るい健康な歌、地方色豊かな民謡などをとりあげ」ていると指摘する。うたごえ運動がメディアや文部省の批判を踏まえて、その性格を転換させたことを認識していた。そして、中央合唱団を中心として全国の合唱団が会議をもち、具体的実施方針を討議して「日本のうたごえ」祭典を開催している事実にも触れている。

なぜうたごえ運動は広がったのか。安嶋は、「中央合唱団だけの力では、全国的に発展することは不可能であつたと思われる」と述べ、そこには「高野元事務局長が、中央合唱団関鑑子と提携して、総評の全国組織を、日本共産党の系統に属する音楽運動に提供したことが最も大きな原因であつた」と強調した。安嶋の主張の是非はここでは問わない。たしかに日本労働組合総評議会（総評）の事務局長であった高野実は、うたごえ運動の機関誌にたびたび登場し、次のような文章を寄せている。


メーデーがきました。皆さんのお骨折りで歌を忘れている職場のカナリア達、かわいいカナリア達が、しつかり歌を思いだすように、歌をおぼえるように助けて下さるならば日本の労働階級のために、どんなにいいことだろうかと思います。皆さんが今度のメーデーには、全国主要な労働都市に世話役を送つて下さつたことを感謝します……すべての方々が、自分の働いている職場の音楽の仲間と、皆さんの地方世話役とをしつかりつなぎあわせて地方々々で、地区々々で、新しい歌声サークルをつくつて下さるようにお願いします。

このような職場を土台とする音楽サークルが百でも二百でもふえるならば、その力はこれから歌声の廻りに千も、二千もの、いな何百万、何千万と新しい歌声の戦士をつくりだすことでしょう。そして日本中に黙々と働いているすべての人の口から平和の歌声がかわされるようになるのでしょう[41]

メーデーなどの集会・デモ行進においては、シュプレヒコールを挙げるだけではなく、参加者がみなで歌を歌い、それによって主張を訴え団結を高めた。職場にうたごえ運動のサークルがあったならば、メーデーのように各職場が連帯して運動を展開するとき、それを高揚させることができると高野は考え、うたごえ運動サークルの結成を呼びかけたのである。それは、社会運動を盛り上げるためのうたごえという発想であったと言える。

こうした主張を高野がうたごえ運動の機関誌で展開していたため、安嶋のような発想が登場したのだと考えられる。また、総評がおこなっていた文化講座のなかに合唱の講座があり、そこにはうたごえ運動を担っていた指揮者の北川剛が講師として招かれていた。こうした事実から、安嶋は「職場のコーラス指導が、日共系統の講師でおこなわれていることは、働らくものの音楽運動が、日共工作の最もよい場を与えるものと思われる」「うたごえ運動を中心に職場の音楽運動が、日共の系統に属するものに主導性を占められており、それが日共の組織活動、政治活動工作の成果となつている」と述べ、うたごえ運動が広がった背景には、総評との協力関係を背景に職場の合唱サークルに浸透したからだと結論づけた(42)。つまり、職場がうたごえ運動・共産党の影響下になっていると危惧したのである。

企業側にとっては、労働者のサークル活動は認めつつも、それが団結して組合活動、しかも共産党の影響を受けたものになることは避けたかったと思われる。それぞれのうたごえ運動サークルが共産党の工作を実際に受けていたかどうかではなく、うたごえ運動＝「アカ」というイメージが広がったことによって、企業はそれを回避したいと考えたのではないか。先述したように、むしろ参加していた人びとは自らの活動を「アカ」と見られることを拒否し、一緒に歌うことを目的としてうたごえ運動に参加していたことから、安嶋の言うように物事は単純ではなかった。しかしこうした文章はうたごえ運動のそうしたイメージ増幅させる役目を担っており、企業側にもそのように捉えられたのではないだろうか。

第三節　うたごえ運動の「生活」化

うたごえ運動側では、世間の批判に対して「日本のうたごえ」祭典のスローガンや性格を転換させただけではなかった。運動の内容についても次第に変化を加えていく。まずは、サークルとしてのまとまりをいかに構築するのかという点である。

サークルとしてのまとまり

鉄鋼労連青婦対策部長の三好とらいちが執筆した「孤立してはいけないうたう会の反省の一つ」という文章[43]がその問題を示唆しており興味深い。三好はここで、川崎製鉄のうたう会といううたごえ運動サークルの例を紹介している。川崎製鉄のうたう会は、「最初のころは、色眼で見られるようなフラク会議のようなものがあった」という。フラクとは、政党が労働組合などのなかにフラクションという小さなグループを組織し、その活動によって労働組合の活動をその政党の方針に合致させようとするものであり、共産党が盛んにそれを展開していた。組合内に政党の支持組織を存在させていたと言えるだろうか。当初川崎製鉄の組合はそれを放置していたが、やはりフラク会議の存在が問題となった。「サークル活動は、組合が積極的に援助してこそ育つものであり」「うたう会が紅臭いといって組合が放置しておくのではなく、積極的に組合が、サークルの中に入って間違いをなおして行くべきである」との意見が出たのである。そして、組合とうたごえサークルの間で話し合いがおこなわれ、運営における欠点が指摘されてサークルのリーダーは「反省」し、その後組合はこのうたごえ運動サークルを組合の正式なサークルとして認め、補助したという。

三好はここではっきりとは書いていないが、うたごえ運動サークル側が「反省」したのは、フラク会議のことであろう。特定の政党を支持する活動をおこなうサークルは認められないとする組合側に、最終的にはうたごえサークル側が「反省」しそれを止めたため、組合とうたごえ運動サークルは協調することができた。三好はサークル活動においては、そうした両者の話し合い・討論こそが重要だと強調している。「サークル活動が、職制の圧迫から組合の支援の中でしか守られない現在」、つまり経営者側がサークル活動や組合を「アカ」と見なして認めない現状を踏まえれば、サークルと組合は協調する必要がある。うたごえ運動サークルが共産党の支持のみに偏ってしまっては、労働者全体のサークルとなり得ることができない。三好はこの川崎製鉄の事例を紹介することで、共産党などの政治勢力に固執しないうたごえ運動のあり方を提起したのである。それが『うたごえ新聞』に大きく紹介されていること自体、うたごえ運動側もそうした方向性に合意していたと見ることができるだろう。そこには、批判を受けとめてうたごえ運動に付いてしまったイメージを払拭し、より広がりを持ったサークルとして展開させようとする意図が感じられるのではないだろうか。

こうした意識を有していたうたごえ運動側は、サークルを組織化するような指導をおこなっていった。具体的には、地域や産業ごとに協議会が作られて、それぞれの連携を強め、参加者を増加させる方策に出た[44]。例えば、炭鉱のうたごえ運動サークルでは、「炭鉱のうたごえ」祭典を開催する[45]。そのなかでは、「多くの仲間たちがうけているいろいろな制約や困難を一日も早くなくし、全国の仲間が職場のすみから、社宅のすみから元気一ぱいうたごえのスクラムを組める日が来るように奮闘したい」との意見が出、全国的な交流の舞台・話し合いの場を作ることが目指され、全国協議会結成へと向かっていく。ここには、同じ業種で交流したり悩みを共有する場を設け、それによってうたごえ運動サークル活動をおこなっていこうとする意識を見ることができるだろう。「日本のうたごえ」祭典ではそれまでも業種ごとの合同合唱をおこなっていたが、より密接にかかわるための場が運動の転換後に相次いで結成されていったのである。

また、講習会なども開催され、やはり参加者どうしの交流が図られるとともに、音楽的な技術の上昇も目指されるようになる。一九五六年三月には長野県でうたごえ講習会が開催された[46]。二日間で四五団体一七三名が参加したという。それぞれのサークルの現状報告や懇談の場、発声練習や技術実習などのプログラムが設けられた。長野県という土地柄、参加した多くのうたごえ運動サークルは農村で活動しているグループであった。懇談ではやはり、「アカ」

と人びとからイメージされることなどの共通した悩みが出された。また、講習会では交歓会と批評会もあり、こうした場でお互いの技術を高め合うような経験がなされていく。討議だけでもなく、また技術だけでもない、両者ともに展開される場が用意されるようになったのである。

農村における出会いの場として

個々のうたごえ運動サークルでは、音楽だけではない交流も図られた。鹿児島の生福青年団うたの会は、中央合唱団の鹿児島演奏会で感激を受けた青年たちを中心に、一九五四年ごろに結成された[47]。このサークルは、青年学級のなかのうたの会として始められたという。参加者は四〇名ほど。男性二・女性一の割合なのは、女性が女中奉公などで村を出ていることや夜の外出が禁止されてサークルに参加できないからだという。また農家や町工場で働く人など、あらゆる層の人びとが参加していた。この生福青年団うたの会でもやはり、「アカ」との噂が立ち、参加者も減っていったが、それでも「どんな困難にも負けず今日迄頑張り通し、今又新しい発展のキザシを見せてい」ると『うたごえ新聞』では紹介されている。それは、「青年団の文化部でやっている読書運動や、読書会にも積極的に参加し、学習にも熱心」に取り組んだからだという。このように、音楽だけではなく、地域の青年団の活動、特に読書などの文化運動にも積極的に参加することで、うたごえサークルとしてのまとまりを得るとともに、まわりにもアカのサークルではないと認めさせる効果ももたらした。

その意味で、うたごえ運動サークルは出会いの場ともなった。茨城県のうたごえ運動サークルの集いでおこなわれた討議では、サークル内の恋愛についても話し合われた。このなかでは、「農村には男女の健全な交流の場がないので、歌うことより交際を主な目的にしてサークルに来る人もたくさんあります」と述べられ、これに批判的な意見も紹介されている。しかし、次のような意見も主張されている。

歌うより二人で会うのが楽しくなり、サークルに来れなくなったら、むりにひっぱるより、もっとその二人が喜んで来られるような楽しいサークルにかえてゆくことだ[48]。

ここからは、平和運動のためにうたごえ運動に参加するという意識を見ることはできないだろう。むしろ、サークルとして、また人びとの出会いの場としての意味が強調され、参加者どうしが楽しむためのうたごえ運動という意義が提起されている。そして、うたごえ運動サークル（特に農村部の）がそうした男女の出会いの場となることを積極的に認めた意識とも言えるだろう。そのようにうたごえ運動サークルが変わっていかなければならない、という主張のようにも思われる。そこには、「楽しいサークル」としてのうたごえ運動を求める姿があった。

歌の創作

前述したように、うたごえ運動では、〈原爆を許すまじ〉のように創作された曲も多数歌われた。運動の転換後は、参加者による歌の創作についてもより積極的におこなわれるようになった。作曲家の箕作秋吉は、うたごえ運動が「今年から生産的な過程に入った」と強調している[49]。箕作によれば、これまでは闘争歌や革命歌、外国の民謡が中心であったが、次第に平和を呼びかける歌に移っており、日本民謡も多く取りあげられるようになった。しかも、「職場等民衆の手による作曲が登場し始めたことも特筆に価する」とまで評価し、こうした歌の創作活動をうたごえ運動では積極的にすべきとの意見を展開した。そのためにも、作曲家の協力が必要だと箕作は主張する。

こうした意見の背景を、『うたごえ新聞』同号で掲載された長野県松本市のうたごえ運動サークル・やまばと合唱団を紹介した記事から読み取ることができる。そのなかでは、「みんなで楽しく、きれいに美しく、上手に合唱ができるように高めてゆくことはぜひ必要」との認識がこの合唱団の根底にあることが紹介されている。「日常の生活が明るく、楽しく平和に暮らしてゆく」という意識の下、サークル活動に取り組んでいるのである。そのためには、「この要求にあった歌、生活の中から生れる美しさ（生活に結びついた歌）、何か私たちにピッタリくるもの、そのような歌」を歌うことが必要だと強調される。このように、自らの「生活」に直結するような歌が求められた。それは、革命歌などではなかった。彼らが求めているのは、自分たちにより身近な歌であり、それは民謡でもあり、また創作曲でもあった。このように、うたごえ運動は「生活」化していた。

こうした状況を踏まえて、音楽センターでは、「全国的に非常に活発になっている創作活動の要望にこたえて」、一九五六年五月から七月にかけて、「歌う詩の講座」を開催した。なぜ詩の講座なのだろうか。

これまで、職場や学校や町や村で創作曲をつくって、組合やサークルや青年団でうたうということはなかなかむつかしいことに思われてきた。その理由はいろいろあるが、その一つに、というより、前提として、メロディーをつくれる所まで勉強してきても、歌にすることができる詩が非常に少いことが大きな障害となってきた。[50]

つまり、ただ想いを詩にするだけでは、歌としての詩にはならない。そのため、創作曲を作るためにも詩の創作方法からまず講義しようというものであった。こうして〈原爆を許すまじ〉などを作曲した木下航二らが講師となり、講座が開催された。この動きも、箕作が求めたような作曲家の協力の一つであった。

この講座の内容は、その後『うたごえ新聞』にも掲載された。[51] 木下はそのなかで、自身の前提として「大衆歌曲をつくりたい」と述べた。それは、うたごえ運動に参加している人びとに喜んでもらう歌を自分は書きたいということである。木下自身、人びとに身近な題材を求め、そうした曲を創作することを目指していた。運動の転換後に見られたうたごえ運動の「生活」化には、木下だけではなく職業的な作曲家も積極的にかかわっていった。そして創作曲が多数製作されていく。職業的な作曲家による歌においても、参加者の関心に応じた曲が作曲された。それとともに、彼らが音楽的な技術を伝達することで、一般の参加者たちが自ら作詩したり作曲したりする創作曲が多数生まれていったのである。

おわりに

一九四八年にスタートしたうたごえ運動は、関鑑子というカリスマ的指導者の存在や、労働運動や職場への指導によって急速に全国に広がっていく。当初、共産党の影響を大きく受けた政治性・社会性を有していた。しかし、うたごえ運動は全く共産党のコントロール化にあったわけではなく、政治や社会の動向に大きく刺激を受け、歌を通して平和・民主主義を追求していた。

いわゆる「逆コース」によって職場・労働運動に対しても、その影響が出始めた。労働者の団結を「アカ」と見て批判する風潮も強まった。そのような職場環境のなかで、うたごえ運動は労働者を団結させる作用を持った。一緒に同じ曲を歌い、集い・話すことで、それぞれの思いを共有し合っていくのである。このようにうたごえ運動は、音楽の芸術性よりもむしろ一緒に歌うことに重点を置いていたと思われる。そして、生活に密接に関わる民謡をレパートリーとして多く取り上げた。こうした姿勢が、全国にうたごえ運動が定着していく背景にあったのである。また「逆コース」によって社会運動・平和運動が高揚したことも、うたごえ運動が広がっていく要因となった。そうした運動のなかで、主張を展開し運動を盛り上げるためにうたごえが用いられた。

こうしたうたごえ運動の定着を見、政府・文部省も危機感を覚え、マスメディアなどでは批判意見が展開され、文部省側はうたごえ運動に対抗する動きを展開しようとするものの、それは失敗に終わった。一方でうたごえ運動側も、その批判を受け止め、政治的・社会的な主張ではなく、生活を全面的に押し出す方針へと運動を転換する。

サークルとしてのまとまりをより重視する方向性を打ち出し、講習会なども開催されて技術的な向上などもそれまで以上に目指されるようになった。そうして、一緒に歌うこと・集うことを強調する言説がうたごえ運動側から積極的に発表された。それは、高度経済成長を迎え、人びとの暮らしという概念が次第に意識化されたがゆえの転換であったとも思われる。

しかし、高度経済成長期前までのうたごえ運動は、「政治の季節」を反映して社会運動にコミットしたからこそ発展した側面もあった。そうして拡大したから政治的だと批判されたのである。ところが、一緒に歌うことを前面に押し出し「生活」化すると、エネルギーが減退したように伝えられる。これは、運動が持つジレンマの一つでもあった。それゆえ、高度経済成長前期に「生活」へと運動をシフトしたうたごえ運動は、その後、再び労働運動や平和運動に強くコミットするように運動の方針を転換し、そして社会運動が次第に衰退していくなかでうたごえ運動も弱体化していくことになる。その点については今後の課題としたい。

注

(1)『サンデー毎日』一九五五年五月二八日号、二二―二三頁。
(2)『週刊朝日』一九五五年六月二六日号、三一―一一頁。
(3)長木誠司『戦後の音楽――芸術音楽のポリティクスとポエティクス』作品社、二〇一〇年。
(4)甫出頼之「うたごえ運動の歴史的展開――一九四六年から一九六〇年を中心に」『エリザベト音楽大学研究紀要』二二、二〇〇二年三月。
(5)三輪泰史「紡績労働者の人間関係と社会意識――一九五〇年代日本の職場サークルの歴史的位置」『歴史学研究』八三三、二〇〇七年一〇月。のちに三輪泰史『日本労働運動史序説――紡績労働者の人間関係と社会意識』(校倉書房、二〇〇九年)に所収。
(6)水溜真由美「一九五〇年代における炭鉱労働者のうたごえ運動」『北海道大学文学研究科紀要』一二六、二〇〇八年一一月。のちに水溜真由美『『サークル村』と森崎和江――交流と連帯のヴィジョン』(ナカニシヤ出版、二〇一三年)に所収。
(7)岸伸子「王子争議をうたごえ運動とともに」『女性史研究ほっかいどう』三、二〇〇八年一〇月。
(8)道場親信「「原爆を許すまじ」と東京南部――五〇年代サークル運動の「ピーク」をめぐるレポート」『原爆文学研究』八、二〇〇九年一二月。道場親信『下丸子文化集団とその時代――一九五〇年代サークル文化運動の光芒』みすず書房、二〇一六年。

(9) 武島良成「「竹田の子守歌」の文脈」『部落問題研究』二〇三、二〇一三年一月。
(10) 門奈由子「一九五〇年代後半の「うたごえ運動」――『うたごえ新聞』にみる「音楽の体験」」『日本女子大学大学院人間社会研究科紀要』一八、二〇一二年三月。
(11) 寺田真由美「うたごえ運動における民謡の意義――昭和三〇年代の《木曽節》を例として」『表現文化研究』三（一）、神戸大学表現文化研究会、二〇〇三年一一月。輪島裕介「三橋美智也とうたごえ運動――昭和三〇年代における「民謡」の地位」細川周平編著『民謡からみた世界音楽――うたの地脈を探る』ミネルヴァ書房、二〇一二年。
(12) 道場親信・河西秀哉編『「うたごえ」運動資料集』全六巻、金沢文圃閣、二〇一六～一七年。
(13) 河西秀哉『うたごえの戦後史』人文書院、二〇一六年。
(14) 高岡裕之「敗戦直後の文化状況と文化運動――演劇運動を中心として」『年報・日本現代史』二、現代史料出版、一九九六年。
(15) 長木『戦後の音楽』六九―七一頁、八四―八五頁。三輪純永『グレート・ラブ――関鑑子の生涯』新日本出版社、二〇一三年、一〇―四七頁。
(16) 青地晨「関鑑子伝」『知性　増刊　日本のうたごえ』河出書房、一九五六年四月、一三三頁。関忠亮「大河となる歌ごころを」井上頼豊編『うたごえよ翼ひろげて――一九四八～一九七八』新日本出版社、一七九頁。
(17) 甫出「うたごえ運動の歴史的展開」六九―七〇頁。
(18) 例えば、一九四九年一〇月一〇日発行の第二号は中華人民共和国成立祝賀特集号として、日本共産党の野坂参三の意見や中国革命歌の楽譜を掲載し、中国における共産党政権の成立を祝した。
(19) 長木『戦後の音楽』九五―九六頁。渡辺裕『歌う国民――唱歌、校歌、うたごえ』中央公論新社、二〇一〇年、二五八―二五九頁。
(20) 小熊英二『〈民主〉と〈愛国〉――戦後日本のナショナリズムと公共性』新曜社、二〇〇二年、一二一―一二七頁。
(21) 「日本のうたごえ　一九五二年――中央合唱団四周年記念公演」パンフレット（道場・河西編『「うたごえ」運動資料集』第三巻所収）。
(22) 「日本のうたごえ　一九五三年――全国合唱団参加・中央合唱団創立五周年記念」パンフレット（道場・河西編『「うたごえ」運動資料集』第三巻所収）。
(23) 現在でも発行されている『うたごえ新聞』の創刊号（この時のみ名称は「中央共同デスク　うたごえ新聞」一九五四年一二月一五日発行（道場・河西編『「うたごえ」運動資料集』第二巻所収））は、一九五四年に実施された「日本のうたごえ」について報じたものである。この時は三日間でのべ三万人をも集めたイベントとなっていた。『うたごえ新聞』は「日本のうたごえ実行委員会」が編集している形式を採っている。このことは、うたごえ運動にとって、「日本のうたごえ」祭典という毎年おこなわれるイベントがいかに重要であるかを示しているのではないだろうか。
(24) 『うたごえ新聞』第一号、一九五五年四月七日発行（道場・河西編『「うたごえ」運動資料集』第二巻所収）。
(25) 『毎日新聞』一九五五年七月一〇日付、『東京新聞』一九五五年八月一〇日付、『読売新聞』一九五五年八月三一日付（夕刊）。

(26) 長木『戦後の音楽』一〇四―一〇五頁。
(27) 河西『うたごえの戦後史』一一二―一一三頁。
(28) 林光「うたごえ運動の意義」『音楽芸術』一三（九）、音楽之友社、一九五五年九月、七七―八二頁。
(29) 『毎日新聞』一九五六年二月一三日付。
(30) 『毎日新聞』一九五六年二月二日付。
(31) 『うたごえ新聞』臨時号、一九五五年七月一日発行（道場・河西編『「うたごえ」運動資料集』第二巻所収）。
(32) 『うたごえ新聞』第四号、一九五五年八月一日発行、第五号、一九五五年八月一五日発行（道場・河西『「うたごえ」運動資料集』第二巻所収）。
(33) 石丸寛「組織としての合唱運動批判」『音楽芸術』一三（一二）、一九五五年一二月、一〇三―一〇八頁。
(34) 芥川也寸志「『うたごえ』に望む」『読売新聞』一九五五年一二月七日付、八面。
(35) この芥川の提言は、『うたごえ新聞』第一二・一三合併号、一九五五年一〇月二四日発行に、「うたごえをもっとひろげるために」という題が付けられて、わざわざ転載されている。うたごえ運動側も参加者たちに芥川の提言を広めようとしていたことがうかがえるだろう。それだけインパクトがあったのである（道場・河西編『「うたごえ」運動資料集』第二巻所収）。
(36) 『うたごえ新聞』第七号、一九五五年九月一五日発行（道場・河西編『「うたごえ」運動資料集』第二巻所収）。それは、実際にうたごえサークルに参加している人々からの声でもあった。群馬県高崎市でのうたごえ運動の参加者は、「『うたごえは平和の力』……これは確かにそうですが、これを押しつけては運動のためにかえってマイナスになる」「そういう点で中央のうたごえの方針、スローガンがどうも私達のものにならないのです」と述べている（『うたごえ新聞』第九号、一九五五年一〇月一五日発行〔『「うたごえ」運動資料集』第二巻所収〕）。参加者たちは平和運動の重要性は認識しつつも、そればかりが声高に叫ばれて自らがそこに搦め捕られてしまうことについては危惧を感じていた。これまで繰り返してきたように、うたごえ運動において一緒に歌うことに彼らは意義を感じていた。
(37) 『毎日新聞』一九五五年一二月六日付。なおうたごえ運動側は、こうしたメディアがこの「日本のうたごえ」祭典をどう見ているのかについても注視しており、前掲『うたごえ新聞』第一二・一三合併号には、「うたごえをこう見る／新聞・雑誌などの評」という記事を設け、『毎日新聞』や『東京新聞』などの新聞、『平凡』などの雑誌、またラジオでどのように「日本のうたごえ」祭典が評価されているのかを紹介している。転換がどう世間で評価されているのかを気にしていたのだろう。
(38) 『毎日新聞』一九五六年一二月五日付。
(39) 『うたごえ新聞』第一二・一三合併号。
(40) 安嶋史郎「『うたごえ運動』最近の動き」『経営者』一〇（一〇）、一九五六年一〇月、日本経営者団体連盟出版部、五一―五三頁。
(41) 高野実「歌声を町の中へ職場の中へ」『音楽運動』二、一九五四年四月、四―五頁（道場・河西編『「うたごえ」運動資料集』第一巻所収）。
(42) 安嶋「「うたごえ運動」最近の動き」五一―五三頁。
(43) 三好とらいち「孤立してはいけないうたう会の反省の一つ」『うたごえ新聞』第一〇号、一九五五年一〇月二四日発行（道場・河西編『「うたごえ」運動資料集』第二巻所収）。
(44) 門奈「一九五〇年代後半の「うたごえ運動」」二一頁。
(45) 『うたごえ新聞』第一二・一三合併号。
(46) 『うたごえ新聞』第一九号、一九五六年三月一〇日発行（道場・河西編『「うたごえ」運動資料集』第二巻所収）。
(47) 『うたごえ新聞』第二〇・二一合併号、一九五六年三月三一日発行、第二二号、一九五六年四月一〇日発行（道場・河西編『「うたごえ」運動資料集』第二巻所収）。
(48) 『うたごえ新聞』第一九号。この討議では、前述の鹿児島の生福青年団うたう会と同様に、「アカ」と見られることなどについても話し合いがおこなわれている。その対処策として、駅前の掃除を始めたこと、敬老会や子供会に積極的に奉仕すること、青年団などとの協力を強めていくことなど、地域に開かれたサークル活動をすることによって、そうしたイメージの払拭を図るべきだとの意見が展開された。
(49) 『うたごえ新聞』第一四・一五合併号、一九五六年一月三〇日発行（道場・河西編『「うたごえ」運動資料集』第二巻所収）。
(50) 『うたごえ新聞』第二五号、一九五六年五月一〇日発行（道場・河西編『「うたごえ」運動資料集』第二巻所収）。
(51) 『うたごえ新聞』第二七号、一九五六年六月一〇日発行（道場・河西編『「うたごえ」運動資料集』第二巻所収）。

第7章　同和教育運動の展開と地域社会の関わり
――一九五〇年代における京都市田中地区の勤評闘争を中心に

生駒佳也

はじめに

問題の所在

一九五八年七月、勤評闘争に参加した京都市田中地区の小中学生約四〇〇名は三日間の同盟休校を実施し、京都府・市と交渉をもつにいたった。この様子はテレビ、新聞などマスコミを通じて全国に流され、教育関係者をはじめ大きなインパクトを与えた(1)。部落解放同盟によって「拠点闘争」として準備された京都の勤評闘争は「かち抜いたのは全国でただひとつだけ(2)」という結果を残した。本章は、田中地区において、このような運動がどのような条件のもとで成立したのかを問うことを課題とする。

既に勤評闘争については佐々木隆爾が教員組合運動、部落解放運動と地域社会の関係からその歴史的位置付けをおこなっている(3)。そこでは戦後の教員組合が地域支配構造を変革する役割を担い、安保闘争につながる地域共闘の中軸として、保守政権と対抗した関係を描き出した。この中で同和教育を媒介とした部落解放同盟との共闘への対策から、政府が同和政策を本格化するとの論(4)を展開する。また、安井崇が大阪の教員組合の分析を通じて、戦後の教員組合運動の類型的把握を試み、その中で同和教育運動を通じて地域に密着した課題に取り組む「地域団体型組合」の典型として和歌山を位置づけている。(5) しかしながら「全国でただ一つだけ」の事例と位置づけられる京都においてはまだ分析は試みられてはいない。(6)

部落をめぐる空間の政治学

しかし、ここで扱う京都、特に田中地区の事例分析は勤評闘争、部落解放運動を通じた社会運動論のみを基盤とはしない。従来、部落問題を分析の対象とする場合、政治権力との関係、その多くが天皇制、あるいは地域支配を通じた差別構造を論じており、それへの対抗としての水平運動、解放運動を取り上げる構図をもっていた。これらの論の基盤は、日本の近代社会の分析が農村を中心としたことと大きく関わっている。明治以降、一貫して資本主義化の道を歩んだ近代日本にあっては、都市化は急速に進展したが、それでも都市人口が農村人口を越えるのは一九六〇年代以降である。このため、近代日本社会の特質を「半封建的」ととらえ、その「特殊性」を形成する中でも特に部落差別を「封建遺制」と位置づけ、それを存続させる支配構造・社会構造の究明を課題としてきた。(7) このため東日本と西日本に代表されるように、大きな地域格差を含む部落やそれへの差別の有り様が、均質な問題としてとらえられるようになっていった。

同様にこれに対抗する社会運動も水平運動・解放運動として、その先駆となった関西の事例をもとに、それが各地に広がる過程として歴史的にとらえられてきた。このため、各地の運動や状況の個別性は「周辺性」の指標の一つとされ、「中心」との距離をもって測られてきたともいえる。これらは、従来、「政治支配の構造的特質の視点から、部落問題の本質を運動史によって究明しようとしてきた」(8) 部落問題研究の制約にもよっている。このため同和教育（運動）についての研究も運動史の中に包含される傾向が強く、現実の部落解放運動と不可分な関係を持ちながら進められてきた。

しかし同和教育は、その名称が戦時体制下において「同胞一和」からとられたように[9]、戦後においても差別観念除去をめざした多分に精神的な教育を基盤としていた[10]。これが一九五〇年代を通じて西日本を中心に広がっていく過程では、徳目的な教育技法を重視する向きと、差別の実態から社会変革を志向する二つの立場が混在し、「同和教育」のあり方をめぐり対立を激化させてきた[11]。

一方、京都市を含む都市空間に目を移すと、近代部落の形成と社会運動の発生とは権力的な対抗関係だけでは十分に描けない。近世諸都市は城下町としての性格をもち、身分や社会的地位に応じた都市空間の配分がなされてきたが、幕藩制の崩壊後は、均質な連続空間として新たな都市形成の条件が出現した。江戸—東京はその典型事例であるが、その東京にしても旧幕臣や藩邸の引き上げは特殊な歴史的条件を与えた。京都にも同様のことがあてはまる。朝廷や寺社勢力と密接な関係をもって形成された京都の部落は、「均質な連続空間」の障壁として、近代化の中で新たな条件下で再編されることになった。この場合京都市においては政治空間として大きな役割を果たしたのが学区であった。この学区をめぐり、近代的価値である「平等」が問題とされる時、部落差別は行政にとっても地域住民にとっても克服すべき課題として浮上した。特に都市の「細胞」[12]として学区が形成されていることは、この空間において教育、中でも小学校が重要な要因として機能してきたことを予想させる。空間をめぐる社会運動も教育を媒介に生起する条件が存在したのである。

京都市は、戦前においては全国水平社が創立された地であり、戦後においても部落解放全国委員会（-部落解放同盟）、全国同和教育研究協議会（全同教）、部落問題研究所がおかれ、運動、研究、教育における全国の中心地としての役割を果たしてきた。ここで分析の対象とする田中地区は、その京都の運動を牽引し、朝田善之助、三木一平など多くの活動家を輩出してきた地域である。従来はその「先進性」を戦前—戦後と直線的に結んで説明されてきたが[13]、ここでは田中地区を含む養正学区を見ることで、学区（あるいはその集約としての養正小学校）という政治空間に持ち込まれた諸矛盾が、教育を媒介としながら独自の社会運動に発展していった姿をとらえ、これを明らかにすることを課題とする。このため全国にも先駆けて設置された「子供会」に注目し、その役割と歴史を明らかにし、一九五〇年代の都市空間における地域社会の事例を示したい。

第一節　京都における都市空間の形成と部落問題

学区の成立と「八大不良住宅地区」

旧洛中をもとに市制を実施した京都市は、日露戦後の工業化と人口増加により市街化地域の膨張がおこり、一九一八年と一九三一年の二回にわたり大規模な市域拡張をおこない、これにより排除し続けてきた部落の大半を市内に含むことになった。周辺町村に居住する流入者を労働力として確保し、交通機関の敷設や水道・電力供給などの都市基盤・居住空間の整備をおこなう必要に迫られたのである。これによって近世の穢多村を中心に「八大不良住宅地区」(楽只、養正、東三条、錦林、西三条、崇仁、竹田、深草)が形成された。[14]京都市にとって都市基盤整備は大きな課題となり、中でも「不良住宅区」への「対策」が急務となった。何より一九一八年の合併後四カ月で崇仁・田中地区を中心に発生した米騒動は、行政当局にこのことを痛感させた。[15]これ以降、京都市は社会事業として部落対策を本格化させることになる。このため一九一八年七月に勧業課に救済係を新設し、やがて社会課、社会部、一九四〇年には厚生局へと機能を肥大化させていった。[16]この中で、市は住民間の著しい生活水準格差を政策によって緩和する必要性を認識し、住宅、浴場、託児所などの社会事業施設を設置するほか、地域有力者を取り込み、都市住民の日常生活を地域ごとに把握する方面委員制度を整備した。これに対抗する形で水平社や無産政党が登場するが、本章の対象とする田中地区では、労働運動の影響下で、地域有力者と対峙する形で水平運動の拠点を形成している。

この京都の都市構造は、学区制度という独自の空間を基盤に形成されていた。明治政府から遷都に伴い出された慰撫金を資金に、町組は学制よりも三年も早く番組小学校を誕生させた。やがて町が公同組合として形を変え、六一学区を形成し、各学区が「隣保補助」「庶民自治」「行政機関への協力支援」をおこなう機構として制度化されていった。このため学区は単なる通学区域と異なり、学務委員という執行機関、区会という議決機関をもち、小学校経営費用を学区市税として徴収できる地域秩序、社会生活の基盤を形成する独立体として機能した。この学区は制度上、一九四一年の国民学校令の実施により廃止されたが、それ以降も都市の「細胞」として地域住民活動の単位となって定着し、地域住民の意識も規定してきた。

近代京都の部落問題はこの学区と深く関わってきた。学区をもとに市が形成されている特質から、市域が拡大した大正期に入ると、部落を含む学区と旧市の学区との所得格差が歴然と表出し、格差を是正すると期待された教育において逆に顕著な条件の差となって現れた。市内で最大規模の崇仁地区は、ほぼ部落で一学区を形成していたため、学区外との摩擦が差別となったが、それに次ぐ規模の田中地区は、人口増加率が市内部落の中でも突出しており、養正学区の中でさまざまな軋轢を生じた。児童数が増えると学級が増加し、新たな教室の需要は起債などで学区民負担となった。こうして学区内では教育の場においても差別の視線が成立していった。

同和行政・教育の再開

ＧＨＱ／ＳＣＡＰの民主主義普及を担った民間情報教育局（ＣＩＥ）は、六・三制の実施、特に新制中学の設置に民主改革の成果を期待した。しかし、戦後の財政難からも実施がはかどらず、「六・三建設」とも呼ばれた独立校舎の設置は進展しなかった。「教育改革こそ、日本が民主国家、文化国家として再生するための礎であり、幾多の困難があっても、最優先の緊切な政策課題として徹底して取り組むべきであるとの一途な信念」(17)をもつ代表的人物であった京都軍政部教育課長のケーズ(18)は、大きな戦災にもあわず、旧学区制度という独自の地域組織を存続させた「古都」京都において威信をかけて教育改革に乗り出した(19)。

神戸正雄市長の諮問機関として設けられた京都市教育委員会は、一九四七年八月「新制中学の設置設備に関する件」

を審議、各支部教育委員会に研究協議を通知したが、このことが学区の変更を伴うことから反対の市民運動を広げる結果となった。翌年二月、京都軍政部は「京都における六三制完全実施に関する勧告」を出したが、実施をめぐり軍政部・市と住民との間に緊張が高まり、数多くの請願書が提出される事態となった。[20] この軋轢は特に部落を含む学区においては顕著であり、養正学区においては一九四八年度当初において八〇名の越境通学生を確認している。[21] 養正小学校は市教委に対して再度の解決申し入れをおこない、「区外児童・生徒の整理について」との指示を出させることに成功し、四四名の児童が帰ってきた。越境生の一人であった森口兼二（京大教育学部助教授）は、この間のことを「「なぜ自分は近所の子のように養正校にゆかないのか」という疑問にこたえる親の態度から、養正校に通う人たちは、自分たちより一段下の人びとだ、といった理由のない優越感を身につけて了っていたのである[22]」とのちに述べている。

一九四八年三月に発表された「新学制実施要綱案」は、府立一中・二中を含む旧制中学一二校を、また皆山・郁文小学校を含む九校を新制中学に転用することを盛り込み、市会に可決させた。京都軍政部は第一軍団を通じてこのことを直ちにGHQ／SCAPに申し入れ、GHQ／SCAPは文部省に対して新制中学の整備を新制高校の発足準備より優先させるよう全国に徹底することを求めた。京都の教育改革を占領政策のモデルケースとしようとしたのである。この姿勢は教員組合への対応にもあらわれていた。一九四七年一二月、京都府教職員組合協議会は、軍政部に対し府教育会館の譲渡を申し入れるが、ケーズによって、組合がまだ「民主的でない」こと、教育予算、PTAをはじめ組合が主導権をとるべきであった問題に対し充分な働きをしていないことを理由に断られている。[23] さらに京都軍政部は部落問題にもその目を向けていた。グリスマン衛生課長・ケーズCIE課長・パトナム厚生課長はそろって市内部落の改善に乗り出し、特に東三条地区の改良に着手し、[24] また部落青年組織リーダーにも援助を与えている。これに対応するように京都市厚生局は一九四七年五月民生局（福利課）と名称変更し、翌年八月には京都市同和問題協議会を設置した。[25] このような中で、部落問題研究所も市の主導によって設置され、全国的にも最も早く、また大規模な京都市独自の同和行政がすすめられていった。

戦後における同和教育は、戦前とのつながりをもちながら、教員の自主的な運動として始動した。京都はその中でも最も早期に再開され、やがて西日本を中心に地域に応じた教育として展開していった。この動きは一九五〇年代に入ると同和教育研究団体や教職員組合によって組織化され、教育行政もこれに対応するようになっていった。

戦時中、京都府下では府民生部のもと、都市ごとに同和教育研究会が編成されていたが、その核ともなった崇仁小学校勤務経験者[26]が牽引する形で、府民生部支援のもと一九四六年一月同和教育京都府連合会としてこれを再建した。やがて発足した新制中学では、実態調査もとに一九五〇年、京都市中学同和教育研究会が『中学校同和教育資料の手引き』を発行、各学校でようやく同和教育が取り組まれるようになっていった[27]。京都は、部落解放委員会、同和教育研究会京都府連合会、部落問題研究所など諸運動の全国的先進と、戦前からの府市による行政実績やその担当者の連続、さらには京都軍政部の先行的改革の成果として戦後いち早く同和対策事業を再開させたが、その内実は、府市の民生部局の行政窓口をもって、官民協調の行政・運動の協議会を設けて部分的な改善事業を実施するにとどまったともいえる。

この中で、差別が顕在化した戦前の「八大不良住宅地区」、中でも崇仁、養正学区を中心に同和教育が展開されたが、それはまだ個々の小学校や教員個人の営みに頼っていた。しかし、部落問題研究所、全同教（当初は皆山中学に事務局）が京都市中におかれたことは、先端的教育実践やその必要性を裏付ける歴史理論を全国に広めることにつながった。

第二節　養正学区における同和教育運動の展開

養正学区と田中地区

養正学区は一九一八年の京都市の市域拡大によって上京区に組み入れられた元愛宕郡田中村周辺地域である。当初は第三〇学区としたが、左京区の設置に伴い養正学区[28]と改称した。「八大不良住宅区」の中で最も規模の大きな崇仁に次いで面積、人口とも第二位の位置を占める。ただし、崇仁、楽只が部落でほぼ一村を形成していたのに対し、養正では学区のほぼ三分の一程度が部落人口であった。田中地区の貧困から戸別割税の滞納者が多く、合併前の村議会では問題となっていた[29]。ただし、一九一八年京都市編入となった部落を含む隣接町村の中では最も流動率が高く、八地区の中でも最も高い人口増加率をしめしていた。この学区では鐘紡高野工場（一九〇八年操業）に代表される工業立地が進み、労働者が多数居住するようになり市街化が進んでいたのである。この中で田中地区は「近年その四周に於ては都市計画事業、区画整理事業着々と完成し、面目を一新せるに拘らす地区はその咽喉を扼し、以前として改良の緒に就くに至らず、その発展を阻害せる事夥しい[30]」地域であると位置づけられていた。

このような条件の下で京都水平社が田中地区から生まれた。京都水平社は鐘紡争議、洛北友禅工争議、市バス争議など労働運動と密接な関係をもちながら、消費組合や洛北診療所、さらには養正少年団としての子供会活動などを展開し、田中地区は京都における水平運動の中心地となっていった。ただし、東本願寺や京都府親和会から表彰される融和団体の中心地でもあった。田中大正会、婦人会、少年会、処女会、さらには上級学校進学を目指す交心会など、水平運動に対抗する諸団体も保守層をもとに組織化されていき、狭い地域社会の中でさまざまな運動や思想が交錯、対抗しながらも共存していた。

養正学区における同和教育をめぐって

戦前の養正学区の教育状況については、一九四一年『京都市社会課調査報告[31]』によると、「無教育の者八四五人（三九％）、尋常小学校中退者三九〇人（一八％）ありて、義務教育を完了せざる者六七％に達し、尋小卒業程度の者六三五人（二九％）、中等学校在学以上の学歴のある者は五％に過ぎず、その教育状態の甚だ低き事を看取し得る」と報告されている。さらに具体的に小学校の状況を養正国民学校『本校教育の概要[32]』をもとにみると、第一に「地区児童と半島人子弟を多く持つ処に本校の特色あり」とあげられ、全児童は一五八〇人中、「一般普通児七七八、地区児童五二〇、半島人子弟二八二」となっている。第二に「半島人は生活費低き地区内に居住する者多く而してその中には内地語の充分判らざる母親多く」「家庭との充分なる意思疎通の求め難きこと多く」「その家庭人を見る時、未だ真の日本精神に徹せざる憾み多く、只児童のみ皇国民精神に活くる乎の心地す」「されど（略）性格上遺憾なる点は盗癖の多きことなり」と取り上げる。次いで「地区の児童は概ね恵まれざる不良住宅に居住し、カード階級等貧家の子女多く、又その多くは筋肉労働者の指定にして従って次の如き欠陥を有するもの多し」と部落について述べられ、「低級、野卑、乱暴」「服装、学用品充分ならず」「身体、衣服共に不潔」「不良行為のもの多し」、最後に「トラホーム疾患多し」と列挙される。第三にこのため「悪素質、劣れる条件を多く有する児童多き為め教授に、訓育に、養護に、錬成に、職員が熱心になればなる程人知れぬ労苦多し」としていることから、養正教員にとって、「半島人」「地区」児童は学校教育基盤を脅かすものととらえられていたことがわかる。また、すでに一九三三年度には「他学区へ通学セル児童」が二四三人とあり、部落周辺地からの越境者が報告[33]されている。

戦後においては一九四八～五二年にかけての養正小学校での同和教育の取組みが打田秀夫によって報告[34]されている。これによると養正小学校では「在籍児童数一六〇二名（昭和二七年）中、部落児童二八〇名朝鮮人児童一八〇名で、経済的に見ると最下級と思われる家庭から上流階級まであり、又、教養の面からも未修学及び小学校中退父兄が一〇％余りある反面、大学教授の数も多く、あらゆる意味に於ける日本社会の縮図的存在である」とある。敗戦をはさんだ一〇年間で「部落児童」「朝鮮人児童」の比率、義務教育未完了者の比率は大幅に減っており、また、大学教員の保護者が多いことも登場する。

この中で、田中地区の詳しい状況（一九五一年）を見るため表7-1を見ると、不安定就労が多いことがわかる。[35]「勤め人」においても「土

表7-1　田中地区職業調査

職業名	男	女	計
日雇	106	120	226
靴職	108	3	111
勤め人	101	42	143
友禅	48	20	68
商業	30	17	47
屑屋	21	4	25
飲食店	1	5	6
無職	65	286	351
土木業	7	0	7
その他	69	20	89
不明	2	2	4
計	558	519	1077

注）1951年8月京都大学医学部戸別聞取り調査（『京都大学部落問題研究会　京都田中部落総合調査』1956年4月）

木、水道、交通運輸関係」の肉体労働であった。特に「婦人労働者」が多く[36]（外勤九七名中、日雇六三人、友禅工八人ほか）、日当の半分が子守代にとられ「自然無料である自分の子供に託することとなり、学童の不就学の源を作ってしまう[37]」悪循環が指摘されている[38]。

このような田中地区を含む学区をもつ養正小学校の教育実践報告は、水平運動の「輝かしい伝統」をもつ地域の取り組みとして大きな反響をよんだ。「明るい民主的な社会を建設して行く理想を養うと共に、その実践力を身につける」ため、越境生対策、トラホーム・シラミ撲滅、長欠児対策、父兄の差別意識払拭、部落の自主的更生意欲涵養などを目的に学校が本格的な同和教育を再開したのである。

ここでは、トラホーム対策においては、府市当局・保健所・府立病院・PTA・教職員で一九四八年から対策委員会を設置し、集団検診の結果、部落児童患者三九％、部落以外児童患者一八・四％を一年目に半減させ、以降毎年着実に減少させていることや、また前述した越境生対策の他、長欠児童対策では、民生児童委員らと共に就学奨励対策委員会を設け、原因の貧困対策から生活保護適用のため民生委員と協力し、一九四八年に四九人だったところを五年後には六人に減少させていることを、最後に解放委員会、大学サークルなどが中心となって実施している夜学校から小学校教員に参加依頼があり、市当局から補助金を得ながら、児童の欠席日数が減り、学力が向上していることが報告された。

しかし、この報告は、前年の京大生、吉矢友彦の「京都田中地区における子供会の活動について[39]」の内容と整合しない。吉矢によると、京大はじめ学生サークルが中心となってはじめた夏期学校が成果をおさめ、最後に町内で盛大な学芸会を青年会、教員、朝鮮青年、父兄とともに開催したところ、町内の「反動勢力」から、「赤」の夏期学校へやるなとの宣伝が流されたという。夏休みが終わり夏期学校を友の会に改め勉強指導を続けようとしたところ、自治会、市民生局から後援を取り消され、隣保館、寺なども会場使用を拒否され、共同浴場の二階で勉強を始め、子供たちが署名をもとに市民生局に要求するなか、自治会の改選によりメンバーが一新し、一二月から隣保館の使用が認められた。しかし、翌年一月末には、「友の会はなくなり、養正小学校の教員によって補習会が開かれるので、そちらに行くように」と民生委員が戸別訪問してまわり、これに反発した子供たちが団結して、「町内ボスをツルシ上げた」。その後、養正校と友の会、隣保館長の協議会が開かれ、不就学問題に対する養正校の無策や、子供の自治会活動への妨害を追及し、友の会と補習授業を共存させることに合意した。先述の『京都市社会課調査報告』や養正国民学校『本校教育の概要』に示された一〇年前の姿と変わらず田中の子は学校でも差別され、不就学も学籍簿の上だけで処理されていること、学校が友の会つぶしに補習会を開いていることを批判している。

さらに打田報告の四カ月後には、「田中生」が、吉矢に近い立場から「京都田中部落における「子供を守る」闘い――サンマースクール《ママ》の反省[40]」を投稿している。ここでは一年目（一九五一年）には「部落解放委員会の指導下」「進歩的学生」によってサマースクールが開かれ、二年目には「部落解放運動の一環として、進歩的学生」に「小学校教員組合有志」が加わった。三年目の当年には「アメリカ植民地化に対する闘い」として「解放委員会、小学校教組、中学校教組、学生有志」によって準備されたという。養正教員については「これまで『差別的同和教育』にわざわいされて、部落問題から逃避的であった」が「補習教育のため部落に足を踏み入れるようにな」ったと述べる。この中で一九五二年から解放委員会が「町内刷新闘争」を繰り広げ、「友の会」と親たちによって、「教科書よこせ」「修学旅行費よこせ」「給食費闘争」などの教育闘争を展開し、従来学校では「就職問題の枠の中」にしかなかった同和教育を「部落解放＝民主化教育」に発展させたと指摘する。特に「教育労働者と部落父兄が子供を中心に結合」することでPTA強化をはかり「新しい同和教育、正しい民主教育」を推進する必要性を説いている。

ここから見えるのは、単に養正小学校が同和教育において突出した成果をおさめていることへの疑問と、田中地区の政治構造に同和教育を媒体として、学校、教員、組合、解放委員会、自治会、市、学生などが深くからんでいることである。吉矢、田中生の言に従えば、学生サークルは朝田の解放委員会、また教員組合とも密接につながっており、地域有力者は地盤を侵食するこれらの動きに対抗しようと市当局を通じて、また学校を交えて対策を講じたことになる。しかし、小学校教員・大学生・解放同盟を代表するであろう打田・吉矢・田中の三者の主張は、「真の同和教育」、「総合的な解放闘争」、「正しい民主主義」との理念を部落という空間によって実体化させようとする共通性をもっている。

田中地区と京都大学

吉矢たち大学生の田中地区での運動はどのような背景をもっていたのか。直接的には、一九六七年部落解放研究第一回全国集会において京都府連合会が田中子供会のことを報告している。[41]ここでは明治期の親友夜学会―大正期の水平社―昭和初期のピオニール活動と戦後の解放運動を直線的に結んでいるが、戦後の運動のきっかけは一九五〇年の共同浴場の不正事件であり、また原爆展を開くために田中地区に来ていた京大生に対して部落解放同盟田中支部が「手助けを依頼」[42]し、京大セツルメント[43]十数人の学生の協力で町内の子供たちの勉強をみる夏期学校が開かれたことが子供会の最初であったとされている。しかし、地域の自治会幹部によって隣保館や共同浴場二階から子供会が追い出され、これに対する運動を学生が中心となって組織していったとあり、[44]吉矢の投稿の内容はこの時のことだと考えられる。[45]

吉矢は当時、経済学部選出の同学会代議委員会副議長であった。[46]同学会は全学的な学生自治会であったが、戦前からの親睦団体である学友会を引き継ぎ、[47]他大学の自治会とは異なる組織形態をとっていたが、一九五〇〜五二年にかけては学生運動が高揚し、[48]激動の時期となった。レッドパージ反対闘争、朝鮮戦争出動抗議、警察予備隊設置反対運動、全面講和運動、破防法反対ストなど「平和と人権」に敏感な空気が生まれ、それまでとは異なり大学当局とも衝突するようになっていった。このような中で原爆展は一九五一年五月春季大学祭で開かれ、これが好評を博し、七月には京都駅前丸物百貨店で総合原爆展として開催され、大きな反響をよんだ。当事の占領下では原爆についてふれることはタブーであったが、弾圧の中、公民館や学校、職場など各地でさまざまな形態で移動展示がおこなわれた。[49]その実働を担ったのが同学会であった。吉矢はこのため田中地区で原爆展を開催し、子供たちや地域の活動家と接し、夏期学校を開催したと考えられる。

しかし、秋の文化祭でも原爆展を開催しようとしていたところに一一月、京大天皇事件[50]が発生した。昭和天皇の京大訪問をめぐるこの事件で、中央執行委員八名が無期停学処分となり、同学会は解散させられた。処分を受けた一人に教育学部選出で同学会副委員長だった内山一雄がいた。彼は事件後、学生運動の拠点ともなっていた百万遍の学生会館に住むようになり、吉矢の影響から、田中子供会に参加したという[51]。原爆展、天皇事件という京大の学生運動高揚の受け皿となったのが、小川太郎が指摘していた「田中」であろう。「田中生」との名前は先述の『部落』のほか、『解放新聞』にも見られるが、当時田中地区に下宿し、解放運動で活躍していた京大生の田中三郎なら大学と田中地区を、また学生運動と解放運動を結ぶことが可能であった[52]。『解放新聞』（一九五一年九月一〇日）に田中生が京都府連合会として書いた「夏期学校の組織と成果」には、京都市福利科同和係が青少年対策の一環として夏期学校を計画し、田中を「補導員」として任命したが「無給」であったため、運営計画を解放委員会として立てたとある。この言に従うなら、行政の「補導」対策を、地元解放委員会が京大生たちとともに友の会に仕立て直したととれる。このため地域有力者、市当局、小学校と友の会との間で対立が生じたのであろう。「友の会」や解放委員会との交渉の結果、再び隣保館の使用が認められ、補習学校との並立が妥協されたと考えられる。

勤評闘争で田中子供会が華々しい活躍をして以降、田中子供会にふれたものが散見するが、そのほとんどが戦前の水平運動、ピオニール運動の伝統にルーツを求めている。しかし、戦前の水平運動の「栄光」から、全国の部落有力者・解放運動家、あるいはその子弟が学園都市でもある京都に進学する際に田中地区に下宿を求め、その代表ともいえる田中三郎のような人物が大学と部落を結びつけたであろう。田中地区の人びとが「下宿同盟」と呼んだこれら下宿学生たちの中には、後に京都府連書記長となる塚本景之や、京都市副市長となる松井珍男子も含まれていた。彼らは隣保館近くの若井家が経営する下宿を中心とし、地区内に数軒ある下宿学生たちを結び、朝田宅に集合していた。京大同学会有志と田中地区の下宿学生から始まり、京大セツルメントが加わり、さらに学生自治会や学生会館のつながりから京都市内の諸大学の学生十数名で運営されてきた友の会に、やがて、立命館大学をはじめ、同志社大学の学生も参加するようになっていった。吉矢、田中、内山たちの活動が「解放委員会の朝田さんの全面的な支持[53]」のもと軌道に乗っていった[54]。

では、子供会[55]はどのような活動を展開していたのか。初期の夏期学校では、日曜を除く毎日午後七～九時まで小学一年生～中学三年生までの六〇～七〇人を集め、夏休みのワークブックを中心に勉強を教えていた。また日中に下賀茂神社で写生大会をしたり、八瀬に泳ぎに行ったり、また夜に幻燈会や学芸会もおこなっている。当時は「町の子」と「田中の子」は遊びも学校行事も分かれており、田中の子供たちは他の子供たちのように遊びに連れて行ってもらうことがなかった。また「読み書きや、算数の皆目できない子供も相当見出され」、不就学の数字には表れない「断続欠席者」も多かった。吉矢たちはこのような「植民地教育の被害―不就学児童の増加と著しい基礎学力低下―等から子供達を防衛し、此の被害が特に著しい『部落』という社会的にも経済的にも弱い地域で教育問題を提起すること[56]」を目標としていた。夏休み後にこれを継続させるために友の会をつくったが、町の有力者、市当局、小学校から「横ヤリ」が入った結果、曜日を変えて小学校の補習学級と友の会と分立するようになり、この形態が一九五〇年代を通じて続くことになった。また五〇年代後半になると、子供会ＯＢが指導に加わるようになり、自主性が高まっていった。

このような大学と部落の結びつきは、京都が学園都市でもある条件が大きいが、もう一つには、中国革命や日本共産党の闘争方針の影響もあり、「人民の中へ」を志向するインテリ層の社会改革意識が横たわっていた。その代表的なものに国民的歴史学運動があげられる。一九五二年五月に京大国史研究室学生を中心とした民主主義科学者協会京都支部歴史部会が制作した紙芝居「祇園祭」が六月には養正小学校で上演され[57]、京都市内を巡回し、職場やサークル、学校にも貸し出しされた。さらに、大学生たちがおこなっていたフォークダンスやロシア民謡などの歌声運動[58]も田中

表 7-4　住宅

借家	75.0%
自宅	18.0%
間借	6.0%
官舎	1.0%

表 7-3　保護者職業（1007 人）

職業	%
商業	17.58
手工業	16.39
会社員	14.80
土木業	10.83
官公吏	8.44
自由	7.55
工業	6.06
日雇	5.06
交通運輸	3.38
事業主	1.09
農業	0.70
その他	8.00

表 7-2　保護者学歴（回答 1007 人）

学歴	父（%）	母（%）
未修学	4.53	6.64
小学校卒	14.59	18.78
〃　中退	1.86	2.58
高等小卒	11.05	11.24
〃　中退	0.40	0.40
中学卒	7.64	2.10
〃　中退	0.95	0.67
高専卒	2.45	0.78
〃　中退	0.17	0.00
大学卒	2.96	0.06
〃　中退	0.22	0.00

注）表 7-2 ～ 4 は、1948（昭和 23）年 10 月調、実態調査第二部家庭調査養正小学校

地区の子供たち、また青年層にも魅力的に映った。これらの「先進文化」を身にまとい、さらには「自主性」を重んじる教育スタイルは、子供たちを子供会に引き付ける魅力となった。

河西秀哉は敗戦後の学生運動の展開過程で「自治」と「理性」が重要なキーワードになったととらえる。[59] 戦前戦中の記憶や経験が直接に生きていた一九五〇年代前期の大学空間は、「帰郷活動」[60]との言葉に表されるように「自治」「理性」を社会に還元することを志向していた。吉矢たち大学生は「部落で端的に現れている子供の教育と文化の危機」を見、「全町のすべての人びとと手を結んだ総合的な解放闘争」を目指した。このことが、京都大学と田中地区という隣接するが異なる空間を結びつけることになったと考えられる。

第三節　勤評闘争と地域社会

ＰＴＡ会報にみえる養生学区

養正学区の状況はどうであったのか。ここでは「昭和二三年一〇月二五日―三〇日調べ　実態調査　第二部家庭調査」[61]（以下「実態調査」）及び、「養正ＰＴＡ会報」[62]（一九四九年八月第二号～一九五九年一一月第九九号、以下「ＰＴA会報」）から見える学区の状況を述べる。「実態調査」によると保護者学歴は表７‐２のとおりである。未修学及び小学校中退者の義務教育未完了者が

一五・六一％含まれている。当事の京都市の保護者学歴状況は不明であるが、養正小学校教員が「現在に於ける学歴標準を中学卒と見て」いることを勘案すると、中学卒以上が一六・三八％しかなく、「高専、大学卒よりも未修学が多いというところに家庭教育に於ける問題」を見ているのは肯首できよう。また、保護者職業においては、表7‐3に見えるように、手工業、土木業、日雇、交通運輸で三分の一を越え、分析では、これに商業、会社員も「肉体労働」に組み入れており、「これを見ると児童教育に当る余裕がなく又知能方面に欠けると見なければならない。よって児童は社会生活環境にめぐまれていないと云い得る」としている。また借家率も高く（表7‐4）、生活扶助世帯が八・五％と京都市全体の三倍[63]を越えている。

「家風」については「因襲的三〇・八九％、民主的二六・九％、放任四二・二一％」と分類され（ただし、これは「教員の推測」であり「主観が含まれる」とする）、「（放任の割合は推測ではあるが）ほぼ確実性があり、ここに当学区内に於ける教育に対する関心の程が示されているのではないだろうか」と結論づけている。記述式の「学校への希望」では、「自由にしてほしい、時代に即した教育」「米国式教育を望む、封建的ではいけない」が多い一方、「民主教育のはきちがいを訂正」、「個人主義的教育」「自由放任主義」「民主教育」への批判も同数程度確認できる。注目されるのが、「家庭での勉強は一・二時間はするよう」「厳格にしつけてほしい」「行儀、言葉に気をつけて頂きたい」との躾を求める声が特に多く、また「遅進児の補導教育」「衛生知識を与えてほしい」「トラホーム治療にもっと積極的な態度をとられたい」との対応を求める声、逆に「給食の平等化＝貧乏人は食べられない」との要望が交錯している点である。打田報告による先進的な養正の同和教育実践はこのような学区保護者の同調圧力にも根拠をもっていたことがわかる。このため、学校が各家庭に配布する衛生関係の号外は『こどもがかかれば死ぬ！　おそろしい日本のうえん』のように仮名書き、ルビ付き、イラスト入りとなっている。一方、『バザー協力の御礼』や研究指定校に選出され協力をもとめる『実験学校について』の号外にはそれらが見られないだけでなく、保護者との対談形式で「進歩的教育」や学校予算の説明がなされ、さらには京都市教育の概況が知らされている。

「ＰＴＡ会報」は、当初一〇頁、年一〇号発行で始まるが、すぐに一八頁の大部になる育友会、ＰＴＡとしても珍しい冊子である。一般的に見られるような、学校側から保護者への連絡書としてではなく、戦後改革の歴史的位置付け、政策（特に教育政策）への意見、世界情勢への意見や提言、京大天皇事件・旭ヶ丘事件や京都民主勢力への意見、教育・哲学・文学・科学論などが多く載せられ、教員、生徒作品以上に保護者の文章が多いことに特色がある。特に京大教員の文章が多くみられ、田村実造（文学部教授）、臼井二尚（文学部教授）、善波周（文学部講師―助教授）、川畑愛義（医学部教授）などが数多く登場する他、中川一郎（総合法規研究所長）、矢内原伊作（大阪市立大学助教授）、ロバート・Ｈ・グラント（同志社大学講師）など他大学や研究所関係者も見られる。このことを反映するように、一九四九～五九年の間に判明する九人のＰＴＡ会長のうち、七人が大学、研究所関係者が占めている。これは、先の「実態調査」において、父親の大卒者が三％しかいないことから、きわめて少数の階層の保護者がＰＴＡ役員を構成していたことを表す。これを示すように京大部落研文書（一九六一年頃のものと推定される）には「田中の親はＰＴＡに参加していない」と指摘している。

なかでも、第三三号（一九五二年六月）の善波周（当事児童委員長）の巻頭言「私たちは何をすべきでしょう(64)」が、保護者や教員の意識を代表するであろう。ここでは養正小学校ではＰＴＡ活動が活発で教育成果をあげているにもかかわらず「一方では相変わらず、「何だ養正か」と頭から問題にしていない人」が多く、「私たちの側でもそれについて充分反省すべきものがあるはず」だとする。その原因は他校では「ＰＴＡの指導者並びに教育に関心を持っておられる方が非常に多く、いわゆるレベル以下の方が割合に少ないのに反し、わが養正校では、指導者の方及び熱心な一部の方は、むしろ他校のそれに優れるとも決して劣っていないのに、惜しいかな、レベル以下の家庭や児童がとても多い」とイラスト入りで指摘する。この対策には「児童会を育成」し、「今年は特に、町内の子供

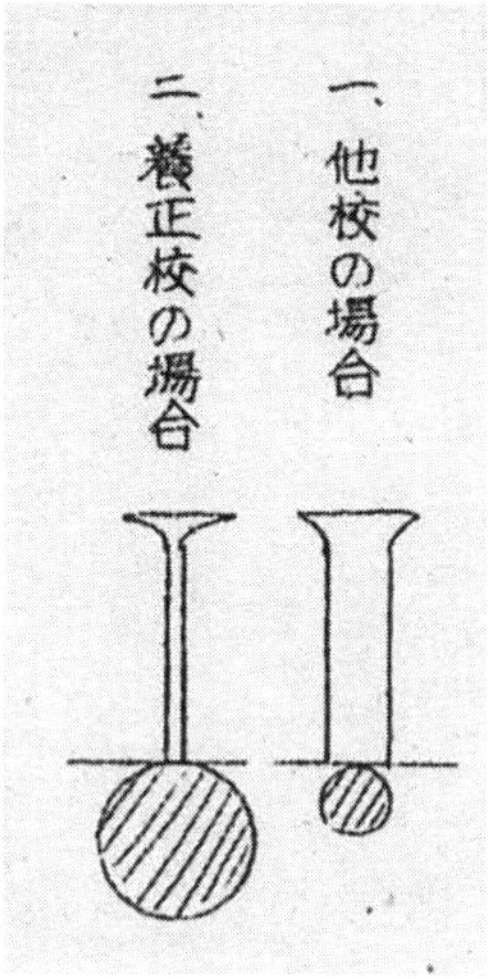

図7-1　善波周「私たちは何をすべきでしょう」イラスト（『養正小ＰＴＡ会報』第33号）

会の受入態勢をととのえる」ことが第一だと訴える。これに付して「家庭教育」を問題にし、「先生と親が一緒になって」「社会環境という友だち同志の世界を児童会の活動によって改善すること」が必要だとする（図7－1）。

この指摘は、前年の田中地区での夏期学校、友の会の活動を意識していると思われる。一九五一年より、小学校とPTAは学区内の町内別児童会を結成していった。その会長に善波が就任した。この年からPTA主催で「夏季学園」が開かれ、さらに町内別に「分園」をもつ形をとった。それが第二五号（一九五一年九月）の田村実造「夏季学園」に登場している。[65]ここでは各町の分園以外に「他に西河原町（田中地区）において隣保館を会場として開かれた」と異なる扱いをもって紹介されている。小学校、PTAにとっては、「レベル以下の家庭や児童」を象徴する田中地区は、養正教育にとって最も「対策」を必要とするものと受け取られ、町別児童会を通じて統制を加えようとしていた。同様に市当局も「補導」対策として隣保館事業に夏期学校を組み込んだ。しかし、ここにPTAがとらえた「民主主義」と対抗するように、解放委員会や京大生たちが別の「民主主義」を持ち込み対立関係が生じたと考えられる。一方の「民主主義」は知識層の保護者を中心に主に京大教員の「理論」をもって広められ、そこには養生小学校教員も加わった。このためPTA主催の夏季学園には「自主性」をもたせるため、京都学芸大の中から「選りすぐられた」寮生が指導者としてあてられている。しかし、夏季学園の最も大きな課題は「補導」であった。翌一九五二年の開園に際しては、これを補完するように「補導委員会」を立ち上げている。さらには第四五号（一九五三年九月）「夏季学園の反省」においては「学習の習慣を持続」させることと「不良化から少しでも遠ざけたいとするのが夏季学園の主な目的である」と述べられる。[66]「家庭教育（非行少年・性格異常児問題）」「しつけ」「衛生」「貧困」「補導」は一体としてとらえられ、第三五号（一九五二年九月）まで、一言も出てこない「同和」問題を象徴していた。それは一九六〇年まで養正小学校職員組織において、「朝鮮人教育」「道徳教育」が「研究部」に所属しているのとは異なり、「同和教育」が「補導部」に所属していることから[67]も予想される。そして最初の「同和」の言葉は、「教員組合の一員として」大将軍小学校から「田中の夏期学校に参加」した池田正太郎[68]によって持ち込まれた。そこでは部落問題を「社会の問題」「教育や政治の組しき」の問題と理念化してとらえているものの、「学校やＰＴＡ主催の夏期学校がありながら、別にこうしてひらかなくてはならい根本のもんだいはＰＴＡとしても大きくとりあげるべきことではないか」と苦言を呈することにつながっている。

ほぼ全員組合の形態と取る京都教職員組合（京教組）は、学校と一体化していた。職員会と分会は、組織は異なっていても意思集約の場としては同化していたといえよう。他府県と異なり、ここでは単独講和、教育二法、任命制地教委、勤務評定、警職法などに反対することの合意は容易であり、知識人を役員とするＰＴＡの賛同も得やすかったと考えられる。同和教育については、教員組合が解放同盟と共闘関係を成立させいち早く同和教育基本方針を出し、また同和教育研究会京都府連合会が全同教を牽引している以上、「教育内容を進展させようとする教員組織化」としての、また「解放運動の一環としての教育運動」としての同和教育運動は成立していた。しかし、学校を一歩離れ、部落と部落外が隣接して存在する学区という空間において、地元小学校教員が同和教育運動を展開するのは困難であった。「人権」や「民主主義」「平等」との理念は共有化され、トラホームや長欠、越境をなくす「対策」は共有できても、学区における社会運動としての教育運動は、生活の場としての地域社会を対象としなければならず、それがどの様な姿を取るのかは合意を得ることは難しかったと思われる。やがて田中子供会が中心となり「教育闘争」が始まるが、教科書、参考書、修学旅行費、さらには眼鏡を要求する「平等観」は、学区のものと整合しなかったであろう。この間のＰＴＡ会報には全国的に話題となったオールロマンス事件[69]もまた教育闘争も登場しない。このため、他校教員が教員組合から派遣され、初めて「同和」問題がＰＴＡ会報で論じられ、また一九五二年から補習学級が始まると「逃避的であった教員が」「部落に足を踏み入れる」ことにつながったと考えられる。

もう一つには、小学校教員のもつ地域インテリとしての社会的地位の問題がある。愛媛や和歌山、高知の勤評闘争で明らかになったように、小中学校教員は教員組合を梃子に地域インテリとして地域の支配層構造を揺り動かす動きをした[70]。これは高度成長によって大規模な人口移動がおこるまでは、卒業生たちが地域に残ることを前提に、特に農村部では有効に働いたと考えられる。しかし、都市部の中でも、養正学区では、地域インテリとしては大学教員が定住し、Ｐ

TAを主導していた。このため、町別児童会を作る際には「先生方からよく東樋ノ口町はインテリ階級が多いのでやり難くってねと聞かされ[71]」る状態であった。また、既に田中地区には京大生たちが入っており、地域におけるインテリとして、また地域を拠点に社会運動を展開する存在としても動きがとれず、PTA主導者に代表される価値観の範囲で学校における同和教育を推進したものと思われる。

占領下においては、「新教育」「社会科」「科学論」がPTA会報で盛んに論じられてきたが、やがてこれらは登場しなくなり、また戦中に入学した生徒がいなくなる一九五一年の卒業記事からは「戦争」の文字も消えていった。同時期にPTA新役員挨拶文からは「民主主義」の文字が減り、PTAとして、また小学校としてのその内実化が課題となっていった。「一般の父兄の理想として一応正常のコースを行って京大に入るという希望は誰でももって居る[72]」という保護者の教育観は、隣接する京都大学でおこった天皇事件や全学スト、反政府デモなどへの批判的記事として表れていった。この中で、田中地区で始まった子供会や教育闘争は、決して好意的には受け止められなかったであろう。このことが勤評闘争において、田中子供会への教員の傍観やPTAによる批判につながっていったと考えられる。

田中子供会と解放委員会

大学生たちの運動を背景に一九五二年から五四年の間は、解放委員会田中支部は子供会を前面に押し出し、不就学対策、給食費補助、修学旅行費一部負担を求め運動を繰り広げた。この間は解放運動にとって、行政闘争の始点となるオールロマンス事件の成果を具体化する期間でもあった。

一九五三年一月、田中子供会は二〇名の代表者が市役所にデモをおこない、福利課に図書館の設置、運動用具の支給、文化活動に必要なものの支給、進学対策の確立、給食費値上げに対する補助などを要求し、図書購入、卓球台設置、スポーツ用品購入を確約させている[73]。これを皮切りに、部落解放全国委員会京都府連合会（京都府連）、京教組、自由労組、朝鮮人団体教育連盟との四者共闘が成立し、教科書無償、就学奨励費、給食費、民族教育などを要求し、運動は新たな展開を見せるようになった。同年六月には「おれたちのＰＴＡをつくろう」と「子供を守る親の会」が結成されたと報じられた[74]。さらに一九五四年一二月には子供会活動の中から卒業生を中心に青年部（青年友の会）が生まれ、学生から「歌とおどり」を習うなどサークル活動を展開し、井上清（当時解放委員会中央委員）をよび「部落の歴史」を学ぶ学習会をもっている[75]。

部落解放同盟へと改組された一九五五年になると不就学問題が「ほぼヤマ場を越え[76]」、解放同盟田中支部では補習授業や給食費免除要求などの運動がさらに拡大していった。一九五六年、京大に初めて「部落問題研究会」が作られるのはこのような状況下であった。ただし、これはのちの学生サークルとは異なり、教員院生主体の研究会であり、部落解放同盟と協調して田中部落調査をおこなっている。一九五三年から五八年の間の大学生と田中地区との関わりを示す資料は乏しいが、この間、京大セツルメントの活動が両者をつないでいた。子供会活動に参加していた看護学生が紐帯となって医学部と看護学校で組織されはじめたセツルメントが田中地区で公衆衛生活動を開始しようとしていた。解放委員会の朝田も戦前の無産診療所の復活を企図しており、町内自治会と診療所設立発起人会を一九五三年に立ち上げ、診療所が開設された[77]。田中診療所が常置されたことが六全協に伴う学生運動の一時退潮期にも田中子供会の活動を支えたと考えられる[78]。

一九五一〜六二年の間の子供会参加者[79]によると、月・水・土曜には子供会（友の会）が夜七〜九時（土曜は午後から開始の場合もあった）、火・木曜には養正小学校教員による補習学級が同時間帯に開かれていたという。子供会を指導していたのは京大セツルメントが中心で、のちに京大部落研と立命館部落研が加わった。子供会では小中学生が隣保館において卓球サークルや体操サークル、人形劇サークルなどに別れて参加、その後毎日反省会が持たれていた。そこでは家庭や学校のこと、また部落問題や後には勤評のような社会問題も論じられていた。このため大学生達は養正教員とは異なり、地区の隅々まで、さらには各家庭状況まで把握していたという。補習学級は小学生のみが参加した。

このような中で、勤評闘争の一九五八年を迎えることになる。まず、この間、田中地区において解放運動を指導してきた朝田善之助の動きを杉本弘幸の研究[80]によって整理する。朝田は戦時から戦後にかけて京都市社会行政と密接な関係をもっていた。戦後において、解放委員会全国委員会を立ち上げ、京都府連の中心人物となったが、京都製靴株式会社の経営をめぐる争いの中で、地元田中地区住民や市当局とも良好な関係を結べず、京都府連も結成以降、大会も開けない状態が続いていた。一方、数少ない「非戦災都市」でもある京都市は、戦前に引き続き部落対策を必要としており、これは一九四八年四月、初の公選市長となった神戸正雄が「国際観光都市」としての復権を狙った「美化運動」を推進することで拍車がかかった。市は厚生報国会解散に伴い失われた地域機構を回復するため、地区住民の組織化を行政主導で進めようとしていた。市内で最も早く地域団体を結成したのが養正自治会であるが、ここでは朝田は当選することができなかった。京都府連において朝田委員長、三木一平書記長を田中から出しながら、地元において解放委員会は一九五一年まで活動を展開できなかった。これが、田中子供会ができるまでの前史であった。

吉矢や田中たちによって子供会が活動を活発化させていた一〇月にオールロマンス事件がおきた。既に友の会問題で市と交渉をもっていた田中支部は、この事件を契機に市当局とのつながりを密接化し、行政闘争を全面的に展開した。朝田のかつての人脈が再利用されたと考えられる。一九五二年一一月には田中支部は京都市との交渉で地区内に初めて共同水栓八カ所を設置させ、住宅闘争も開始した。この結果、一九五三年には高岸町と田中地区において京都市で初めての改良住宅が建設された。全国でもいち早く部落対策が本格化したのである。この間に子供会を中心におこなわれた教育闘争によって、養正小学校と崇仁小学校の貧困家庭に教科書が支給される成果が得られた。これらによって、田中地区を中心に一部の地域でしか勢力をもっていなかった解放運動側の要求が自治会経由ではなく、直接行政に受け入れられる道がつけられた。解放運動から見た子供会を中心とした教育闘争はこのような意味をもっていたであろう。

勤評闘争と同盟休校

一九五六年、愛媛県の財政赤字問題から始められた勤務評定政策は、教員組合対策として有効に機能することから、

表7-5　田中子供会の勤評闘争

7月4日	京大に学生の部落問題研究会が井上清を顧問として発足。 翌日には朝田善之助宅にて京大セツルメント、立命館大学部落研とともに勤評闘争について話し合い。
7月5日	田中支部で勤評反対町民大会（約200人、給食費をただにせよ、保育料値上げ反対、生活保護打切り反対、アパートを作れ、隣保館を建てよ、日雇の就労日数を増やせ、差別勤評反対のスローガンを決議）
7月6日	田中子供会が勤評反対教育環境改善子供大会を開催（教科書・学用品・給食費の無償化、旅行・遠足費の補助、進学のための奨学金、中卒後の就職保証、教員数増加、差別をする勤評反対、を決議、3日間の同盟休校を可決）
7月7日	田中子供会が高野中学校に期末試験の延期を申入れ、臨時生徒総会開催、田中子供会代表駒井順治氏が勤評反対と同盟休校について説明。
7月8日	養正小学校255名、高野中学校129名が欠席届けを出し同盟休校に突入。田中地区広場にテントが設けられ、京大、立命館大、同志社大の部落研25人と、市教組から応援の22人の教員によって補習授業実施。子供会代表が養正小・高野中校長と交渉。午後から府庁までデモ行進、府教委と団体交渉。
7月9日	養正小・高野中408人同盟休校。朝鮮人生徒も民族学級を求め55人が休校。高野中学では地区生徒要望により授業を打ち切り。
7月10日	養正小・高野中370人が同盟休校。両校は臨時休校。小学4年生以上は府教育庁で教育委員長・教育長と交渉。就職の際の身元保証、勤評は新学期まで実施しない、新学期から33人の教員増員などを約束。その後、3日間の反省会、勤評闘争の進め方についての討議。

注）『朝日新聞』（京都版）、『京都新聞』、『夕刊京都』、『解放新聞』『京都の教育』第3号（京都教職員組合、1959年）より作成。7月8～10日（下線）が同盟休校実施。

政府自民党によって一九五八年度から全国実施がはかられた。近畿においても、すでに和歌山では部落解放同盟と教員組合が共闘する中で激しい闘争を展開していた。京都府においては、一九五七年一〇月に蜷川府知事が勤評実施反対を表明するが、府教育長には、中央派遣人事として鈴木茂雄が就任した。一九五八年二月、京教組は臨時大会を開き、勤評反対を決議し、三月には田中支部は、教科書無償支給についての学校との交渉の場において、京教組支援を決定、京都府連も共闘組織結成以前に府教委に勤評反対の申入書を提出した。勤評は教員の管理統制の役割を果たし、教員間に差別を持ち込むだけでなく、同和教育推進にも逆行するとの論理である。五月に鈴木教育長は勤評実施を表明、六月には、京教組、解放同盟、労組、府学生連合会などからなる勤評反対京都共闘会議が組織された。同月から府教委と京教組の交渉が始まるが交渉がもの別れに終わる中、京教組は七月九・一〇・一一日の三日間休暇闘争を組むことを投票によって決定した。この情勢の中、京都府連は京教組より一日早い、七月八・九・一〇日の三日間、市内では養正、養徳小学校と高野中学校で、また府下では舞鶴市内、船井郡八木町の小中学校において同盟休校に入ることを決定した。舞鶴市、八木町は京都市以外での解放同盟の拠点でもあった。これは京教組の休暇闘争ではなく、和歌山での同盟休校に呼応することが目的であったが、京教組より一日早い日程は多分に宣伝効果を期待していたと考えられる。マスコミで華々しく報道された田中子供会の勤評闘争は表7 - 5の通りである。

その後、勤評反対共闘の各集会には駒井順治氏をはじめ、子供会の代表者たちは演説に立つ一方、蜷川知事との交渉もおこない、教育条件改善や就職保障などを訴えている。また、九月の日教組統一行動に対しても、田中子供会は学校側に対して申入れをおこない、府下では鴨沂・洛北高校と高野中学のみが授業を停止し、高野中学では全校生徒大会が開かれた[81]。一方、京教組の休暇闘争に対し京都府警は三次にわたり強制捜査をおこない起訴するも全員無罪となった。

すでに一九五〇年には京都民統が結成され、京教組はその中でも中心的な役割を果たし、また京都府連もこれに参加し、高山市長、蜷川知事を誕生させていた。日教組において際立った組織力をほこった京教組は、京都の地区労を牽引し労働組合運動としては先駆的役割を果たしていた。革新府政のもと、特に文化人学者を含めた広範な共闘を組んだ京都の勤評闘争は、和歌山や高知のような全面対決には至らず、一九六〇年三月鈴木教育長が転出することで事実上の終結をみた。

勤評闘争の波紋

全国的にも大きな波紋をよんだ田中子供会の勤評闘争は、養正学区ではどのように受けとめられたであろうか。PTA会報において、初めて勤評を論じたのは、第八六号（一九五八年三月）における保護者と思われる金子生の「勤務評定」である[82]。勤評の政治性、政策意図についての批判は、その後の保護者の意見と共通しているが、「教委も組合も力をもって対立抗争するのが能でない」と対決姿勢を非難する。ここから一九五八年末にかけて五号において誌上で論争が繰り広げられる。保護者の批判は勤評政策と日教組の闘争のあり方の両方に向けられる。また、一方、教員の闘争を支持し、勤評自体の性格を論じようともしている。しかし、この間、田中子供会の闘争参加についてふれたものは見られない。特に第八九号は闘争直後の七月一八日に出されており、勤評についての論争が巻頭言の後に繰り広げられていてもである。ただ、同年一一月発行の第九二号には、デモに参加する高校生の親として、高野中学校の暴力事件について書かれた二編が登場する。後者では「中学からどこか私立でも通わせようか……と思っている人は私だけではないだろうと思います」、「通学区民にこんな気持ちを抱かせてよいだろうか」と述べ、「一部の先生の中に勤務評定闘争等に生徒を利用しようとする向があるのではないだろうか」と控えめに疑問を呈している。[83]

一九五九年新年号にあたる第九三号になって、初めて田中子供会の行動についての意見が出されている。[84] K生による「感想」では、「今こそわれわれの養正学区のありかたについて先生方と父兄たちが真剣に考えるべき時期」であり、「問題は子供たちに勤評が同和教育を破壊すると判断し自発的に隊伍を組んでデモをおこなうだけの判断力と組織があったか」と問う。

さらに勤評政策自体の非は理解できるものの、会報において世論を「無知」と決め付ける論理に反発し、「真の大衆から浮いて独走する言動は決して大衆の支持を得られるものではない」とし、最後には「同和教育モデルスクールという立場から」「他校との不平等をなくし学力水準においてもモデルスクールであり得るような養正校」を望むとする。K生の後には「不評学区域の保護者」としての意見も「学校差の問題点」として掲載されている。これらには、先の善波周の論と同様に養正学区保護者の同和教育観が代表されているといえよう。勤評闘争と、田中子供会の運動は分けて扱われ、半年後になって初めて批判として現れたのである。「同和」の語が一九五二年にはじめてPTA会報にもたらされて以降も、勤評闘争にいたるまで、ほとんど使われることはなかった。勤評後、ようやく「同和教育」の語が現れ始め、一九五九年三月に今度は初めて「部落」の文字が登場している。

ここから見えることは、「同和」に期待された「平等」観は、扱い、扱われ方の平等で、デモをすることでそこに違いが顕在化するととらえ、他学区との扱われ方に差が生じると感じていることである。そのため地元学区内においては、補導を徹底し、児童会を通じて家庭教育や躾をいきわたらせる運動を広げ、ひいてはそれが学力に反映することで、他学区と同じ扱いを受けることを期待している。保護者や学区民は、学区外との「平等」を求め、このために学区内での対策を必要としたのである。これを乱すトラホームや不就学は保護者にとっても学校にとっても克服すべき課題であり、また越境は逃亡と映ったであろう。

多くの保護者や教員にとって同和教育は、社会に反省を迫って部落と部落外との「同和」を図るための準備教育であり、必ずしも部落を含む地域社会を拠点にする必要はなかった。この意味で、理念として広められた「民主主義」と同居することも可能であったであろう。「学級自治会」「児童会」はその訓練の場であったし、インテリが多数住む養正学区では理念の敷衍化は容易であった。また、地域や社会全般を対象とするために個別の部落や学区を越えて、市や府、また全国に広める必要もあったため教員組合との共闘も可能であった。しかし、田中地区で始まった教育運動は、部落を拠点にし、また自分たちの住む学区という地域空間自体を対象にし、子供や地区住民を組織し、同時に差別を容認する社会に対し働きかける運動であった。これは多くの学区住民にとって好ましくない運動と映ったであろう。

では、ここで活躍した子供会参加者はどうであったか。確かに同盟休校やデモに参加することは気の重いことであった。運動の中心となった駒井氏でさえ、「(学校を)休むことは部落の子と自ら明かすのと同じ」であったと感じ、それは「友人と別れる際も、隣の駅で降りてから歩いて帰る」日常をもった子供には負担であった。ただし、一方、小学生から続いてきた子供会においては、毎日の反省会では必ず疑問を突き詰めたという。親が夫婦喧嘩する、「何でやろ」。お金がないから、「何でやろ」。仕事がないから、「何でやろ」。学校が面白くない、「何でやろ」。勉強がわからん、「何でやろ」。日常の現象や感情の裏にあるものを社会的に思考する訓練を毎日受け続けたという。このため日教組統一行動日に授業をしようとする教員やメーデーに参加しない教員と小学生が論争する光景が生まれた。単純に「デモをおこなう判断力と組織力があったたか」と疑うだけではすまなかった。

勤評闘争を経験した田中子供会出身者は、その後、高野中学校においても生徒会役員を独占するようになっていった。

また多くのメンバーが従来とは異なり高校に進学した。(85) 一方、朝田を中心とした解放同盟田中支部は、同盟休校がおこなわれている間、地区自治会を掌握しようとしていた。七月八日には緊急自治会を招集したが流会となり、九日に再討議の結果、解散が宣せられることになった。やがて一九六〇年三月になると田中支部推薦者が過半数を占め、事実上自治会を掌握した。(86) さらに一九六一年になると夜学校跡地問題から、旧自治会長であった川口一政をはじめ保守派を制し、自治会自体を解散した。これによって京都府連田中支部が地区の主導権を確立したのである。子供会を核にした田中支部の運動はこうして勤評闘争を経ることで地域の主導権を握ることにつながった。

京大部落研は、その後、田中子供会の運営の中心となり、隣接する錦林学区の高岸地区子供会の組織化に乗り出した。(87) 子供会の結成からやがて解放同盟錦林支部を立ち上げることに成功している。しかし、彼らは子供会活動自体が目的ではなかった。研究団体であっても運動団体ではないことがサークルの前提であり、研究と運動はどう違い、またどう重なるのかについて「果てしない議論」を繰り返す集団であった。結成と同時に同盟休校にチューターとして参加することになったことが、現実とどう向き合うかを絶えず問うことにもつながった。かくれんぼを通じて地区の地理を把握し、子供会運営のためにマカレンコの教育論の読書会を開いていたという。(88) 一九六一年時点での部落研は、五三人の会員を擁し、組織としては子供会（全員参加）・学習会対策班・機関紙・資料部・会計・全国ゼミ事務局・全京都部落研協議会担当などに分かれていた。また、子供会自体は勉強会の他、卓球・工作・版画・合唱・絵画の五班編成に組織化されていた。会員の学習会としては、吉田読書会（部落の歴史と解放運動）・宇治読書会（帝国主義論）・自然科学グループ（唯物論と経験批判論）・現代の国家と財政の理論・資本論などがあった。このため彼らは朝田宅に集まる知識人と同様、解放同盟の理論的補強役も果たしていた。

また、京大部落研を中心に関西の学生部落研が共同で一九六〇年から約一年にわたり大阪矢田部落調査をおこなった。学生部落研がおこなった最初の大規模な調査である。必ずしも地元の同意が得られていなかったこの調査は、京大部落研がかつて田中子供会で体得した子供を通じて地域を理解する手法が用いられた。やがて矢田にも子供会ができ、田中子供会との交流がはじまった。さらには一九六二年、高知県において差別問題から発展した興津事件では、勤評闘争に関わった田中子供会のメンバー十数名が同盟休校の「指導」のために派遣された。のちに興津の子供たちは田中地区に「交換留学」にも来たという。京都市内の隣接する部落しか知らなかった田中子供会のメンバーは、離れていても同様な差別があることを知り、交流を通じて部落問題を社会問題として学んでいこうとした。子供会どうしのつながりは部落や学区、さらには京都市を越えた結びつきをもつようになっていった。

しかし、地区を掌握した田中支部の中では深刻な対立が表面化していた。運動方針をめぐって朝田と、彼に反対する三木・塚本・藤谷義兼らとが衝突した。この分裂は、朝田宅を溜まり場としていた京大生や大学教員、知識人、さらには子供会メンバーや地区住民をも分裂に導いた。一九六五年一月京大部落研は田中から「暴力的に追い出され」、同年一一月田中支部は、京都府連副委員長・同書記長であった三木・塚本を除名[89]、対立は決定的となり、一九六六年一月、のちに全国の解放運動分裂の起点となった文化厚生会館事件[90]がおこった。

争点となったのは再び同和教育であった。市教委は、地区生徒の学力向上のため、一九六四年四月から進学ホールの設置を発表した。田中子供会でおこなわれていた補習学級を市全体で請け負う形である。いくつかの部落を単位にホールを設置し地区生徒を集め、対策教員を配置し、補習教室を開く計画であった。これと同時に組合や同和教育の中心的教員が人事異動によって地域から遠ざけられたため、露骨な人事干渉ととった組合や地区住民からも反対の声が上がった。地域空間に密着した形でおこなう補習学級ではなく、効率よく一箇所に集めて集中的におこなう進学対策であった。これを契機に教員組合と解放同盟は決裂した。

解放運動の成果として、高度経済成長や国の同和対策より早期に始まった田中の地区改良は町の姿を一変させ、従来の共同体のあり方や運動の組織化自体をも変えていった。また田中子供会に象徴された同和教育運動は、その後の解放運動や同和教育運動、学生部落研活動、また田中地区だけでなく養正学区を含めた地域社会のあり方も変容していった。

おわりに

概観すれば、近現代を通じて水平運動・解放運動を先導した京都の部落は、近世―近代と続いた都市空間における成立要因が大きく影響していた。なかでも都市空間膨張過程で形成された八部落のうち、学区＝部落ではなく、学区のほぼ三分の一の空間に部落が存在し、労働運動、学生運動などとも接近しやすかった田中地区が牽引した。特に部落問題は部落内だけでなく部落外住民にとっても、また行政当局にとっても克服の課題であった。しかし、そのあり方をめぐり三者やそれを囲む知識人、運動体はそれぞれ固有の結びつき方を示した。戦後、京大生が接近することで子供会活動を基軸に解放運動を展開した田中地区は、勤評闘争に参加する中で地域の主導権を確立した。しかし、その影響力を肥大化させる過程で運動は分裂し、子供会をはじめ、それを取りまく知識人層や運動体、さらには地区住民も分裂し、地域社会のあり方を変容させていったといえよう。

戦中において行政区としての学区は廃止され、敗戦後、町内会部落会が廃止されるに及んで自治会として新たにスタートしたが、その基盤は不安定であり、地域有力者に独占されてきた。このため一つの空間として住民意識を規定してきた学区が、戦後改革によって「民主主義」を広める拠点ともなり存続することにつながった。田中地区においては、学区内で見る格差や差別は顕在化していても、それを公論としてまとめるまでには解放運動は成長していなかった。運動は主義主張や理念ではなく、地域の人脈によって分かれ、地域有力者の末端につながった者が、「民主主義」の庇護に与れた。一方、部落外住人にとっても、また行政にとっても格差は是正の対象であった。それは「衛生」や「補導」、「就学」問題として映っていた。

この時点で隣接する京都大学によって持ち込まれた新たな「民主主義」は、部落において今までとは異なる公共空間を形成する契機となった。しかし、公論を議会や行政などに反映させる仕組みを成立させようとする過程において運動は分裂した。一方の部落外住民、また養正小学校教員にとっても「民主主義」は浸透させる課題であったが、それはあくまで理念としてであった。彼らは学区外との差別をなくすために、学区内の差別を見ていた。その意味で地域に依拠した運動には距離をおいた。

どちらの民主主義にも知識人は深く関わりをもった。特に田中地区においては、運動のあり方をめぐり議論が紛糾すると、知識人の与えた理論がその根拠となり、対立は激的なものとなった。一九五〇年代の京都大学が隣接することで得られた田中地区にとっての「戦後民主主義」は、そのあり方をめぐって地区を二分三分する両刃にもなったといえよう。

一方、子供会参加者にとってはどうであったか。学生は大学空間で養われた「自治」「理性」を社会に還元することを求め、田中地区に入っていったが、そこでおこなわれた教育は学校教育を相対化するものであった。学校で教えられる「平等」や「民主主義」は理念としてであったが、その学校や教育自体も論じる対象であることを大学生から教わった。子供達は行政と交渉することで学校内部や地域社会にある矛盾を変えていくことを経験した。自らの行動が社会を変えていくことを実感したのである。やがて大阪や高知の部落とも交流をもった子供たちは、さらに進学や就職を通じて田中地区あるいは養正学区という地域社会を飛び越えて新しい世界とつながりをもつようになった。しかし、その成長は運動自体に内在する矛盾に気づく過程でもあった。地区住民も運動の成果と理念の対立の中で分裂していった。この経験が、田中という地域社会をさらに変えていった。一九五〇年代において養正学区、あるいは田中地区において展開された同和教育運動は、この地域社会にこうした政治的磁場が成立する空間を生み出したのである。

注

（1）「部落解放教育」を実践・研究してきた中村拡三は「田中子供会」の報道に接し、従来の生活綴方的教育方法から子供会結成へと方針を転換する契機になったと述べる（海老原治善『昭和教育史への証言』三省堂、一九七一年、三〇三頁）。

（2）鈴木祥蔵ほか編『講座部落解放教育　二　部落解放教育の歴史』明治図書出版、一九七八年、一九六頁。

（3）佐々木隆爾「戦後における教育反動の政治的位置」『歴史評論』四〇〇、一九八三年（佐々木、一九八八年に再掲）、同「「勤評闘争」の社会的基盤」朝尾直弘教授退官記念会編『日本国家の史的特質――近世・近代』思文閣出版、一九九五年など。

（4）佐々木隆爾「日本の戦後政治と同和対策（上・下）」岡山部落問題研究所『部落問題――調査と研究』八三・八四号、一九八九・一九九〇年、同『戦後政治支配と部落問題――「解同路線」はどう形成されたか』部落問題研究所、一九九五年。

（5）安井崇「戦後教員組合の組織と運動――大阪の事例による一試論」『人民の歴史学』一三八号、一九九一年。

（6）京教組四〇年史編纂委員会編『京教組四〇年史』（京都教職員組合、一九九〇年）においても、山場ともなった一九五八年七月の闘争は記述されておらず、年表も含めて解放同盟との共闘関係は省略されている。また、部落解放同盟田中支部は、五〇年史、七〇周年記念誌、八〇周年記念誌を出しているが、勤評闘争については写真とそのキャプションのみしかふれられていない。

（7）また、部落の「貧困」は、戦前においては天皇制、寄生地主制と結びつけられてきたが、戦後においてはこれを「独占資本の搾取」と直結させるようになった。この矛盾は一九六一年に奈良本辰也が「今日の独占資本がそのような部落を温存しておかなければならない理由はさらにない」と『部落』誌上で評するにあたって井上清との間に論争がおこり、のちの運動の分裂にいたる理論的対立となった。

（8）吉村智博「戦後部落問題の視点」『戦後部落問題の諸相――一九四五―一九六五』大阪人権博物館、一九九六年、六七頁。

（9）「同和」は明治期から使われてきたが、一九四一年中央融和事業協会が同和奉公会に改組され、翌年文部省が『国民同和への道』を出したことから「同和」の名称は広がった。

（10）戦後、京都に次いで同和教育組織を成立させた和歌山県では、京都市の崇仁融和教育の推進者である伊東茂光によって「責善教育」と名づけ、差別の「感染経路」を絶つことを目標とした。また、一九五二年に京都府教育庁から出された「同和教育基本方針（案）」でも「差別観念」が全面的に出され、「同胞一和」の理念が明言されている。

（11）一九五三年に結成された全国同和教育研究協議会は、各地に結成しはじめた同和教育推進組織の全国組織であった。ここでは戦前の融和教育組織を丸ごと利用したものや、教員組合主導のものまで幅広い地域格差を抱えていた。このため部落差別を「社会の仕組みと政治のあり方」に結びつける京都主導の同和教育綱領案に対し、「同和・相愛」のような徳目主義を掲げる県から反発が起きた。この対立は一九五九年の高知大会において激化し、「独占と対決する同和教育」を提唱する地元高知をはじめ和歌山や京都と徳島などが激論をかわすようになり分裂の危機を迎えた（全同教三十年史編集委員会『全同教三十年史』全国同和教育研究協議会、一九八三年）。

（12）国民学校令に伴う学区学務委員条例の廃止に対する加賀谷京都市長の説明では「本市ノ学区ハ其沿革極メテ古ク（中略）国民教育ノ為ニ貢献シ来タバカリデナク、実務的ニハ本市ノ自治機構ノ健全ナル細胞トシテ極メテ重要ナル意義ヲ持」ってきたとしている（「京都市会会議録」一九四一年三月二四日〔京都市市政史編さん委員会編『京都市政史　第四巻（資料　市政の形成）』京都市、二〇〇三年〕）。

（13）代表的なものに、部落解放研究所編『戦後同和教育の歴史』解放出版社、一九八八年。

（14）一九三一年の再拡張までは竹田・深草を除いた六地区であった。

(15)京都の米騒動については、貧富の格差が激しい中、全体的には学区を中心とした地域秩序によって米の安売りなどを通じて回避された。ただし、崇仁地区から始まった米騒動は田中に波及し、軍隊の出動に発展した。

(16)ここで活躍したのが、京都帝国大学で社会学講座を担当した米田庄太郎の門下生である漆葉見龍たちであった。これはそれまで近代京都の設計に行政官・技術官として人材を供給してきた京都帝大が社会対策分野にも進出する契機となった。

(17)阿部彰『戦後地方教育制度成立過程の研究』風間書房、一九八三年、五一頁。

(18)教育課長在任期間は、E. R. Cades (1947.10-1949.7), L. P. Gregory (1949.7-1949.9), H. P. Marks (1949.9-1949.11) であるがケーズが大半を占めている。

(19)「高校三原則(総合制・男女共学制・小学区制)」の実施、新制中学の早期設置など京都の学制改革は急速に進展した。これらは戦前からの新興教育運動や労働運動の延長としてとらえられる場合が多く、革新市政・府政を誕生させた全京都民主戦線統一会議(京都民統)の成立と重ねて論じられてきたが、京都軍政部の主導によるところが大きかった。

(20)これらを沈静化させるため京都市不破教育局長は、「学区制に法的には何の根拠もないにもかかわらず京都市内に根をおろし、いわゆる学校ボスがそこから生まれ、学校へ経済的な援助や後援会の音頭とりなどで、学校と特殊な関係を結んでいたので今回の新制中学問題では、小学校統合はあくまで反対し市会方面にも働きかけ問題を半年もひきのばした」と発表し、また同木村教育委員長は「学区制は封建的な京都教育界の大きなガンで、もし経済的な援助を学校が必要とするならば市民から公平に教育税などをとってこれに当てるべきである」(『京都新聞』一九四八年二月二八日付)と表明したが、これらは軍政部の学区観を代弁していた。

(21)打田秀夫「実践記録・本校同和教育の歩み——差別事象の撲滅とその障害」『部落』四二、部落問題研究所、一九五二年五月。

(22)森口兼二「社会教育における全国同和教育研究集会に出席して」『現代の苦悩・同和教育シリーズⅡ』京都市教育委員会社会教育課、一九五九年。

(23)「教員組合に対する京都府軍政部ケーヅ氏の勧告」(一九四八年一月のものと類推される京都教職員組合資料)。

(24)京都連絡調整事務局『執務半月報』四、一九四八年四月二〇日、五月五日。

(25)協議会が発行したパンフレットには「民主主義の思想の普及」「日本の歴史の正しい解釈」「地区住民の民主化」「職業の原始的な状態」「不潔な環境」などが列記されている。

(26)一九二〇年から伊東茂光によって崇仁小学校でおこなわれた教育実践は多くの教員を引き付けた。ほぼ一学区を部落で形成する崇仁学区においては、教育を媒介に差別を跳ね除けようとする教育運動が発展した。ここでは差別は学区と学区外との境に発生し、これに対抗する教育は知力・体力を中心に「負けない子供」をつくり、それを学区外に認めさせることだと理解された。

(27)この中核メンバーは全同教の運営も担い「観念的同和教育」を「融和教育的手法」として退け、「生の問題」に取り組むようになっていった。彼らは歴史教育者協議会京都支部の主要なメンバーともなり部落問題研究所や教員組合とも関係が深く、新たな社会科の中で部落史教育を中心とした教材をもとに同和教育が進められた（二〇〇八年一〇月三〇日、大同啓五氏からの聞取りより）。

(28)学区の人口急増に伴い、一九二八年に第二養正小学校を分立し、事実上校区を二分することになった。一九四一年、第二小学校は養徳国民学校と改称し、戦後においては養正学区と養徳学区に分立した。

(29)合併前の田中地区の状況は「元穢多ト称スルメ（ママ）部落ニシテ重ニ履物直シ及ビ人力車夫又小行商ニ従フ」（京都府庁文書「明治三十五年　貧民部落調」ただし、京都部落問題研究資料センター複写資料）、生活は「部落中四五ノ者ヲ除ク外ハ大抵ハ細民ナリ」（京都府「旧穢多及非人調査書」一九〇三年五月調同上）と報告されている。

(30)「京都市に於ける不良住宅区に関する調査」『京都市社会課調査報告』一九四一年、一四三頁（ただし、文京出版復刻版一九七八年より）。

(31)「京都市に於ける不良住宅区に関する調査」第一〇冊。

(32)冊子には年代が記されていないが、別紙下書きより一九四一年一月の視学官視察の際の報告書をもとにしており、翌年度のものと考えられる。

(33)『昭和八年度　要覧　京都市立養正尋常高等小学校』。ただし同項には修学院、錦林をはじめ周辺学区からの流入も六〇人あったと報告されている。

(34)打田秀夫「実践記録・本校同和教育の歩み」。

(35)「その他」には、男では紙芝居二、僧二、下駄修繕二、馬車引き二、大工二、履物・ビン集め・傘修繕・念仏一などがあげられており、就労形態を表している。

(36)「京都市内緊急失対適用者（婦人）分布元学区別」（一九五六年『京都大学部落問題研究会資料Ａ　京都田中部落総合調査』）では、養正学区は三一一人で、崇仁の二〇七人を抜いて市内で最も多い。

(37)「田中保育所の問題」（同右）。

(38)京都市民生局『養正地区の生活実態調査報告書』（一九五七年）においては、職業、学歴、住宅の他、電灯、トイレ、水道、入浴、調味料から疾病まで各項目が数値化され「要するに社会的な差別を中心に色々な要因が複雑に作用しあって今日の貧困と生活意欲の低下がもたらされた」と結論づけられている。

(39)吉矢友彦「京都田中地区における子供会の活動について」『部落』三四、部落問題研究所、一九五二年七月。

(40)田中生「京都田中部落における「子供を守る」闘い――サンマースクールの反省」『部落』四六、一九五三年九月。

(41)部落解放同盟中央本部『解放理論の創造――部落解放研究第一回全国集会報告書』一九六八年。

(42)原爆投下直後から京大医学部、理学部は調査、研究、診療のため広島に教員、学生を送り込んでいたが、戦後、冷戦の激化によって戦争への危機感が深まりつつある世界情勢の中、両学部が別々に原爆展の準備に入り、日本で最初に原爆に関する展示をおこない、のちの原水爆禁止運動の基盤となった。

(43) 京大セツルメントについては、田中診療所『田中診療所の三〇年』(一九八五年)では「昭和二七、八年頃から」、また京都大学部落問題研究会『京大部落研二〇年の歩み』(一九七九年)では「一九五二年前後」から、また成沢栄寿『早稲田大学部落問題研究会』(同和教育実践選書刊行会、一九八七年)では「一九五〇年から」田中地区での活動を開始したとある。

(44) ただし、原爆展が巡回するのは一九五一年以降であり、この記述と整合しない。部落解放同盟田中支部『田中水平社創立七〇周年記念』(一九九二年)には子供会をめぐる自治会との対立が一九五一年と記されており、これが妥当と考えられる。

(45) 小川太郎によると、一九五一年夏、京大の学生が田中地区に原爆展を持ち込み「田中・吉矢の両君」が「子供会の指導に着手した」とする。ただし、「両君から直接に聞く機会はまだもっていない」とし、朝田善之助から戦前のピオニール運動を学び子供会を組織したのではないかと推測している(小川太郎「田中子ども会覚え書き」『部落』一六五、一九六三年〔小川太郎『増補　同和教育の研究』部落問題研究所、一九六八年に再録〕)。

(46) 小畑哲雄氏の聞取り(二〇〇八年一〇月二四日、一二月八日、一二月二六日)より。小畑氏は京大天皇事件において停学処分を受けた八人の同学会代表者の一人。

(47) 西山伸「「戦後学生運動関係資料」について」『平成一九年度総長裁量経費プロジェクト「戦後学生運動関係資料」解説・目録』京都大学文書館、二〇〇八年。なお同学会の敗戦後から一九五〇年代までについては、田中智子「京都(帝国)大学同学会と戦後の学生運動――一九四五～四九年の再編過程を追って」『日本の教育史学』四九、二〇〇六年一〇月に詳しい。

(48) 一九五〇年に全学連が分裂した際には、京大同学会は反主流派に属し、いわゆる「所感派」を支持していたが、執行委員は共産党員でないノンセクトも多く含まれていたという。また「平和や人権」に敏感だった背景には、全学的にもまた執行委員の中にも軍学校出身者が多く、一九五一年後期執行委員では委員長をはじめ四人が軍学校出身者であった背景もあったという(前掲、注(46) 小畑氏聞取り)。

(49) 京都大学新聞社『学園新聞』一九五一年六月四日、七月五日より。

(50) 講和条約調印の日、昭和天皇が関西巡幸の一環として京大を訪れ、各学部教授から進講を受けた際の事件。同学会は、歓迎も拒否もしない方針を出す一方、戦争責任と冷戦が始まっている現状への認識を問う「公開質問状」(中岡哲郎書)を作成し、学内で配布した。天皇が構内に入る際に毎日新聞宣伝車が「君が代」を流しながら先頭を走り、これに対抗するように学生から「平和の歌」が歌われ、天皇の車を取り囲む事態となった。新聞等マスコミは学生の行為を非難し、服部学長と青木同学会委員長は衆議院に参考人招致されるに至った。大学は世論に押され、当事学内にも居なかった学生を含む中央執行委員八名に無期停学処分を下した(『学園新聞』一九五一年一一月五日、同一一月一二日、一一月一九日、同一二月三日)。

(51) 内山によれば「経済の吉矢君でしたか、近くの田中部落で子供会を組織していました。私は教育学部でありましたから、教育には何らかの意味でかかわりをもちたいと思っていましたので、田中子供会にサマースクールなどやりました。」と述べる(「一九五一年～二〇〇一年「京大天皇事件」を語る会記録集」前出小畑私家版)。また「吉矢君と内山君は仲がよく天皇事件以降田中に一緒に入っていた」と同学会役員であった川合葉子氏も証言する（二〇〇八年九月一二日聞取り）。
(52) 田中三郎については、森田康夫『賤視の歴史的形成』部落解放研究所、一九九八年、第三章「被差別部落における近代」の中の「部落解放に尽くした人」（二〇一―二二五頁）に詳しい。
(53) 吉矢「京都市田中区における子供会の活動について」。
(54) 従来、最初の学生部落研活動は一九五四年慶応大学だとされてきた（成沢『早稲田大学部落問題研究会』ほか）が、それは島崎藤村の影響から長野県の部落につながりをもとうとする運動であった。このことを考えると京大による学生の子供会活動は最初の部落研活動であったといえよう。
(55) 友の会から子供会へと名前を変えた時期は不明。『解放新聞』五一号（一九五三年）の記事には「田中子供会」の名称が見られ、また『田中子供会新聞』は一九五四年七月に第一号が出されている。
(56) 吉矢「京都市田中区における子供会の活動について」。
(57) 養正小学校での上演は、脇田修による紙芝居脚本の裏書きより。
(58) 一九四八年結成の民主青年同盟が、翌年、民青中央合唱団を組織し、歌声運動が東京から学生を中心に広がった。また、一九五〇年以降シベリア帰還者たちによってロシア民謡が加わり、労組から広がっていったフォークダンスとともに若者文化として定着していった。
(59) 河西秀哉「敗戦後における学生運動と京大天皇事件――「自治」と「理性」というキーワードから」『京都大学文書館研究紀要』五、二〇〇七年一月。
(60) 一九五三年六月の全学連第六回全国大会で、学生がそれぞれの帰省先で「平和遊説運動」をおこなうことが決議された。ただし、それ以前に破防法が問題となった一九五二年頃から、学生だけでなく、大学教員も「大学の垣根を越えて」「帰郷活動と似たような「各地で講演をやっていた」という（井ヶ田良治氏の聞取り、二〇〇七年七月二六日より）。
(61) 「実態調査」一九四九年三月発行。
(62) ただし、第二～九号までは『養正小学校育友会会報』。
(63) 一九五九年の京都市における生活扶助世帯率は二・七％（『京都市勢統計年鑑昭和二四年』より算出）。
(64) 善波周「私たちは何をすべきでしょう」『ＰＴＡ会報』第三三号、一九五二年六月。
(65) 田村実造「夏季学園」『ＰＴＡ会報』第二五号、一九五一年九月。
(66) 柴辻卓爾「夏季学園の反省」『ＰＴＡ会報』第四五号、一九五三年九月。
(67) 『昭和三五年～四九年　職員組織綴』養正小学校。翌一九六一年より「同和教育」は「研究部」に所属を変えるが、「同和（補習）」と名称も変わる。また、その代表者は同時に「補導」代表者でもあった。
(68) 組合役員を経て後に京都市教育長に就任。

(69) 一九五一年一〇月、雑誌『オールロマンス』に京都市九条保健所勤務の杉山清次が崇仁地区周辺を差別的に描いた小説「特殊部落」が掲載された事件。この事件を起点に京都府連は行政闘争を開始し、後の解放運動の転機となった。ただし、現在では京都市幹部職員が作成した要項をもとに糾弾闘争が展開されていったことが明らかとなっている。

(70) 佐々木「戦後における教育反動の政治的位置」、同「「勤評闘争」の社会的基盤」。

(71) 『PTA会報』第一九号、一九五一年二月。

(72) 同右、第五二号、一九五四年四月。

(73) 『解放新聞』五一号、一九五三年。

(74) 同右、五七号、一九五三年。

(75) 同右、八〇号、一九五四年。また、翌年六月二五日号には、五四年夏に京都大学でフォークダンスを習い、隣保館ではじめると二〇〇人もの若者が集まるようになり、やがて左京区の青年団体に広まり、田中青年友の会が左京区の文化活動の中心となっていったことが紹介されている。

(76) 鈴木祥蔵ほか編『講座部落解放教育　二　部落解放教育の歴史』一九六頁。

(77) 田中診療所『田中診療所の三〇年』。

(78) 田中診療所所長佐本昌平氏の聞取り（二〇〇八年九月八日）。佐本氏は一九五八年の部落問題研究会創設メンバーの一人。

(79) 竹村大輔氏（二〇〇七年一二月二〇日）、駒井順治氏（同年一二月一六・二一日）、前出崎山幸江氏（同年一一月七日、一二月一二日）、宇野迪男氏（二〇〇八年九月五日）聞取り。竹村氏は小学校一年生の一九五二年より友の会に参加し、小学校六年生で勤評闘争を経験し、また高野中学校では生徒会長に当選、田中地区からは初めての生徒会役員となった。駒井・崎山氏は設立当初の友の会から参加し、中学校三年生で勤評闘争を迎え、同盟休校、府市交渉において指導的役割を果たした。宇野氏は一九五九年京大入学の部落研初期のメンバー。

(80) 杉本弘幸『近代日本の都市政策とマイノリティ――歴史都市の社会史』思文閣出版、二〇一五年。朝田には自伝として朝田善之助『差別と闘いつづけて――部落解放運動五十年』（朝日新聞社、一九六九年）がある。他にも『京都の部落史　二』第四章（師岡佑行執筆部分）、前川修「もうひとつの「オールロマンス行政闘争」」（『戦後部落問題の具体像』大阪人権博物館、一九九七年）が、この間の田中地区における朝田の動きを位置づけている。

(81) 『朝日新聞』一九五八年一〇月八日付（京都版）。『京都の教育』第三号、京都教職員組合、一九五九年。高野中学では、田中子供会による生徒大会要求に対し、職員会でも統一行動参加をめぐり会議が紛糾していた。

(82) 金子生「勤務評定」『PTA会報』第八六号、一九五八年三月。

(83) 『PTA会報』第九二号、一九五八年一一月。

(84) 同右、第九三号、一九五九年一月。

(85) 朝田宅の二階では京大生たちだけでなく、井上清や奈良本辰也など多くの知識人たちが集まっていたという。彼らからの刺激は、進学すれば新しい世界が開けることを予見させた。また駒井氏は高校において部落問題研究会を創設し、他のメンバーも各高校で運動を続けた。その多くがやがて京都市に就職し、各職場では田中出身というだけで、「即戦力」として組合活動に組み入れられたという。
(86)『田中町内民主化闘争関係資料』(京都部落問題研究資料センター所蔵) より。
(87) 井口和起「「矢田調査」から「高岸町子供会」結成当時の京大部落研」『京大部落研二十年の歩み』京都大学部落問題研究会、一九七九年。
(88) 同右、井口氏の聞取り (二〇〇八年八月二三日)。
(89)『三木京都府連副委員長、塚本書記長にたいする田中支部のたいど』京都部落問題研究資料センター所蔵。
(90) 京都府連役員は朝田委員長・三木副委員長・塚本書記長と田中支部でほぼ独占していた。田中地区での主導権を確立した朝田は、府連の運営で対立するようになっていた三木・塚本を田中支部総会において除名した。三木・塚本は府連大会において執行部を確立したが、朝田も大会を開き、二つの府連が並存する形になった (中央本部は朝田府連を支持)。一九六六年一月、朝田派は、三木派の排除のため京都府連、部落問題研究所、全同研事務局が入っていた左京区、文化厚生会館を占拠した。この際、田中地区住民が動員された。

第8章　『村を育てる学力』にみる村の教師と「村づくり」
――東井義雄の「村育て」の試み

櫻井重康

はじめに

兵庫県但東町（現在の豊岡市）の小学校教員、東井義雄（一九一二〜一九九一年）の実践は、「高度成長」が始まってすぐの一九五七年五月に『村を育てる学力』（明治図書）にまとめられ、現在、三三刷[1]を数えている。それは彼の主著ともいえる書である。

教育学者の森信三[2]は、戦後教育を振り返った講演の中で、無着成恭の『山びこ学校』（一九五一年）に対し「社会の矛盾を初めて教育の現場へなげつけた」という独自な意義を認め、教室内で一応「これを解決した功績」は小西健二郎の『学級革命』（一九五五年）にあるとしたうえで、東井についてこう述べた。「東井さんのお仕事は、このような小西君の仕事から、村の育成という方向に向かって、さらに一歩を踏み出そうとしていられる点にありましょう。……そこには教室から村への志向が伺われ、それが東井さんの教育の中核を為している」と。社会矛盾に取り組む東井実践をこう位置づけた森は、さらに東井の主著名について、『村を育てる教育』という「気楽」な題とせずに、わざわざ『村を育てる学力』としたことを、「自ら進んで重荷」を背負う姿勢を示すとして称えた。

また、全く別の角度から、森は、雑誌『中央公論』における鶴見俊輔らの「戦後日本思想の再検討」（一九五八年）にふれる。最初の一月号で年間計画が発表され、七月号は「生活綴方」と知った時、「国分さんを中心に、無着、小西という二人の人が、わき役として扱われると九八％考えていた」という。ところが、七月号で「いざ開いて見たらそうではなくて、ほとんど八九分までが東井義雄論なのには、……一驚を喫しました。」と記す。その号で、東井思想を戦前との関連で五つの特徴をあげて分析した哲学者の鶴見に対し、森は、「既成の考えに支配せられないで物の本質を鋭く洞察」する見識をもつと評するとともに、その鶴見の報告から、戦後教育における「無着―小西―東井」の三人の「仕事の意味の、本質的な位置づけ」・系譜が、思想史の領域でも確立されたと結論づけた。[3]

東井に対する関心はこうした戦後教育史、思想史領域にとどまらず、「三・一一」以後、東北の復興や各地の地域づくりとかかわって、「地域と教育」の課題として改めて浮上してきた。[4] 本章では、「村の育成」と教育の問題を軸に、東井による一九五〇年代の「村育て」[5]について当時の状況をまじえて検討していきたい。

第一節　東井の主著『村を育てる学力』の背景と内容

合橋村・但東町と相田小学校[6]

東井は、児童数が百名余りの出石郡合橋村立相田小学校（彼の母校）を舞台に、日本の農村が、戦後一番元気だと言われた一九五〇年代中頃に、主著の中心的な実践をおこなった。

一九五六年に、「面積六三平方キロ、六二六世帯、人口三三〇一人」（相田小の学校通信二八号）であった合橋村が、同年、高橋村や資母村と合併して但東町になり、二〇〇五年には但東町など五つの町と豊岡市と合わさり、現在の豊岡市となった。

但東町は、但馬の東に位置し出石川の上流にある。町の農業は零細な規模の米作中心で、古くから良牛産地で著名である。各村は細い谷の集落が総合された、谷の経済の集合体であることで知られる。土質は花崗岩の風化による礫質壌土で、農具の消耗度は高い。夏は蒸し暑く冬は豪雪で、冬季には西宮や神戸などの酒蔵への出稼ぎも多い。町の九二・六%は標高五〇〇～八〇〇ｍの山林である。町全体として棚田で、湧水田や天水田、湿田もある。町の田は八一七町、旧合橋村では二六九町歩である。

山林の面積率が最も高い旧合橋村は、『出石郡役所事績』によると「地域広大（県下印南郡一郡の面積に匹敵す）四区に分岐し、其の境界は峻烈なる山脈をもって遮断せられ」と記される。この「四区」の一つが旧相田小校区である。佐々木、小谷、相田の三集落は、ＪＲ「豊岡」駅からバスを三度乗り替えた、二十数㎞ほど離れた山間地にある。佐々木川に沿う集落では、谷にへばりつくように田畑や家が並ぶ。佐々木、小谷、相田の三集落の農地（一九六〇年）は、各約二〇、二七、二七haで、戸数（同年）は各四一、四七、四九戸であった。一九二〇年より各一一、九、一四戸減少している。

一九〇二（明治三五）年から財政難を理由としてくすぶっていた「相田校の縮小・整理問題」は、一九二二（大正一一）年から約三カ年、合橋村当局と三集落の住民との間で対立と衝突が続いた。これにより、二代にわたって村長は辞職し、村税の結束滞納、隣村への分村加盟、村議会選挙の結束棄権がともない、激しい分村・独立の運動に発展したという。また、相田校は、明治末より大正にかけて高等科に進学できない者や中退した者を集めて、自主的に「補習教育」をしたり、大正末から昭和にかけ、幼児教育に注目した「幼稚会」開催、「自由画」や「自由選題による綴方」の指導、「討議学習」などをおこなったという。

但東町の山林所有をみると、部落有（共有林）がないかほとんどない他の村に対し、旧合橋村は部落有が四割弱、私有が六割弱であった。東井記念館前館長の衣川清喜氏[(7)]の証言によれば、三集落の場合も同様で、「共有林の地上権は農家毎に割り当てられて炭焼きや用材、自給用の薪などに利用された」、「戦前より、自作農がこの地域では多かった」という。詳しい調査が必要だが、三集落は他村・他集落と違う経済条件があったと思われる。さらに、「三集落は、村の中でも率先して集落の簡易水道を実現するなど新しいことをどんどん取り入れた。」という証言（元青年団長Ｍ・

M氏）もある。教育と自治に関わる意識が強く、進取の気性に富み、村民のつながりも深い土地柄であったようだ。

山村の農民労働は厳しく、農繁期を中心とする親の過労状態は子供らの労働時間の長さに表れ、その健康にも反映する。但東町立赤花小の桑垣真教諭による「農繁期における子供の労働時間」調査が残っている。調査年は恐らく一九五六年度で、農繁期の四年生の労働時間は、一日最高一〇時間、平均で四・五時間、六年生は最高一一時間で、平均は五・五時間となっている。その為、体重は農繁期に最も大きく減少していたという。[8] 郡内一六小学校による「極座標式体格変遷把握図」では、東井の相田小児童が、郡内で最も「やせ形細胸」、「発育小」の体格だと示されている。[9]

東井が捉えた村の問題は、貧しさと、「我利我利主義」、家父長的な「封建性」との絡み合いである。「こういう事実に目をつむって、村の教師はただ学習能率をさえあげていればよいものであろうか」[10]と自問し、実践に向かったのである。

『村を育てる学力』の内容と特徴

東井の主著は、全三一六頁で、本文は、「Ⅰ　村の教師はどう生きるか」「Ⅱ　生きているということのすばらしさの中で」「Ⅲ　村の子らに力を――村を育てる「学力」と「構え」」から成る。

Ⅰ章は八四頁の分量で、内容は、「学力」以前の問題として「村を拓く」課題が取上げられ、それを解決する「四つの鍵」や「親・子供・教師の磨きあいと育ちあい」が提起され、東井等の実践によって、村人が学校を信じ協力してくれるようになったとの報告で終わる。

同時に、この章が、今井誉次郎[11]の『村に生きる教師』（一九五三年）に対する東井の回答であることは、Ⅰ章の題名から推測できる。岐阜生まれで戦後の東京で再び教壇に立った今井と、但馬で生まれ育った東井とは、諸条件の違いを反映してその実践基調も異なる。例えば、「しきたり農法〔肥え桶かつぎのこと〕」を厭う子供らについて、「ただ無条件に黙々と従順にやるようでは望みがない」とする今井の言を、東井は紹介する。[12] 主著ではこれで終わるが、今井の著書では続けて、「進んだ農村社会を作ることをはばんでいるものに対する怒りまでふくめて、肥え桶かつぎをするように指導すべき」と述べ、「おなじ事実を実習させるについても、……二つの立場がある。進歩の方向に目を向けさせるのか、それともあきらめと盲従の方向に導くかの二つである。」と主張し[13]、本文最後の二六六頁で「良心の灯」を点す生き方を訴えて終わる。

東井は、今井に同調しつつ、「その罪［農村の未開性の罪］を村だけに背負わせるのは片手落ちだ」とし、「村の現実が批判に堪えないなら、批判に堪えるような村を築きあげようとする、積極的、建設的、生産的、意欲的な人間を育て、そのように身構えさせる役割を、教育は背負うべきだ」と、異なる方向を主張する[14]。

Ⅱ章はわずか六四頁の分量しかない。冒頭で、京川君[15]の図画「夕焼の小便」が取り上げられ、「「村の教師」に、よろこびがあり、生きがいがあるとしたら、それは、この「夕焼の小便」のような、すばらしい子供のいのちにふれて生きることだけだ[16]」と記される。本章内の挿話は「いのち」の語に集約され、Ⅱ・Ⅲ章では六〇回以上この語が出てくる。その意味は整理しがたいが、「人間の生命。からだや心の奥深くから湧き出るような、感受性が鋭く瑞々しく純粋な心の働きと表出。また、生命活動の根底にあって生命を支え自らの値打ちや生まれがいを発揮しようとする力」となるだろうか。「前近代」的で宗教的な響きをもつ語であるが、「いのち」の「ふれあいと育み」及びそれがおこなわれる「場」の存在を重視する視点が読みとれ、この章で東井教育の根底に流れるものが示される。

Ⅲ層は、本書の半分以上の一六五頁をしめ、「学力」を養う「学習指導」をテーマとする実践書であることを示す。彼は、「いのち」の実感だけに留まることなく、子供らに「住みよい村、住みよい世の中を育てていけるような「力[17]」を養うという観点から学習指導の方法論に入る。「土」への「愛」という立場にたった子供たちが、それに基づく「構え」を自ら作りあげ、その「構え」による普遍的・客観的な学問の消化がおこなわれるならば「学力」は昂揚するとし、「構え」の形成を重視したさまざまな学習指導をⅢ章で展開する。章末には、子供のみならず大人たちの間にも「夢」を育てつつあるとして、子供や親の作文、大学に進学した卒業生の便り[18]が紹介される。

第二節　『村を育てる学力』の実践の歩みと東井の「村育て」

主著『村を育てる学力』の実践の歩み

まず、主著に出て来る作品や事例に注目して、彼の実践の歩みを辿りたい。子供らの詩や作文、事例・挿話の時期を確定し、東井実践の重点や特徴を見るのであるが、詳細は省略する。作品・事例総数は九四件で、うち不明が八件、複数出てくる場合も数に入れた。

その結果は表8‐1[19]のようになり、東井実践は、全体として三つの時期に区分できる。

第Ⅰ期は戦前から戦後にかけて、主著成立の土台となる実践を築いた時期である。教科をこえた作文的方法の活用、「生活の論理」の重視、「自由研究」の奨励、「学習帳」の実践など、こうした学習指導の考え方や方法が確立した時期である。

第Ⅱ期は、一九五三年度六年生の子供らの時期で、東井はこの子らを四・五年生の時に受け持った。六年生では社会科等の授業や学校園での実習を、東井が担任していた五年生と合同でおこない、主著で三回紹介する。登場回数・作品数は格段に多く、春吉君[20]のように複数登場の例もある。学年二一名の中、七名には父親がいない。この子らの誕生は太平洋戦争が始まる一九四一年度で、父親亡き後、遺された母子による無理な農業労働は子供の作品に表れていると、東井は述べる。一九五三年の共著『よい作文の書き方―五年生』（鶴書房）内に登場する児童は春吉君らの学年の子供たちで、「働く子供」を励ます視点は、「書きながら働く村の子」という表題の文章にも貫かれ、彼の「村育て」実践に流れる一つのテーマとなっている。

最後の第Ⅲ期では、一九五四年度五年生以降の時期で、彼の「村育て」実践全体が確立した時期である。学校通信『は生が丘』の発行〔『は生が丘』の「は」は常用漢字以外の字で、本章ではひらがなで表す〕と合作詩「私たちの夢」の作成の二つが特徴である。月に一度のペースで発行された学校通信は、臼田弘蔵[21]が校長に赴任した年の一九五四年七月

表8-1　『村を育てる学力』実践の時期区分

区分	時期	作品・事例の回数	登場生徒数	東井実践における小区分	備考
Ⅰ	1945年以前の担当生徒	12	11	①綴方を中心として学力形成を意図した実践期―戦前編	詩、作文、エピソード
	1947～48年度５年生	8	4（または5）	②戦後の新たな時代・環境下での綴方実践の模索期	作文、絵、エピソード、イニシャル１名
	1950年度６年生の生徒	9	4	同上（50年度6年生は5年より東井が担任）	詩、作文、手紙、エピソード
Ⅱ	1953年度６年生と５年生の生徒	26	9	③村の農業生産問題に取り組んだ実践期へ（53年度６年生を、東井は51年度52年度４・５年で担任、53年度は５年生の担任。５・６年生の社会科は東井が担当）	詩、エピソード、T.M.とY.S.の詩、同じ詩２回も含む。1953年度５年生はMのみ。社会科授業／学校園実習の３回も含む
Ⅲ	1954年度５年生の生徒	7	4	④学校通信『は生が丘』を中心に村の改善、「学力」問題を強く意識した実践期	合作詩作成、詩（詩「川」を２回含む）、作文
	1956年度６年生の生徒	15	6	⑤学校通信『は生が丘』を中心に、都市に対する農村的価値の保持を強く意識した実践期（56年度の６年生を担任）	詩「水車」は澄子とする。詩、作文、エピソード
	1957年度５年生の生徒	9	3（または5）	⑥同上『村を育てる学力』の発行（57年度５年生を担任）	作文、エピソード、イニシャル２名

出典）東井義雄『村を育てる学力』より作成。

より臼田の発案でおこなわれ、後者の合作詩は翌年度六年生の子供らの作品である。

東井の「村育て」構想の輪郭

東井は、主著やその他の文章でも、彼の「村育て」についての構想を明確に述べていない。それを掴む手がかりの一つが、主著冒頭の「私たちの夢」である。この詩は、通信一七号（一九五五年一二月）に紹介され、翌年三月の卒業式で子供らによって朗読された。この作品には、東井がめざす「夢」としての「村育て」が反映されていることは間違いないであろう。合作詩は、全三五行で三段落に分けられる。読み取れる「村育て」の内容は、村の農業の豊かさ、人びとの自由と幸せ・生きがいの問題、そして人間としての成長の実現にまとめられる。もう一つは、通信二四号（一九五六年七月）の特集「みんなで考えてみましょう　村の子供の勉強どう育てるべきでしょうか――村を捨てる学力と村を育てる学力」という題の東井の文章から、

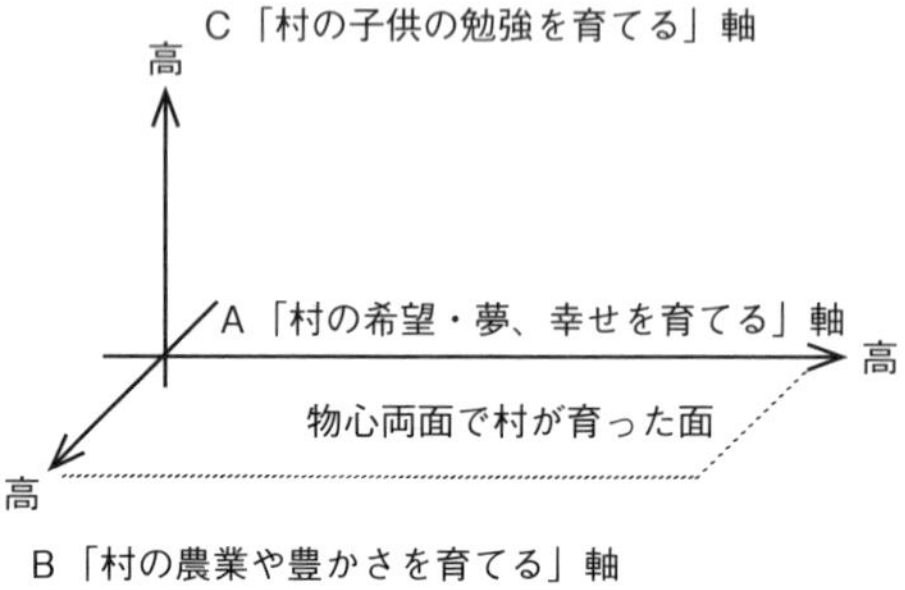

図 8-1　東井の「村育て」の三つの軸
出典）東井義雄『村を育てる学力』、学校通信「は生が丘」24 号より作成。

詳細は省くが、「村育て」の対象を、「村の農業」、村の中にもつ「希望や夢」、「子供の勉強」をかろうじて拾うことができる[22]。

以上の二つの資料から導ける「村育て」の方向を図で示せば、図８‐１である。この二資料による「村育て」像はほぼ重なるが、彼の実践方向等と整合するかを見なければならない。

三つ目の資料だが、二つの資料と性格が異なる。それは、通信二二号（一九五六年五月）の特集「農村教育における都市的快適に対する農村的抵抗の精神について」の文章である。都市の「近代的・進歩的、スピード主義・快適さ」の価値と「楽しむ、追いかける」という行動様式に対して、農村は、「反スピード的」、「もったいないと控えめに」、「自らの脚で自らの道を歩く」という価値や行動様式を持ち、東井はこうした農村的地域の保持を強く望んだ。それは、農村が「農村でなくなってもよいのなら別だが」と断りつつ、「旧い農村人の考え方や生き方を「旧意識」だとか「封建的遺風」だとかの言葉でかたずけてしまっていいだろうか」と、東井らしい控えめな疑問文の中に、彼の考えがよく表れている[23]。ただ、こうした農村的価値の尊重は、当然それを認識して価値の成就を感じる幸せや喜びをみる知恵や力が必要となる。「希望・喜び」のA軸が、「豊かさ」のB軸と矛盾なく一致するには、どのような「豊かさ」であるかが問われる。詳細は省くが、東井は生活面におけるその不一致の存在に気づいていた。次節以降では、東井の「村育て」の具体的な姿を検討したい。

第三節　東井の「村育て」の二軸と実践――結びあいと農業生産

村人らの「結びあい」育て――「村育て」の一つめの軸

学校通信『は生が丘』は、父母の投稿が増え子供らも積極的に作品を書き始めると、その頁数が増え、多い時はＢ４版一二枚の四八頁にも及んだという。当初は、東井の手によって編集、孔版、謄写印刷された。内容は、父母の投稿、子供らの作品、校長の巻頭言、教員の実践報告、学校行事等の連絡、特集等で構成・編集されていた。

表８‐２は、通信三〇号までの、臼田校長の巻頭言の題、東井の連載・特集の題、保護者の投稿欄名をまとめたもので、東井の主著に反映されているのはこの号までである。

当時の相田小では、子供を中心とした明るくて楽しい、愛情の溢れた学校づくりが目指されたようで、通信の内容やＴ先生[24]の聞取りから強く感じられる。その要因は、音楽教育や学校行事、教員の熱意などのほか、戦後教育のもつ一般的な雰囲気によるのかもしれない。東井の臼田校長像は、主著や「は生が丘」復刻版でまとめられている。東井は、臼田を「愛情校長」、「達人校長」とも呼んでいたが、村人が校舎内にあった臼田の宿舎によく来ており、青年学級の習字の講師をもつとめたという。また、Ｔ先生など若い教員の活躍は学校通信によく登場する。学校は保護者とのつながりを重視し、両親学級や舅姑教室、地域の懇談会などさまざまな工夫もされていたが、ここでは学校通信を中心に取り上げたい。

学校通信のねらいを、臼田は第一号で、「子供たちの家庭での生活指導にもご利用して下さったりして　ご家庭とのつながりを一層深めたいと存じます[25]」と説明している。

表８‐２から容易にわかることがある。まず、臼田の巻頭言は「親の心構え」が多く、民主的な家庭像や人間関係を村人らに興味深く伝えるものであること、特集等の記事によって親や学校（東井）の関心の所在がわかり、その記事は親の目線にたって「共に考えましょう」と呼びかける姿勢に立っていることなどである。

通信は、「学校通信」という面と同時に、父母などの詩や作文の自由投稿による文集の役割も兼ねている。その中で、三〇号までの村の男性と女性の投稿者の数は、わかる範囲で、三一人：六八人である。事実、一八号までは父親などの投稿は少なく、一九号の「父心」というコーナーで五名の父親の文章が載せられ、二三号では農民の男性六人の投稿が掲載され、うち五本は特集にそって農業等に関連する主張がされている。題名は、村の長老による「しかめづらの退治の工夫」、青年団長の「村づくりにおける合掌の精神について」、愛農会会員の「愛と共同の住みよい農村を」、農家の父親の「働くことの喜び」等で、登場した男性は村の中の有力者または熱心な農家が多い。東井による編集の反映と思われる。

これに対し、女性の投稿数や表現の多様さは男性を圧倒する。東井は、当初より「母と子のページ（頁）」の欄で母からの投稿詩を重視して投稿を促していた。三〇号までのうち、二三号を除き全号には母親や姑など女性の韻文が掲載されており、一号の一篇から順次増え、一〇号、一一号は各七篇まで数えられる。また、二〇号では三本の男性の投稿文に対し、一六本の女性の韻散文が掲載された。母親など女性の作品は、つつましい生活、田畑（「じる田」での農作業も含む）や夜半の労働などを詠み、いずれも子供を思い家庭を大切にし、喜びや幸せをみようとする力強く真情にあふれたものが多い。地域の女性達の二年余りの歩みを見てきた校長の臼田は、二八号で「は生の結びつき」と題してこう評している。

「百姓のかかは、無学で人のいいなりになる。自分を持たない……」というような言葉を聞く。けれど、……何物にもとらわれないで、本当に自分の心で素直にものを見抜く母親たちの思いこそ尊いものではあるまいか」と述べ、「ただ一つ、子供の生活を中心に考え、話し合って行く間に、……どうしたら母として、主婦として、家庭平和の中心になり……生活に伸びを持たせることが出来るだろうかというような共通の悩みを見出すことが出来、ついには共に力を合わせていこうという「はげみ心」をお互いに持ち合わせることができたのは事実である。」と評価し、「どんな文でも、かけがえのない価値のあることを認めあい…そのエンピツの背後にこそ真実がひそむ」と指摘するのである。[26]

表 8-2　学校通信『は生ぶが丘』の 1 ～ 30 号の歩み

号数	発行年月日	頁数	臼田校長 冒頭挨拶の題名	東井による連載・ 特集的な記事など	保護者の欄
1	54.7	4	ご挨拶とお願い		母と子のページ
2	54.8.3	6	子供と親	子供相談室「乱暴な子・人いじめをする子はどう導けばよいか」	あるおかあさんのノート
3	54.9.3	6	「親」になることはむずかしい	同上「一人子はどんなことに気をつけねばならぬか」	母と子のページ
4	54.10.5	6	父親の願い 2 つ		母と子のページ
5	54.11.5	8	男女の差別なく子供を育てましょう	こども相談室「お金の生活はどう指導したらよいでしょう」	母と子のページ
6	54.11.5	8	明るい家庭	12 月の子供相談「ウンコの話」	母と子の頁
7	55.1.12	8	甘さと笑いを持とう		母と子の頁
8	55.2.8	8	「両親教室」によせて		父と母と子の詩集
9	55.3.10	12	再び「両親教室」によせて	親と子の勉強室「新かなづかいの巻」	おかあさん詩集
10	55.4.15	14	新しい学年のはじめに	親と子の勉強室「かなづかいの巻」	母親詩集
11	55.5.18	16	妻の地位	親と子の勉強室「よい作文のかき方」	あかあさんたちの手帳から
12	55.6.25	16	愛情の成長	「働く子供たち　働きの心はどうやって育てるべきでしょうか」	父の手帖・母の手帖
13	55.7.22	20	愛情は育てるべきもの	みんなで考えましょう「こどもの成績――どう見、どう育てるべきか」※注 1	父の手帖・母の手帖
14	55.8.30	12	少年補導について	みんなで考えてみましょう「「人に負けるな」というはげまし方について」	手と手と手と手、心と心
15	55.9.24	16	人と共に生きる	みんなで考えてみましょう「子供が泣いて帰った時の親の態度はどうあるべきでしょうか」	大人の広場
16	55.10.30	16	「知より心の教育を」	みんなで考えてみましょう「雰囲気の教育力」	大人の広場
17	55.12.6	18	「ない生活」から「ある生活」へ	みんなで考えてみましょう「家にしあわせのふんい気をつくろう」（T 教論）、「植地さん追憶」	父母のひろば
18	56.1.16	22	拝む心	教師の主張「あまい教育からい教育」（3 名の教員の文章）	みんなの広場
19	56.2.25	24	真の幸福	教師の主張と実践「犬だってすぐには吠えられない――勉強にも身ごしらえが必要です」	母の手帖
20	56.3.24	30	育ての心	教師の主張「「土」を耕して「作物」をつくるということ――子供の勉強の場合」	おかあさんたちの作文
21	56.4.25	22	新学年を迎えて		おとなのひろっぱ
22	56.5.28	18	三惚れ	みんなで考えてみたい問題「農村教育における都市的快適に対する田舎的抵抗の精神について」	みがきあいのひろっぱ
23	56.6.25	28	生むことと育て躾けること	「働き方、働かせ方　みんなで考えてみましょう」	
24	56.7.28	30	「ゆるしの心」	みんなで考えてみましょう「村の子供の勉強　どう育てるべきでしょうか――村を捨てる学力と村を育てる学力」	おとなのひろっぱ
25	56.8	24	勘定清算より感情清算		おとなのひろっぱ
26	56.9.30	30	なくしよう、心の真空地帯［注：原文のママ］	考えてみましょう「村の子供の行事」	おとうさんおかあさんおばあさんたちの雑記帖
27	56.11.10	32	子供の仕事を生かそう	親・子・教師の関係はどうあるべきでしょうか／「郷土への愛と認識を深めるために」	父母の雑記帖
28	56.11.30	28	は生の結びつき	「親・子・教師の磨きあうもの」／「炉辺話材」	父母のノート
29	56.12.3	22	顔合わせ	「いま生きているということのただごとでなさ（2 人の父の死）」	おかあさんたちの詩集
30	57.1	26	微笑に満ちた生活	父の在り方母の在り方	母の手帖

注 1）55 年 7 月号「親と子の勉強室」は校医による「ペニシリンの話」。
注 2）発行年月日は、「57.1」なら 1957 年 1 月になる。
出典）白もくれんの会『東井義雄教育の原点「は生が丘」復刻版（再版）』、同会『東井義雄教育の原点「は生が丘」復刻版（下巻）』より作成。

臼田と同様の感想は、他の村で「は生が丘」を読む女性の投稿詩の中でも述べられている。「どの道を行くかさえ知らない村に　私と同じ　子を憶う切ないまでの母の心が　忙しい百姓の暮らしの中で　もえている…」（通信一一号）と始まる詩である。

こうして三〇号までに、親たちだけでなく、次第に地域の青年団の若者や高齢者も加わり、校下の全戸数一四三戸のうち実人員一三九名（子供を除く）の人が一回以上は投稿し、毎号新人の投稿があり[27]、子供のいない家の村人も楽しみにしたという（通信二四号）。学校を中心とした村の人びとの結び合いが通信を媒介にして形成され始め、これは「村の希望や幸せを育てる」ことの目に見える一到達点でもあると考えられる。

「無理な農法」からの脱却と「働く子供」育て――「村育て」の二つめの軸

相田小の学校園の実習は、カリキュラムの中では「教科以外の活動」としておこなわれていた。東井による一九五二年度から三年間の実習は、同僚のT先生と、東井が五年担任、T先生が六年の担任という形でおこなわれ、実習自体はT先生が一九五七年三月転出されるまで協力しておこなわれた。T先生は、当時の様子をこう述べられている。

六年生麦作り。ゴミ焼き場から通路一つへだてた学校園を十坪かりることになった。鍬で耕うんする前に焼き場の灰をたっぷりまいておこう。……しっかり鍬をうちこんで深耕がよい。普通の畝立て、二条まきとする。……雪におさえつけられても元気にしているだろう。……早春に「まあ、生きとったぞ！」。……中耕にしてやろう。根まで空気が入るように耕す。ただし、根にさわったりいためたりうごかしたりしないように。……自由に（子供らは）観察をつづける。……中耕と追肥をすることによって麦がよろこぶ……。村のおじさん観察にチラホラと、子供と対話しながら、自転車止めて畑へ……、穂が太くて大きいぞ！　粒のつきがよい！　こりゃあようけ採れるぞ！　どんな肥料やっとるんだ！　わしのよりずっと良い‼……。

東井記念館にある富田竹三郎著『農村社会の教育』は一九五三年発行で、東井の手によると思われる傍線が数多く引かれている。その中で、加藤完治著『日本農村教育』（一九三七年）からの引用箇所[28]の欄外余白に、「いとわせぬような農業をうちたてるということは考えなかった」という東井によると思われる手書きが記されている。これは、「要するに……農業労働をいとうという風潮を我々は根本的に打破せねばならぬのであります。」（傍線は東井のもの）という加藤の主張に対する東井の異議を表明した書き込みであろう。

この時期、東井は、職員会議の席上で「「無理な農法」に子供をつき出すわけにはいかない」と語っていたという（T先生の証言より）。「無理な農法」という語は、主著二九頁や三一頁に登場し、「星をいただいて野良に出、星をいただいて野良から帰るほどに働きながら、わずか一人と首から下の人間をしか養い得ていない」農法[29]である。実は、この表現は、湧井學著『働き方の科学』の記述に負うている[30]。湧井の『働き方の科学』は、農民の激しい労働に科学の光を当て、労働手段と対象の合理化・機械化、共同化への手がかりを提示した書である。東井は、この湧井の書から日本の農業の問題点と方向性をつかんだようである。「農作業のやり方は、何百年前と少しも変わらず、人びとは営々と苦役の汗を流し続ける[31]」農法をどう変えるか、東井の関心は湧井と重なる。

農業の専門的知識がない東井は、近所の農家（すぐ近くの農家は東井の寺の檀家総代であり、「篤農の家」としても知られていた）や農事研究会から得た知識の他、最新の農業知識は、「全国愛農会」の機関誌「愛農新聞」等から得たと考えられる。主著に「愛農」の語が二度登場し、一九五三年の学校園での「麦作り」は愛農会推奨の木田式農法がおこなわれた点が根拠である。この「全国愛農会」とは、一九四五年小谷純一によって起こされた、「三愛精神」に共鳴する人びとからなる社団法人で、「愛と協同による村づくり」を会のモットーとしていた。東井は、その後「愛農新聞」でのコラム連載、単行本の出版や「短期研修」の指導講師など会の活動に協力した。愛農会と東井との関係が始まった時期はわからないが、一九四九年五月合橋村農業協同組合の宮嶋藤一組合長が第一回業務報告の中で、「斯界の権

長で、のちに合橋村村長になった。

威」として近藤正[32]——当時、愛農会理事——を招いた講習にふれている。[33]宮嶋藤一は、一九五三年度相田小の育友会長で、のちに合橋村村長になった。

東井が学校園で試そうとした「木田式農法」の紹介は、小谷純一が「福島県の木田好次先生はすでに十年間平均反当二五俵の実収をあげられている。……熱心に研究するならば反当十乃至一五俵の麦をとることは決して至難の業ではない。」と述べた、一九五二年一月号の「愛農新聞」記事から始まる。翌年三月木田式の幻燈スライドが愛農会から発売され、五月号で小谷は、「反当大麦三二俵、菜種七石実収の日本一裏作指導者」と呼び、六月号で木田式を念頭に、「富は帽子の下にあり!……働いても働いても食えなかった農法から、……頭を働かせる農法にきりかえようではないか。」と呼びかけた。この「頭を働かせる」農業は、当時、農民の最大の関心事であり、東井の問題意識もここにあったものと推測される。木田式の栽培方法が全国に広まったのは、恐らく一九五三年八月の兵庫県城崎温泉での「全国愛農大会」以降で、木田による講義が大会参加者の前でおこなわれた。九月号は大会の様子として、「一千人収容の大テントが出石郡合橋村の同志の献身的な御奉仕によってつく」られ、「千二、三百人しか収容出来ぬという講堂に千七、八百人も入り、講堂立錐の余地なき盛況」と伝えた。合橋村の参加者数は不明だが、相田や佐々木では十数名ほどの愛農会員がいるようだったので、彼らも大会に参加したと思われる。

一九五三年度五、六年合同の社会科授業で、子供らは、「肉体」を痛めつける旧農法に代わって「頭」を使う農業を発見した。詳細は省くが、東井はこの授業のあと子供らと木田式を取り入れた「麦」栽培の農業実習をおこなった(一九五三年秋から五七年春までおこなわれていたようである)。その当時の様子について、元教え子で一九五三年度六年生のY・Kさん[34]は、「六年生の時、隣保の集まりがあって二〇人ほど集まったことがあったが、その時、先生は幻灯機を自転車の荷台に載せて来て、子供には「蜘蛛の糸」、大人には「木田式麦三十俵とり」の上映をした」と話され、また「実際に農家では木田式を取り入れたということはなかったのではと思う。」とも述べられている。ただ、旧相田小の近くに住んでおられるM・Sさん[35]は、木田式栽培法を覚えていて、「木田式栽培法は二年ほどで長くは続かなかった。収量がよいが、この但馬では雨が多くて腐ってしまう。」と証言されている。

村での普及活動を東井は語っていないが、学校での農業実習の成果に対しては、先程のＴ先生と同じように記す。村中の父兄と日本各地から集めた知恵によって耕作した学校の麦を、村の麦と比べて、農民たちが驚くような収穫の違いをうみ、「つくり方で特に気をつけた点をガリ版で刷って配った。種子麦を分けてくれという人には分けてやった」こと(36)、また、学校園は「倍以上の収量をあげ得た」(37)とも述べている。

学校通信が出されるようになって、村人の会話内容が、天候などの話題にとどまらず農業や作物の調理法などにも広がっていった記憶があるとの証言を、教え子のＭさんより得た(38)。このＭさんは、社会科授業で「頭だ！」と発言した生徒である。さらに、元・青年団長のＭ・Ｍさんも、当時の農業生産で「農民はいろいろと工夫した。水をやるにしても酸素が大切だから、トユを通して水が落ちるようにする、良い土でなければいけないと木を焼いて、その上に土をかぶせて焼き土を作ることなどをした。」と述べられる(39)。青年団は、村の水稲の苗の「共同消毒」をおこなう活動もおこなっており、当時の村の様子がうかがえる。以上から、東井らの試みは、昂揚する村の生産を励ます点で無駄ではなかったと推測される。

さて、もう一つ、子供らの重労働が軽減され、励みの出る「働きの心」を学校での実習や農繁期休業を通じて育てることを、東井らは課題とした。子供らが農業労働を嫌う理由は、旧来の農法と父親による徒弟制的な農業習得法に問題があると、東井は考えていたと思われる。他方、各農家では、農繁期を中心に生産の担い手となる「子供の働き」をどう育てるかは切実な課題であった。通信の「働く子供」特集は、一九五五年六月、翌年六月、翌々年七月と一一月の各号でなされたが、その前の一九五四年一一月号には次の小記事が掲載された。

農繁休業　働く人間の心構えや技術は働きの中で育てられねばものにはなりません。これを育てていただくことを第一の念願とした農繁休業を、この秋は十月一八日から二二日まで五日間実施いたしました。去年のしらべでは、しごとを言い

表8-3 「働きの心9カ条 ——子供の農業労働の励み」

1「じっとしておられないのが子供だ」
2「でも、人間は慣性をもっている」
3「家族の苦労がわかり合えるような家庭生活をつくることによって働きの心をおのずから育てることができる」
4「仕事の味が味わえる幸せ」
5「研究的に仕事をすることによって仕事の楽しさが味わえる」
6「心と心を結び合ってする仕事は楽しい」
7「仕事を認めてやる、ほめてやること」
8「結果の楽しみがあること」（頑張ったあとの楽しみがあること）
9「させられる苦労よりもする苦労」

出典）白もくれんの会『東井義雄教育の原点「は生が丘」復刻版（再版）』322-327頁より作成。

つけられるばかりで、しごとの心構えや仕方について教えてもらったという子供が少なくて悲しい思いをしたのですが、今年はずい分育てていただいた子供が多くよろこんでおります。稲を見ても、見る目がかわってきている……。[40]

こうした実践の到達は、通信二三号「働き方働かせ方——☆しかめっつらの働き方をおっぱらうために☆子供を生産的人間に育て上げるために——みんなで考えましょう」（一九五六年六月）の特集にみられる。[41] それは、親の指導のもとで、子供らがどう動き働きの心をどう持つかをまとめたもので、東井は特に題を付けていないが、「働きの心九カ条」と呼べるのではないかと思われる。

最後の9について、東井は「いろいろな仕事を「自分の仕事」として（言いかえると仕事への愛をもって）働くように工夫すると共に、「働かせる」場合にも、単なる労働だけを要求するのでなく、計画から運営・結果の処理に到る仕事全体へ参画させ、「自分の仕事」として働かせること」と詳しく説明する。[42] どれも子供の作文が分析対象となっているが、9に近づいた作文を東井は示していない。

これに近いものとして、通信一二号（一九五五年六月）の六年Y・Tによる「木の芽は伸びる　ある子供図書館の誕生」があげられるが、東井はこれを例として直接示していない。しかし、このY・T作文が、「働く子供——働きの心はどうやって育てるべきでしょうか」という特集の号に収められていることは、東井の意図を表すものと考えられる。

「働くこと」が子供をどう励まし成長させるかを分析したこの九カ条は、「農業労働」を、「冷たく透明な解析」によって喜びや感動の表現としての「舞踊の範囲」に高めるという宮沢賢治の詩（『生徒諸君に寄せる』）を想起させる。また、農家の女性や子供らがきびしい農作業の中で詠む「生活詩」などは、「芸術をもてあの灰色の労働を燃やせ」（『農民芸術概論綱要』）という賢治の一節への東井なりの呼応となって、農業労働に生きた人間の血を通わせる表現活動を感じさせる。一九五〇年度六年生のKさんは、筆者の聞取りの際、賢治を研究する東井について証言された。

戦後、賢治に影響を受けた文化運動が各地の農村で起こった。岡部守東京農大名誉教授は、「戦後、農地改革、直前・直後の農村は、一般的にこういう『賢治の詩『稲作挿話』がもつ』雰囲気であったと報告されている。例えば、長野ではムラ、ムラに「グスコーブドリ山の会」が設立され、素人演劇や合唱、学習会が開かれて、一山や二山も歩いて講演会にかよう青年は、『稲作挿話』そのものであったろう。[43]」とその様子を記した。文中の『稲作挿話』とは、「泣きながら　からだに刻んで行く勉強が　まもなくぐんぐん強い芽を噴いて……それがこれからのあたらしい学問のはじまりなんだ……」という詩である。この〈からだに刻む勉強——新しい学問の始まり〉という賢治の学問観には東井も共鳴し、主著の〈働く村の子〉——末尾のKさんの大学での勉学〉という記述展開にも反映しているように感じられる。今後の調査が必要だが、東井による賢治研究は、戦後の農村で広がった、賢治に基づく「村づくり」に連動した文化運動を反映したものではないだろうか。

第四節　「子供らの勉強」育てと東井の教育論——「村育て」の三つめの軸

「親の疑問・批判」に応える——東井の「学力」・能力・生活・教育論（一）

東井が主著を著す契機となったのは、通信二四号（一九五六年七月）の特集「村の子供の勉強をどう育てるべきでしょうか——村を捨てる学力と村を育てる学力」の文章にあった。

この題からわかるのは、東井が「育てる」としたのは、まず「子供の勉強」であるという点で、東井の関心はここに集中する（なお、この後では「勉強」と「学習」を同義で使う）。

では、二四号以前の彼の「学力」や教育をめぐる考え方はどのようなものだったか。

「学力」や「成績」などをテーマとした特集号は一三号「こどもの成績」が初めてで、一四号「「人に負けるな」というはげまし方」、一六号「雰囲気の教育力」、一八号「あまい教育からい教育」、一九号「犬だってすぐには吠えられない――勉強にも身ごしらえが必要です」、二〇号「「土」を耕して「作物」をつくるということ――子供の勉強の場合」と続く。一九五五年度発行の半分あまりが「学力・学習」問題を扱ったという点は注目される事実だが、ここでは一三号、一四号、一八号に掲載された保護者の疑問に対する、東井の回答をまず紹介したい。

通信一三号（一九五五年七月）は、前号での投稿「親の気持ち」対する特集で、「みんなで考えましょう「こどもの成績――どう見、どう育てるべきか」」という見出しのもと、投稿者、保護者のほか、「編集部Y・T」、つまり東井の文章が掲載された。彼は、世間では「学校の優等生」や「学力」が昔から信用されていなかったこと、平均点で出す席次や学力と、人間のもつ諸々の「力」――彼が呼ぶ「本当の「人間力」」――との違いや関係をこの号で説明する。それを図8-2で示した。図中の言葉はほとんど東井の文章から抜き出したもので、矢印は筆者による。[44]

東井は、「テストにあらわれた力や知識」を「学力」とし、算数に例えるならば「計算の力」、「すでにくみたてられた問題を分析しわかっていることを足場としてわからない数を探り出していく力」や知識とみる。しかし、「生活の中に算数を実際に使っていく力」、「生活を算数的にふりかえって……もっと合理的な、無駄のない生活をうちたてて行こうとする人間力」などは、「学力」を「生きた力」に育てるものだが、「学力」には表れないとする。そして、新時代が要望する「どの様な困難にであっても最後まで続けるねばり」、「やりとげるために考え、工夫し、研究する力」等の「人間力」や、家庭人・社会人として、「人間関係をうまく調整し、目上だけでなく仲間とも目下のものとも一つにとけあって生き得る力」、「人の立場を理解し受け入れてわれと人を共に生かす力」、「ある部面ではみんなの

図 8-2　東井における「「学力」と他の「人間力」」との関係図

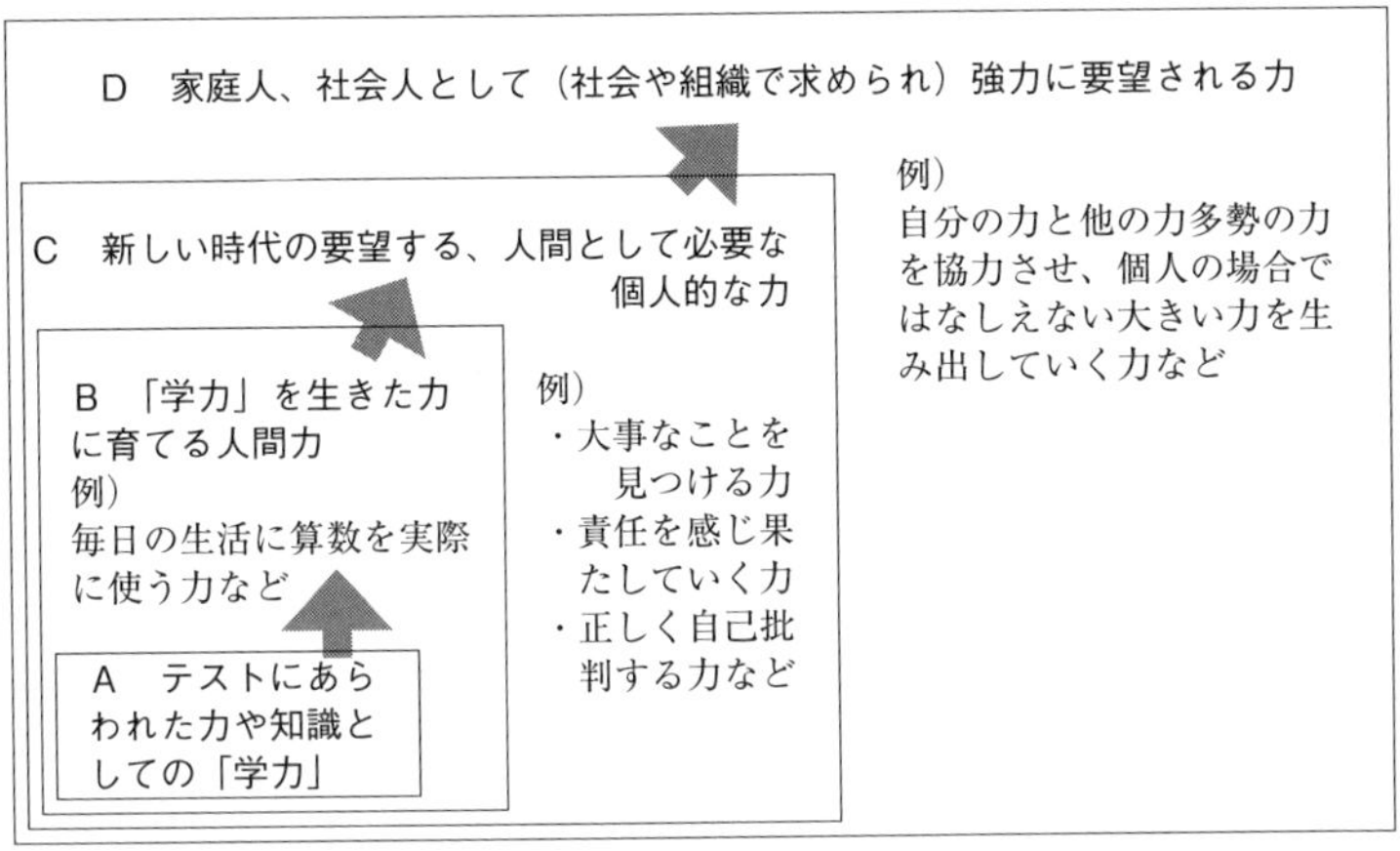

出典）白もくれんの会『東井義雄教育の原点「は生が丘」復刻版（再版）』127-130頁より作成。

先頭に立って指導していくことの出来る人間力」などの社会的能力も指摘した[45]。

この東井の考察は、人間の諸能力のうち数字で表せるものと表せないものとの区分、個人の認識や自立、社会性と社会形成にかかわる多重的多面的な能力把握の必要性、諸能力を形成する場の重要性などの論点を提示したものである。図中の三本の矢印は、子供らが社会の自由な形成者として諸能力を獲得する際の領域的拡大を示す。

一四号（一九五五年八月）は、前号で論じきれなかった「子供の教育の競争」について述べる。内容は、競争の効果を認めつつも、「競争の道は戦いの道」、「他を葬って自を生かす道」として、「子供にそれだけを期待することは、子供にそれだけ世の中を住みにくくしろ、ということと同じではないでしょうか」と問いかけ、「ほんとうに住みよい世界、しあわせな世界は、……一人の喜びがみんなの喜びとなり、一人の悲しみがみんなの悲しみとなるような世界……それぞれの力を最高度に発揮しながら、そのことに於てみんなの役に立っている……私はそういう世界を念じます[46]」と自らの理想を語る。

「一人の喜びが……」云々の言葉は、東井の主著冒頭の「私たちの夢」にも出てくる。それは、世界と個人との一体性を説く賢治の有名な詩句、「世界がぜんたい幸福にならないうちは個人の幸福はあり得ない」（『農民芸術概論綱要』）を連想させる。

一八号（一九五六年一月）は、「あまい教育　からい教育」という見出しで親達の疑問に学校が応えた。新教育を「あまい教育」とする批判に対し、東井は、「「からさ」を「甘さ」にかえていくような子供を」という題のもと、「昔の軍隊教育をなつかしんでおいでになる」風潮が背景にあると指摘し、子供を大事にするあまり「暖冬に徒長した麦と同じく、早熟のひよわい実しか結び得ない」のではないかと述べる一方で、「文句をいうな教育、服従教育に返すべきでしょうか」と反問して「からい教育」をも斥ける。そして、「こどもが、自ら求めて苦労を買い、その中で自分を鍛えていくような教育」、つまり自分が選ぶ苦労を楽しみにつくりかえる「たくましい生活力」を、子供らにつけるように勉強や暮らしの中で工夫すべきではないかと、切り返したのである。(47)

では、こうした新時代と社会が必要とする「人間力」、「たくましい生活力」を子供らに養うためにどうすべきか。一六、一九、二〇号の特集で示唆される。東井は、一六号「雰囲気の教育力」で「教えずに教える教え方」を強調し、一九号で「勉強にも身ごしらえが必要」として家庭で準備される勉強意欲について述べたが、二〇号の「「土」を耕して「作物」をつくるということ――子供の勉強の場合」の記述がもっともまとまっている。そこでは、「下農は雑草を作り　中農は作物を作り　上農は土を作る」という言葉が紹介され、それをもとに、「勉強」における「土」は子供の「生活」にあたると指摘する。そして、子供にとって「豊かな生活」が親の愛情、無理のないしつけを含んで営まれるなら、「生きていく能力」や「技術」、「責任感」、「勉強」が育つと主張するのである。(48)

このように一九五五年度に集中した「学力」・学習に関する東井の議論は、翌年度には、農山村地域の生業や暮らしの持続を問うまでに深まった。六、七月の「農村教育における都市的快適に対する田舎的抵抗」、「村を捨てる学力と村を育てる学力」という特集がそれを示し、彼の視線の先には、「学力」言説をめぐる文化的／社会的文脈の問題があった。次項では、一九五六年度以降の東井の分析と主張を取り上げたい。

「四反百姓の生き方」に応える――東井の「生きてはたらく学力」と「磨きあい育ちあい」教育論（二）

一九五五年度の相田小の学校方針は「考える子供になる」という目標であったが、一九五六年度は「思ったり考えたりしてみたり……物事を究めようとする子供になる」、一九五七年度では「自主的な生活の上に、生きてはたらく学力をつけよう」になった[49]。この「生きてはたらく学力」は単なる「学力」ではなく、それを「生きた力」に育て支える諸々の力（前項を参照）が想定され、「自主的な生活」が土台だとしていることに注意すべきである。首席教諭で、指導力・実力とも備えた東井が学校の方針に影響を持つことはごく自然で、それ故、相田小の教育方針の中に、東井の学力観の変化を読み取るのも根拠があると思われる。

まず、「学力・学習」の意味に関連し、二人の父親の学校通信への投稿を取りあげたい。

一つは、通信二四号（一九五六年七月）、「宿題」という題の「佐々木　一父兄」からの投稿である。「山奥の不便な平均四反の水田を耕して生計の基盤をたてている貧乏百姓」である故、「勤勉な子供を育てる」ためもっと宿題を出して欲しいという要望を記したものである。これに対し、東井は、村の平均的な農民を想定し、「四反百姓の生きる力」を「自分でみつけ、判断し、計画し、実践し、反省し、より高い解決へと実践的に自分自身を高めていく」ような「力」であって、その「生き方」は、「頭や胸を除外して手足だけをはたらかせる勤勉さ」、「どれい的な勤勉さ」ではないと明確に述べ、勤勉さを目的とする「宿題」を否定したのである[50]。

もう一つは、通信二八号（一九五六年一一月三〇日）の「父母のノート」欄に掲載された「佐々木のY生」という匿名・無題の文章である。その前半では、耕地少なく一戸当り四反弱、家族六〜八人で保有米をも不足する農家もある中、農地を引き上げる場面も見られ、その「利己主義的冷たさ」では「住みよい郷土」とは言えず「正しく豊かな人間教育」ができないと苦言を呈する。後半では、六〇町歩の造林がおこなわれ四〇〜五〇年先に希望がかけられるものの、「部落第一の副業である木炭生産もせばめられ……この間、いかにして生き抜くかはまことに大きな問題」と述べ、「之が対策には、今後、農業経営の改善をいかにするかの問題について、おたがいに、真剣に研究すると共に、ある程度はゆずりあいの精神で、とにもかくにも四、五〇年の期間をがんばりぬかねばならぬ……」[51]と、「生き抜く」ため互いの「研究」と「ゆずりあい」を求めた投稿である。この「Y生」の方は、田五反畑二反を経営し、東井の寺の檀家で東井と親しい間柄であったこと、愛農会の活動に加わり、農会の農事部長、消防団長、育友会長など村の重要な仕事を積極的に担っていたことから、村の問題を衝き村人同士の「研究」などを求めたこの投稿の意味は重い[52]。

村民の経済状況はどうか。一戸平均四反の水田で、反収二・五石程度（当時の日本の平均）と推測すると一〇石、二五俵の収穫となる。一九五六年の米価買入価格は、一俵当り三九九五円であり、全て販売すると一〇万円弱となるが、自家飯米（村の平均世帯人数は五・三人であり、五石程度の飯米）や生産・流通等の費用を引くと収入はかなり低くなる。当時の南但の町村役場の一般職員の月平均給与は約一万円前後[53]で、これと比べても現金収入の面で相当な差が生じる。こうした不足を補うため、農家は、麦作、木炭、和牛の子牛販売、養蚕や出稼ぎをおこなったが、麦や木炭、養蚕の販売はすでに落ち込んでいた。「但東町農家の規模別収支状況」（一九五八年七月、五六戸調）では、経営耕地面積五反未満の農家は、五反以上の農家と異なり、農業所得と農外所得を合わせた農家所得が、家計費と公租公課を引けば赤字になっていた[54]。これよりややあとの時期だが、Mさん（一九五三年度五年生）は一九六〇年九月頃に農業高校の実習で育てた鶏の雛を学校から譲り受け、実家も含め三軒の農家が各一〇〇羽引き取ったこと、その後もチューリップ栽培、但馬牛飼育、乳牛飼育、そばの生産など農家はさまざまに試したと証言されている。今後の調査が必要であるものの、この苦難の時期に互いの「研究」を求めた先程の提案は、村人や行政の活動を促したと推測される。一九五八年の宮出秀雄経済学博士による但東町の「産業振興調査」がその一つであり、それを受けて一九五九年頃から始まった酪農研究と「総和農場」[55]の試みなど、いろいろな研究会活動がこの頃の村にあったようで、こうした動きがその提案に応えた例であると思われる。

こうした中、東井は、学校の教員として、「からさ」を「甘さ」に変える「たくましい生活力」を養い「四反百姓の生きる力」や「生き方」に応えた学習指導を、学習形態を含めて主著や学校通信等で示した[56]。

彼は、冬の豪雪地帯でもあるこの地での農家経営を拓くには、貧しい村や生活を愛し何とかせねばならぬという気持ちと強い主体性、探求的な力と困難解決の諸能力が必要と考えた。この力は、具体的には「おやおや」と感じ、「はてな、どうしてこうなるか」という疑問をもち、「こうかもしれないぞ」と予想を立て、「こうしたらどうか」と実験し、「なるほど」と納得し、「いつでもどこでもそうか」などと広げて適用するなど、自ら考え行動するような主体的な過程をふむ学習によって獲得されるとする。そして、「書く」という、生活を「粗末にしない」作業の中でこそ、「自分から問題をみつける態度、自分の全力をつくして、それを解決していこうとする、主体的な生活の構えが、……子供自体によって自己教育されていく」として、作文的方法とそれに基づく「学習帳」の重要性を強調し実践した。

東井の作文指導について、詩「川」の作者、保田朗氏[57]は、「先生は、詩でも作文でも必ずコメントをくれ、「（目を通しながら）それでどうだった、その後どうだった?」、「どう感じたか?」、「どう考えたか?」と次に書くことを促してくれた。」と述べる。子供の作品に即して、意識・行動過程の丁寧な確認と意味づけを判断し表現するように助言した東井の姿が浮かぶ。

このような「使用人としてでなく、事業主として[58]」の立場からの学習によって、「主体性」をもち「ものを自分に引きよせ、自分のものとして考える身構え」が作られ、この構えをもとに「客観的、普遍的な学問の価値」が消化されるならば、生活の中で「生きてはたらく学力」となるというのが、東井の考えである。そして、これが、「いつかは村の停滞性を突き破っていき、新しい生産様式をきり拓いていく」ような「村を育てる学力」として子供らの中に育つ（または育てたい）というのが、彼の主張であり念願でもあった[59]。

学習指導例を紹介する主著Ⅲ章で登場する事例・作文は六九あるが（一つで複数教科にまたがる例もある）、生活面での一七例を除くと、残り五二のうち、「算数」・「理科」関係は六割近くの三〇となる。東井は、主著で「村に今、一番不足している知恵は理科的な知恵ではないか」と述べ[60]、一九五六年度六年生の「澄ちゃん」の「雑草の生きようとする力の研究」について、「理科の目だまがしっかり磨かれるだけでなく、村の農業を……だんだん科学的合理的経営に育ててくれそうな」研究[61]として高く評価する。他の事例も、「暮しの中で暮しを拓く学習[62]」となっている。この他、「四反百姓の生き方」に応えるには、「愛情の目」で家の中や村の問題を解きほぐす知恵や技術としての家庭科と社会科、生活や自然の中に喜びや幸せを見る感覚と知恵を育てる「芸能科」が重要だと、東井は指摘する。詳細はここでは省く。

こうした子供らの学習過程において、「村を育てる人間関係[63]」を同時に育てるために、東井は独特な学習形態を採用しそれを指導した。「まだ結論的なものには到達していない」としながら、大体の目安としてその内容を明らかにしている。

〈A　一人学習（計画、調べる学習、ノートの活用）↓A'　教員による個人的な学習指導↓B　学級での交流（意見や疑問を発表・交流する）↓A"　その成果を個々人がまとめる〉

というのが、基本である。最初のAと、教員やBによる介在があったA"とは違う。東井は、Bの過程を重視する。「一人の力がみんなの力となり、一人の学力がみんなの学力をも育てていく」ような学習形態は社会的訓練として必要だと述べ、この形態による「学習帳」の使い方をも含め、主著でその様子を丁寧に説明している[64]。詳細は省く。

さらに、東井は、「住みよい郷土」を互いの力で作るという「Y生」と同様の観点にたち、二〇日の間隔で発行された二七、二八号に、次世代と村の育成を強く意図した随想を載せた。その二つは、主著のI章四節「親・子・教師の磨きあいと育ちあいを求めて」と五節「村を拓く四つの鍵」の内容となり、東井の「村育て」の核心を表す。しかし、両者のうち、「村育て」を担いその輪を拡げるのは、村の人間関係をより信頼するものへと実践的・動的に変えていく前者の中にあると思われる。

二七号「編集後記」で、東井は記す。「かわいい子供たちが、辺鄙な里に生まれたということのために、永久にしあわせに出遭えない、というようなことは、なさけないことです。こどもたちが、……しあわせをこういうところにも築き得るようにと、心から念じる私たちは……皆さんの協力をお願いしているのです[65]。この「協力」とは、手をつないで「子供たちの勉強・生活」、「たくましい生活力」を共に育てるという協力である。同号の特集で、東井は、「わが子だけがわが子であるというような意識、……自分の子供を愛するあまり、親と親がいがみあうている、というようなことも、みんなの力でなおされなければなりません。……みんなたちというつながりの中で、一人々の個人が、たくましく育って行くような関係[66]」を願うと述べ、「つながり」の中での互いの「育てあう」関係の発展を促した。確かに学校通信等で、「親 → わが子」、「子供 → 子供ら」、「親 → 他の親達」、「わが子 → 親」という方向の影響はあるようだ。これに対し、親・子供などが家に関係なく複数で交差して「磨きあう育てあう」という事例は、実際にみられたであろうか。

一つは、通信二二号（一九五六年五月）の、「校区内　一老母」による「相田校児童の皆さんへ」という題の投稿で、それは、「おとうさん　おかあさん　ありがとうの会」に出席した際の、一人ひとりの子供に対する愛しい思いを述べた感想である。「母親―わが子」を綴るものが多い中、「一人の母親 → 子供達」というこの構図は珍しい。さらに、二三号（一九五六年六月）での、「澄ちゃん」の作文に対するある母親の激励の投稿もあげられる。ここには、「一人の母親―他の家の子供―その子の親」という子供を媒介とした親同士の双方向的な関係の芽が、村にできつつあると感じられる。もう一つ紹介したい。二六号（一九五六年九月）特集「村の子供の行事」の中で、東井らは、「一人の親―わが子と問題を起こした子」の関係だけではなく、「集落の母親と母親と……母親達同士―子供達」の関係となった小谷集落の取組みを評価している。また、「教員達同士」の討論を親たちに示し、中学生も含めた「子供達同士」の関係を育てる必要にもふれている。こうした事例は少数であるものの、単なる村人の「結びあい」から、励ましあって共におこなう「村の子育て」への展開のように感じられる。

本節では、東井の「学力・学習・教育」論を「子供を育てる」という軸から検討してきた。彼は、「四反百姓の生き方」に応える主体的でたくましい「学力・力」は、「子供の豊かな勉強・生活」から生まれ、それは、合理的な知恵・喜びを見出す感性・協同・愛情（愛着）の「磨きあい育ちあい」による地域の子育ての中で育まれると考えた。同時に、地域の持続をかけた生業・産業の新たな研究・開発をも地域の協同の事業とも考えていた。したがって、地域における二つの協同の衰退が地域空洞化を招くこと、これが東井の論から導かれることである。

第五節　兵庫県立教育研究所の「へき地教育」報告集と東井の疑問

『は生が丘』二四号特集は、一九五六年の兵庫県立教育研究所編『研究報告　第六二集』に対する東井の疑問をもとにまとめられた［これ以降、漢数字の前の「第」は省略する］。ここでは、研究所の報告を中心に検討したい。

研究所が一九五三年から四年間に発行した一五の「研究報告集」で、複数回取りあげられたテーマは四つある。「学力」のテーマが四回、「村と教育」のテーマが三回、そして「へき地教育」と「産業教育」の各テーマはそれぞれ二回報告された。研究所の研究員はテーマに分かれて調査・分析し、その結果をまとめた報告集は、年間、数冊発行された。

「学力」については、過去三カ年おこなった県教委調査課の学力実態調査を基盤にして、研究所が一九五三年度から三カ年、小・中学校で七十弱の標本校を選び調査した。その分析が、『研究報告　五五集』（一九五四年）、『五七集』（一九五五年）、『六一集』（一九五六年）でなされている。正答率の累年変化、その分野毎の分析、男女別と地域間の差異などをみた調査で、地域間とは、父母の職業の産業別構造をもとに、「農漁山村（いなか）」・「いなか町」・「都市」の三層に分けた地域間のことである。最終の『六一集』の「まとめ」で興味深いのは、「学力は……向上に向かっている」が、分野毎の差異から「学習指導が表面的に流れて深めた指導がなされていない」と推測している点、また「いなか町」の中学校の成績が悪く研究を要するとした点である。(67) 同じ学力を扱った『六五集』（一九五七年）は、「県下児童生徒の学力調査とその発達に関する研究」という表題で、個別生徒の発達を追跡テストで分析することをめざしており、前の三つとは性格が異なる。

「村と教育」については、『五六集』(一九五五年)、『六〇集』(一九五六年)、『六三集』(一九五七年七月)の報告集があり、多気郡城東村、印南郡阿弥陀村、養父郡関宮村を対象に調査をおこない、総合的な「地域教育計画」をたてるための課題をそこで示した。担当研究員は三~四名で、森川進、山田正雄の両研究員がこの全てに関わった。調査目的として、「「より明るい村にするには、どのような教育がなされなければならないか」という「新しい村づくりをめざす教育計画」を立てようとすることに主眼」をおき、「学校教育と社会教育を通ずる一貫的総合計画」を実態の中から導く試みだと、『六三集』で述べている。[68]全体としてどれも意欲にあふれた報告集である。この他、森川研究員は、一九五七年の『兵庫教育』二・三月号(兵庫県教育委員会)にて、二つの地域の動きと課題を、「新しい村づくりをめざす教育の動き」という題名で報告している。それは、現に村づくりを実践している活動の中から教育の方法を学ぶとしており、研究所の研究方向と重なる。

では、僻地教育を扱う『六二集 へき地の子ども』(一九五六年九月)はどうか。一九五四年の「へき地教育振興法」公布を受け「国家の方針」が強く打ち出されるもと、県全体の教育水準向上からも軽視できないとして「へき地の学校の子どもの実態」調査がおこなわれた。溝川良一ら三名の所員が分担・執筆して、村や学校予算、施設、人事などの教育環境と、「子どもの実態」へと分析が進められたが、ただ、典型的な学校の事例研究が中心であった。「へき地の子ども」らの実態として、体位・健康では、「健康習慣を除いて……へき地性はみられなかった[69]」とし、学力では「都市の子どもとの有意差は明瞭で劣っている……が、一層(いなか)や二層(いなか町)の学校との差はみとめられない[70]」と記す一方、「学力的には、県平均と比べて劣るが、一般の町村と比べても差が認められ……[71]」と全く違う表現がされる。性格では「後進的な性格をもった者が多い[72]」と記される。

そして、最後のⅣ章「へき地学校の課題」では、「へき地優先」の政策や社会教育の実施の他、「子どもや父兄に将

表8-4　へき地をめぐる「学力」観の比較――『研究報告　62集』と東井の考え方

	研究報告　62集のⅣ章	東井義雄の考え
学力の規定条件／学力の遅れの原因	閉鎖的な環境、保守性、家族主義的傾向、「百姓（漁師）の子に学問はいらぬ」という安易な雰囲気。子供の労働過重とは考えられない、進学率、父兄の職業、学校規模が学力の規定条件だが、進学率が総括的な条件。	村の大人達にある価値に対する食欲不振の状態が、村の停滞性や保守的傾向を助長し「向上心のない」雰囲気を作りだす。そのため、村の子供らは、狭く豊かさを欠いた生活のうえに価値に対する食欲不振が重なり、それが「学力」の遅れとなっている。
学力・学習の必要性	進学・就職など生存競争に必要。生徒は村を離れて就職を希望しているが、実際の問題になると学力・性格の試験があって、へき地の生徒は不利になり、思うように（村から）出られない。	現実の壁を突き破る学習の中で主体性ができ、普遍的な価値体系に対する食欲は増して消化され、学力が形成される。それによって村の農業や生活をも働きかけることが可能となる。また、将来の進学や就職をも乗りこえることができる。
学習意欲の喚起方法	進学・就職を含めた将来の生活に対する見通しをもつこと。	生活の幅を広げると共に、生活の中や身のまわりに対する疑問を深め、観察・研究・工夫などで問題意識を高めて学習の主体性・「構え」を作りだす。
へき地の将来について	過半が都市に出る宿命にある。離村傾向は、工業化・農村の科学化に伴って生じている現象。子供にとってそれが幸せで村の発展もここから。	たとえ貧しい中でも、村人の中に希望を描き育てることによって村の現状を変えていくことが可能。

出典）兵庫県立教育研究所『研究報告　62集』と東井義雄『村を育てる学力』より作成。

来の展望をあたえる」べきだとして学校での進路を中心とする指導を力説して終わる。末尾の記名から、このⅣ章の文責は溝川所員にあると思われる。

東井の疑問は、このⅣ章「子どもや父兄に将来の展望をあたえる」という表題の文章に対して集中している。両者の見解の主な違いを整理したのが、表8-4である。

東井の主張は、村の教育が研究所の見解の方へ進むならば、都会での工場労働者や会社員になる夢を子供らに教えて、村から都会へ向かわせることへの根本的な疑義からおこなわれた。実は、これと同趣旨の文章が、東井記念館所蔵の富田竹三郎著『農村社会の教育』内にある。それは、富田が、註として大内力著『農村財政の諸問題』（一九四四年）をあげその主張の要点を紹介し自らの考えを述べている文章である。ある農村の一九三六～四三年（昭和一一～一八年）までの財政を研究した大内は、支出の三分の一は教育費と役場費が占め、それに土木費を加えると経費の大半はおおわれてしまい、そのうえ国民学校の教育内容・形式は凡て国家が決定するという実態を示し、「それは農民としての教育を施すよりはむしろ都会的な知識階級・軍人・工業労働者としての教育を施すことに役立っていることは、周知の事実である」と指摘した。その大内の研究要点をふまえて、富田は、「敗戦前の農村小学校の教育、国民学校の教育は、農村のなかで行われていた教育ではあるが、十分の意味で農村の人々のための教育とはい、得なかった」と自説を述べた。[73] 傍線は東井によるものと思われ、戦前教育への富田や大内の認識に対する東井の注視がそこに感じられる。

東井は、戦後の政治・経済が太平洋側の大都会での工業生産や生活様式に価値をおき、その波が、一九五〇年代半ばから日本海側の辺鄙な村や教育の現場にも押し寄せたという認識をもち、その波に乗る生き方を、主著「あとがき」で「戦いに敗れ、いまもなお、さ迷っている、浮草のような生き方」[74]と述べた。彼の住む村が町になる前後の時期に、地方教育制度や農林政策の転換が進められ、そして農山村学校の「学力」問題、農山村の若者の流出、村民意識の流動化などの大きな変化がおこったのである。

東井の疑問が載った通信二四号の発行後、一九五六年一二月三日に、『六二集』執筆者の溝川・木村研究員が相田小を訪問し、教員らと意見交換した。「僻地教育座談会」と称し、太田小の松本校長、赤花小の桑垣教諭も参加した。[75] その内容は不明だが、研究所の所員が北但まで来た理由は、東井の考えを無視できなかったことにあると推測される。赤花小の桑垣教諭は、翌年度、東井や養父郡大蔵中の島田喜良氏らと『新しい村つくりの社会科』[76]を発行し、但馬の教員からなる「但馬僻地教育研究会」が、「親と子と教師の文集」合本を出す活動を進めるなど、研究所の報告に疑問を持つ教員達の活発な動きが感じられる。

研究所は、翌、一九五七年七月に『六四集　へき地学校の課題』を二年目の成果として刊行した。第一編「へき地の学力をめぐって」、第二編「生徒の進路とへき地教育」という構成で、詳細な資料が多くいれられた。担当所員が前回の三名から一名の転出があり、それによる研究内容の変更の断りがあるものの、分担にかかわる記名はこの報告集ではされていない。木村、溝川所員の二名が前回から引き続いて執筆したものと推測される。

前半の第一編は、Ⅰ章、Ⅱ章で研究の目的とへき地教育の実態・対策、Ⅲ章で「へき地教育振興のための課題」を扱い、結論的なⅢ章では当面及び将来への展望を与える課題、「村おこしの教育」の課題、「地域の産業開発と施策」の課題をあげた。その内容は、僻地教育にたずさわる教員らの奮闘を称え、『六二集』の内容を修正し、僻地や分校、複式授業等の長短所をふまえた丁寧な検討をおこなうものであった。

第一編の修正箇所は、赤花小の資料による子供の健康破壊の実態――多い高血圧症の子供たち――、僻地の子供の労働過重の実態――都市と比べ一・六倍の量で仕事も重いこと――、僻地の学校の学力の特徴――県平均や都市と比べると劣るものの、「いなか」や「いなか町」と比して劣っておらず、少数の優秀な子と悪い成績が極端にでる陥没地帯の存在――などが主であるが、最大の修正は、「村に残り村を守り、村を発展振興する人間形成もまた重大な使命である」として、「村おこしの教育」を表記した点である。僻地でおこなわれているその教育について、「子どもが、積極的に強く意欲した興村の課題に列なる問題を自主的に共同的に解決していく学習と、それによって培われる人間形成こそは、やがて新しい村をおこす原動力となり、都市における…職業を通じて社会に奉仕する基盤となって……人生を開拓する根幹となる」と評価し、「学力が知識や記憶のみの面から測定して、秀れている劣っているということも大切であるには違いないにしても、こうした全人的教育、…力強い人間教育が、へき地学校において色濃く実施されつつある」ことを、「何よりもかえがたく尊いもの」と称賛した。[77] このように、第一編は、僻地での「村おこしの教育」と「産業開発」の必要性を主張した東井の議論の妥当性を認めたのである。

しかし、後半の第二編、特にそのⅣ章では前半と全く異なり、近代職業にかかわる「学校教育」を「へき地本来での非近代的な「伝習的教育」」と対比させ、職業選択を中心とする議論が展開される。まず、離村就職を必要とする根拠を日本の農業生産性の低さや零細性など五点にわたってあげ、その「反対論」に対しこう論駁する。「若い者の村から出ようとする傾向は嘆かわしい」という観念はかつての「低賃金と高小作料を望む地主側の声」であり、「教師の中にも、離村する生徒は都会の表面と消費文化に憧れて、村を棄てるものと速断し、同様の嘆きを放つ者ある」

と述べる。そして、「貧しさと激しい労働のへき地では、教師は特権階級」である故、「「楢山節考」の人口問題的な考察や、生徒の切実な就職問題に対する同情がもてなくなるのであろうか」と投げかけ、「最近も著書で、郷土愛のもつ愛の立場から、村を棄てる教育にならぬかという真剣な疑問」を提出し反駁した教師として、東井の名をあげる。そして、続けて今後のあるべき「村を育てる教育」は、都市への好奇心や郷土への愛から出発して、「冷厳な人口問題と経済問題の学習」や「自分の個性の冷静な判断」を通しておこなうのがよいとし、農業から脱するペスタロッチの「新教育」を例に、「何人もまたいかなる体制も、歴史の歯車を逆に回転させることは出来まい」と述べ、離村就職をすすめる進路指導を、「へき地では学校教育の基盤となる」として、強調するのである。(78)

『六四集』の前・後半における報告内容、トーンの違いをどう考え理解したらよいだろうか。前・後半の両報告から、「へき地教育」に対する評価や今後の施策に関して、整合性のある方針を直ちに見出すことは困難で、むしろ教育を含む諸政策全体の姿や問題点がそこから浮かび上がるのではないか。

なかでも、後半執筆者が用いる「歴史の歯車」という言葉には、ある種の硬直した発想を感じさせる。確かに、農山村における「過剰人口解消」という課題は否定しがたい。しかし、「解消」に至る選択には、工業化と都市・都会の人口吸収力に依存する道に対し、工業化と調和する農林漁業の振興、農山村の人口扶養力の一定の維持をはかる道もある。さらに、所得や価格を指標とする「経済・市場中心」の社会選択に対し、国土・環境の保持、地域文化の存続、生業・生活・福祉の基盤強固を考慮にいれた選択もある。

学校と地域がこの報告集を受け止めた約半年後の一九五八年四月に、県立教育研究所は「県立教育研修所」に改められ、研究所が自ら示した「村おこしの教育」や「学校教育と社会教育の総合的計画」の実践検討、理論化の作業は途絶えてしまった。さらに半年後の一〇月には、「道徳教育の徹底、基礎学力の充実、科学技術教育の向上(79)」などを柱とする「小学校学習指導要領」の改訂がなされた。それは、文部省告示として官報に掲載され、行政立法の性格をもつにいたったのである。

戦後の「新教育」に代わり、「生存競争」（『研究報告　六二集』の語）による「学力」習得をめざす「教育の競争」（東井の言葉）を基本とする政策が、本格的に始まったといえる。

おわりに

東井の主著『村を育てる学力』の内容は、「僻地の村を育てる」ことと「僻地の村に育つ子供らの学習・学力を育てる」ことの二焦点をテーマとしている。しかも、主著題名の「村」と「学力」の語の位置をかえても、その意味するところが通じる。互いが客体や主体となり、相互の循環関係を内在させた二焦点でもある。

前者の「僻地の村を育てる」課題では、希望を持てない村をつくりかえる実践軸として、「村の農業を育てる」ことの他、「地域の結び合いをもとに夢・希望を育てる」、「子供らの生活・勉強を育てる」という「三つの軸」が東井によって示された[80]。これは、地域の産業や経営の持続・発展とともに、「地域」を主体形成面から捉え、人びとの幸福や生きがい・生まれがいの実現を「地域育て」の鍵とする視点であり、特筆すべきものである。

後者の「僻地の村に育つ子供らの学習・学力を育てる」ためには、「豊かな生活」と「たくましい生活力」を育てることが要になるとし、その養われた力によって、村に残ってもまた村を離れても、子供らが自ら未来を拓き幸せを地域や社会に築くことにつながるという確信をもって、東井は子供らの学習指導をおこなった。

東井実践は、系統的な産業教育としては限定されたものだが、農法改良の具体的提示と子供の農業労働の指導は、農村と子供を育てる実践であった。「働く子供」育ての分析（「働きの心九カ条」）は農業生産による人格形成の解明となり、子供らが、恵まれた自然や家族の愛情のもと、地域や村にある身近な課題に対し、身体や五感・諸能力を自由に駆使して研究し、自ら練っていく場が重視されれば、「ふるさとのあるかしこさ[81]」や生き方を育むと、東井は考えたようである。

東井が、村の子供の「勉強・学習」と「学力」を、親や村人の近くにあって手の届くものとして、また村の現実や生活からうまれた「夢」や「希望」の実現と結びつけて考えた点は、社会形成の立場に立った具体的で実践的な「学習」論であり、「学習指導」論といえる。

また、地域の「結び合い」を基礎に、「子供の生活・勉強を育てる」ような相互の「磨きあい育ちあい」は、地域社会の理想に立つ試みといえる。相田小校区の人たちの「結びつき」の歴史は深く、戦後、その力でおこなわれた事業の一つが、「総和農場」における共同飼育であった。ただ、高度成長のもと諸条件が重なりその前途は困難であった。しかし、この経験が地域に広がり、地域にとどまって酪農など農家経営を存続させる可能性を生みだしたことは、大きな貢献である。現在でも、この地の「結びつき」の灯は消えることなく続いている。

東井が、一九五〇年代半ばの高度成長が始まる時期、農村的価値の独自性と重要性を指摘した内容は、現代にも通用する。農村の「反スピード的」、「ていねいさ」、「自らの脚で自らの道を歩く」という価値観に基づく行動様式は、一人ひとりの子供の発達過程におけるモードそのものであり、「まちづくり」や「村づくり」の根底に流れるものと共通する。

「高度成長」をひた走りしたのち「縮小化」する日本社会には、従来の「大量生産・消費・廃棄」型の「工業化社会」・「産業社会」に代わる、「持続可能」型の「成熟」した新しい社会・教育デザインが求められている。その場合、六〇年ほど前の、東井による「村育て」における試みが、一つの有力な示唆になると考えられる。

〔付記〕本章は、拙稿「東井義雄における「村育て」構想と実践の輪郭」（『社会科学』一〇四、同志社大学人文科学研究所、二〇一四年一一月）を本書収録のために大幅に改稿したものである。

注

（1）「明治図書オンライン」[http://www.meijitosho.co.jp/detail/4-18-063041-9]。二〇一七年二月六日確認。
（2）一八九六〜一九九二年。京都大学哲学科卒。一九三九年に旧満州の建国大学に赴任、一九四六年に帰国。一九五三年より神戸大学教育学部教授。『森信三全集』全二五巻など。
（3）森信三『森信三全集　第一四巻』実践社、一九五一年、三一四―三二四頁。
（4）例えば、徳水博志「被災した学校の教育課題と教育課程づくり」『生活教育』七五七号、日本生活教育連盟、二〇一一年一二月。「地域の復興なくして学校の再生なし――六年　復興まちづくりプランの授業」『家教連家庭科研究』三〇六号、家庭科教育研究者連盟、二〇一二年一〇月、など。徳水氏（当時：石巻市立雄勝小教諭）は、「被災地が求める学力とは、……競争を勝ち抜くための「生きる力」ではなく、「村を捨てる学力」でもない」（『家教連家庭科研究』三〇六号、一一頁）と、地域復興と学力形成を結び付ける実践を目指す。震災とは直接の関係はないが、地方経済の衰退化という問題に対し、経済教育学会前会長の山根栄次氏（三重大教授）は、東井を例にあげて「地方経済を育てる学力の育成」を経済教育に求める（山根栄次「地域と教育――経済教育の観点から」『地域公共政策研究』二四号、地域公共政策学会、二〇一五年一二月、一五―一八頁）。
（5）「村育て」は、東井の「村を育てる」の語から取り出した。岩崎正弥愛知大教授は、岩崎正弥・高野孝子『場の教育――「土地に根ざす学び」の水脈』（農山漁村文化協会、二〇一〇年）の中で「地域育て」の語を用い、建築家の延藤安弘は、『「まち育て」を育む――対話と協働のデザイン』（東京大学出版会、二〇〇一年）で「まち育て」の語を使う。
（6）この項の内容・数字の引用は明記していないが、『角川日本地名大辞典二八　兵庫県』（角川書店、一九八八年）、宮出秀雄『但東町の産業振興』（但東町役場、一九五九年）、但東町誌編纂委員会『但東町史』（但東町役場、一九七六年）に負う。
（7）衣川氏は、一九五七、五八年度（五、六年生）東井が担任であった。一九六七年兵庫県職員（農業指導員）に採用され、一九九〇年に県初の「有機農業専門技術員」となられ、兵庫県各地の有機栽培指導や地域振興などで活躍された。現在も、「コウノトリを育む農法」の推進者で地域の中心となっておられる。聞取りの確認は二〇一六年八月一三日。
（8）桑垣真「旧い殻をやぶる」下程勇吉編『新しい村つくりの社会科』新日本教育協会、一九五七年、一六九頁。
（9）同右、一八七頁。
（10）東井義雄『村を育てる学力』明治図書、一九五七年、一二三頁。
（11）一九〇六〜一九七七年。岐阜師範学校卒。岐阜県の教員の後上京し、雑誌『綴方生活』の編集に従事。一九五二年結成の「日本作文の会」初代会長。著書は『今井誉次郎著作集』など。
（12）東井『村を育てる学力』三四頁。
（13）今井誉次郎『村に生きる教師』国土社、一九五三年、一八八―一八九頁。

(14)東井『村を育てる学力』三四頁。
(15)京川さんは、一九四七年度四年生で東井が担任であった。今まで写生を一度も提出したことがなかった京川さんが、農繁期に牛の世話をした時、「うまれてから、あんな美しいしょんべんを見たのははじめて」だったので、初めて絵を描いて宿題に出したという。聞取りは、二〇一三年八月一八日。農業を二〇歳代までやり、三〇歳代に大阪に出て一九七〇年代タクシー会社に勤務され、その後、但馬にもどり父の後を継ぎながら、出石でタクシー乗務員をしておられ、生前の東井をよく乗せたという。
(16)東井『村を育てる学力』九〇頁。
(17)同右、一五二頁。
(18)この卒業生は一九五〇年度六年生のKさんで、農業高校から鳥取大学農学部に進み、大学や故郷についての便りを東井に送っている。大学卒業後、出版会社を経て、製薬会社に勤め新製品の開発を第一線で担当され、現在は奈良県におられる。聞取りは二〇一三年一二月一一日と翌年一月三一日。東井や今井の著書、賢治への示唆などを多く頂いた。Kさんは、地域や農業、教育の研究を重ねて「地域作り」の論文や提言等を書かれている。
(19)東井の主著に登場する生徒の作品・事例の集計数は、二〇一四年の拙稿（櫻井重康「東井義雄における「村育て」構想と実践の輪郭」『社会科学』四四（三）、二〇一四年一一月）内の集計表と若干違う。以後の調査で判明し、より厳密に検討した結果である。
(20)春吉さんの詩は本書で九篇登場する。一九五二年度五年生の時、東井が担任だった。東井は春吉さんの詩を高く評価し、「わらうち」は「ローマ字教科書五年用」に掲載された（白もくれんの会『東井義雄教育の原点「は生が丘」復刻版（再版）』二〇〇一年、三一頁）。学校卒業後、農業等に従事しその後地元の縫製工場に就職された。「先生があって、生きてこられたと思う。「がまんせいよ」「辛抱だぞ」「なにくそと思え」と、先生によく励ましてもらった。」と述懐されている。聞取りは、二〇一三年八月一八日。
(21)一九〇二～一九八五年。一九五八年三月末に早期退職。「いのち（生命）」の考え方などにおいて東井との親近性が強く、東井に対し少なからぬ影響を与えたと思われる。
(22)白もくれんの会『東井義雄教育の原点「は生が丘」復刻版（再版）』三五〇―三五三頁。
(23)同右、三〇四―三〇五頁。
(24)東井の元同僚のT先生は東井の主著にも登場し、一九四七年東井とほぼ同時期に相田小学校に新採として赴任された。朗らかな性格の方で音楽や体育などに長けておられ、東井と共に五、六年生担任を主に担われた。掃除の際、東井は「板をふいたら板ののさんが喜びなる」と言って子供らを励ましたという。「ののさん」とは、「神仏・太陽・月を指して言った児童語」（『新明快国語辞典（第五版）』）である。聞取りは、二〇一三年七月六日と九月二九日。事前に筆者より質問をし、文章で回答していただいた。
(25)白もくれんの会『東井義雄教育の原点「は生が丘」復刻版（再版）』一一頁。
(26)白もくれんの会『東井義雄教育の原点「は生が丘」復刻版（下巻）』二〇〇一年、六九頁。

(27)白もくれんの会『東井義雄教育の原点「は生が丘」復刻版（再版）』九頁。
(28)富田竹三郎『農村社会の教育』高陵社書店、一九五〇年、二〇頁。
(29)東井『村を育てる学力』二八頁。
(30)湧井學『働き方の科学――農作業の合理化』天然社、一九五一年、一頁。
(31)同右、三頁。
(32)一九〇九～一九七五年。兵庫県氷上郡市島村の農家出身。一九四七年より兵東高等農蚕学校長。一九四六年に愛農会入会、翌年より理事、一九六〇～一九七四年愛農会会長。一九七二年に無農薬、無金肥の水稲栽培をおこない、一九七五年に市島有機農業研究会を地元農家らと立ち上げた。同年三月、東井の勉強会に招かれて「村づくり」の講演をした。
(33)但東町誌編纂委員会『但東町史』八一七頁。
(34)Y・Kさんは、高校卒業後、兵庫県の公務員となり、在職中に但東町へ戻ってこられ、退職後、農業をされている。聞取りは、二〇一四年五月一〇日。
(35)M・Sさんは一九五一年度六年生で、元農協の職員だった。東井の教えは小・中学生がよく挨拶をするなどこの地で残ると述べ、また冬には雪が積もった翌朝早く、お寺の勤行を済ませた東井が、佐々木集落から相田集落の「保谷」までの雪かきを、二mの積雪時でもスコップを持って行っていたと述べる。聞取りは二〇一四年五月一四日。
(36)東井「村を拓く学習の指導」二六五頁。
(37)東井『村を育てる学力』二一二頁。
(38)一九五三年度五年生のMさんは、相田集落では、愛農会関係の農家は六～七軒だったと証言されている。父が愛農会の活動に参加しており、農業高校卒業後、実家の農業の手伝いをした半年後、姫路の富士製鉄に就職された。日給二四五円の日給月給で、これは当時、農閑期に道路補修などの公共事業で働いた時の日給と変わらなかったという。富士製鉄を退職後、機械関係の会社、医療機器代理店の会社を経て、その後独立されて会社経営者となられた。聞取りは、二〇一四年七月二四日と八月二一日。
(39)元・青年団長M・Mさん、聞取りは、二〇一三年八月八日。
(40)白もくれんの会『東井義雄教育の原点「は生が丘」復刻版（再版）』三四―三五頁。
(41)同右、三二二―三二七頁。
(42)同右、三二七頁。
(43)岡部守「新しい農村の生活、文化の発展方向」『農業と経済』四七（四）、富民協会、一九八一年、一二頁。
(44)白もくれんの会『東井義雄教育の原点「は生が丘」復刻版（再版）』一二七―一三〇頁。
(45)同右、一二七―一三〇頁。文章の誌面上部の挿絵横には、イラスト風の大きな太字で、「子らの力を」（一二八頁）、「子らのために」（一二九頁）、「子供にほんとの力を」（一三〇頁）と記されている。東井の考えを簡潔に示している。
(46)同右、一四四―一四七頁。

(47) 同右、二〇九—二一一頁。
(48) 同右、二五二—二五三頁。東井はここで、下農を「ほったらがし主義」、中農を「ガミガミ主義」とも呼んでいる。
(49) 白もくれんの会『東井義雄教育の原点「は生が丘」復刻版（再版）』と同会『東井義雄教育の原点「は生が丘」復刻版（下巻）』の当該年度の学校通信四月号より引用。
(50) 白もくれんの会『東井義雄教育の原点「は生が丘」復刻版（再版）』三五四—三五七頁。
(51) 白もくれんの会『東井義雄教育の原点「は生が丘」復刻版（下巻）』七八—七九頁。
(52) Y生、二〇一四年五月九、一一日にご家族から聞取る。
(53) 『神戸新聞』一九五六年六月一一日付（但馬版）。
(54) 宮出『但東町の産業振興』二二一頁。
(55) 一九五九年頃村役場の産業課の働きかけがあって、農業、住職、公務員、大工などを職業とする十数人が資金を出し合い、乳牛の共同飼育を始めた農場名。研究会を作り、手探りで飼育と農場経営をおこなった。こうした地域の農民らの意欲的な農業生産・産業開発の志向に対して、東井は「学校通信」六二号（一九六〇年九月発行）の巻頭言で、「財産を残すよりももっと大事な問題——総和農場誕生の教育的意義」という表題を掲げて高く評価している。
(56) この項のこれ以降の文章では、東井『村を育てる学力』Ⅲ章から多く引用している。煩雑になるので引用元の明示を省いた。
(57) 保田朗氏は、一九五五年度六年生の時、東井が担任だった。高卒後、大阪で公務員として働きながら夜間大学に通い卒業した。詩「川」に対する東井の評価は高く、主著でも二度登場する。常識的な音とは違う川の響きを鋭くとらえたこの詩は、小学校の国語教科書に採用される直前までいったったが、「文部省検定」によって掲載にはならなかったという。二〇一三年一〇月一五日聞取り。
(58) 東井「村を拓く学習の指導」二六一頁。
(59) 東井『村を育てる学力』、三二一頁。
(60) 同右、二六一頁。
(61) 東井「村を拓く学習の指導」二八〇頁。
(62) 同右、二七〇頁。
(63) 東井『村を育てる学力』、七一頁。
(64) 同右、二二〇頁以降。
(65) 白もくれんの会『東井義雄教育の原点「は生が丘」復刻版（下巻）』六八頁。
(66) 同右、三九頁。
(67) 兵庫県立教育研究所編『研究報告　六一集』一九五六年、「まとめ」一〇二頁。
(68) 『六三集』六—七頁。

(69)『六二集　へき地の子供』二五頁。
(70)同右、三二頁。なお、「一層」「二層」「三層」は、正式には「第一層」「第二層」「第三層」と呼ばれ、親の職業別分類による層別化によって、「第一層は第一次産業六五％以上…いなか。第三層は第三次産業六五％以上…都市、第二層はその中間で…いなか町」とされている（『六二集』二七頁）。
(71)同右、五七頁。
(72)同右、五七頁。
(73)富田『農村社会の教育』九頁。
(74)東井『村を育てる学力』三一六頁
(75)白もくれんの会『東井義雄教育の原点「はぶが丘」復刻版（下巻）』一一〇頁。
(76)下程編『新しい村つくりの社会科』の発行は一九五七年六月で、東井は、五月の主著発行後、それを短期間にまとめ直して「村を拓く学習の指導」の題で掲載した。この書に実践を寄せた四名のうち三名は但馬地方の教員である。島田喜良氏は、同書に「飼育学習と村つくり」という題の実践を掲載した。学級で豚の飼育をおこない、それを通じて生徒らの学ぶ様子に対し、下程勇吉・京都大学教授（当時）は、「情操教育と生産教育とを深く統合した全人教育としての生活教育が……あざやかに生々と展開せられている」と評している（三二一頁）。島田氏の教育信条は、「働きながら身体を通して学ぶ」という語に集約される。敗戦直後の一九四七年、昼食を欠く生徒も少なくなかった食糧難の時代、赴任一年目の島田氏は、新制中学の生徒らと、大豆を集めて通学途中の道端に植え、収穫した豆で味噌を作り味噌汁給食を学校で行った。この体験をはじめその後の教育実践の中で、また氏の父母の働く姿などから氏の教育信条は生まれたと話される。のちに、米のコロンビア大学短期留学の際に、現地の家庭教育等の場でも自らと同じ考えを見出すことができ、彼の実践は現地でも広く共感されたという。聞取りは二〇一六年七月一一日。なお、氏は、『全人教育としての道徳教育――中学校教師の実践をあとづけて』（刀江書院、一九五九年）で、学級を中心とした中学三年間における生活教育の実践を詳細に報告している。
(77)兵庫県立教育研究所編『研究報告　六四集　へき地学校の課題』一九五七年、二一一―二一二頁。
(78)同右、五〇―五二頁。
(79)久保義三共編『現代教育史事典』東京書籍、二〇〇一年、二〇六頁。
(80)東井の一九七五年の随想「再び「村を育てる学力」をめぐって――農業破壊の現実をみつめて」（『現代教育科学』七月号、明治図書）で、東井は「私は完全に敗れた」と述べた。その背景として、「村の学校を拠点として子供を育てる」、「村の結びつきや夢を育てる」、「村の意欲的な農業生産を育てる」ことの消失を、東井はあげている。また、「あすの但東町を支えるもの」という題の短い文章では、「町の支え」を、「子供や若者育て」、若者らの「生きがい」、町の「農業」の三点でみている（『但東町広報』二六号、一九六二年二月発行）。いずれも、東井が、「村育て」を三軸で考えている例である。
(81)東井『村を育てる学力』三一六頁。

第9章　戦後失業対策事業と失対労働者運動の展開
――一九五〇年代後半の京都市失業対策事業を事例に

杉本弘幸

はじめに

本章は、戦後失業対策事業（以下、失対事業）と失業対策事業従事者（以下、失対労働者）運動の展開について、一九五〇年代後半の京都市失業対策事業と、失対労働者運動を事例として、明らかにするものである。

従来、戦後の失対労働者や失対事業に関する研究は、まず一九六〇年代以降の釜ヶ崎、山谷などの単身自由労働者の集まる簡易宿所街を対象とする、いわゆる「寄せ場」研究がある。その他、日雇労働運動に関わる回顧録や、運動の記録・同時代の調査分析は豊富に存在するが、これらも「寄せ場」に関するものがほとんどである。(1)

そして、戦後の失対事業については、全国的制度変遷、事業経過が明らかにされている。簡単にまとめれば、失業対策・福祉政策として一時期は役だつが、高齢者、女性などの「滞留層」の「自立」のために打ち切ったという結論であり、個別の研究論文も全国対象の研究がほとんどである。(2)また、一九四〇～五〇年代の労働運動史／社会運動史の視角からとらえた研究においては、このような失対労働者の運動は無視されるか、ほとんど触れられることがなかった。(3)いまだに失対労働者の運動については通史的叙述にとどまっている状況である。(4)これは正規労働者／自立的な市民・労働者に分析を集中してきた労働運動／社会運動史分析の大きな欠陥であるといえよう。

だが、自治体のレベルでは、失対事業史が編纂され[5]、全日本自由労働組合（以下、全日自労）の各支部の記録が残されている[6]。そして、先駆的な成果として、江口英一による綿密な社会調査にもとづいた東京の失対労働者の労働実態や存在形態の分析がある[7]。このように、失対労働者の労働実態や存在形態についてはすでに多くの指摘がおこなわれている。しかし、本章の対象とする一九五〇年代に時期を限定すると、個別の組合に即した分析としては、戦後初期の東京土木建築労働組合の活動を明らかにした、木下武男の研究が唯一のものである[8]。また一九四〇～五〇年代の京都市域における失対事業や失対労働者の諸相に関しては過去に論じたことがある[9]。

その中で私は、京都市域の一九四八～五三年にかけての戦後失対事業と失対労働者運動の出発について検討した。まず一九四九年に全京都自由労働組合（以下、自由労組）が結成される。京都有数の大労組として、共産党系勢力の牙城であった。一九五〇年になると、レッドパージによる解雇者が失対労働者になっていく。組合運動に経験のある人びとが自由労組の幹部になり、組合を指導していった。当初自由労組は千本と西陣の職業安定所で支部を組織していた。その後、ドッジラインによるデフレ政策で企業整備がおこなわれると、京都市内の失業者が一気に一万人を突破する。府・市連合態勢の失業対策がおこなわれるが、仕事にあぶれる者が続出し、紹介所への座り込み、就労要求も続く。そして就労時の割り込みや、それに起因した暴力事件が多発する。このように地域社会全体の問題になっていく。事業が少ないために仕事がなく、さまざまな対策が求められてくる。当時の高山義三市政も失業対策を重点課題とし、市電割引券交付などの対策をおこなったが、職業紹介所、市役所や府庁にも、「労働攻勢」がおこなわれる。

その後、一九五〇年六月に不正就労事件が多発し、「労働ボス」の排除を目指し、失対就労適格者基準の厳格化がはかられる。自由労組は共産党系の全日本産業別労働組合会議（産別会議）参加の有力労組であり、社会的圧力が高かった。これらの対策として府・市は就労枠の拡大などを図るが、民間事業でも失対労働者を吸収できず、効果が薄かった。一九五一年一一月から自由労組の大衆動員戦術によって、完全就労と年末手当の獲得をめざす「年末攻勢」が開始される。しかし、五〇年一二月九日に円山公園で警官隊と人びとが衝突して、多くの負傷者と検束者が出た「円山事件」をきっかけに、警察や暴力団などの自由労組に対する圧力が強まり、集会も大規模な規制を受けた。この事件以後、市当局は本庁でのデモに対し交渉に応じないと言明した。そして失対労働者の就労拡大と、日雇専門の円町職業紹介所設置などの改革がおこなわれたが、「円山事件」後も、失対労働者による民生委員、職安職員や市民生局長に対する暴力事件が続発し、大きな社会問題になっていった。

そして、一九五一年一二月九日の自由労組の「年末攻勢」・「総決起大会」の際、労組員が梅津、原谷両現場で現場長を脅して、一日分の日当を支払わせる事件が起こる。自由労組員に恐喝容疑、府職員に背任容疑がかけられたが、自由労組の大衆動員戦術による社会的圧力の強さが発揮された。しかし、府・市とも、財政状況はきわめて悪く、夏期手当・年末手当の支給や、失対労働者の雇用人数の配分について、相互に経費負担の擦り付け合いを起こし、激しく対立した。

そして、「京都自労千本事件」が起こる。この事件は、自由労組員が、スパイの名のもとに同じ労働者のリンチをおこなったものである。その後、産別会議の崩壊とともに、自由労組は総評に加盟する。その背景には、これまで自由労組が他の労働運動から孤立していたという状況認識があった。そこに警察の圧力強化も加わり、自由労組の直接闘争路線の終焉につながった。

だが、失対事業の費用や夏期手当の割り当てにより、失対事業にともなう府・市の対立が再び顕在化した。ここで、府・市一体となっての政府への要求が求められてくる。府・市も最初は共同体制をとるが、やはり主として、失対事業の経費負担に関する利害対立はやまず、その調停の意味も含めて、府・市・自由労組の三者会談が模索され、さまざまな調整をはかろうとしたのである(10)。

近年では宮地克典のように、一九四九年の失対事業の創設から一九七一年の中高年齢者雇用促進法成立による新規流入者停止までの流れを時系列にそって整理し、その社会保障的な性格を再評価する研究も出てきている(11)。

失対事業をめぐる研究状況の改善には、いまだ乏しい一次史料の発掘や整理が不可欠である。現在は史料的制約が研究の質を著しく左右する状態にあり、山本唯人の研究のような、新たな史料の発掘にもとづく優れた研究[12]もあるが、山本崇記の研究のように、基礎的な事実の誤認など無数にみられる論文も存在する[13]。

また近年、社会運動史研究でも新たな方向性が模索されている。佐々木啓による研究史整理では、「主体化過程の綿密な検討や、労働者相互の関係性、文学サークルという場への着目など、近年の運動史の議論では、人と人との関わり方、人と運動・社会とのつなぎ目こそが問題の焦点となっている。多くの人びと、とりわけ若者にとって社会形成が困難であり、運動という実践そのものが、「自らのもの」となりにくい、現状下において、こうした人と人との「関係」や「つながり」といった観点から運動を照射する」傾向にあると指摘されている[14]。

失対労働者達が組織していた自由労組は、戦後の最低賃金制の確立や、社会保障制度の不備を訴え続け、日本の社会福祉や社会保障制度の整備に大きな役割を果たしたことはよく知られている。だが、これまで見てきたとおり、従来の研究では全国的な動向は明らかにされているが、具体的な地域における失対事業と失対労働者・自由労組の相互関係などについては、研究がほとんど存在しない。私はこれまで京都市をフィールドとして、失対事業・失対労働者研究に取り組んできた。ここに、本章で京都市を対象として失対事業と失対労働者・自由労働組合の相互関係を検討する意義がある。

なお、京都市を事例としてとりあげるのは、民間事業への転業がほとんどない状況で、就労日数が東京、大阪など他の大都市に比べても少なく、失対事業に頼らざるをえない経済構造だったために、日本全国の多くの産業の少ない地域の代表的な事例として普遍化することが可能だからである[15]。

第一節　失対労働者の実態と失対事業再検討

では、一九五四年の京都市における失対事業の再検討はどのようにおこなわれたのだろうか。このころ、京都市や京都市は失対事業の再編成をおこなうとしており、京都市会においても、失対事業に関する議論がなされた。

まず、一九五四年三月九日の市会で市会議員山中錦造は、市費での持ち出し失対事業費は全国的にみて高いことは承知している。また、京都市内では、民間雇用が少なく、全国稼働日数が二一日であるのに比べて、京都市は一七・五日である。日雇労働者の増加要求は全く正しいものである。そして、京都市の産業構造の特殊性から他の都市と違った失業対策にとりくむ気はあるのかと質問した。これに対し、高山義三市長は、自由労組の指導者が、失対労働者達に真面目に働くと仕事がなくなると指導していた誤りがある。そして、市民の反感を買い、市民は自由労働者を雇おうとしなくなった。しかし、最近一部の労働者が指導を離れて、働く意欲が強くなってきた。大分変わってきているので、そういう傾向を助成したいと答えた[16]。高山は自由労組が直接闘争路線をやめて、協調的な路線に転回を果たしたことを成果としていたのである。

一九五四年八月一二日午後における市会民生委員会請願書審議では、安田市民生局長が、失業者増加で京都市は財政的に破産危機にあると述べた。市会は翌九月早々、同委員会を開催して、中央への働きかけを協議することにした。さらに安田市民生局長は、職業安定所登録失業者は現在一万一〇〇〇人であり、未登録潜在失業者はその数倍が見こまれる。一方、登録者のうち、就労者は四九〇〇人で、市の負担人数は三二三〇人である。失対事業に関しては、年間四億円の予算を組んでいるが、国庫補助は半額にすぎない（国庫補助給与のみ三分の二交付）。市の持ち出しは、約二億円にも及ぶ。失業者の増加で市費負担が増加し、現在の赤字財政では事業を維持できない。失対事業の国直営化、国庫補助枠増加、起債増額などを要望している。市会の協力とともに同一の状態の他の四大都市も協力して、政府に働きかけをおこないたい、とも述べていた[17]。

当時の京都市失対労働者の就業日数は、一カ月平均一八日であった。これは全国平均就労日数の二三日を大幅に下回っていた。また、一九五三年までの失対事業は雨が降れば仕事は中止になっていた。雨で浮いた就労枠（円町職安の場合二六〇〇人）を晴天時の就労枠に配分していたのである。しかし、この制度だと梅雨の時期などは月数日しか就労できないことになり、生活苦から犯罪や自殺・心中が多発した。そのため、失対労働者たちは雨天時にも安定して就労することを強く要望していた。京都府・市職業安定課は失対労働者を専門に紹介している円町、千本、伏見各職業安定所に「雨天就労制」の導入を指示した。以後、市の工事現場は豪雨を除いて、府の工事現場は小雨なら平常通り就労できることになったのである。失対労働者の一カ月あたりの収入も男性六〇〇〇円、女性五五〇〇円は確保できる見通しとなった。こうして二カ月間に二八日就労しなければ、受給資格が取り消される日雇失業保険の受給に関する不安も解消された[18]。このように、雨天就労制により失対労働者の収入は一定程度確保された。

だが、失対労働の希望者に対して、職業安定所の係員が各家庭に出張し、「体力」「生計を営む主たる者であるか」「完全失業者であるか」などを厳密に調査したうえで、登録決定をおこなっていたため、新規希望者はほとんど失対労働者になれず、やめるものもほとんどないという状況だった。職種は、従来は民営事業一〇%、失対事業九〇%程度だったが、不況の影響で、一九五四年当時は失対事業の予算で雇用している割合が九八%以上という状況になっていた。そして、主に街路、下水の整備や草刈りなどに従事していると報道されている[19]。このように、人びとは失対労働者にも新規登録することが不可能になっていたのである。

一九五四年一一月下旬ごろの西陣職業安定所円町労働出張所の様子を新聞報道によりみてみよう。毎朝五時半ごろから失対労働者約四〇〇〇人が仕事を求めて出張所に向かっていた。しかし、就労できる者は約三〇〇〇人にすぎず、四分の一の約一〇〇〇人は仕事にあぶれることとなる。一九五四年一一月二二日にようやく就労枠が増加したが、一カ月二五日間の完全就労は不可能だった。一カ月の平均就労日数は男性一七日で、女性は一六日間だった。彼／彼女らの収入は失業保険金込みで、いちばん良い月で六五〇〇円程度である。一家の大黒柱である彼／彼女らは生活扶助金や借金、内職で生活を支えていた。このような状況を踏まえて、自由労組京都支部は第一に越冬資金を日給一五日分支給。第二に年末年始有給休暇を七日間支給。第三に一二月、一月の一カ月二五日の完全就労などを要求していた。しかし、市の財政赤字は一六億円に達し、桑山西陣職業安定所円町労働紹介所係長は失対事業は予算の関係上人員が限定されている。市でも民間事業の求人開拓を努力しているが、不景気で雇用先は少ないと語っていた。[20]

一方、府では、西陣職業公共安定所円町職業安定所が就労枠の増加で毎日約五〇〇〇人の就労に対応していた。また府職業安定課は失対労働者の完全就労を目的として「年末増加就労制」を実施した。就労日数は月二五日以上、四日に一度職安を訪ねれば直接現場に出勤できることとなった。その結果、円町職安付近の食堂街を訪れる失対労働者は一日数百人となり閉店が続出し、その中で数軒が市価より三割方安い値段で営業を続ける状況となった。ただし府職業安定課は一月以降、年末増加就労制を継続できるかどうかは不明と語っている。[21]

年末となり、新規の失対労働者志願者は急増していた。西陣職業安定所円町出張所では、一日二〇人前後が新規就労の申込に来ていた。しかし、先に述べた通り、厳しい採用基準から合格者は一日一〜二人程度であった。しかし、一年間で約二〇〇人が増加し、総数約五〇〇〇人を数えていた。市の財政赤字枠の縮小と失対労働者の増加によって一九五三年は一人あたり月二〇日程度就労できていたところ、一九五四年現在は男性一七日、女性一五日に減少した。彼／彼女ら二千数百人が働く事業効果は第一に公共空地の整備で一日約五八〇人。第二にゴミの回収や環境衛生関係の業務で一日約四三〇人。第三に京都市内の原谷開拓地での農地開拓作業、第四に府立鴨沂高校、市内の紫竹校、太秦校の運動場整備や府立嵯峨野高校のプール、府立聾学校のグラウンド新設工事。第五に道路のアスファルトの補修などであった。[22]

以上のように、一九五四年には、一九五三年末までの失対労働者たちの直接行動を抑える目的もあり、府・市が雨天就労制や年末就労労働制の導入をした。そして、失対労働者達の従事する業務もさまざまな造成に従事するように変化させ、失対事業のありかた自体の再検討をおこなったのである。

第二節　特別失対事業・職員登用と府・市失業対策委員会

特別失対事業の開始

一九五四年六月に京都市では、現在の失対事業を再検討する必要が提起され、失対労働者の受入態勢の刷新と能率向上が求められていた。それまで、市内の失業者約一万人は、道路清掃やゴミ処理などの単純作業に従事していた。平均就労日数は月に一四日～一七日であり、他都市平均就労期間である二一日間を下回っていた。失対労働者達のほとんどは、「日雇サラリーマン」化しており、就労者が固定化傾向と事業能率の悪さが問題になっていた。その原因は、高齢者や女性の多い失対労働者達を、画一的な単純作業に従事させていることにあるとみられていた。そこで、技術や労働能力の高い者と、高齢者や女性など相対的に労働能力の低い者に分類し、能力の高い者はそれぞれに応じた一つのグループ制をとり、土木作業などの建設現場において就労させることにした。これにより能率別の賃金制度を採用しようとしていたのである。[23]

そして、一九五四年九月、市内約一万人の失対労働者の労働意欲向上、事業効果増進を狙い、市失業対策事務室は現場査察制度と応能賃金制度を同月一五日から実施することにした。まず現場査察制度である。これは失業対策事務室職員三名と、各区管理課・建設・水道などの事業局職員一五名で、査察班三班を編制し、各事業所に無通告で現れて査察をおこなうというものだった。次に応能賃金制度は、査察結果と各事業現場の報告で一人ずつ功課表を作成し、就労成績優秀なもののうち、上位五～一〇％に一日二〇円増をおこなう。逆に下位五～一〇％に標準賃金二〇円減をおこなうというものだった。失対労働者ひとりひとりの功課表は一〇月以降、毎月二五日に査察結果更改するというシステムであった。優秀者には基礎技術を講習する「ニコヨン教室」を開設し、市専従労働者や、市職員への登用も考慮していた。このような制度の実施で市は「ニコヨンは一生懸命働かない」という市民の不評の一掃を狙っていた。[24]

いよいよ、一九五五年二月一日には特別失対事業を開始した。特別失対事業とは、失対労働者から優秀な労働者を選出し、特別失対事業の専属として雇用し、賃金も一般失対事業の一日平均三～五円より、約一割増の三四五円支払う制度であった。では、西陣職業安定所円町労働出張所における状況をみてみよう。第一日目は割当二六八人中、約三分の一の九五人しか就労していないという状況であった。しかし、第一に数人、または十数人のグループで、一日の割当作業さえ済ませば、すぐ帰宅でき、早ければ午前中で帰れる。第二に仕事も労働加重ではなく、賃金も多く、人員枠以内のため、仕事にあぶれない。そのため、しだいに新制度を喜ぶ者が多くなり、就労者は増加の一途をたどっている。作業能率も、高い作業能力の者だけなので事業が進捗している。このように新制度は一石二鳥と、雇用者も就労者も歓迎していた。女性失対労働者からも適用希望がでていたという[25]。

しかし、その反面、一九五七年一二月一三日の京都府会における蜷川虎三府知事の、特別失対事業は増やしているが、「これが働く方との間にいろいろ矛盾もございまして」という発言も存在した[26]。これは、「『おまえは特失にいくのか』と聞く仲間、『子供が小さいから少しでも金になるよう働かんと仕方がない』と答える仲間、又、『組合は悪いように行っているが、行ってからケンカしようや』、『いや、わしらだけではあかん、組合に話しをして一緒にやるべきや』『今、組合では府や市に要求している、これが決まってからでもおそくはない』などと仲間の中にも行きたいし、行くにしても不安は残っている[27]」というように、自らの生活向上と、仲間との結束の間で、特別失対にいくのか、いかないのかという葛藤が存在していたのである。以上のように、特別失対事業の開始によって、「ニコヨンは働かない」という不評の一掃を狙っていた。基本的に労働者からは好評であったが、その内面にはさまざまな葛藤が存在していたのである。

府・市失業対策委員会結成

では、特別失対事業などが開始された時の失対労働者の状況は、どのようなものだったのだろうか。京都市民生局が一九五五年に発表した失対労働者生活実態調査の結果をみてみよう。第一に男女比である。この調査によると失対労働者の男女の比率は男性六二%、女性三八%。一九五〇年の調査結果では、男性七三%、女性二七%であり、女性の増加が目立っている。年齢層は五〇歳以上が四六%、四〇歳以上は二九%、三〇歳以上一四・七%、二〇歳以上一〇%と、一九五〇年との比較では、五〇歳以上が一三%も増加している。二〇歳台の年齢層が七・七%も減少し、高年齢化傾向が顕著であった。第二に住居である。まず住居のない者はなく、一人当りの広さは一畳ないし二畳半が三二%であった。第三に世帯収入である。世帯別（平均一世帯三・五人）収入額が一万円未満の世帯が四九・五%、二万円以上、六・三%という結果が報告されているがこれを家族一人当りの収入に換算すると三〇〇〇円程度にすぎず、きわめて低収入であった。第四に世帯支出である。一世帯当りの支出割合は食料費六三・四%、住居費六・三%、被服費三・七%であり、一般勤労世帯と比較して、食料費が高く、被服費がきわめて低いことがわかる。第五に就労日数である。月間平均就労日数は毎年増加しているが、職安紹介や、その他を合計しても一七・九日と、五大都市中最も低い。これは民間企業の吸収率が悪い関係で、仕事にあぶれることが多いためであると調査結果では指摘している。[28]

この調査にみえるように、失対労働者の高齢化は急速に進んでいた。そして、稼働日数は一七日程度で、五大都市最低であった。その要因は、民間就労が依然として少ないという就労構造そのものに大きな要因があったのである。

すでにとりあげたように、京都市会民生委員会は、失業対策に本腰を入れていた。一九五五年七月一三日朝の委員会では、まず、今後府会労働委員会に呼びかけ「府・市合同失業対策委員会」を結成し、両者合同して対策検討をおこなうこと。次に政府、中央関係官庁にも積極的に働きかけることを決定した。一九五五年当時、市内に居住していた失対事業対象者は一万二四〇〇人であり、これら失対労働者就労日数は一カ月一六日で（東京二四日、名古屋二三・七日、大阪二二・二日、横浜一九日、神戸一六・五日）、六大都市中で最下位だった。また賃金は平均五〇〇〇～六〇〇〇円にすぎなかった。同年七月一二日の大阪市における五大市議長会でも失業問題に関する議論がおこなわれ、衆議院、参議院の両議長と、政府あてに要望書を提出することになった。要求項目は第一に政府の責任で完全就労を実現し、総合的な失対事業を強力に推進すること、第二に事業主の自治体に、起債や、国庫補助率引き上げ、短期特別融資により財源確保をおこなうこと、第三に一九五五年度の政府予算に計上する特別失対事業施行区域を、大都市に集中させることであった[29]。

このように、京都市の京都府への働きかけから、府・市失業対策委員会が設立され、そこでは、国庫補助増加、完全就労のための財源要求、そしてそれによる就労日数の増加が、最大の課題とされていたのである。

京都市会は一九五五年八月二日に民生委員会を開催した。委員会では失対事業問題で東京に陳情に行った木俣（左社）、椹木（公正）両議員が報告をおこなった。民生委員会では一〇日ごろに地元選出の国会議員の中で、中村、小川、岡本、竹中の労働関係委員を招き懇談し、国会でとりあげてもらうように要請した。市では国が緊急失業対策法を改正し、国庫補助率を引き上げることにより、京都市の就労日数の一カ月一六日を一カ月四～五日増加させることを狙いとしていた[30]。

さらに同年八月五日の京都市会で、平田敏夫（上京区選出・共産党）は、京都市の失対労働者の就労日数はこの二年間、一カ月一六日間である。これは六大都市中の驚異として労働省職業安定課長江下氏ですら、「よくぞこれで京都には暴動が起きなかった。もしもこのようなことが一カ月でも東京や神奈川で続くならば、重大な事態が起こることは必定です」と全国民生局長会議での京都市民生委員の陳情の際に言明した。市は失対事業登録者が一万三〇〇〇人おり、失対事業が赤字であるという名目で、政府が出す就労日数一カ月二〇日間という就労枠を、一カ月一六日に切り下げ、四日以上返上していると訴えていた[31]。

こうして、府・市失業対策協議会は活動を開始した。同年八月一〇日午後一時半、平安神宮貴賓館に地元選出の七人の国会議員を招き、蜷川府知事、高山市長も出席して、失対事業懇談会を開催した。ここでは、府・市の失対事業の打開策について意見交換をおこない、次のことを決定した。第一に当面の問題は、全国平均二一日を下回る就労日数の四～五日程度の増加であること。第二にこのためには失対事業実施要綱の改正が必要であること。第三に地元選出国会議員は超党派でこの問題にあたること。第四に臨時国会召集前に地元選出国会議員が財源措置の点で蔵相と折衝すること。第五に地元選出国会議員の間に「失業対策連絡会」を設け、中村、田中、小川、水谷、岡本（以上、衆院）、大野木、竹中（以上、参院）の七人の国会議員を世話人とし、府・市と密接に連絡し、中央折衝をおこなうことであった。失対事業実施要綱の改正点としては、事業主体（主として府・市）に対する国庫補助率引き上げ、事務費、労力費の三分の二補助を五分の四に改め、あらたに資材費の三分の一を要求することをあげている。実現すれば、就労日数四〜五日増加でき、全国平均就労日数に到達することができるとみこんでいた。(32)

これらの要望を実現するため、一九五五年八月二五日午前に衆議院第三議員会館で再び討議した。この会議には、芦田、中村、加賀田、岡本（隆）、前尾、川崎ら京都府選出の国会議員、檀、梅谷府議、細川、岡本市議、本城府労働部長。中根市助役などが出席した。そこでは、第一に失対労働者の就労日数増加のため、国庫補助率引き上げを政府に強く要請すること。第二に具体的失対計画を立案すること。第三に八月二五〜二六日に各国会議員を中心に、大蔵、労働両省、自治庁など関係当局に陳情することが決められた。(33)

このような政策決定の背景には、京都市内の生活保護法適用者の多さがある。前年八月の時点で市内の生活保護法適用世帯は約二〇〇〇人、扶養年額は実に一億五〇〇〇万円という巨額の予算を占めていた。さらに、一九五五年度の市の失対事業費は約六億円で年度予算総額約一〇〇億円の六・三％にあたる。五大都市中で比較すると京都の二倍の人口を持つ大阪市でさえ九億円、名古屋、横浜、神戸の三市は三億円ないし四億円を計上しているのみである。他の大都市と比べても巨額の失業対策経費は京都市の負担能力の限界を越えており、失対事業が増大しつづけることへの危機感が非常に強かったのである。(34)

以上のように、失対事業における財政難から、京都では府・市共同で政府への大規模な陳情をおこなっていた。地元選出国会議員も超党派でこの問題にあたっていたのである。それは、京都市自身が、この時期においても「非生産都市なるが故、民間事業及び公共事業の吸収率が他の大都市に比べて大層低く（大阪四九・三％、京都九・一％）大部分が失対事業に依存している状況である(35)」と述べているように、他の大都市に比べて、民間就労がきわめて少なく、失対事業に依存している状況に大きな要因があった。

そして、一九五五年一一月二日午前一一時京都、岡山、広島地方の失業対策事情を視察中の内閣失業対策審議会の会長である有沢広巳東大教授ら三名が、京都府の失業対策事情を聴取するため京都府庁にやってきた。彼ら審議会のメンバーが、京都、広島、岡山地方を視察地に選定した理由は、就労日数が全国水準に比べて、極端に低いためだった。府・市関係当局は、第一に国直営による失対事業の重点的実施。第二に国庫補助率引上げ補助対象の範囲拡大、第三に失対事業の事務種目の拡大を要望した。それに対して有沢教授は、第一に失業対策問題は国全体の問題であり、地方財政問題と切り離して検討したい。第二に京都府の特殊事情の研究が必要であるとの認識をしめしたに止まった。

この時、失対事業に関し府・市当局が要望した事項をくわしく述べると、以下の通りである。第一に一般失対事業における京都市の失対労働者就労日数は、月間一五～一六日にすぎない。東京都、名古屋市はほぼ完全就労であり、地域格差是正のための法改正が必要である。第二に失対事業について、労力費、事務費三分の二、資材費三分の一の補助が実施されているが、実際は資材費の超過負担が生じ、京都府の場合、事業費の四三％が府費持ち出しで、大きく財政を圧迫している。国庫補助率を大幅に引き上げて、事業運営上の必要経費も補助の対象にすることを希望する。第三に失対事業でおこなえる事業の種目制限で、運営上支障が多い。例えば、貯水槽、庁舎営繕、学校給食、塵芥収集などの事業が失対事業として認定されれば、就労枠の拡大となるので考慮を希望する。第四に失対労働者中、多数を占める女性、高齢者に適する簡易失対事業が必要である。第五に、事業効果と労働能率を増進させる事業種目選定が必要である。くわえて特別な起債枠承認や、事業費の高率補助など特別措置が必要であるとも要望した。[36] このように、全国的にも京都地方の就労日数の少なさは注目されており、府・市もさまざまな要求をおこなっていたのである。

失対労働者恒常化・職員登用をめぐって

府・市は国に対して失対事業の重点化を要求するのみではなく、独自に失対事業就労先の開拓もおこなっていた。

七条職業安定所では一九五五年一二月二日午後三時から運動方針打合会を開催した。その結果、期間中管内に宣伝車をくり出して、宣伝ビラを六〇〇〇枚を配布した。そして、同所雇用主係を中心とした求人開拓班を組織し、失対労働者求人開拓をおこなった。屋外の重労働だけでなく、小売店の年末売り出しなど構内作業にも活用を呼びかけたのである。(37)

当時の京都市内失対労働者は登録数約一万三五〇〇人であり、府・市の失業対策事業就労枠では毎月三〇〇〇～四〇〇〇人が仕事にあぶれるのが実情であった。そこで、府・市・自由労組の三者が出資金を集め、仕事にあぶれた日は一人一〇〇～三〇〇円の金を貸しつけ、失対労働者専門授産施設の新設と内職のあっせんをおこない、生活物資を共同購入して、安く配給する共済事業計画を樹立することにした。その基金として、市は新年度予算に二〇〇万円を計上した。自由労組は一人一カ月一〇円を拠出し、年間約一六〇万円を集金する計画をたてた。しかし、府は出資金の予算化を保留していた。市と自由労組側では府に予算計上を要求しており、応じない場合は市と自由労組で発足を準備すると報道されている。(38)

さらに、一九五六年三月一二日の京都市会では神野七五三男（左京区選出・共産党）が質問した。失対労働者は昨年より約二〇〇〇人増加し、約一万四〇〇〇人となっている。失対労働者の就労枠は府・市あわせて一日三〇名しか増えない。そのため、就労日は昨年どおり、全国最低の一四日である。このことを市としてはどう考えているのか。高山義三市長は神野の質問に答えて市の財政状況では一カ月一四日を法律規定どおりに就労させるだけでも難しい。京都市は工業がなかなか発展しない。こうなると一般民間事業に流れない失対労働者を扱う京都市は苦しいと状況を説明した。(39)こうした市の財政事情から、自由労組と市が共同で共済事業計画をたてられることになったのである。

また、京都市民生局は、一九五六年三月以降、失対労働者の中から副監督員、事務補助員の任用選考を開始していた。これは、同年三月に出された労働省の通達による失対労働者の市職員への登竜門で、失対事業の能率向上と、市費の持ち出し緩和をおこなうために、失対労働者の中から優秀な者を選考し、副監督員、事務補助員にする計画であった。副監督員は失対労働者五〇人に一人、事務補助員は一〇〇人に一人の割合であり、約一万人の失対労働者の中から、約一〇〇人を選抜する予定であった。既に同年四月上旬時点で三七人は発令済であり、残りの約六〇人が同月中に発令予定であった(40)。

そして、同年四月二五日、最後の三四名が内定した。五月一日に正式任用が発令された者は一〇七名であった。一〇七名の内訳は、副監督員七一名、事務補助員三六名であった。副監督員一名、事務補助員七名、計八名の職員を含んでいる。彼ら昇格者は、給与日割計算（一日三六〇円）の月給制で、家族手当やボーナスも職員並み、月額給与約九〇〇〇円位になる。身分は一般期限付職員と同等で、一カ月ごとに更新する方針だった。勤務成績次第で、将来正規職員への道もあるというように、優秀な失対労働者を職員登用する動きが生まれたのである(41)。

失対労働者達の状況

しかし、失対労働者の職員登用は大多数の失対労働者には無縁の政策であった。一九五七年一月二三日、自由労組府支部（中林芳一委員長、構成員約四五〇〇人）は府知事、市長に要求書を提出し、市会への請願もおこなった。要求書の内容は、教科書無料配布、学用品、給食費全額負担、学校への強制寄附禁止、就職差別の撤廃である。請願は家賃五〇〇円までの簡易住宅の建設、単身世帯向けのアパートの建設、野宿、ドヤ住まいの労働者のための宿泊所の建設をあげていた(42)。

一九五七年三月一二日、京都市会では、市会議員鷹野種男（下京区選出・共産党）が失業対策事業の問題点について次のように質問した。第一に市では失対労働者の一カ月の就労日数を一七日と答弁しているが、予算案は一六日半にすぎない。これは夏季と年末手当てこみの予算案なので、実際は一六日を割り込むのではないか。第二に今年から特別失対事業を導入している。そのため、通常の失対労働者の日数は減少するのではないか。市が単費持ち出しをしぶるから、国も一六日分の補助しか与えないのであって、政府は京都市が失対労働者の就労枠を二一日分確保するなら補助は出すと言明している。第三に新規就労者が千本職安では五〇〇人中、五〇人しか就労できない。しかも、就労できたとしても体力検定に引っかかると首になる。「失業者の首切りとはまさに神武以来」ではないか。失対労働者の約三〇%が病人である。彼／彼女らは治療を受けながら働くので、病気がなかなか直らない。この三割の人びとが首切りの対象になるのである。第四に今年の四月から実施された一世帯に失対労働者を一人とする原則を厳格に実施していることである。これでは「未亡人」家庭で子供が就職すると失対事業にいけなくなり、生活がなりたたないというのである。(43)

この質問に対し高山義三市長は、詳細については担当失対室長に話をしてほしい。私としても一カ月就労日数が一七日を割らないように努力したい。民間需要の拡大がほとんどないことが非常に大きい。市としては五大都市で随一の市費持ち出しをしているが、十分なことができないことを遺憾とする、と答えるほかなかった。(44)

同年四月二三日午前九時ごろ、全日本自由労組京都支部は西陣職業安定所円町出張所で、失業保険一四〇円を受け取った後、西陣職安におしかけた失対労働者二八〇〇人中約四〇〇人とともに府庁へ移動し、三日間職にあぶれていると訴えた。当時府知事は不在で、野口職安課長らが現在の状況ではどうすることもできないと回答した。自由労組側は「知事を出せ」と府庁本館知事室前に座り込んだ。京都市役所でも午前九時すぎに、仕事にあぶれた失対労働者約六〇人が市役所の二階廊下に座込んだ。彼／彼女らは小川市労働失業対策室長に就労を要求し、さらに市側の就労対策の改善を要求した。小川室長は二〇日も、二二日も雨が降ったが、失対労働者の生活を考え、就労を許した。しかし今日は連日の雨で地盤も悪く、仕事にならないので、就労を中止するが、後日なんとかこの埋め合せをすると回答した。しかし、自由労組の代表は他府県と比べ、就労日数の少ない点を取り上げて、小川室長をつるし上げた。西陣、七条両職業安定所労働出張所にも雨で仕事にあぶれた失対労働者たちが就労要求をおこなっていたが、同一一時ごろ、失業保険金一四〇円を受け取り解散した。(45)

梅雨時を前に七条職業安定所では同所千本労働出張所とともに、大がかりな失対労働者の求人開拓活動をおこなった。同出張所の失対労働者たちは一カ月平均一四日しか就労できず、梅雨時には一カ月一〇日ほどに落ち込むので、「いまのうちにアブレない仕事先を」ということで、同職安と同出張所員の総力をあげて、求人開拓をはじめた。第一に所員たちが知り合いの事業主に依頼する。第二に広報車で市内を巡行して、失対労働者の雇用を呼びかける。第三に広告ビラを配付する。第四に市政協力委員へ、同年六月三日からの衛生掃除に雇用を依頼するなどの対策をおこなった。同出張所の失対労働者の中には織物工、製菓工などの技能者も七七人もおり、この方面にも雇用されるように奔走した(46)。

このように、就労日数が少なく、梅雨のため仕事にあぶれることが続いては生活できないという自由労組の要求に対して、京都府と京都市は雨天就労についての新しい方策を再び協議し、府職業安定課長、市労働対策課長が府庁で全日自労やそれ以外の伏見労組・千本労組・西陣労組など各自由労組代表に説明した。新しい雨天就労対策は、第一に台風、暴風雨以外は求人を取り消さないこと。第二に休日を除き、三日連続アブレを出さないこと。第三に紹介後に大雨などで作業できなかった場合、「雨天措置実施要綱」を適用する。その際は府労働部長と市民生局長が適用の要否を相談し、適用する時は午前八時二〇分までに各機関に連絡すること。第四に要綱の適用決定後、男性二六一円、女性二四一円（一日働けば男性三二五円、女性二八五円）の賃金を正午に支払うこと。第五に「雨天就労者証」を渡し、三枚たまれば、「番外紹介券」と引き換える。「番外紹介券」を一カ月以内に提示すれば、特別に一日多く就労できるように手配すること。これらの条件を各労組は了承した(47)。

また、仕事にあぶれた失対労働者の救済策として市民生局は、七条職業安定所東側の元下京安定所ではじめた日曜授産場とタイアップし、一時保護者、宿泊者のため市中央保護所内に授産場の分場を設け、彼／彼女らの生活向上を図る計画をたてた。すでに同授産場は仕事にあぶれた失対労働者達を対象にゴミ箱づくりを始めていた。これに目をつけた小鴨市中央保護所長は、所内の簡易宿泊所に寝泊りする失対労働者や一時保護者のうちからゴミ箱づくりの内職の希望者を募集したところ、合計一二人に達した。さまざまな所から、注文があるたびに同授産場に出向き、午後から働いて男性一〇〇円、女性八〇円くらいの収入を得ている。この好評に喜んだ小鴨所長はこの授産場の分場を同所内に設け、内職をやりやすくする計画で、ゴミ箱づくりだけでなく、封筒貼り、雑巾づくりもおこない、所内の日雇労働者だけに限定せず、就職先のない浮浪者も吸収する構想であると報じられた[48]。

一九五八年一一月、府職員労組、民主診療機関など五団体がおこなった府下失対労働者実態調査でも、その悲惨な実態が明らかにされている。京都府下の失対労働者は約一万七〇〇〇人で、全雇用労務者の六・一%を占めていた。この調査報告は、そのうち一二〇〇名の医学調査と、二〇〇例の生活実態調査の結果である。第一に、失対労働者歴七年以上が六〇%を占め、賃金は平均約六二〇〇円、赤字世帯は六二・五%にのぼっていた。失対労働者になった時期で一番多いのは一九四九〜五〇年頃である。これは、デフレ政策で西陣織・友禅染の伝統産業が崩壊した頃と一致する。第二に四〇〜五〇歳の人が多く、六〇歳以上が三割近くであった。女性は全体の三分の一で、七五%が夫と死別していた。第三に就労日数は平均月一八・九日で、平均賃金は六二三三円である。支出のうち、食費が七三・四%であり、赤字世帯は実に六二・五%。生活保護世帯は一七・二%であった。そして、高校進学率は一%以下だった。第四に住居は一人あたり一・六畳の面積しかなく、畳破損は五五%、壁破損は五二%、ガス無は七八%だった。水道無は三%、水道共用は四二%、台所共用は三〇%であった。便所共用四三%、寝具一人二枚未満という状況だった。第五に失対労働者から一般の労働市場への復帰は容易ではなかった。四〇歳以下の若い人たちは、景気がよくなれば転業機会が存在する。一九五六年下半期〜一九五七年の上半期の神武景気で三〇〇人近く転職していった。しかし、四一歳以上の年齢の場合は、一般の労働市場への就職は不可能で、特に高齢の女性の場合深刻である。そして、四一歳以上の年齢の新しい失対事業従事者が多数であった[49]。このように、失対労働者をとりまく状況は、まったくよくなっていなかった。一度失対労働者になった層の人びとが失対労働から抜け出せず滞留し、高齢化が進んでいた。そして、年代が経つにつれ、女性比率が高まっており、彼女たちの七割以上が、夫と死別していた。

府下失対労働者実態調査からわかるように、大半の失対労働者の状況は、改善されていなかった。一九五八年六月二七日、市会厚生委員会提出の失対労働者待遇改善意見書は各派幹事会において満場一致で可決された。この要旨をみてみると、第一に京都市は財政困難な中、多額の失業対策費を計上している。第二に民間就労が低率で、失対労働による収入だけでは生活維持が困難である。第三に政府に就労日数増加、賃金増加、失業保険待機期間の短縮、関係法規改正、財源措置として補助率引き上げなど、失対労働者の待遇改善を要望するというものだった[50]。

同年八月二九日に京都市会の厚生委員会が開催された。その席上で小川市労対室長は、九月一日から失対労働者への継続就労紹介を実施した結果、失対労働者の就労日数は一日増加し、一カ月平均の就労日数一九日を約束できると述べた。また、就労紹介を毎朝七時におこなっているが、失対労働者達は良い職場を確保するため、あるいは仕事にあぶれないため、各職安に朝五時に出勤していた。午前八時三〇分に現場に到着した時にはすでに疲労しているため、労働能率は公共事業のノルマの三分の一にすぎなかった。そこで、府・市、全日自労京都支部、西陣自労、伏見自労ら関係者が協議した結果、他都市並みに三日分をまとめて紹介し、無駄な手続きを省略することで失対労働者のロス防止や労働の能率向上を目指すとも報じられた[51]。

一九五八年九月二四日の京都府会でも、日雇労働者の待遇改善に関する意見書（一九五八年七月三日議決）について、労働省百田職業安定局長、三治失業対策部長に陳情した結果が報告された。百田職業安定局長からの回答は、第一に京都の場合、大阪に比して民間の雇用がすくないことは理解している。第二に失対事業が年々増加しているのは、生活援護事業を労働省がやっているのと同様である。第三に来年度は予算も大幅に増額し、失対事業の改善もおこないたいという内容であった。三治失業対策部長からの回答は、第一に各県とも一カ月二一日の就労日数確保のために予算措置を考慮中である。第二に各府県の実情によって民間雇用の多い府県では予算内でやっている。第三に京都は民間雇用が少ないので、府の予算上、一ヶ月の就労日数は一八～一九日になっている。失対事業の賃金だけみると、京都の場合、一日三時間の就労ではむしろ全国で一番高いのではないかという内容であった[52]。

以上のように、失対事業と失対労働者をめぐっては、一九五六～五八年にかけて、市会・府会に対し、要求書、請願の提出が繰り返された。その論点は教育問題や、就職差別問題、住宅問題に集約された。失対事業による就労紹介が十分にゆきとどかず、「失業者の首切りとはまさに神武以来」と語られる状況にあった。府・市は改善を模索したが、雨天就労制導入や失対労働者の授産場設置後も、仕事にあぶれた失対労働者の運動や騒擾は続いていた。

第三節　失対労働者の「自立化」政策

京都市は一九五九年度の失業対策費七億一四二〇万円の中で、資材の採取製造費を三〇〇〇万円計上した。この費用は市の建設事業の自給自足と技術者育成をねらったものだった。洛北の静原方面に採石場と砂利づくりの工場を建て、失対労働者によって、年間三万㎥ほどの砂利を生産する予定であった。民間への就職の道を開くことも想定されていた。また、コンクリートブロック工場を伏見区観月橋下流私有地に建設し、半年間で三万八〇〇〇個を製造、市の建設事業に使用するコンクリートブロックを全てまかなうことを計画した。そのほか、失対労働者に講習をおこなうことも計画していた。講習期間は三ヶ月で、一回の講習につき定員五〇人、年間二〇〇人の技術者養成を予定していた。同時にブロック積み技術者を養成し、市営施設の塀や市営住宅に、ブロック建築が採用される場合は失対事業でおこなうみこみであった。これらのあらたな失対事業で年度内に吸収可能な人員は、一日平均三九九七人で、お盆と年末の就労日数増加特別措置分を含め、延べ三万人に達する。市内の失対労働者が、およそ四日に三日就労できる計算になる。このほか、市は失対労働者の仕事として、公園の新設や学校運動場の土地整備に八七〇〇万円、道路建設に一億八八〇〇万円、道路建設に一億八七〇〇万円、排水路や下水道補修など水道整備に一億三〇五〇万円、河川改修に四三〇〇万円、西京極運動場スタンド新設など市の建物整備に一七五〇万円、公園、道路清掃など保健衛生整備に九九〇〇万円を計上したが、総額は前年度の予算と比較して二〇〇〇万円ほど減少した。新聞では、一九五九年度から失対労働者の技術者養成や継続的な就労に重点をおき、失対労働者の質の向上も期待されていると報じられた。(53)

市民生局は失対労働者の「自立化」を目指していたが、その平均年齢は五二歳であった。このような人達にとっては、「市民生局労働対策室は、昨夏から、失対自由労働者の常傭化をはかるため、特殊技術の訓練指導をしていたが、三一日午後四時から伏見区下鳥羽広長町、市コンクリートブロック製造所で初の訓練生終了式をおこない、九カ月間にわたって特殊土木技術を身につけた訓練生四十人を送り出す。その日ぐらしの日雇自由労働者の救済対策のテストケースとして、昨年七月、仕事の多いコンクリート・ブロック製作ならびに積み立て技術を失対労働者の希望者に講習、各所に実地訓練させていたもの。訓練生は平均年齢五二歳で、すでにそのうち五人は各区管理課に配属が決り、日雇生活からサラリーマンの人生をふみ出す(54)」と新聞で報じられるように、技術者養成事業は、ほとんど意味がなかった。「滞留」し、高齢化した失対労働者の大半には、無意味な政策がおこなわれていたのである。

おわりに

失対労働者のなかの雇用希望者が常傭労働者としてあらかた就職すると、他に転業できない人びとの固定化と滞留が続いていく。そうした中で京都市も失業対策について他の五大都市と組んで政府に陳情活動をおこなうようになった。失業した人びとが失対労働者に新規参入することが難しい状況もうまれ、すでに失対労働者となっている人びとの間でも台風や雨のため仕事にあぶれるなどの理由で騒擾も続いていた。その対策として、府・市は雨天就労制や年末就労増加制などを採用し、失対労働者の年末攻勢を抑えるとともに、失対事業の枠内でさまざまな作業に従事できるように事業の見直しをおこなった。特別失対事業も開始され、失対労働者全体からは好評だったが、彼／彼女らのなかには事業と運動をめぐってさまざまな葛藤が生じた。

さらに、京都市の失対労働者は急速に高齢化が進んでおり、しかも低収入だった。それは、就労日数が五大都市の中でも最低であったことに起因する。このような状況を打開するため、府・市失業対策委員会が設立された。市の府への働きかけにより、府・市は政府に対し共同して、失対事業への国庫補助増加や失対労働者の完全就労のための財源要求をおこなった。また政府への大規模な陳情もおこなわれ、地元選出国会議員も超党派であたった。全国的にも京都地方の就労日数の少なさは注目されており、さまざまな要求をおこなったのである。

最大の課題はやはり就労日数の増加であった。しかし、京都市の失対事業の問題は、たとえ国庫補助が増加しても、市自身が負担の増加に耐えられない財政構造にもあった。その後、府・市間の緊密な連絡要請もあり、失対事業の効率化が求められる。また就労の新たな開拓の模索や、自由労組と市が共同で運営する共済事業計画もたてられた。そして優秀な失対労働者を職員登用するが、その一方で大量に残る失対労働者たちは。著しい高齢化や女性比率の上昇、そして就労者の病気、不健康など多くの問題をかかえ、ひたすら滞留していく。滞留した失対労働者は失対労働から抜け出せず、さらに高齢化が進み、女性比率が高まっていくという循環におちいるのである。こうした女性の七割以上は、夫と死別した「未亡人」という状況であった。

京都市は技術者養成事業・職員への登用で、失対労働者の「自立化」をめざしたが、平均年齢は五二歳であり、しかも行政の中でしか仕事はなく、「滞留」したほとんどの失対労働者には効果のない政策であった。

今後は一九六〇年代の失対打ち切り期の失対事業と失対労働者運動の検討が課題となる。

［付記］本章は、科学研究費補助金（若手研究B：二五八七〇九〇三）「一九四〇―七〇年代の失業対策事業と失対労働者に関する基礎的研究」（代表：杉本弘幸）の研究成果の一部である。

注

（1）詳細は日本寄せ場学会編『寄せ場文献精読三〇六選――近代日本の下層社会』（れんが書房新社、二〇〇四年）など参照。

（2）中原弘二「戦後失業対策事業の矛盾――昭和三〇年代を中心に」『佐賀大学経済論集』一四（二）、一九八一年七月。加瀬和俊「失業対策の歴史的展開――日本における失業救済事業の経験から」加瀬和俊・田端博邦編著『失業問題の政治と経済』日本経済評論社、二〇〇〇年。中野雅至「戦後日本の失業対策事業の意義――産業政策との比較の観点を中心にして」『現代社会文化研究』二一、新潟大学、二〇〇一年八月、など。

（3）三宅明正は、『戦後革新』運動は、進学者、非進学者の問題やさらに、臨時工、社外工、女性の問題、企業間あるいは地域間格差の問題などを棚上げして結集していく傾向が強く」（「労働運動・市民運動」『岩波講座 日本通史 第二〇巻 現代1』岩波書店、一九九五年、一四四頁）あると指摘している。このような状況は、『戦後革新』運動に連なる対象に分析を集中してきた戦後労働運動史・社会運動史研究の状況にも大きく影響していると思われる。

（4）全日本自由労働組合編『全日自労の歴史』労働旬報社、一九七七年。全日自労建設農林一般労働組合五〇年史編纂委員会編『建設一般の五〇年』旬報社、一九九九年。

（5）大阪市民生局失業対策課『失対事業二〇年のあゆみ』一九七〇年。岩手県商工労働部職業安定課『岩手の失対事業三〇年のあゆみ』一九七九年。長野県失対事業施行四〇周年記念事業実行委員会『懐古禄――長野県失対事業四〇年のあゆみ　長野県失対事業施行四〇周年記念誌』一九九〇年。滋賀県商工労働部職業安定課『滋賀の失業対策史――写真で綴る四三年』一九九二年。尼崎市失対事業の歩み編修委員会『激動期を生きぬいた人たち――尼崎市失対事業の歩み』一九九三年。神奈川県労働部編『かながわの失対事業史――行政資料保存版』一九九四年。鹿児島市『四十七年間のあゆみ――失対事業終了記念誌』一九九六年。徳島県土木部『失対事業　徳島の戦後史』一九九六年、など。

（6）皆川強編『一筋の道――組合結成三〇年史』全日自労建設一般労働組合福岡県本部田川支部、一九八二年。全日自労建設一般労働組合北海道本部編『風雪に生きた道――全日自労三〇年のあゆみ』一九八三年。全日自労建設一般労働組合長野県本部編『年輪――写真でつづる三五年史』一九八七年。全日自労建設労働一般三重県支部・協同組合研究所編『皆で闘った五〇年――全日自労三重県支部の歴史』シーアンドシー出版、一九九六年、など。

（7）江口英一『現代の低所得層――「貧困」研究の方法』上・中・下、未来社、一九七九～八〇年、などの諸研究。

（8）木下武男「戦後初期組織化過程における運動と諸潮流」『大原社会問題研究所雑誌』三七一、一九八九年一〇月。

（9）杉本弘幸（A）「一九五〇年代「京都」における失業対策事業・女性失対労働者・被差別部落――戦後都市社会政策とマイノリティをめぐって」『日本史研究』五四七、二〇〇八年三月。同（B）「一九五〇年代における全日本自由労働者組合婦人部関係史料について――史料紹介『婦人部ニュース』・『全国婦人代表者会議議事録』・『全国婦人部長会議会議録』」『ジェンダー研究』一五、東海ジェンダー研究所、二〇一三年。同（C）「戦後失業対策事業と失対労働者運動の出発――戦後初期京都市失業対策事業と失対労働者運動の再検討」『研究紀要』一八、世界人権問題研究センター、二〇一三年。同（D）「戦後都市社会政策と女性失対労働者――一九四〇―五〇年代の京都市失業対策事業を事例として」『社会事業史研究』四九、二〇一六年三月。同（E）「大道俊関係資料目録解題」（同志社大学人文科学研究所編『大道俊関係資料目録』二〇一六年六月）。なお戦前の京都市失業救済事業に関しては、同『近代日本の都市社会政策とマイノリティ――歴史都市の社会史』思文閣出版、二〇一五年、第五章、参照。

(10) 杉本（B）。京都市における失対事業と失対事業の研究史についてはこの論文を参照。
(11) 宮地克典「日本における失業対策事業史再考――失業者の雇用・生活問題を中心に」『経済学雑誌』一一五（二）、二〇一四年九月。
(12) 山本唯人「サークルと労働者文化――油さし・いぶき・戸越」『現代思想』二〇〇七年一二月臨時増刊号（総特集「戦後民衆精神史」）、青土社、二〇〇七年一二月。
(13) 山本崇記「都市下層における反差別のかたち――日雇労働のなかの「部落」と「在日」」『立命館言語文化研究』一九（二）、二〇〇七年一一月。山本崇記の研究は研究史の無視や基礎的な誤りがきわめて多く、非常に大きな問題がある。山本の研究の問題点については、あまりにも多岐に及ぶため、別稿において詳細に検討する。
(14) 佐々木啓「新自由主義時代の運動史研究」『歴史科学』二〇一、二〇一〇年五月、四六頁。佐々木の論稿では、杉本（A）も、新たな戦後社会運動史研究の動向を代表する研究の一つとして取り上げられている。その他、近年の戦後社会運動史研究の研究史整理としては、広川禎秀「戦後社会運動史研究の方法と課題」広川禎秀・山田敬男編『戦後社会運動史論――一九五〇年代を中心に』大月書店、二〇〇六年）。須田努『イコンの崩壊から――「戦後歴史学」と運動史研究』青木書店、二〇〇八年）。三輪泰史『日本労働運動史序説――紡績労働者の人間関係と社会意識』校倉書房、二〇〇九年、序章「日本労働運動史研究の史学史的検討」、など参照。
(15) 詳細は、杉本（A、B）を参照。
(16) 『京都市会議録（定例会）』三号、一九五四年三月九日、七七、七九―八〇頁。
(17) 『京都新聞』一九五四年八月一三日付。
(18) 同右、一九五四年六月一二日付。
(19) 同右、一九五四年八月二七日付。
(20) 同右、一九五四年一一月二七日付。
(21) 同右、一九五四年一二月一六日付（夕刊）。
(22) 同右、一九五四年一二月二九日付。
(23) 同右、一九五四年六月四日付。
(24) 『毎日新聞』一九五四年九月四日付（京都版）。
(25) 『京都新聞』一九五五年二月二〇日付。
(26) 『京都府会会議録』第二号、一九五七年一二月一三日、八八―八九頁。
(27) 『全日自労京都府支部二五年のあゆみ』一九七四年、五五頁。
(28) 京都市民生局労働対策事務室・市長公室統計課編『京都市失対労働者生活実態調査結果報告書　昭和二九年一一月実施』一九五五年。

(29)『京都新聞』一九五五年七月一四日付。
(30)同右、一九五五年八月三日付（夕刊）。
(31)『京都市会議録（定例会）』五号、一九五五年八月五日、一一二―一一三頁。
(32)『京都新聞』一九五五年八月一一日付。
(33)同右、一九五五年八月二六日付。
(34)同右、一九五五年九月六日付。
(35)京都市民生局『民生局事業概要』一九五六年九月、二四頁。
(36)『京都新聞』一九五五年一一月三日付。
(37)同右、一九五五年一二月三日付。
(38)同右、一九五六年二月二六日付（夕刊）。
(39)『京都市会議録（定例会）』五号、一九五六年三月一二日、四八七―四八八頁。
(40)『京都新聞』一九五六年四月一一日付。
(41)同右、一九五六年四月二七日付。
(42)『朝日新聞』一九五七年一月二四日付（京都版）。
(43)『京都市会議録（定例会）』五号、一九五七年三月一二日、五五八―五五九頁。
(44)同右、五七一―五七二頁。
(45)『京都新聞』一九五七年四月二三日付（夕刊）。
(46)同右、一九五七年五月一六日付。
(47)『朝日新聞』一九五八年三月二一日付（京都版）。
(48)『京都新聞』一九五八年六月二八日付。
(49)京都府民医連・京都教職員組合・同志社大学社会学科・西京大学児童福祉研究室・全日本自由労働組合京都府支部編『失対労働者の実態』一九五九年。
(50)『京都新聞』一九五八年六月二八日付。
(51)同右、一九五八年八月三〇日付。
(52)『京都府会会議録』一号、一九五八年九月二四日、四四―四五頁。
(53)『京都新聞』一九五九年四月二五日付。
(54)同右、一九六〇年三月三一日付。

第10章 戦後農民の「戦後」と「高度経済成長」
――「ものいう農民」・佐藤藤三郎の戦後史 一九五〇―七〇

庄司俊作

はじめに

本章では、戦後の農民の「小さな歴史」を叙述する。具体的には昭和二〇年代に中学を卒業し就農したひとりの農民がその時代と高度経済成長の時代をどう生きたかを明らかにする。

取り上げるのは佐藤藤三郎という農民である。現在八〇歳を超えたばかり、山形県上山市山元でずっと農業に従事してきた。これだけであれば無名の農民である。しかし、かの無着成恭編『山びこ学校』に玉章をものした元生徒というと関心を引くかもしれない。しかも、佐藤は元生徒のひとりというだけではない。「山びこ学校」の級長を務め、同書にも掲載された有名な卒業式の答辞を読んだ生徒である。山元中学を卒業した後、「山びこ学校」がブームになる中、生徒の代表として「渉外・広報」の役回りを果たした。佐藤は四〇名余りの同級生の中でのちに農業に従事する数少ない人物のひとりである。加え、佐藤は後述の、戦後の農民をめぐる特徴である「ものいう農民」の代表格であり、農業に従事しながら精力的に農業・農村問題に関する本をまとめ世に問うてきた。

本章は、そうした佐藤の「個人の歴史」を再構成する試みである。農民個人の小さな歴史に光を当て、農民の全体史を描きたい。そして農民を地域、日本そして大きく世界の中で捉えてみたい。

戦後の農民については農業経済学や農村社会学の研究がある。また、農民日記の翻刻や日記を利用した著作も少なくない。(1) 前者に関して一言すると、それらは概して戦後農民論というべきものであり、農協や農民組合の組織、社会運動との関係、政治意識・志向、農業経営の対応等が明らかにされるだけである。もとよりそうした研究も重要であるが、本章がめざす本格的な農民史はそれとは違う。戦後農民史は新たな方法による研究が必要である。当事者であればこそ見えてくる現実がある。このことを重視し、今風にいうとできるだけ農民に寄り添った研究、農民目線に立った研究を目標にする。農民の意識や行動、経験を内面から深くかつ全体的に捉えたい。戦後は農民の日記や手記をはじめ活字資料も多く、資料的条件がよい。聞き取りもまだ可能である。戦後農民史の進展と多少ともそれに貢献できることを願い、ささやかな試行にチャレンジする。

筆者が志向する新たな方法による農民史に関しては具体例を挙げて説明するのがわかりやすい。最近の研究として小熊英二『生きて帰ってきた男―ある日本兵の戦争と戦後』（岩波書店、二〇一五年）や栗原彬ほか編『ひとびとの精神史』（岩波書店、全九巻）が注目される。小熊氏は、自分の父親の聞き取りにより「ある日本兵の戦争と戦後」の歴史を見事に描き出した。研究対象は普通の「庶民」とされる父親だ。同書では父親の人生を聞き取りにより「総合的に把握し、同時代の社会的文脈のなかに位置づけて、立体的な歴史記述」をおこなっている。これは、氏曰く「一人の人物という細部から（同時代の）全体をかいまみる」方法である。「全体史としての民衆史・社会史」とも呼ぶ。従来、「オーラルヒストリー」として語られてきたことと方法論的差異は基本的にないが、あえて同書を挙げたのは単なる方法論議に終わらず、それが歴史研究として確かに有効であることを実際に示したからである。本章とはテーマが違う。しかし、われわれが考えてきたことを具体的成果として形にし、一種の手本を示してくれた。父親の生きた軌跡を総合的に把握し、社会的かつ歴史的位置づけをおこなうことによって、父親と歴史の結節点を描くことに成功している。その両方が生き生きと活性化し、父親の姿は時代の特徴を映し出す鏡になっている。小熊氏の研究は個人を対象とすることと聞き取りが有効な研究方法があることを示した。『ひとびとの精神史』も問題意識は小熊氏と同じであり、時代と人を多様に取り上げていることが長所である。その分、総じて概説的であるのと（読み物としては興味深いものが多い）、「市井のひとびと」といいながら対象は有名人が多く、とくに労働の主体としての労働者や農民はほとんど取り上げられていないのが残念である。それはともかく、戦後史も各分野でこうした研究の積み重ねが必要であることを実感させられる。

本章は戦後農民史の研究であることから、歴史研究の基本的方法として適当な時間軸の設定が求められる。戦後農民史論として本研究のもう一つの独自性である。本章ではだいたい一九五〇年から七〇年までを対象時期とする。この時期は戦後改革と高度経済成長の間の時期、つまり高度経済成長前夜の時期と高度経済成長期が含まれる。前者を中心に、この時期に明らかになった問題と直接関係することに限定して、高度経済成長期の変化を見る形で叙述していく。高度経済成長前夜の時期は農地改革や六・三制の教育改革等の戦後改革によって農業・農村が大きく変化したことは了解されるが、その歴史像は曖昧なままである。これでは戦後改革による歴史的変化と高度経済成長がもたらした歴史的変化はともに正しく捉えられない。なお、戦前・戦時期との連続性を重視した「貫戦期」説や戦後改革の歴史的意義に関わる戦後史の時期区分など研究史上の争点については当然意識しているが、ここでは直接それに切り結ぶような立論はおこなわない。

第一節　研究の方法と資料

「ものいう農民」とオーラルヒストリー

戦後農民のあるべき全体史の試金石はどれだけ生きた人間を描けるかである。生きた人間を描き、生き生きとしたリアリティのある歴史をめざしたい。

そこで前提としてもう一点、なぜ佐藤藤三郎を取り上げるのかを説明しておかなければならない。佐藤の農民史を総合的に捉えるといっても、その人生全体について語ることはできず、一定の視点を通してであることは当然である。戦後農民史のピンポイントとして重視している視点がある。農家の子弟に生まれた者が学校を卒業し、家を継いで農業をする、そのありように注目することである。それは歴史的に変化し、地域的な差異もある。この視点から農民史を再構成したい。つまり、農民の意識や行動を全体的に規定するものとして、家を継いで農業をするという、ある種の決断や行動があったという仮説を立てる。そこでなぜ佐藤かというと、佐藤は一九五一年に中学を卒業し、その後農業高校を出て、五六年から本格的に家の農業をするようになる。ちょうど戦後改革と高度経済成長の間の時期にさまざまな葛藤を経て、家の農業を継ぐという人生の決断をした。その軌跡とその後の人生を歴史化したいというのが筆者の主たる問題意識である。

佐藤は農業問題の研究者には有名な人物である。ちょうど二五歳になったとき、『二五歳になりました』という著作を出しているが、その巻末に「わたくしの生長歴」を載せている（表10-1）。一九三五年、佐藤は山形県山元村（現上山市）に生まれている。「山びこ学校」の舞台である山元中学（現在廃校）を卒業後、高校は上山農高（定時制）に進み、同校の畜産専攻科（一年）を経た後、ずっと現在まで地元で農業に従事してきた。研究者の間で有名だというのは、前述のように農業の傍ら主に農業・農村問題について研究者顔負けの多くの本を書いてきたからである。「山びこ学校」に関する本も何冊か書いている。本人の紹介も何かの本で「農業評論家」とされていた。最初は農業・農村問題の本を読み、その後「山びこ学校」関係の本を読んで、著者はあの「山びこ学校」の級長だった人かと気付いた人も多いのではないだろうか。

そうした人物なら「普通の庶民」ではないのではないかというと、普通の農民である。地元で農業をずっとやってきた。なぜ佐藤を取り上げるのかについて一点補足をしておきたい。戦後の特徴として「ものいう農民」がまとまって登場してきたことが指摘できる。思いつくまま代表的な人物をあげると、山形県の佐藤をはじめ星寛治や

表 10-1　佐藤藤三郎の略年譜 1

1935	10 月、父藤左衛門（1895 年生)、母キクヨ（1900 年生）の長男として生まれる。この前年、東北地方は大冷害にみまわれる。
1945	8 月　敗戦。国民学校 4 年。
1946	5 月　新憲法公布。旧軍人たちによって村に青年団できる。
1947	新教育制度によって、小学校 6 年生となる。
1948	4 月　山元中学校に入学
1949	(三鷹、松川、下山などの事件、シャープ勧告、中華人民共和国誕生、湯川秀樹ノーベル賞受賞)。「山いも同志会」できる。青年団の再建問題や青年学級などについて青年たちが語りあっているのを興味をもって聞いていた。
1950	中学 3 年生、(この年、朝鮮戦争起り、警察予備隊設置などあり)。無着先生に「平和」ということを学ぶ。「山びこ学校」の出版計画きまる。宮川実『経済学入門』の読書会に入る。
1951	(戦争責任者の追放解除、財閥解体打切り、対日平和条約調印など)。山元中学卒業。4 月、上山農業高校定時制に入学。映画「山びこ学校」のロケ隊、村に来る。村の青年団再建に奔走。県青年団とともに村でも公明選挙運動をくりひろげる。中学の同級生仲間で輪読会をやる。また仲間を、結ぶ「月報きかんしゃ」の編集発行に当たるなど、無着先生の構想実現につとめる。「地しばり」を発行する。
1952	(日米行政協定調印、破防法成立)。単独講和反対運動など青年団のなかでよびかける。
1953	(内灘基地反対運動高まる)。この年の夏、無着先生、世界教員大会に出席のため訪欧し、ブカレストの青年平和祭にも参加、「平和と友情」をみやげに帰ってきたのがもとで平和運動に大きな興味をもつ。「地しばりの会」の小グループ活動から青年団の統一をめざす青年団運動に切りかえる。高校の「生徒会報」編集を担当、クラブは「文芸班」から「化学班」にうつる。
1954	(自衛隊できる)。無着先生東京に行く。民青連、国際代長団来村。他村の人とよく交わる。高校では『雑木林』を発行。ミチューリン大会（東京）に参加する。また、農民組合青年部大会に出席する。
1955	(アジア、アフリカ会議、ジュネーブ会議など)。3 月、上山農業高校を卒業。日本青年団協議会で、「生活記録連動」を展開したが、これに呼応して鈴木実氏らと『百姓のノート』を発行する。青年団の青年学級部長をつとめる。県青年学級大会で「学習について」を発表。県青団、リクレーション大会の弁論で 2 位（女子バレーボールも 2 位)。詩に興味をもつ。
1956	(国連に加入、ソ連と国交を回復)。上山農高畜産専攻科に入学。青年団から脱ける。村は、合併問題でもめる。自分の無力をつくづく感じた年。真壁仁先生らの「新しい土の会」に入る。

出典）佐藤藤三郎『25 歳になりました』百合出版、1960 年、335 ～ 36 頁の「わたくしの生長歴」を一部修正のうえ引用。

齋藤たきち、木村廸夫そして佐賀県の山下惣一の各氏である。かの農民兵士論争や中国人、韓国人強制連行の聞き書きをおこなった秋田県の野添憲治も家は農家であり、生まれも佐藤らと同じ一九三五年である。年齢が少し上だと出稼ぎ農民の運動を指導した秋田県の高橋良蔵や、下ではやはり秋田県大潟村で米づくりをやっている坂本進一郎氏もあげられる。彼らほど有名でない「ものいう農民」は、女性を含めもっと多くいる。たとえば「ものいう労働者」など、農業以外の分野でも本を書く人物はいる。しかし、人物がまとまって出た点とそれぞれが「多産」である点において、農業分野は特別ではないだろうか。一般的な農民の知的レベルの高さのほかに、「書く」という表現行為が彼らの「精神の運動」[2]となっており、その基礎には農業が置かれた困難な条件があったといえる。この点に関連して、佐藤と同世代の「ものいう農民」の多くは家が小作農家だった点が注目に値する。佐藤ら「ものいう農民」は特別であるが、戦後の生活記録運動やサークル運動によってものを書く農民が大量に生まれたことが彼らの登場の背景にあったことも重要である。彼らもそうした活動の経験があり、その経験を生かして「ものいう農民」に成長したというのが歴史的事実である。彼らは時代が生み出した存在である。

佐藤ら「ものいう農民」の共通点をもう二点指摘したい。一点は、生年。これは上述の点に関連する。山形県の四人は一九三五年、山下は一九三六年生まれで年代も近い。つまり、いずれも昭和二五年前後に中学を卒業している。もう一点は、学歴。ある者は高校進学はかなわず農業をやり（山下）、ある者は農業高校を終えて農業をやり（佐藤、木村、齋藤）、ある者は望んだ大学進学を断念して農業をやってきた（星）。こうして五人の学歴は中卒、高卒である。五人はすぐれた農業・農村問題の著作だけでなく、小説や詩も書いた。能力も意欲もあるのに、進学では思い通りにならず農業をやるようになったのは、同年代では少なくなかったと考えられる。佐藤の事例は例外ではない。「ものいう農民」の研究は戦後農民史の重要課題であり、本章はその最初の試みである。「ものいう農民」については本章のまとめとの関連で最後にあらためて触れる。

次に、史資料について述べる。小熊氏も指摘していることであるが、オーラルヒストリーの場合、「優れた語り手」かどうかが成否を分けるところがある。また回想、記憶であることから、語り手の現況による史実の脚色は避けがたい。それでも歴史の記憶として一定の意味があるが、史実の再現ということからすると活字資料の活用も歴史研究では不可欠である。佐藤の場合、史資料の条件がきわめてよい。

佐藤をめぐる資料的条件

まず、中学生のときの生き方の姿勢、精神史や行動の歴史は無着編『山びこ学校』に示されている。そして二五歳になった佐藤は、『二五歳になりました』を出版する。これは佐藤の中学卒業後一〇年間の精神史、行動の歴史を知る史料の集大成である。佐藤はさらに一九七〇年、共著で一年間（一九六九年）の日記を出版した。その他、『まぼろしの村』（全五巻）など、高度経済成長期の村や自己について同時代史的に記した多数の書物を出版している。対象時期の佐藤の肖像を造形する史資料の条件は整っている。

「ものいう農民」らには数多くの著作がある。その中には自分の歩みを振り返った自伝もある。これらを戦後の農民史の研究にどう活用し、歴史にしていくか。『二五歳になりました』には、佐藤の一六歳から二五歳までの歩みを示す多くの貴重な資料を収められている。そして、二五歳になった佐藤がそれらを解説をするような形で自分の歩みを振り返っている。一六歳は佐藤が高校に進んだ年であり、二五歳は家の中心として本格的に農業をやるようになってから四年ほど経った年である。同書は、佐藤という「すぐれた書き手」による同時代の歴史証言集である。これを読み解くと、佐藤の中学卒業から本格的な就農にいたる曲折に富む歴史、そしてその中で佐藤の思いや行動を立体的に浮き彫りにすることができる。普通の回想と異なり、当時の佐藤の姿がダイレクトに知れる点で他にない価値がある。これは他の「ものいう農民」の著作も同じである。

『二五歳になりました』についてさらに続けると、高校の生徒会誌、青年団・青年学級の会誌、生活記録運動の同人誌をはじめ、佐藤がさまざまな媒体に発表した多数の手記、詩、各種調査報告、論文等が載せられている。多産ぶりには驚かされる。同時代の手記等であることが何よりも貴重である。佐藤の思いや行動を知る資料として価値がある。かなり時代が経った後年の回想録の類だと前述のように回想の時点のバイアスが入るので歴史資料としては限界がある。その中で四年間の高校生活の収支や村の農業、就農時に志向した畜産に関する論文的な文章など、佐藤の農業や経済と経営に対する姿勢をうかがわせて興味深い。今どき、自分がやる農業についてこのように調べ上げ、経営的見通しをつけたうえで就農する人はいるだろうか。

最後の点は、「山びこ学校」の教育の影響があるかもしれない。無着は佐藤ら生徒には調査の大切さを教えて作文を書かせた。だとすると、無着編『山びこ学校』の本が無着の教育に対する生徒たちの第一の応答だとすれば、『二五年になりました』は佐藤単独による第二の応答といえるかもしれない。客観的な意味でも、佐藤自身の主観的な思いとしても。

周知のように一九五一年三月、『山びこ学校』の本が出版されるとすぐ地元を舞台に映画化（今井正監督）されるなど、教育界だけでなく社会的に大きな反響を呼んだ。そうした中、無着とともに佐藤が元生徒の代表として一手に取材等に対応しなければならなかった。「今、生徒たちはどうしている」という好奇の目も強かった。佐藤としては、そうした社会の関心に応えたいと思うのは当然である。こうした意図があったことは、『二五歳になりました』という書名自体によく表れている。「山びこ学校」の本とつなげてこの本が読めるということが、この本について歴史資料としての高い価値を認めるもう一つの理由である。

このように第一はすぐれた農民の書き手が書き残した資料、第二は「山びこ学校」の代表的な生徒のその後一〇年間の歴史がわかる資料、他にこの本を歴史の資料として重視する理由は次の点にある。それは、佐藤の一〇年ほどの生活史を同時代の社会的文脈のなかに位置づけるという課題に関わっている。研究者は資料的条件を値踏みして、研究を進めるものである。この点でまず挙げなければならないのは、佐野眞一『遠い「山びこ」─無着成恭と教え子たちの四十年』（文藝春秋）である。これは一九九二年に単行本で出版されたが、精力的な取材によって「無着成恭と教え子たちの四十年」が詳細に明らかにされている。ルポルタージュとはいえ、無視できない作品である。佐藤も佐野の取材によく協力し、その語りが本書に多く反映している。もう一つは、秦玄竜編『山形県山元村実態調査─「山びこ学校」の背景をなすもの』（青銅社、一九五二年）である。同書も「山びこ学校」ブームにのった研究である。農村調査の報告としては現在の水準から見ると難があるものの、一般的にこの種の調査報告が少なかった中、「山びこ学校」の背景を山元村の経済と社会を明らかにしており、時代のイメージをつくるうえで参考になる。舞台の山元村の位置づけは同書から得たイメージがもとにある。このように関連の資料的条件も恵まれている。

第二節　農業高校（定時制）に進学

研究の方法と資料はこれぐらいにして本題に入る。佐藤の中学卒業、上山農高（定時制）入学から始めたい。「山びこ学校」については多くの議論があり[3]、また「生徒のその後」を追跡するなど本章の問題意識と重なる佐野氏の本が出版されてからも二〇年余が経つ。「山びこ学校」や無着自体は対象にしないが、過去の蓄積を踏まえ論述することは当然である。

「山びこ学校」の村と時代

はじめに山元村の概況に触れておこう[4]。本村は典型的な山村であり、役場、中学校がある村の中心部は海抜約二九〇ｍである。ただし、山形市から西に一五㎞、上山市から八㎞に位置しており、山も浅く、地理的には隔絶された村という感じはない。一九五四年現在戸数三〇四戸、うち二七三戸が農家である。耕地面積が狭く、全体の五割が一町未満、二割が五反未満である。養蚕や炭焼きを主な収入源とする零細な農家が多い。佐藤は後年、村の農業について巧みに表現している。「平地といえる土地がほとんどなく、山村ではあるが、山並みが小刻みなため高原らしきひらけたところもなく、急峻で小さな山がいくつも織りなす地域である。川らしい川も本沢川のほかになく、ちょろちょろ湧き出るささいな水を利用して稲をつくり、土手のようなところに桑を植え、蚕を飼って夏を過ごし、秋から冬のあいだは炭焼きなどの林業に身を頼りいのちをあずけて生きてきた[5]」。こうした条件不利地域ゆえ農業も大変だと佐藤も悩むようになるが、それはもう少し後のことである。生産物は米以外に木炭、繭、タバコ、ホップなどである。水田が少ないので、飯米が自給できず配給に頼る農家が多かった。

昭和恐慌の時代に山元尋常高等小学校に転任してきた青年教師で、歌人でもあった遠藤友介が知人宛に、「山元村の人々は台湾米のかすをすすり、かぼちゃを食い、いもを食い、どん底の生活をしている。それでいてどん底を知らない。どん底であると思っていないから、そこから這いあがろうとしない。それが悲しい」という手紙を送っていたことを佐野眞一が紹介している。[6] 佐野はまた、遠藤が本村に赴任直後によんだ歌もあげている。「ここへ　きたのはおれのこころではない。支配された　おれは。よわい　よわいおれは。ひとには　いわぬ。おのれを　いわぬ。おれのほんとうを　だれが　わかるか。とうとうきた山にきた。山は　まんさくの　はなだった」。隣の本沢村出身であった無着は本村への赴任に「激しく懊悩」した。それより一〇年以上前になるが、遠藤も同じであった。「彼ら師範学校出のエリートにとって山元村は、戦前も戦後も絶海の孤島にも似た存在だった」というのが佐野の見方である。[7] ちなみに、本村は満洲移民がめだって多かった村である。遠藤も中心となって移民を推進した。

敗戦直後、まだ農山村はどこも貧しかったが、山元村はとりわけ貧しかった。典型的な山村で、農業の条件に恵まれなかったことが大きい。それだけではなく、貧しさというのをこの場合にどのように捉えるかが問題である。後の議論との関連で、子供が依然として家の労働力としてなくてはならない存在であったことを挙げておきたい。山元に調査に行った時に驚いたことであるが、村内の道が狭く、かつ急な坂のところが多い。佐藤籐三郎宅の前の道も急すぎて、大げさでなくアクセルを強く踏み込まないと車が坂を後ろにずり落ちるのではないかと恐怖を感じた。当時の道はまだ舗装されていない。これでは、物の運搬は人が背負うしかない。

一九五四年の村勢要覧に村内の諸車数が示されている。それによると、荷車二六台、リヤカー二六台、自転車一六〇台である。牛馬車にいたってはわずか三台である。荷車やリヤカーを所有しているのは、全体の一割にもならず、自転車も所有者は半分強にとどまる。こうした状況は急な坂が多いという地形的条件にも規定されていた。平場が多い隣村、本沢村の状況と比較すると、それは明らかである。「山びこ学校」の作文を見ると、荷物を背負って運ぶ記述が目につく。当時の写真を見ても、背負いっこを背にした中学生のような子供がよく映っている（写真10‐1）。ちなみに、別の村の例であるが、戦争から帰還し一時敗戦直後の村で生活した人から、いつも背負いっこを背にし、荷物を運ばなければならなかったほどつらいことはなかったという思い出話を聞いた。「山びこ学校」の時代、山元村では中学生ぐらいになると子供は男も女も大人と同様、こうした荷運びの重要な要員だった。

佐藤によると、「家畜を飼って肥料を買うな」とともに、「右に鋤鍬、左に貯蓄」というのが当時の「村の標語」であった。[8]「今年一年間の肥料計画をたてて、完全に肥料を手もとに寄せた家は、五、六戸きりありません。あとは、だいたい、その時その時に、いくらかでも用意できる家ならよいほうで、ほとんどの家は、いくら硫安を使いたくとも、過燐酸石灰を施したくとも、買えなくて、おしまいなのです」。農機具も、電動機（個人有五台、共有二三台、以下同じ）、石油発動機（〇、二）、脱穀機（五、二〇）、籾摺機（一、二七）といった状況である。県内の庄内の村々ではぼつぼつ目にするようになっていた耕耘機も全く縁のないものだった。このように見ると、農業の技術的条件や施肥の状況は、佐藤が中学を卒業する頃はまだ戦前と比べそれほど大きな変化はなかったといえる。

写真 10-1　背負っこを背にする山元中学の生徒と無着成恭
出典）奏玄竜『山形県山元村実態調査』青銅社、1952年、口絵より引用。キャプションには「余暇をみて、たえず校外指導にあるく無着先生と談笑する山元中学校の生徒たち」とある。

『山びこ学校』の、佐藤の「ぼくはこう考える」を再読した。上述の状況と関連することが書かれている。当時、三〇代、四〇代の大人が子供のときとは比較にならないほど村の暮らしはよくなった。しかし、自分たちのような「山の子供たち」は「年中労働にかりたてられ」、「たった一冊の本を読む時間すら持っていない」。「政府では、義務教育を三年のばすとそれだけ実力がつくと思っているのだろうか。三年のばしただけで私たちは、親からブツブツ云われ、かせがされて、そのあい間をみつけて学校にはしって行かなければならない」。先生は「働くことが勉強だ」というが、「それがどうしてものみこめない」。「ほんとに、学校教育がすばらしくなるというのは、どんな貧乏人の子供でもその親たちにさっぱり気がねしないでくることができるようになったとき」である。「私たちがみんな毎日たのしく学校に来ることが出来るように」しなければならない、と。[9] 佐藤ら村の子供をめぐる教育の問題と解決すべき課題が的確に捉えられている。教育の制度的民主化とそれを阻む障害の間でもがく佐藤の姿がクリアーに出た印象深い文章である。

すぐ後に見るが、教育をめぐって佐藤には苦い経験がある。戦後の教育改革、義務教育延長の中、佐藤のように戦前であればとうてい中等教育を受けられないような生徒も、向学心に燃え、その結果高校への進学熱が高まった。しかし、進学は本人の思い通りにならず、葛藤に悩む。その原因は戦前的なもの、つまり貧困問題と戦後的なものの両方が混ざり合っていた。その点で補足すると、「山びこ学校」の生徒四三人中、父親を戦死や病死で亡くした生徒が八人もいたことが注目される。[10] 戦死と病死は意味合いが異なる。しかし病死も、一九三五年から一五年ほどの間に死んだことになる。死んだ年齢は、子供の年齢からして五〇歳代以上の者は少なかったであろう。戦死でなくても何人かは戦争がらみの死であった可能性が高く、だとすると母子家庭八戸という数字も戦争が生みだした側面が強い。いうまでもなく戦争による貧困は伝統的なものではないが、佐藤らの世代はこうした戦争の影響も受けていたことが注目される。一方、戦前的な人口論としては、先の四三人中六人兄弟以上が二九人もいた。佐藤もこの中に入る。これは労働力確保戦略のねらいも持つ伝統的な「子だくさんの家族」である。もちろん、兄弟が多くても、佐藤の例が示しているように子供は家の労働から解放されるとは限らない。

『山びこ学校』の本といえば必ず文部大臣賞を受賞した江口江一の「母の死とその後」が取り上げられるが、村の経済に関する資料としては佐藤の作文の方が役に立つというか、重要である。中学生の作文にしてはきわめて論理的である。もう一つ、佐藤の「すみやき日記」を読むと、父親を助けて従事した者でなければとうてい描けないリアリティがある。また、「学校はどのくらい金がかかるものか」は、佐藤を中心としたグループが書いたものである。みんなで各人小遣い帳を記帳し、それを集計してまとめられている。佐藤は高校に進んで、山元村の調査報告をまとめたり、村の養蚕の歴史を調べたりして、畜産経営の見通しを統計にもとづき検討するようになる。物事を客観的・統計的に把握する芽、後に「農業評論家」になる才能はすでにかなり花開いている。無着の教育実践は、「戦後教育にゆるされた科学的な思考にもとづいて、戦前の生活綴方には見られなかった『事実にもとづいた高度な論理的思考』の萌芽を示す、知性と感性のまじり合った一種独特の文体を新しく生み出し」たことに意義がある。[11]これは国分一太郎がこの本の解説で書いていることだが、同感である。卒業式の答辞を含め、やはり佐藤が無着の「山びこ学校」の「長男」、筆頭であることがあらためて理解される。

無着についても一言付け加えると、当時、彼は農業問題に強い関心を持ち、農村改革を志向する青年教師であった。北大農学部に入りたかったというのもうなずける。寺の住職の息子であった彼は、山形師範を卒業した後、地元本沢村でも赴任先の隣村山元村でも青年団運動を指導した。無着のこうした活動は、よくある「戦中派としての戦争体験」がもとになっているのではないかと推察される。彼は敗戦直前、学校民主化をめぐるストライキである武勇伝を残し、学内で注目を浴びる存在となっていた。無着といえば、例の「子供電話相談」で山形弁丸出しの名（迷？）回答の先生というイメージを持つだろうが、どうして「山びこ学校」の時代は輝ける「戦後派の村のリーダー」[12]であった。昭和の時代、とくに経済更生運動を契機として、村の教師が村づくりに強く関わるようになる。この時代もそうした流れの中にあった。現在からは想像できないことである。書いた文章や写真から受ける無着の印象は、ユニークでおおらかな性格、そして率直で物おじせず活力に富む、そのうえ若くて上背がある、そうした人物が戦後の民主主義の何たるかを熱く語る――。常識的に考えて、生徒に対するかかる教師の感化力、訴求力というのは計り知れず大きいものがあるだろう。

佐藤の高校進学と時代の特徴

ここで最初の問題に戻る。中学校を卒業した佐藤は、上山農業高校定時制に進学する。本当は普通高校に進みたかった。だが、親が進学に反対であった。佐藤は九人兄弟の七番目、次男であるが、長男が幼くして亡くなったので家を継がなければならなかった。後継ぎの年齢の割には父親五七歳、母親五二歳と年齢が高かったことも、佐藤の進学をよけい困難にした。「百姓の仕事に向かない年齢」になり、一日も早く家の労働力を確保したい親としては、息子の中学卒業は待ちに待った瞬間であった。「学校に入る身分ではない」、「学校になど入らなくとも百姓は充分できる」。佐藤は、折り合いをつけるため農業高校、それも定時制を選んだ。それでも親は反対、親類まで使って息子を説得しようとした。「『我』の強かった」（そう佐藤は書いている）佐藤はついに進学を強行した。「自分で入学願書を書き、印鑑を買っておし、入学に要する費用なども小遣いの中から出して、ひそひそと通学するようになった[13]」。入学した高校は週三日通学、四年制、往復三〇㎞の道を自転車で通学した。三年のとき、佐藤は「現状」と題する詩を書いた。

もう時計は八時をうった　おれはこつこつとベントウをとる　ひそひそと風呂敷につつむ　そしてこっそり家を出て　音をたてぬように自転車を出す　そして人目に知れぬようにして　ごとごと道をとばす（中略）だれかがおれを笑っているようだ　働きてもないくせに　この天気のいい日に　仕事がおくれて　十分な収益をあげられもせずに　あのおやじに働かせて、と　おれが学校にくるときは　父の顔も　母の顔も　なんだか　おれにとっては　真正面からみることができない　胸をひっこめてひそひそとあるく／こんなことをつづけ　おやじに「学校をやめてしまえ」そういわれながらも丸二年　三年目をむかえた[14]

涙ぐましい話である。家族だけでなく、地域にも負い目を感じて高校生活を送らなければならないのは、むごいというしかない。勉強したい者は自由に勉強できるのがいい世の中だという考えを持っていた佐藤にはさぞつらかったと思う。

同級生四三人中、高校に進学したのは四人だけ。全員、上山農高である。全日制に入った二人はのちに普通高校に転学し、二人とも大学に進んでいる。女で高校に入った者はいない。佐藤は一九五四年に書いている。高校に進む者は少なく、一学年で二人、多くて三人、今でも五人いればいいほうだ。割合は一割内外、町場と逆、これは「山元の文化（?）の程度」の問題である。上山農高の山元地区分会（山元村の生徒）は一四人、そのうち全日制はわずか二人、山形市の高校に入っている者もいるが、五人にみたず、しかもほとんどが次三男である、と。[15]調べてみたが、そのとおりである。本村では昭和三〇年代前半まで、なぜか高校は、上山農高に進む者が多い。

佐藤が高校に進んだ年の全国の高校進学率は四三・八％である。東北の山形県はやはり低かったが、それでも県平均三四・六％である。[16]確かに一割というのは低すぎるが、県内の地域差があり、また後の高校進学率の急上昇を考えれば少し極端だけれども量的な違いといえる。「村の農民階層では、一割や、二割といった上のクラスではないわが家にとって、定時制さえ無理なことは当然だった」と佐藤は後に回顧している。佐藤と一緒に高校に進んだ三人も、一人は父親が教員、一人は現村長の孫だった。経済の問題だけでなく、子供が家の重要な労働力ということが、高校への進学の障害になっていたことを見る必要がある。年老いた親を持つ佐藤の場合は、進学を難しくした条件として、後者の方が重要だったのではないか。もちろん、教育に対する村、地域の観念というか、大きく文化も重要である。

いずれにしても、佐藤が高校に進んだ時代は、あとつぎの長男は中学を卒業すれば家で農業をするというのが多く、佐藤のように本人が強く進学を希望した場合は上山農高の定時制に進み、家の農業と両立させて高校に通うというのが一般的だった。女はたとえ勉強がよくできても、高校への進学はまだむずかしかった。

前述の「ものいう農民」の人びとも、中学や高校で生徒会長を務めるような生徒であっても、親の反対や親が戦死したために、意に反して、高校や大学への進学を断念しなければならなかった。あるいは、高校に進学するにしても佐藤と同じように農業高校の定時制などを選択せざるをえなかった。農家の子弟にとって、能力に応じて自由に教育が受けられる社会が自由で民主的な社会である。しかしこのように見ると、昭和二〇年代はそのような社会とはまだ大きな落差があった時代であったといえる。

第三節　青年団運動の中で

高校生活と青年団活動

佐藤は一九五一年に高校に進んでいるので、四年制の定時制だと一九五五年三月に卒業の予定である。昭和二〇年代後半はちょうど佐藤の農業高校生の時代ということになる。農業高校生の佐藤を取り上げるのには然るべき理由がある。平凡な農業高校生の生活史を浮き彫りにしてもあまり学術的な意義はない。

佐藤は高校時代、青年団活動に明け暮れている。それは中学生のときからである。しかも、政治的な運動にもかなりコミットしている。「こまぎれ的思い出」には、一九五二年（高校二年）の項に次のように書かれている。「わたしは、学校よりも青年団が好きなのか、またはそうした社会活動をすることに義務みたいなものを感じたのか、学校の勉強をよそにして毎夜青年団の集会を開いて参加した。そして、単独講和か、全面講和かの論争をくりかえしたり、単独講和反対のチラシを作って村中に配布したものだ。村民のなかにも賛否両論あったが、他の村の青年たちの間でも単独講和反対の運動は強かった」[17]。ところが高校卒業後、個人的に重大なピンチを迎える。「わたしは数え年で二二歳、血の気のもっとも多い時だった。それだけにまた、生死をかけて悩んだときでもあった。あることから、わたしはこれまで生きてきた自分の道に疑問をもち、生きる意欲を失うほどにもなった」、そして、「運動というすべてのものに参加する気にはなれなかった」。大学にでも入ろうかと上京、神田付近をふらついたりした。上山農業高校畜産専攻科への入学は、こうしたとき考え抜いた末にとった彼なりの対応であった。佐藤のこの変化の背景には、何があったのか。

とりあえず、運動に挫折をしたということだけはわかる。一般的に青年団運動がかつての勢いを失い、下火になっていく時期である。山形県は青年団運動や生活記録運動が活発な県。佐藤との関わりや、佐藤の目線を通して運動の展開を跡づけることは青年運動史研究としても重要である。

農業・農村史をやっていて迂闊であるが、高校生が青年団に入り、熱心に活動するというのは一般的なのだろうか。『二五歳』を読んでいてまず驚いたのはこの点である。これは定時制ということと関係があるかもしれない。いずれにしても、佐藤の早熟性は間違いない。やはり、卒業式の日に無着からおくられた言葉として佐藤があげる、「人のよろこびを自分のよろこびとし、人の悲しみを自分の悲しみとする。そうすることのできる人間こそ偉大な人間である」ということの、人を動かす力の強さであろうか。加え、人のつながりの強さや、何かとつながろうとする人の志向の強さも注目される。

高校の中で、山元村の生徒だけで山元地区分会という組織をつくっている。全員合唱が得意で、高校の農業祭（普通高校の文化祭）に出演したり、一緒に寮で生活したりして、なかなか結束がかたい。後で述べる青年団再建時には、分会として参加するかどうかを話し合ったりもしている。山元中学の卒業生では、佐藤の二年上の生徒が「卒業したばかりの人たちで、卒業してからもお互いに勉強していこう」ということで、「山いも同志会」というグループをつくり、無着を講師にして宮川実『経済学入門』の読書会をやったりしていた。読書会には中学生の佐藤も加わった。同志会のメンバーは、再建青年団に入るとともに青年学級に熱心であった。のちに「山いも同志会（4Hクラブ）」に名を変え、文集「地しばり」を出した。佐藤も中学の学年は二年下であったが、同志会に入って活動していた。一方、佐藤の学年も「卒業してからもお互いにつながりを持っていこう」ということで、「きかんしゃ同志会」をつくり、事務所を佐藤の家におき「月報きかんしゃ」を出している。こういう活動が、「わたくしの生長歴」にある「無着先生の構想実現につとめる」というものに当たると考えられる（前掲10‐1参照）。

時代を感じる。筆者は佐藤より一七歳下で、田舎の中学だ。高校に行った後、同じ中学の同級生と文集を出してつことも。それと当然、生活記録運動やサークル活動が盛んだった山形県の地域性という要素もあるかもしれない。ながっていようなどと言い出す者はいなかった。また、同じ中学の卒業生の間で学年を超えてつながっているという

「農業高校のなかでの私の生き方で」において、佐藤は書いている。(18) 高校一年のときは、「山びこ学校」の映画撮影や取材等の来訪客への対応で明け暮れた。二年のときは、青年の仲間づくりの活動や青年団の再建などで毎晩駆けずりまわった。家ではほとんど教科書やノートを開かなかった、試験のときですらそうだった。勉強や試験よりも「大切なことは、同級生に連絡をつけることや、村をよくするためのじっさいの活動であり、憲法を守る運動をすること」だと信じ、無着のいう、「いくら学校の成績が悪くとも、人間として誠実にひとつの方向をもって生きることに価値がある」ということを忠実に守ろうとしていた。また、二年生まで生徒会活動で文芸部に属したが、校内での活動よりも「山形市に出て学校以外の用を足すのにいそがしいありさま」だった。文芸部員としての活動は活発な方ではなかったが、つくった詩の中に佐藤の心象風景がよく反映したものがある。「むなしき日々」と題する詩では、こう書いている。

俺は　いつも何かいいものはないか　何か面白いものはないか　何かとくするものはないか　と　自分の身のまわりを見ていた　しかし　残念なことには　いつも気がつき　みつかるものは　自転車の損じたところだけ／学校の授業は　人間完成のためにときかされるが　いったい　どういう人間を完成した人間というのか　わかりもしない俺は

そして、「晩春」ではこうだ。

早く寝ろ　電燈を消せ　朝おきられないぞ　おやじは毎夜くりかえす　小学校の三年ぐらいからそうだった　そのころは戦争というやつで　俺たちはマンガも見られなかった　童話もよめなかった　先生さえいなかった　人間を知らなかっ

た　ただ教えられことは　一億一心で　戦争に勝つということで　働く子は親にもほめられ　自慢もされた　本など見る
ことは　一億一心を欠くことだった　俺たちは　こういう機構で少年期をすぎた／しかし今とて何が変わっておるだろう
一四時間の労働は　小説はもちろん　新聞さえ読ませない　ただべっとりと寝そべるだけ／晩春の空気はしめり始めた

詩を続けて挙げた。もちろん、資料として読む必要があるが、確かに農業高校生佐藤藤三郎の心象風景がうかがえる。当時の佐藤から見た戦争と敗戦後の一〇年というのは、子供ながら厳しい労働に追われ、やりたいこともできない時代であり、この点であまり変わっていないということだろうか。

山元村では一九四六年五月、青年団が組織されている。最初の頃は、佐藤にいわせると「芸能青年団」であり、活動といえば踊りや歌など芸能に興じる一方、戦後の解放に浸って「民主主義」や「デモクラシー」を呼号するといった体のものであった。戦争から帰った元陸軍大尉の団長をはじめ、軍隊で高い階級の者が幹部になっていた。しかし、次三男が村からいなくなるにしたがい、こうした活動は下火に向かった。農業技術や経営を活動の中心とする「農友クラブ」と、娯楽、レクレーションを中心とする「体育クラブ」に組織が分かれていく。前者は限られた少数の年齢が近いグループ、これに対して後者は大尉団長が会長となり、大衆的な性格を持ち、メンバーは五〇人を超える大所帯。村民運動会を開いたり、卓球やバスケットの試合に興じるなど大活躍していた。それがいつの間にか音楽クラブのような活動となった。その後、音楽にあきてくると中核のメンバーが集まって飲み食いを中心とする団体のようになり、これも活動が下火になった。ここまでは、「新制中学以前の時代の人たちが多く、若い人がひきずられていた傾向」もあったと佐藤は書いている。佐藤が青年団の再建に奔走するのは、この頃。佐藤も入っていた「山いも同志会（4Hクラブ）」はこうした青年団には加わらず、読書会の活動を続けていた。文化＝生活と考える者と、文化＝娯楽と考える者とは、「かんたんに手を結べなかった」。同志会の読書会は地味な活動であったが、何かしら「負けないぞ」という確信があった。その確信は、「思想があったからこそ持ち続けられた」というのが佐藤の説明だ。[19]

同志会が青年団に合流する。これは一般的な青年団活動のありようといっていいのではないか。それで、青年団運動の再建とはどういうことなのか。

ただし、同志会の方が「ノミの集まり、それではいけない」と見かねて、「結成」の呼びかけをした。それで「戦後第三回目の青年団」が生まれた。三回目というのは、さっきいったように一回目は芸能青年団、二回目は体育クラブ。「村の青年たちの間では、考え方や、年齢層によって、ちがったさまざまな集まりが、くり返しくり返し集まっては分散し、分散しては集まるのが自然現象のようです。青年団にも、そういう要素が多分にあるようです」と佐藤が書いていることが注目される。当時の村の状況というのは、そういうものだったのか、この点も注目される。呼びかけの内容は次のようなものだ。

> 個々ばらばらな私たちの活動は、村の青年運動の弱さをものがたるもので、それは再軍備されようとしている日本の情勢の中での正しいあり方であるとはいえない。だから、活動の細分は、いままでのように、クラブ的であってもいいから、統一した大きな集団としての組織体をつくっておき、あるたたかいには、ともに力を合わせるようにしておくべきではないだろうか。[20]

実質的には山いも同志会と体育クラブの合流といえる。同志会は「思想を大衆化する大衆運動の中にはいっていくべきだ」との考えを持ち、一方、体育クラブは村民の評判が悪くなり、解散したがっているように見受けられた中での合流だった。団長には両方の組織に関係していた者が選ばれ、佐藤は県連青の資料をもとに規約の原案作成に当たっている。部制青年団から委員制青年団にきりかわるとともに、小集団活動に向けての態勢づくりが進められていった。折しも県連青が共同学習、政治学習を進め、公正選挙を呼びかけている時であった。

この時は、佐藤も元気に活動している感じである。いつ頃、状況が変わるのか。

村には青年団があり、山いも同志会という4Hクラブがあり、青年学級もあった。佐藤はそのいずれにも加入していた。青年団は事業的活動、同志会は農業技術、そして学習会は主に青年学級がやった。佐藤が、「産業と文化の両面にわたる活動を軌道にのせることに多くの青年が努力していた」と書いた一九五三年は高校三年だった。高校でも、この学年になってから「めだって学校の中での進歩をみせた」と親しい教師からいわれるほど変わった。クラブ活動も、三年の終わりごろに文芸部から化学部に変えている。無着の影響で「啓蒙的な活動にばかり向けていた」ことを反省して、「落ち着いた勉強」をするためであった。「試験管を持つことにたいへん興味を感じはじめた」。高校四年のときは、「ある意味で精いっぱい生きたといえる、楽しい年であった[21]」。全校から詩を集め、『雑木林』という詩集をつくっている。佐藤はその中心メンバーだった。詩についての知識やうまく詩をつくろうなどという意識はあまりなく、「ただ何を感じ、何を書き、どう考えるかという、いわば意識的なことにこだわっていた[22]」。これは上山農高に「新しい文化を生んだ」といわれ、反響を呼んだ。農業科の担任教師からは、「これからの農村は、経済面とともに文化的な面でも盛りあげていくことが非常に大切なことだから、大いに勉強してもらいたい」と励まされた。また、学友五人と上京してミチューリン大会に参加している。自衛隊ができ、世の中が防衛論争で沸き立っているとき、やれミチューリン農法とか、やれヤロビ農法と「農業技術で農業を革新しようという若いエネルギーが、どこの村々にも多かれ少なかれ存在していた[23]」。その流れに佐藤ものっていた。日本農民組合の全国大会にも参加している。高校では毎月一回校内弁論大会が開かれ、生徒はこれに積極的に参加していた。佐藤は審査委員長になったこともある。そこで農民組合論や農協論も議論された。「学校によくなじんで授業を満足に受けたのが、じつは四年生になってからだった」と佐藤は書いている。尊敬する親しい教師は、先の、三年生からめだって成長したと褒めたことに加え、「四年生になってからは、ようやく無着君のもつカラを出た」と評した。一九五五年三月、上山農高を卒業した佐藤は、「もうすこし引きしまった勉強を、村の中で、仲間たちとやっていかなければならない」との考えを持ち、「もっと勉強を続けていかなければならないという情熱に燃えて」いた。

青年団活動からの後退

佐藤をめぐって状況が変わるのは、高校を卒業してからである。高校卒業後同校専攻科に入るまでの一年間に、変化は起こっている。何か個人的なトラブルがあったようだが、それは別にして、佐藤が青年団活動で浮いてしまったことが原因といえる。山形県では全国に先駆けて青年学級ができている。山元村でも小・中学校の教師を講師にして、青年たちは青年学級に熱心であった。高校を卒業した佐藤は、青年学級に目をつけた。青年学級を青年団とともに育てられないものかと仲間たちと話し合った。その結果、青年学級を青年団の中の一つの委員会にして活動することになった。佐藤はその委員長になった。農業や生物、経済について上山農高の恩師などに授業をしてもらう、それも「徹底した学問的な勉強をやろうと」いうのである。しかし、この試みは成功しなかった。始めて二カ月ほどは多くの人が来て、教室に入れない者は廊下で授業を聞くほど盛況だった。ところが、その後は「四、五人だけの集まり」になり、そのうち、佐藤らが盛んに呼びかけても、人が集まらなくなった。音楽の授業は多数集まるが、経済学などはさっぱりだった。「これは、私自身の学びたくなっていることが、たいへん抽象的な知識で、実際に、すぐ役立つものではなかった」、「それを学級生一般の学習計画にしたというところに無理が生じて、みんなついてこなかった」と後年回顧している[24]。

世話人、企画者として佐藤は浮いているというか、空転しているというか。一九五四年頃、例の生活記録運動が起こってくる。山形県では須藤克三らの指導があった。この運動では、「山びこ学校」の生徒は「その後どういう活動をしているのだろう。どんな生活記録をかいているのだろう」と取りざたされた。その中、佐藤は共同の編者として同人雑誌『百姓のノート』を出した。同人は山元村や本沢村をはじめ複数の村々から集まっていた。これには東京に行った無着の名が使われており、無着も意気込んでいた。しかし、佐藤の方は、複雑な気持であったようだ。「生活記録運動に対する疑問」という、共同編集者に対する私信（無断で公表されたと佐藤は言う）において、要するにこの運動が青年団活動の中で成り立つものか、率直に意見を述べている。『百姓のノート』は同人誌的であり、文学意識をもつ人びと、それゆえ村を超えた人びとのものである。生活記録運動が村の中での仲間づくりを目標とするのであれば、『百姓のノート』のようなものは不適当であり、また仲間全体のレベルアップがなければ、村の青年団活動として取り組んでもうまくいかない、それゆえ仲間全体のレベルアップがまず前提となる。概略するところ、これが生活記録運動に対する佐藤の考え方と理解される。青年団の青年学級委員長としては、ひややかな見方といえる。そのためか、山元村では『百姓のノート』を別にすると生活記録は何もつくられていない。

学習活動でも同じだが、過度に理念的というか、おおらかな感じがしない。いろんな人たちが集まっている青年団活動なのだから、そこらあたり少し配慮があってもよかったのではないか。結局、佐藤はあまりすぐれた青年団活動家ではなかったということだろうか。

その問題はここでのテーマでないので留保したいが、少なくとも理念的すぎ、人の気持ちがよくわかる大衆的なタイプではなかったかもしれない。一般的にある意味高い能力に持つ人物に共通して見られるものだ。そうした能力が生きる世界であれば話は違うが（高校は佐藤にとってはまだしもそういう世界であっただろう）、当時の村社会ではプラスよりもマイナスに大きく働いたことは間違いない。佐藤自身がいう青年団活動における「啓蒙家」の限界だ。中学の二年先輩、「山いも同志会」のメンバーで『百姓のノート』の同人でもあった横戸喜平治は、佐藤宛の手紙の中で次のように言ってきた。山元村の青年団がうまくいかない原因は「山びこ学校」にある。「山びこ学校」が有名になりすぎて、君（佐藤のこと）や君をとりまく一部の者は意識が高まり、勉強して大いに前進した。しかし、他の多くはただついていくだけの「烏合の衆」であった。はなやかに活動しているときは、それでよかった。君自身がこの活動の仕方に疑問を持たずに歌声だ、生活記録だと叫んでいればつまずきはなかった。実際に烏合の衆なので、君らがいくら頑張っても、いつかはつまずかなければならなかった。われわれは元に戻って、最初から何もなかったことにして再出発しなければならない(25)――。親しい先輩の励ましでもあったが、見ている問題の構図は同じであった。

第四節　新しい農民の誕生

農業高校専攻科への進学

青年団活動から身を引くことになった佐藤は、上山農高の畜産専攻科に入ることを決断する。「わたくしの生長歴」では、入学したとあるだけだ[26]。実際は、親も年をとっているので大変だった。家族は、みんな反対だ。これは佐藤が上山農高定時制に進んだことと一緒に問題にすればよかったが、なぜ佐藤が同校の畜産専攻科に入学したのか、その理由に関係するのであらためて触れたい。

入学時の年齢はちょうど二〇歳、このとき農業ができるのは父六一歳（労働能力一・〇、以下同じ）、母五八歳（〇・八）、祖父七四歳（〇・五）、祖母七六歳（〇）、妹一七歳（〇・七）であった。専攻科入試の合格通知があった日の家族の反応が『二五歳』にいきいきと記されている[27]。全文引用したいぐらいであるが、要点をまとめる。「バカヤロー！　いったい学校でママが食えると思うのか！　俺の年なんぼになると思う！」（父）、「誰がホップの消毒をしたり、苗代を作ったり、田の消毒をする？――」（祖母）、「どうせそんなことをやるなら、家に戻らないように出ていけ！」（祖父）、「おれひとりで、百姓などできないぞ！」（妹）。父親の反応は「普通」でなく、祖父は「しわのよった赤い顔」をして、そして祖母は仕事のことを夢中でいった。佐藤は黙り、怒られるほどに冷静になっていく。母は「しずかにうしろをむいて涙を流すだけ」。祖母に対しては「おれがやるよ――」と静かに答え、祖父の怒りには「出ていくぐらいなら専攻科などにははいらない。もっと早くさっさとちがった手をうっていた」と冷静に思う。しかし、沈んだ母の顔を見ていった妹、その顔を見るとさすがに涙が出た。「お前にはすまないが、頼む――」といって、涙が止まらなくなった。はじめて母が口を開き、「なんだ、男のくせに。涙など流すようなことで、何ができるのか」、と。

ちょっと言葉を失う。一九五六年四月のことで、佐藤が上山農高に進学してから五年経っている。始まったばかりだが、時代は高度経済成長期にも入った。佐藤家のこうした状況は当時、農家にとって、後継ぎが学校に進むということがどういう意味をもっているかをまざまざと教えてくれる。同時に、そうした中で佐藤は思いどおり、一年だけだが専攻科に行く。我が強い性格ということだが、それだけではなく時代の変化も感じる。佐藤はやはり戦後の農家の後継ぎといえる。変わらぬ家と農業のありよう、そのなか何とか折り合いつけて自分なりの選択をおこない、やりたい勉強も続けようとするが、なお家族との間で葛藤が生じ、佐藤はもがき、その結果の妥協点として、上山農高定時制→同畜産専攻科という教育キャリアが形成されたということになる。

ところで、この一〇年ほど後に佐藤は、畜産専攻科入学に関して、「かつてわたしは、革命を夢見た時もあった。そしてその夢が破れ、篤農的農民になるべく考えを持って生きたこともあった。今にして若いのだが、わずかここ十数年の自分というものをふりかえってみてもその生き方や、考えにあまりにも曲折の多かったことをうちあけずにはいられない」と述べている。[28]「革命を夢見た時」とは青年団活動に明け暮れた時で、社会の変革によって農業や農村が変えられると思っていた時期であり、「篤農的農民になるべく考えを持って生きた」とは、ここで問題としている畜産専攻科の入学から始まる時代である。佐藤の意識でも、この二つの活動と時代は截然と分かれていた。畜産専攻科入学を決めた佐藤の行動に関しては、上山農高の同級生である、前述の木村廸男が、「今までの君の行動や、発言からすれば、七不思議のひとつのようなことに出っくわしたものだ」といってきた。これに対し佐藤の返信は、「七不思議の一つでなどあるものか。ぼくはある意味で後退し、ある意味では進歩したいからこそ、この道を選ぶのだ。青春のうちに幾多の道を歩め。一本だけの道の存在を肯定してきたぼくも、いよいよそれを排除できるほどになったのだ。頼もしいではないか。いつかゆっくり語ろう」というものだった。[29]中学だけでは山元村で農業をすることに不安があり、農業高校に進んだ。そして、この道しかないと思って青年団活動に打ち込んだが、これも信ずることを見失い、畜産専攻科に進んだ。村で農業をやっていく確信を得るためである。佐藤にとって、家の農業を継ぐことは避けられない道であった。しかし、決して惰性的に継いだのではなかった。[30]所与の条件のもと、可能なかぎり確信を得て、農民としての自らの人生を切り開こうとした。その点でも筆者にいわせれば明らかに戦後の農民である。

農業の勉強と醸成された確信

佐藤は畜産専攻科に入って何をしたのか。上山農高にさらになじみ、勉強に打ち込んだ。尊敬する教師の「有畜化こそ日本農業の将来の希望だ」との教えを受け、その見通しについて検討している。図書館に通い、「新しい農民像」など篤農家の記録や畜産学の専門書を読んだ。農場に住み込み、牛とともに生活をし牛乳を搾った。実験室にこもって「細菌培養や検出」、「飼料の安定定量分析」などの実験をおこなった。その勉強ぶりは、一年間で三年間の勉強をしたのではないかと教師にいわれるほどであった。コンクリートの上に立って実験をやり、終わって帰ろうとしてはじめて足が冷え棒のようになったことに気づいたときもあった。

佐藤は相当な勉強家だ。集中力もあるようだ。将来、物書きになるなどまだ考えもしなかったと思うが、その素地は十分にうかがわれる。

多くの農業・農村関係の本を書いたこととの関係は別として、畜産専攻科で勉強したことは、佐藤の主観では成功であった。昭和二〇年代から三〇年代前半の上山農高について、「百姓の学校」であったと佐藤は後年振り返っている。つまり、「働くことと学ぶことが合致」し、卒業証書のためではなく、「まさに、生産を高め生活を豊かにするために学ぶという百姓の子弟がそこに集まっていた」[31]。これは直接上山農高定時制について語ったものであるが、佐藤にあっては畜産専攻科も同じであろう。望みどおり、「農業高等学校本来の勉強と、新しい自分を築いていく土台になるもの」[32]を一年間の専攻科の生活で学ぶことができた。専攻科の卒論として「吾家に置ける有畜農業経営計画」をまとめた。原稿用紙一三〇枚の労作であり、PTAの研究奨励賞コンクールに提出し入選した。これは佐藤がめざす農業経営計画の一端を示したものにほかならない。

農業をやっていく自信もついたようである。専攻科を終える頃、最近「愉快になった」と人からよくいわれる、あるいは「若くなった」という人もいると佐藤は書いている。農業と向き合う佐藤の中に生まれた心境の変化、ある種の自信がそうさせたといえる。この点に関連して、二点述べておきたい。

一つは、生徒会活動でつきあいがあった同級の上山農高出身者の詩集『大将のうた』についての批評の文章。やや引用が長くなるが、佐藤の心性を正確に伝えるためできるだけ本人の言葉で語らせよう[33]。

「内容はもちろん、文章の形まで変わっている」と佐藤は書いたうえで、「トーシャ版刷りの小さなものだけれども、ぼくにはその中味が、詩集などと呼ばれて世に売られているものより、ずっとずっと大きなものとして胸をうたれたのである」とまず述べる。「一六篇の詩の中には、武田茂という人間がありありとうきでている。何に苦労し、何を求めようとしているか、そして今、何をやっているのか、という行動までが彼のポエジーとして現われているのである。武田茂は農民である」。「巻頭にかかげた『小島』という作品は、『序にかえて』という言葉もつけくわえられているが、限りなき大海原への出発、それは武田茂自身のものだけでなく、日本の、しかもその中に生きるすべての人びとが、新しく足もとを見つめながら、静かに歩まなければならぬことを教える。しかも、それは僕ら庶民の声として胸をたたくのである」。「しかし、美しい詩集だ、農村の新しいタイプがみなぎっている」。「だが、清く強い、健康な愛情を求める人間が、この詩集のサブタイトルでいう『横座への道』にむかい、身動きのできない羽目に会わなければならないという苦痛を感じさせられる。この詩集の中には、そこをどう生きていくかという新しい力が、『年老いた若者の旅に』という言葉で表現されている。武田がいうように、農村に生きるとき、若々しさが若々しくて通らずに、年老いた若者にならねばならない苦しみがあるのである。／すべて幼い心に深く刻み入れて、もう一つ別にたくましい決意があればよいのだ、といっているのは、その苦しさをこえて土にかじりつく希望がみなぎっていることを意味する」。「ぼくは、農民の生活について、むやみに、苦しいとか貧乏だとかということをいえないように思われてくる。（中略）『人』の次に『間』がついて人間となったとき、もはや衣食住のほかにあるもの、その貧困のほうがむしろ大きく感じるのである。そういう意味で武田茂君の詩には大きな意味が持たれると思う」。

この批評には佐藤の心境と同時代を見る目、社会意識がよく出ている。武田の詩に仮託して自分を語っている。佐藤は、時代の壁としての社会状況や経済的貧困を向き合いながら、同時に農業と農村に若い新しい力が育っていることを見て、そこに時代を変えていく希望を見い出している。青年団活動から身を引いた後、一切の、いうところの「行動」には関わらず、一度も「帰省」しなかった佐藤ではあるが、新しい農業と村づくりは当然切実な課題であり、それに向けて新しい自分を構築する土台ができたという確信が佐藤をこのように変えたのである。

もう一つは簡単にいっておきたい。小学校の先生を訪ねたときのことを佐藤は書いている。[34] 先生は松丸志摩三『家畜の秘密』（少年向けの本）を持ち出し、牛のよだれのすごさや餌の食い方、一日に出す牛乳の量などについてあれこれ佐藤に話した。農民は何も知らないし、教えても本気にしない。専攻科で畜産を勉強している佐藤は先生の話をたいした知識でないと思いながら、おもしろく聞いた。この先生は、農民は勉強しないもの、だから自分らが何でも教えてやらなければならないという考えから、こういう話をするのだと受けとめたというのである。この話を興味深く読んだ。農民を見るこの先生の目は、大きくは間違ってはいなかったろう。畜産は、この時代にはまだ新しい農業である。多くの専門的な知識がいる。しかし、多くの農民にとっては、そうした知識は一朝一夕には身につかないものである。否、伝統的な農業に慣れている農民には、専門の畜産の本を読もうとする気さえおこらないのが普通ではないか。その点で、中学校を卒業したら、専門の畜産の本を「読める、読もうとする力をつけてやれないのだろうか」と佐藤は考えたと書いているが、正しい受けとめ方といえる。

佐藤について繰り返し「戦後の農民」といっている。以上はそれに関連している。

農業への意気込みと抱負

畜産専攻科を卒業した佐藤は一九五七年三月、「『農業をやるぞ』という意気込み」をもって家に帰った。[35] そのときの村の状況についてはは別の事柄になるので触れられない。ともかく、「経営を一新すること」、それに向けて「最高の力と技術をうちこみ、勉強と鍛錬をかさね」、「長い年月と力をついやして、営農を理想化していく」以外に「小さな農民の生きる道はない」と自覚していた。そこで、「家畜からの収入をもっと多くし、経営面の三分の一を占めるもの」

にすることを農業経営の目標とした。具体的には牛の肥育である。農学部出身でなくても、米や養蚕、野菜ぐらいなら経営や技術も素人勉強や少々の経験でだいたいわかるが、畜産や酪農はあまり馴染みがない。佐藤が挑戦しようとしたのはそういう世界である。畜産を始めたばかりの佐藤は、「肉牛あれこれ」という文章を書いている[36]。

これを読み、一言で畜産というが奥が深いと思った。未知のことばかりだ。畜産がいかに「頭を働かす」必要があるかを理解してもらうために簡単に紹介する。佐藤がめざしたのは、百日見当の短期飼育で、粗飼料でもって庶民向けのあまり高級でない肉をとる肉牛を肥育するやり方だ（写真10‐2）。佐藤のように資本がなく、他の農作業もしなければならない者には、このやり方が合理的だと考えた。霜降りの上肉をつくるには、濃厚飼料をやらなければならないだけでなく、管理に手間がかかり、専門的な経営であることが必要である。日本最高の牛肉である黒毛和牛は仕立て方が肉用として育てられたもので、子も産ませない、筋肉を硬化させないために労役にも使わない。肉の質をつくる飼料の与え方が重要なポイントであり、これには相当むずかしい技術が要求される。管理面でも、牛舎内の温度に気をつけ、ブラシをかけ、雑音を防いで牛に快適な環境をつくらなければならない。こうした牛は佐藤の経営には向かない。牛は一頭ごとに性質が違う。性質をおぼえるには一カ月はゆうにかかる。どのような飼料を好んで食べるのか、食べないのかをできるだけ早く知り、自分の飼料の与え方に牛を慣らしていく。一見して、牛の良し悪しやどれくらい肉がつくかわかるようになる必要がある。また、自分の牛がどんな肉をつけているかわかるようにならなければならない。これは牛の売買で馬喰にうまくやられないためである。牛の売買は素牛の価格と肉の相場、自

写真10-2　牛の飼料をつくる若き佐藤藤三郎

出典）佐藤『25歳になりました』口絵写真。キャプションには「牛のまぐさのトウキビをカッターで切る」とある。

給の飼料、農作業の諸要因を総合的に勘案し、もっとも有利な時期に販売する。当時の畜産では馬喰の存在がきわめて重要であった。それは牛の市場を支配し、農家と牛の売買をおこなった。馬喰は牛の売買というリスク、手間を農家から解放した。飼料を売りつけ、支払いの代わりに牛をとるという一種の金融行為をおこなう新手も登場した。牛の知識も豊富だったから技術指導に類することもおこなっていただろう。農家は大した利益をあげられなかった一方、それは適当かつ確実なもうけを保証してくれる大事な存在だった。その結果、農家は「頭を使う」必要がなくなり、佐藤にいわせると「畜産に対して非常に無知であった」。佐藤は、馬喰に何をいったのだろうか。ある馬喰は佐藤に、「君のような人だけ相手をしていたら食っていけないよ」といったと書いている。[37]

以上から、佐藤がめざしていた農業が何となくわかったような感じがする。畜産だけではない。専攻科を終えて家に帰った後、佐藤は山元村と家の農業や林業に関する文章を立て続けに書いている。[38] 夏秋蚕掃立二割制限問題や山林経営、畜産とともにめざしたホップ栽培の経営見通しなどに関する文章だ。それらを読んだ結果、訂正が必要になった。佐藤が「篤農的農民」をめざしたと前述したが、単に比喩的表現であるとしても、少し語弊がある。篤農は豪農と同様、耕作地主や上層自作農の階層性と不可分の歴史的存在である。佐藤は村では普通の農民である。また、「研究心」の対象は伝統的な篤農のレベルからははるかに専門的かつ広範であるだけでなく、販売や経営も重視している。佐藤は、戦後が生んだ新しい農民である。そして、時代に即応した考える農民である。そうした農民として今、希望とある種の覚悟、そしてしたたかな目論みをもって、高度経済成長の大きな波に立ち向かおうとしている。

第五節　高度経済成長下の苦悩と奮闘

「なんでも屋の農業」をめざす

戦後の農民史を考えるうえで重要なことは農民自身が時代の転機をどう捉えていたかである。農民、この場合佐藤であるが、二〇〇〇年に刊行した『山びこの村』の中で山元村の歴史を振り返り、村は「朝鮮動乱」を機に変わり始めたと述べている。(39)引揚者等で村の人口が飽和状態になり、「次三男問題」が村の最大の課題になった。それが朝鮮特需で工業が大きく始動し、村の次三男は首都圏等に流出していく。佐藤によれば、その後一九六〇年が大きな変わり目である。高度成長開始の一九五五年でなく、農業近代化の画期として一九六一年の農業基本法制定で時期区分とするのは、山下惣一も同じ。(40)山下の場合、農業基本法を重視している。現場での「ものいう農民」目線の歴史認識として注目される。経済の高度成長と「もうかる農業」などと農家をはやし立てた所得倍増計画により、さらに女性を含め地すべり的に人が流出した。山元村でも世帯数は一六〇戸で最盛期の半分、人口は六〇〇人で三分の一、そのうち七〇歳以上が一七四人、小学校の全校生が三〇〇人であったものが五八人（一九七五年）、三〇人と一〇分の一に減少した。三年保育の村の園児は七人、米の販売量は約二〇〇〇俵で最高時の五分の二になった。佐藤の村も他の山村と同様、この半世紀の変化はすさまじかった。

佐藤にとって高度経済成長とは何であったか。一言で語りえないが、高度成長が始まる中、ある種の覚悟とそれなりの自信を持って本格的に農業に従事するようになった経緯との関係でいえば、「苦悩と奮闘」を余儀なくされたある意味過酷な時代だったと捉えられる（表10‐2）。

苦悩を余儀なくされた主たる原因は二つある。一つは、地域が抱える条件である。山元村のような農業に根本的に不利な地域において、佐藤曰く、政策的に「もうかる農業」とはやし立てられる中、農業をやっていかなければならないことに伴う地域固有の苦悩。「もうかる農業」などといわれない時期はまだよかった。だが、時代は変わった。豊かな生活をするため農家もモノを売ってもうけなければならないといわれても、条件の有利な地域のようにそう易々とはいかず、農業で生きる生産者は強い苦悩を抱え込まざるをえない。賢明な佐藤はそれをすぐに覚った。「この高度経済成長というものには山村の非能率的な農業では追いつけないことがすごくはっきりしているのだ。いったいわれわれの将来はどうなっていくのだろう(41)」。「山奥に入った谷間に、一反、一反五畝、と点々に散らばった段々の

表 10-2　佐藤藤三郎の略年譜 2

1957	（ソ連、人工衛星打ち上げに成功）。3 月、専攻科を卒業し農業に専念する。ホップ指導班員に入れてもらう。藤橋、大沢、松本、枝松の諸氏を知り、新たに農業を学ぶ機会を得る。牛の肥育に興味をもつ。青年学級講師補佐に任命される。
1958	（警職法阻止成る）。養蚕 2 割制限問題、村を暗くする。精神的疲労のためか「運動」に手が出ぬまま、自家の乳牛導入、畑の整理、農道整備、動力設備、サイロ新設などをする。川合の市議選挙を応援する。中学の仲間たちに結婚する者多し。乳牛を 1 頭導入（村で乳牛飼育 10 人足らず）。モーター購入。母、足患う（骨髄炎）、祖母、寝込む。
1959	（ソ連、月ロケットおよび月の裏側撮影に成功、安保改定反対闘争さかん）。農産物自由化の予兆。農業法人化問題が脚光。青年学級主事に任命される。村の農業は成り立つかなどの疑問をもち、技術で何とかなるとの考えもゆきづまる。ホップの増反をする。中学同級生の川合義憲君日立製作所入社、横戸惣重君青年団長となる。笹原俊雄さん村山市議に当選。開拓者精神、さめはじめる。人の背中で荷を運ぶような自分の農業が成り立つのか真剣に悩みはじめる
1960	満 25 歳　高橋良蔵らの乳価闘争を「真の農民運動」と思い何度も秋田に。一方、農協の活動にも「逆の不満」。農産物価格闘争の重要性を認識。
1961	（「他の産業に見合う農業経営」、「格差是正」が流行語に、上山市に多頭化研究会〔5 頭以上飼育農家中心〕できる）。結婚（居住部落で嫁をもらった者 4 人、嫁にいった者 4 人）。規模拡大には真剣。乳牛を 2 頭に。祖父、脳卒中で倒れる（死去）
1962	上山生産大学ができ、事務局員に（技術と農政の学習を真剣に考える）。上山市、第一次構造改善事業の指定を受ける。妻、乳腺炎で入院、祖母、死去。
1963	父親、くも膜下出血で倒れる。1 年の全農業収入をその治療費に使う。それ以来、農民と病気の問題について考える（医療費無料化）。
1964	病人の連続で金がない。長男誕生、農協の生命保険に加入（将来の学資を考え）。農協共済の推進にいちばん嫌な思い。
1965	上山生産大学の事務局員を辞める（構造改善事業を批判するような学習体制をしいたことが理由）。主事をやっていた中央青年学級も閉鎖。上山市の連合青年団の事務局に本拠をおき、千年問題研究集会等の行事に取り組む。
1966	市内 5 農協が合併し上山市農協誕生。合併に反対したのは佐藤ら僅かな者たち。
1967	雑誌『展望』より農村ルポの原稿依頼、「地すべり的人口減少地帯」島根山村調査（「東北と民族的相違」説、後にくつがえる）。「日ごろ、将来にすっかり自信なくす」。
1968	木造 2 階建蚕舎（54 坪、家の半分取り壊し）建築。若い友人たちが次々手伝い（結婚の世話を頼まれながらうまくいかず「肩身のせまい思い」）、母と娘、交通事故に遭う。
1969	（「米であけくれた 1 年」、米価据置きから 1 割減反、総合農政）。農協に対する厳しいまなざし（単協、生き残りに必死、中央の弱腰＝米の自主的調整の受入）。中心性網膜炎を患う。
1970	3 冊の本（『底流からの証言』、『根に挑む』、『実感的農業論』）を出版。県信連の農業投資、「べラぼうに」減少、住宅新築・マイカー購入ふくれあがる → 金不足。農業に対する意欲、めだって減退。ホップを止める。
1971	長男、小学入学（本校分校合わせて 6 人）、家を全部解体（念願実現）、姉に「家がぼろくそで、はずかしい」といわれたのが気にかかる。
1972	朝日新聞に「私の教科書批判」執筆（松本清張、丸谷才一らと）、原稿料、住宅建築費に「ほんとに助かる。2 年間、春蚕だけで 100 貫超える収量、だが値下がりと物価上昇で収入さっぱり増えず。農外収入に一層依存しつつあることにこんなことでいいのかと自問自答。農村活動家訪中団の一員として訪中、曰く「感激しながら学ぶこと」多し。
1973	道路改修のストップに、「ショック大きい」。タンクローリーによる集乳合理化、集乳所までの運搬悩みの種（夏蚕とのバッティング）、搾乳を止める。「小規模農家の放り出しか、たまらなくなる」。

出典）佐藤藤三郎『村からの視角』（ダイヤモンド社、1973 年）、同『まぼろしの村』Ⅳ・Ⅴ（晩聲社、1981 年）、佐藤藤三郎・金一治『根に挑む』（たいまつ社、1970 年）、佐藤『底流からの証言』（筑摩書房、1970 年）等より作成

田圃、段々の畑、土手が高く耕地の面積の何倍もある立地条件の中で、はたして農業を営み、子供を育てていけるだろうか、と考えると、いたたまれなくなって、夜もねむれなく時がある」[42]。高度成長下の村、それも今日的にいえば条件不利地域である山村で生きる佐藤の悲痛な叫びである。一九六八年の日記等にはこうした叫びが繰り返し書き連ねられている。

もう一つの原因は、家の労働力量の問題である。佐藤家では一九五八年以降、立て続けに祖父母、父母が罹病・死去する。一九六一年に結婚、労働力は佐藤と妻の二人。しかも、小さな子供二人を子育て中、近くの小学生に子供を預けて畑に出るような生活を余儀なくされた。一九六〇年代はまだ二世代の労働力、少なくとも労働力三人は必要とする農業ではなかったか。だとすると、佐藤家の労働力事情はかなり劣悪であった。それは後で見るように重点を置いた酪農経営を続けられない理由となってすぐ現われる。

写真 10-3　「かの」とよばれる開墾風景

出典）写真 10-1 に同じ。キャプションには「山の中腹の僅かな土地を切りひらき、切株を焼いて耕地をつくる」とある。

こうした中、佐藤の営農や暮らしも自ずと方向が決まった。第一に、農業は「つましく小じんまりとやる」[43]。佐藤はこれを「なんでも屋の農業」と呼んだ。「百姓といわれるほどに多くの作物をやっている者をなんでも屋と呼んでいるが、どうやらわが家もその部類に入っているらしい。まことに暇がない」[44]。第二に、上山生産大学で学んだ、「酪農は一頭飼いでもうからなければ多頭飼いしてももうかるはずがない」との教えを守り、むやみに規模拡大に走らない。よって、農業基本法の一辺倒な構造改善路線には批判的で、当時よくいわれた「農民の首切り」との批判に共感を寄せる。第三に、借金をしないことと節約を経営と暮らしの基本方針とする。「農家は体では稼げても資本では稼げない」[45]との考えから、農機具も、買ったのは耕耘機（普段はトレーラーをつけ運搬に使う）、飼料を切るカッター、自動脱穀機、田植機、動力噴霧器ぐらい。トラクター、コンバイン、トラックなど「現代版のもの」は買わない。父親が倒れるまでやっていた前借りの暮らしを改める。金に縁が薄いとの自覚があったから、「支出をできるだけ少なくする以外にない」を自分に課して生きる。農業基本法華やかりし頃としては、かなり反時代的だ。事実、佐藤を指して「保守的」などと批判する人も多かったようだが、佐藤としては「金よりも暇」と意に介さなかったという。(46) 折しも村でも出稼ぎが増えてきた。佐藤は、出稼ぎはしたくなかった。農業評論家として原稿等の依頼が増えてきたという事情もあっただろう。佐藤の営農と暮らしの選択は、置かれた条件を考えるとむしろ合理的なものといえる。

田四・二反、畑七・八反、山林一・三町が一九六七年の佐藤家の田畑山林である。佐藤は炭焼きと養蚕で生計を立てることを親から受け継いだ。しかし、炭焼きは間もなく石油の輸入でダメになり、米づくりのほか、酪農と養蚕とホップの栽培を柱として営農を開始した。炭焼きに代えて和牛の肥育をやった後（一年で六万円の収入をあげた）、乳牛を二頭飼った（一九五八年）。前述のように冬場の農作業ができ、「家畜からの収入を多くし、経営の三分の一を占めるものにしたい(47)」というのが経営上の目標であった。酪農は年中一日も休まず働かなければならないが、毎月金が入るメリットがある。佐藤は何とか出稼ぎをしないで通してきた。それは佐藤にいわせれば、乳牛にかなり頼ることができたからである。(48)

戦後、養蚕熱が村の青年たちの間にふたたび起きた。それは「新しい養蚕」である。在来の桑園ではなく、省力化と高収量、高品質の桑葉を志向し、高収益の養蚕をめざした。県もテコ入れをし、上山町の構造改善事業は養蚕を重視した。佐藤も畑作の半分を専用桑園にし（繭八〇貫）、後の半分を飼料作物専用畑に切り替えて、養蚕と畜産を結びつける経営方針をとった。(49)

佐藤の家では父の代からホップ栽培をしており、五畝を八畝に増反する一方、村ではそれまでなかった反当り三〇〇kgの収量をあげた。ホップ栽培は多くの資本、労力、高い技術を必要とする集約的作物である。山形県は長野・

山梨県に次ぐ生産県。収益性はきわめて高く、かつ安定している。ホップ栽培にかける気持ちを佐藤は書いている。「私は、経営を一新するためにこそ、いままで努力してきたので、手のつけやすい、しかもたしかなものに、最高の力と技術をうちこみ、勉強と鍛錬を重ねていかなければならないと考えたものでした。そういう過程を経験し、それについて、長い年月と力をついやして、営農を理想化していくよりほかに、われわれのような小さな農民の生き残る道はないことを知った[50]」。

夢の不成就と持続する営農意欲

では、高度成長の時代を経て、佐藤の農業経営はどのように変化したか。労働条件から集中的な労働を必要とする作物を止めざるをえなくなり、まずホップ栽培をやめた（一九六四年）。直接の理由は妻の農薬中毒である。次いで乳牛の搾乳を止め、牛の飼育だけにした（一九七〇年頃）。佐藤はもともと牛のような大動物が好きで、暮らしの中に畜産を入れていくのが中学生の頃からの夢であった。父の代の和牛の仔牛売りを受け継ぎ、肥育そして乳牛飼育へと夢を実現してきた。詳細は省くが佐藤の経営は、ピーク時に五一戸あった村内酪農家の中でかなり優秀な方であった。選択的拡大の農業としてもてはやされた酪農も実際もうかる農業ではなかったことは周知の通り。山形県統計事務所が出した作物別の一日当たり労働報酬を見ても、米三三九二円、葡萄（デラウェアー）四七九二円、りんご（スターキング）四〇一六円に対し、酪農は養蚕と並んで九〇〇円台であった（一九六九年）。「忙しい、忙しいと仕事にばかり追われて貧しい理由が、こうしたところからもはっきりとわかる、とよくよく知らされ、なんだか腹立たしくなる[51]」。村内の酪農は一九六〇年代後半に生産が急激に減少し、佐藤が搾乳を止めた一九七〇年頃には村内の酪農家は一〇戸をかぞえるだけとなった。

搾乳を止めた背景には、マーガリン等乳製品の輸入自由化があった。そのため生乳用としての販売に限られる中、低温輸送（タンクローリー）が必要となり、結果としてそれまでのようにトラックが集荷に軒先まで来ることがやめになった。そのため、部落に一カ所の集乳所まで毎日背負って運ばなければならなくなった。日中は田と蚕、朝食前は餌の草刈りという仕事の段取りから、乳を運ぶ仕事が不可能となり、とくに妻が搾乳を続けることに強く反対した。佐藤いうところの「小さな『近代化』」(タンクローリーによる集乳)が佐藤家の経営と暮らしを変えたのである。乳牛は飼育だけ、搾乳しなければ空く手間は養蚕に振り向けられるが、養蚕は酪農ほど稼げない。一トンの繭を生産するには桑園一町、三、四人の労力が必要で、それでも粗収入一〇〇万円、生産費を引き所得七〇万円くらいにしかならない。[52] 養蚕は少し拡大するが、とてもそれで生活する見通しは立たず、農外収入による補てんも考えざるをえない――。

これが搾乳をやめた一九七〇年頃の経営の現状であった。「結局、搾乳をやめ、ホップをやめ、いまは養蚕を主にし、乳牛の育成をやりながら生業を営んでいるというのも、自らそれを積極的に進めようとしたのではない。養蚕でなければどうしてもいやだとか駄目だというのではなく、それしかできないよう状況においやられたというのがほんとうだ[53]」。

農業にかけた最初の夢は成就しなかった。だが、重要なのは以下の点である。第一に、村内の酪農経営の推移に明らかなように、農業が順調にいかなかったのは佐藤の経営だけではなかった。むしろ大規模な経営ほど悲惨な結末を迎える。借金で投資をしたリスクに耐えられなかったからである。牛八頭、葡萄を経営する村内トップクラスの農家が経営の見通しが立たず不安を告げていたことを佐藤は日記に記している[54]。知人は結局農業をやめ、夫婦揃って勤めに出るようになって、かえって健康になり太ったという。規模拡大に走り、結果として経営が破綻し大きな負債を背負って離農、離村、最悪の場合自殺に追い込まれるのは今日ひろく見られるが、こうしたパターンは高度経済成長期に始まるのではないだろうか。また、人口流出、出稼ぎが激しく進み、その結果村内にニーズがなくなって佐藤は長く務めてきた青年学級の指導員の活動もやめている。佐藤の周辺の農業の担い手、地域の人びとは佐藤よりはるかに激しい動きの中にあった。

第二に、農業は思い通りにならなかったが、最初から規模拡大など志向していなかったことから佐藤の営農意欲は衰えず、農業をする喜びを捨てていない。六八年、佐藤は五四坪の農舎を建築した。村では農舎を建てるのがちょっとしたブームになっていた。「ろくな作業小屋がない。稲を家の座敷にいれる。稲子こきをする。ほこりがぼんぼんたつ。座敷に蚕を飼う。天井裏に上簇する。夜は蚕の間に寝る。こんな暮らしをしたくないというのがかねがねの願いだった」[55]。仕事と生活の空間的分離といえようか。佐藤はさまざまな葛藤と不安を抱え、そしてその都度それを乗り越えて、就農し農業を続けてきた。農舎の建築について、佐藤家の農業にとって「一段の進歩、発展」であるといい、佐藤自身も農業で「生きていける」、または「生きていかなければならない」と一種の自信と自覚を新たにし、農業に熱を入れるようになった。

もう一点は、村内屈指の養蚕農家に嫁いでいた姉の家から、一枚四反の桑園を借り受けたときの家族の喜びについてである。ここは長くなるが佐藤の記述をそのまま挙げる。

わたしにとっては、またとない話であった。一枚の畑で四反歩などという広さのものは、わが家にはまったくない。いちばん広い面積のやつで一反歩そこそこ。それがなんと四反歩もある。蚕がどうであろうと繭の価格がどうであろうと、その畑を耕してみたかった。その畑は、わが家の段々畑とはさすがに違う。同じ面積でありながら、肥料の散布、耕耘、雑草の刈払いといった作業は、半分の労働力しかかからない。しかもそれでいて疲労は少ない。わたしは、わが父や母の苦労のほどを、改めて理解する思いだった。（中略）とはいうものの、姉の家の桑畑もずいぶん疲れきったものだった。……このままではどうにもならないと決断した。ブルドーザーで古木を倒し、改植することにするしかなかった。（中略）。桑の微生物も繁殖できないといった劣悪な土壌である。悪い条件に、さらに化学肥料だけをどっと入れてきた。だから、桑の木は黄変病などというえたいの知れない病気にかかっていると、そんなことがよくわかった。わたしは、指導所の先生方の計算どおり、苦土石灰や堆肥を思い切り入れた。……。そして桑の木を植えこんだ。もう植え込むときは五月にはいり、桑の芽は三センチぐらいにも伸びていた。日曜日には小学三年生だった長男も、五年生だった長女も、畑に連れこんだ。

苗を配る。覆土した土を踏む、こんな作業をやらせると、一日くらいであれば大人にも負けないほどの仕事をする。ほんとに「張り切る」ということばはあんなときに使うものだと思っている。夜は飯を食べるとひとりでひっくり返る。妻も子供たちも、みんなひっくり返る。そして眠ってしまう。一二時頃になるとひとまず目を覚まし、はうようにして寝間までいってフトンにもぐる。朝は四時になればばっちり目がさめる。そしてまた畑に出る。こんな日がつづくころの精神状態は、まことに健康そのものだ。桑の木はみごとに育った。その様をみるころには、もう疲労も苦労もすっかり忘れている。そして健やかに伸びている桑の木だけがわが子のようにかわいく美しくみえる。(56)

佐藤にとって高度経済成長の時代は、繰り返しいっているように過酷な時代であった。あれだけの覚悟と意欲をもって始めた農業も思い通りにならず次々に苦闘を強いられた。単に農業上の不安だけでなく、一家がどう生きていくか生活上の不安を抱えていただけにそのストレスの大きさは容易に想像できる。しかしそうした中において、思い通りの農業ができる醍醐味や家族と一緒に農作業に従事する喜びを失っていない。佐藤はその後もずっと農業を続ける。近く山形市で教師をする息子について「いざとなったら家や親を放っておくことはないだろう」とも語った佐藤である。そうした佐藤のしぶとさが読み取れるだろう。

おわりに——農民佐藤藤三郎の歴的位置づけ

農民目線の農民史の再構成ということで、佐藤藤三郎を取り上げ、その生の軌跡をたどった。最初に触れた「ものいう農民」といっても、同世代の農民のごく一部である。しかし、その視線の先には、漫然と就農し農業を続けてきた者には見えないリアルな現実がある。彼らはそれを生き方の姿勢としての精神の運動によって多くの記録に残し、その記録は広範な読者に迎えられ、深い共感を得た。彼らは確かに特別の存在であったが、例外ではない。彼らが多くの著作によって訴えたかったものは何か。国のあり方から農業政策や農協批判まできわめて多岐にわたる農民目線に立つ旺盛な執筆活動を展開するが、それらの根本にあるものは、権力や社会の、何につけ当事者である農民排除の体質に対する異議申立である。それは戦後の民主主義に対する異議申立でもある。彼らが就農した時代、そして教育経験や就農の経緯にとくに彼らにそうした鋭敏な意識を抱かせる契機があったのではないだろうか。佐藤の就農に至る過程に注目した理由である。

第一に、「ものいう農民」と家の関係について述べる。[57] 山形県の星寛治、木村廸夫、齋藤たきちの三氏と佐藤、そして佐賀県の山下惣一を「ものいう農民」と呼び、その共通点として同年代であることを指摘した。昭和と平成の農業を担ってきた昭和一桁世代の最後の農民でもある。五人は、高度経済成長前の一九五〇年代前半に中学を卒業している。五人の中で星は唯一、米沢市の進学校である普通高校を卒業している。だが、強く望んでいた大学進学を親の反対で断念し、高校を卒業したのがやはり一九五〇年代前半である。五人が希望の高校や大学に進めなかったのは経済的理由もあったが、それが全てではない。佐藤の事例でみたように、後継ぎには教育は不要という考え方から親が反対した。山下の場合も同様である。高校進学を熱望した山下や、親の猛反対を受けた。山下家は「村では中規模の自作農」であったが、父親は「教育は家をつぶし、村を滅ぼす」という信念の持ち主。山下は六人兄弟の長男である。通信教育で大検パスをめざし独学の日々を送るが、それも父親は反対。「教育は村を捨てる武器にしかみえなかった」のだろうと氏が書くような父親だった。[58] なお、山下の同級生一三〇人のうち、高校に進学したのは一四、五人というから、[59] 佐藤の「山びこ学校」とほとんど同じである。木村の家は、「祖父の時代には自小作としてかなりの大百姓だった」が、他人の借金の保証弁償をして田畑をとられてしまった。家再興の期待を背負った父親は、戦場と家を往復するだけの生活を送り、最後は戦場で三五歳の短い生涯を閉じた。残された母親と祖母の二人は、「獣のように、がむしゃらに……働いて働きぬいた」。木村は五人兄弟の長男。「一家が他人に迷惑をかけず、生きていく」。父親が亡くなって以来、これが木村にかけられた後継ぎとしての責務であった。高校進学を熱望するも、こうした家族の中ではそれを押し通せるものではない。定時制の農業高校で我慢し、定時制を出て大学に進学したいと思いつめていたものの、これも結局あきらめざるをえなかった[60]。そして、二人の弟を大学にやった。齋藤の家は山元村の隣村にあり、平均七反弱の村で一・二町ほどの田畑を耕していた。敗戦後、買い出しで人が村に殺到する中、「これにこたえるべく働く父や母が、田畑で精出す姿は忘れられない。そこで私はまた、『小さな労働力』の役割を与えられた」。中学では進学組と就職組に分けられた。齋藤は当然のごとく就職組に入った。「勉強より『農作業』を手伝うことに親の比重はかかっていた[61]」。そして当然のごとく、当時次々に創立された「実質的に村立」といえる定時制高校に進む。最後に、大学進学がかなわなかった星の家は、貸付地も持つ自作地主であった。

確かに伝統的な家の論理が「ものいう農民」の世代にはその自由を強く制約したといえる。彼らが中学を卒業した時代には高校や大学への進学率はまだ農村と都市の間で大きな格差があったことは周知の通りである。高校等への彼らの進学をめぐる経緯はその要因を示唆する。それには戦前来の家制度が絡んでいた。

しかし一方で、「ものいう農民」の世代は村でおこなわれた農地改革を垣間見、戦後民主教育も受けている。こうした時代の新しさと伝統的な家の論理による制約という古さの共存交錯がこの時代の特徴であり、佐藤ら「ものいう農民」の根っこをつくったと思われる。佐藤の生き方は時代の新しさと古さを一身に体現するとともに、時代の特徴を映し出していた。

佐藤は葛藤を抱えながら、家を継いで村に住み、農業をやっていくことを決断した。そして、そうした覚悟が青年団の活動にかりたてた。先の五人は、青年団運動の中心メンバーとして、農業・農村の近代化に情熱を燃やしたことが共通している。山下は高校、そして大学への進学の夢を絶たれた後、二度の家出を敢行、それにも失敗して「村で生きていく覚悟を固めたとき」、「村の改革」を考えたという[62]。山下が青年団活動をおこなったのは昭和三〇年代に入ってからであるが、「農村にもっとも活気があった時代だった」と回顧している[63]。漫然と農業をやり始めた人たちであれば、いい意味でも悪い意味でもこういう活力は生まれなかったのではないだろうか。

最後にもう一つ、「ものいう農民」の世代の考え方の新しさを指摘したい。これにも経済や経営の合理的な考え方などいろいろな要素があるが、ここでは農民と教育、農民と学歴の問題に注目する。佐藤は子供が二人いて、上の長女は山元小学校を卒業して山形大学付属中学に進学、同高校から山形大学を経て、現在四国で大学の教員をしている。また長男は、県下指折りの進学校である山形東高校から東京の大学を経て、山形市で中学の教師になった。よろこばしい話だが、地元では受け止め方が微妙であったようだ。それというのも、長女が地元の中学にいかず山形市のエリート中学に進んだのは、佐藤が上山市教育委員をしているときだった。あの「山びこ学校」の生徒で教育委員の地位にある者が何だというわけだ。これに対する佐藤の姿勢は明確だった。「自分にしてみれば、一度も、ほんとに好きな道を自分で選んでそれに徹した、といいきれるものを持っていない。（中略）わたしがこれまで思い悩んできたことは、なぜ農家の長男だけが、生まれるとすぐに農業をしなければならないなどときめつけられるのか、職業を選ぶ自由すら与えられていないなんて、人権無視もはなはだしい、ということだった」[64]。

父親は何かと父親の権威を振りかざした。佐藤はこうした父親を拒否した。子供の能力に応じて教育をつけ、持っている能力を伸ばして仕事も人生もよりよい選択ができるようにしてやるのが親の務めである。高い教育を受け、農業をするというのであればそれも結構なことである。子供には十分に教育はつけるけれども、農業をするなとは一回もいっていない――。三人の娘を持つ星寛治も同じ姿勢である[65]。

民主的な親子観、教育観はあるべき農業政策観に通じる。農業基本法について、「農業そのものの見方が、農民をどうするか、ということから出発するのではなく、労働力の均衡な使い方とか農産物を完全な商品にする産業への導き方という観点からだけ検討している」[66]。経営規模の拡大、選択的拡大、「もうかる農業」などとはやし立てる農政には反対。佐藤自身は兼業や出稼ぎには出なかったが、兼業農家をネガティブに評価する風潮にも違和感をもっていた[67]。町役場の対応に関しても、青年学級について、「民間の運動に対し、官も一緒になってやるのは当然だという姿勢があった」ことを佐藤は指摘している[68]。また、「フランスでは、農林省は、農民の声を聞いて、農業政策を打ち立てる」

ことに注目する[69]。一方、日本ではどうか。「財界の大物」が農業の指針を決める、農民は脇に置かれているというのが佐藤の見方だ。農民以外の人間が農業問題についてあれこれ発言し、政治に大きな圧力を加えているのに、農業団体は他の産業のことについて何かいったことがあるか、不条理である。これは農政について根本的な批判である。

この点について山下の語りはもっと率直である。「ぼくの場合、潜在的にやはり学歴コンプレックスがある。ぼくだけじゃなく百姓一般のこれはかなり重症で、社会の仕組み、構造の一部は百姓の学歴コンプレックスの上に成立している面さえある」。「つまりは古い古い〝上智下愚〟これが社会を支えている。百姓がことごとく最高学府をきわめ、学問の何たるかを知り、社会のいかなるかを知り、権威の実像を知り、学者も評論家も有難がらず、中央をあざ笑い、指導なんぞくそ喰らえと開き直ることができるなら、ほんと世の中変わりますよ[70]」。

このように考える山下は、長男を農業高校、普通高校のどちらにやるかに悩んだ末、普通高校に進学させている[71]。そして、農業をやるかどうかも長男の選択に任せている。農民にも教育と学問は必要である。農民だから知性と教養、物事の理解力や判断力、自分の意見を伝えるコミュニケーション能力がなくてもよいなどという話は通らない。当然、農民にも学歴はあった方がいい。「山下リアリズム」にはほとんど賛同できる。

以上をまとめると、「ものいう農民」は戦後の民主主義や民主教育の所産であり、彼らが体現した思想のうえに、周知のように農民の子弟の高校・大学への進学が急激に進み、都市との格差がなくなった。その一方で、農業の置かれた状況に対応して、とくに高度成長の時代とその後一九八〇年代までの時代において、彼らの一貫した精神の運動は戦後民主主義への強烈なパンチを放ち続けたのである。

注

(1) 著作に限り代表的研究を挙げると以下の通りである。農業経済学では佐伯尚美『現代農業と農民』東京大学出版会、一九七六年、第二章、天間征編著『離農――その後、かれらはどうなったか』日本放送出版協会、一九八〇年、大田原高昭『北海道農業の思想像』北海道大学出版会、一九九二年、第Ⅱ部、農村社会学では福武直・塚本哲人編『日本農民の社会的性格』(東京大学出版会、一九五四年)をはじめ福武グループによる農民意識調査の研究成果三部作であるほか、大内雅利『戦後日本農村の社会変動』農林統計協会、二〇〇五年、第五章、細谷昴『庄内稲作の歴史社会学――手記と語りの記録』御茶の水書房、二〇一六年、等。代表的な農民日記としては西田美昭・久保安夫編『西山光一戦後日記　一九五一―一九七五年』東京大学出版会、一九九八年、農民の日記を利用した著作としては中村靖彦『日記が語る日本の農村――松本盆地の畑に八〇年』中央公論社、一九九六年、が挙げられる。
(2) 苅谷剛彦・栗原彬ほか編『東京オリンピック――一九六〇年代』(『ひとびとの精神史』四、岩波書店、二〇一五年、一一頁。
(3) 須藤克三編『山びこ学校から何を学ぶか――その人間教育の一般化のために』青銅社、一九五一年、参照。
(4) 以下は、山形県統計協会『山形県市町村勢総覧』一九五四年による。
(5) 佐藤藤三郎『山びこの村――だから私は農をやめない』ダイヤモンド社、二〇〇〇年、三頁。
(6) 佐野眞一『遠い「山びこ」――無着成恭と教え子たちの四十年』文芸春秋、一九九二年、一一八頁。
(7) 同右、一一七頁。
(8) 佐藤藤三郎『二五歳になりました』(以下、『二五歳』と略記) 百合出版、一九六〇年、二〇四頁。
(9) 無着成恭編『山びこ学校』岩波書店、一九九五年、一五六―五八頁。
(10) 佐野『遠い「山びこ」』九九頁。
(11) 無着編『山びこ学校』三四一頁。
(12) 佐野『遠い「山びこ」』八八頁。
(13) 佐藤『二五歳』一五頁。
(14) 同右、九四頁。
(15) 同右、七五頁。
(16) 文部科学省『学校基本調査報告書』一九五一年
(17) 佐藤藤三郎『村からの視角――狸森から物情騒然の都会を望む』ダイヤモンド社、一九七三年、二一一―二一二頁。
(18) 佐藤『二五歳』六二―六五頁。
(19) 同右、一九―二〇頁。

(20)同右、三八頁。
(21)佐藤『村からの視角』二二頁。
(22)佐藤『二五歳』一〇二頁。
(23)佐藤『村からの視角』二三頁。
(24)佐藤『二五歳』一六〇―六一頁。
(25)同右、一七四頁。
(26)同右、三三六頁。
(27)同右、一七二―七三頁。
(28)佐藤藤三郎ほか著『村に残った僕らの抱負』明治図書、一九六五年、一四三頁。
(29)佐藤『二五歳』一七三頁。
(30)佐藤藤三郎『まぼろしの村　Ⅱ　村から考える日本の教育』晩聲社、一九八一年、四八頁。
(31)同右、一八二―八三頁。
(32)佐藤『二五歳』一八七―八八頁。
(33)同右、一七八―一八〇頁。
(34)同右、一八六―一八七頁。
(35)同右、二四八頁。
(36)同右、二九五―三〇二頁。
(37)同右、二九九頁。
(38)佐藤『二五歳』を参照。
(39)佐藤『山びこの村』一九頁。
(40)山下惣一『農から見た日本――ある農民作家の遺書』清流出版、一五頁。
(41)佐藤藤三郎『根に挑む――佐藤藤三郎と金一治の日記』たいまつ社、一九七〇年、佐藤の一九六九年七月一九日の日記(以下、日付のみ記す)。
(42)佐藤藤三郎『底流からの証言――日本を考える』筑摩書房、一九七〇年、一六頁。
(43)佐藤藤三郎『まぼろしの村　Ⅳ　「繁栄日本」の村びとたちは』晩聲社、一九八一年、三七頁。
(44)佐藤『根に挑む』八月二一日。
(45)同右、六八頁。
(46)同右、五九頁。

(47)佐藤『二五歳』二九五頁。
(48)佐藤『まぼろしの村　Ⅳ』五七頁。
(49)佐藤『二五歳』二八七頁。
(50)同右、二四九―五〇頁。
(51)佐藤『根に挑む』七月五日。
(52)佐藤『底流からの証言』二八六頁。
(53)佐藤『まぼろしの村　Ⅳ』一一三頁。
(54)佐藤『根に挑む』一二月三〇日
(55)佐藤『まぼろしの村　Ⅳ』七〇頁。
(56)同右、一一三―一一六頁。
(57)四人の経歴について詳しくは、星寛治『かがやけ、農のいのち――農に生きる』筑摩書房、一九八六年、木村廸夫『ゴミ屋の記――農民のみる消費と破壊』たいまつ社、一九七六年、同『百姓がまん記』新宿書房、二〇〇二年、齋藤たきち『北の百姓記』東北出版企画、二〇〇五年、山下惣一『農から見た日本』など参照。
(58)山下『農から見た日本』二〇―二一頁。
(59)同右、二二―二三頁。
(60)木村『ゴミ屋の記』三二―三三頁。
(61)齋藤『北の百姓記』二一―二二頁。
(62)山下『農家から見た日本』三五頁。
(63)同右、三四頁。
(64)佐藤『まぼろしの村　Ⅱ』四七―四九頁。
(65)星『かがやけ、農のいのち』五一―五五頁。
(66)佐藤『根に挑む』二月一日。
(67)同右、八月三日、九月一八日等。
(68)佐藤『まぼろしの村　Ⅴ　万作の花の咲くころ』晩聲社、一九八一年、一〇〇頁。
(69)佐藤『根に挑む』七月八日。
(70)星寛治・山下惣一『北の農民　南の農民――ムラの現場から』現代評論社、一九八一年、三三頁。
(71)山下『農から見た日本』一二一―一二六頁。

第11章　沖縄における観光業の変遷
——戦後・草創期における模索

櫻澤　誠

はじめに

本章の課題は、戦後沖縄における観光業の草創期（一九五〇年代）について検討し、従来指摘されるような慰霊観光にとどまらない、多様な方向性の模索が草創期からあったことを明らかにすることである。[1]それは一九六〇年代以降の沖縄観光の基盤となるものであり、その観光客送出地として期待されたのが、高度成長によって次第に海外旅行が可能な人びとが増えてきた日本（本土）であったことは、本書のなかの位置付けとして重要である。

ところで、二〇一五年の沖縄県入域観光客数は七七六万三〇〇〇人（国内客六二六万一八〇〇人、外国客一五〇万一二〇〇人）となり、総数、国内客、外国客いずれにおいても過去最高を記録した。[2]また、二〇一五年の観光収入は五九一三億一五〇〇万円で、こちらも過去最高を記録している。[3]さかのぼって、復帰／返還時点の一九七二年の入域観光客数は四四万四〇〇〇人（国内客四一万八〇〇〇人、外国客二万六〇〇〇人）、観光収入は三二四億四八〇〇万円であったことを考えると、[4]沖縄観光が復帰／返還以降にいかに大きな成長を遂げてきたかがわかる。

その画期として、一九七五〜七六年に開催された沖縄国際海洋博覧会（海洋博）に際しての開発に注目しつつ、「沖縄イメージ」がどのように誕生したのかを検討したのが多田治[5]である。多田は、戦後の観光は一九五〇年代半ばの本土慰霊団受け入れから本格的に始まり、一九六〇年代には戦跡観光・舶来品ショッピング、そして売春観光へと拡大し、一九七五〜七六年の海洋博で「海」「亜熱帯」「文化」という「沖縄イメージの三種の神器」が確立する過程を論じた。それに対して、神田孝治[6]は、「亜熱帯」イメージは戦前、「文化」イメージは戦中、「海」イメージも米軍統治期の一九六〇年代には確立しており、海洋博はこれら既存イメージを強化・流布する役割を果たしたとする[7]。

本章での検討内容は、イメージという観点からいえば、神田の議論に近いといえる。ただ、多田、神田の研究においては、イメージについては多様な論点が出されているものの、米軍統治期の沖縄観光の実態については、十分な議論がなされていない。また、どちらも、戦後の沖縄観光が戦跡観光から始まったとして、与那国（山城）善三が琉球遺族連合会事務局長から沖縄観光協会専務理事（事務局長）に転出したことを自然の流れとして論じている。沖縄観光協会および与那国の動向については、長志珠絵[8]が詳しく論じているが、ここでもやはり、戦前に学校訓導兼校長であった与那国が、戦後の「恩給」法の沖縄適用請願に関わり、琉球遺族連合会を経て沖縄観光協会に転じることが戦跡観光に関わって直線的に結び付けられているように思われる。だが、後述するように、与那国は戦跡案内にとどまらない、名所旧跡案内を含めた多彩な力を発揮していく。与那国による沖縄観光協会での活動については、与那国の戦前来の経歴をふまえたより慎重な評価が必要だと考えている。

主要な検討対象という観点からみると、多田、神田の研究では、日本と沖縄との関係性によって「沖縄イメージ」が検討されるなかで、日本からの一時的な訪問者が中心となる。それに対して、南部戦跡の検討に関わって、北村毅[9]は、一九五〇年代までに戦跡観光を訪れていた人びととして、米軍関係者のほか、米軍基地建設を請け負っていた「本土」の土建業者を挙げている。それに加えて、村山絵美[10]は、移民（特に沖縄系ハワイ移民の一世と二世）による里帰りを兼ねた観光団を挙げている。一九五〇年代の草創期から必ずしも日本からの一時的な訪問者のみがターゲットだったわけではないというこうした指摘は重要である。しかしながら、観光開発が議論の中心ではない北村はひとまず置くとしても、村山は多田、神田と同様に、戦後の沖縄観光が慰霊観光から始まったという前提のもとで、「当時の沖縄には、観光地といえば南部戦跡しかなく[11]」といった断定をおこなっていることには疑問を抱かざるを得ない。戦争での破壊を免れた史蹟や景勝地などは観光地として機能していなかったのであろうか。あるいはそうした試みはなされなかったのであろうか。

以上を前提としつつ、本章では、まず、米軍統治期の観光業の概況を整理したうえで、沖縄観光協会創立（一九五四年一月）前後、さらには、一九五〇年代後半の観光業について検討していく。その際には、先行研究で十分に検討されていない、与那国（山城）善三の動向、戦跡以外の観光地、さらに経済計画との関係に注目していくことになる。

第一節　米軍統治期における観光業の概況

入域方法の変遷

まずは、一九五〇年代の沖縄観光を検討するにあたって前提となる入域方法および状況について、港湾整備などを含めて概要を確認しておきたい。

米軍政府指令第二三号「琉球人日本入国並びに旅行に関する手続及び規定」（一九四九年一〇月二九日付）によって、沖縄から本土への公用以外の渡航が許可される。一九五〇年一月には米軍政府直轄の琉球海運部を前身とする琉球海運株式会社が設立され、ガリオア資金援助を受けて船舶を購入し、一九五一年二月には美島丸を鹿児島航路に就航させている。それに先立って一九五〇年二月には、日本の船舶運営会による最初の沖縄への定期船、十勝山丸が那覇港に入港している[12]。戦前の那覇港は、かろうじて四五〇〇トン級が接岸可能であったが、一九五四年には最大一万トン級まで接岸可能な岸壁が完成している[13]。さらに、琉球海運は一九五四年六月に那覇丸（旅客定員三〇五名）、一九五六年四月に沖縄丸（旅客定員三〇一名）を就航させ、戦前来、名瀬に途中寄港して二昼夜を要していた鹿児島航路を、一昼夜二四時間の直航便で結んだ[14]。

航空輸送については、一九四七年七月にノースウエスト航空、八月にパン・アメリカン航空が東京への航空路を開設すると、沖縄が東南アジアと東京間（さらにアメリカ本土へ）の経由地となった。ただし、初期には沖縄発着の旅客は取り扱われなかった。その後、定期・不定期便を合わせて、中華航空、フィリピン航空、タイ航空、英国航空、スカンジナビア航空、オランダ航空、サベナ・ベルギー航空、カンタス航空、スイス航空なども沖縄を経由地としている。なお、一九五三年一〇月に設立された日本航空の沖縄線開設は一九五四年二月であり、ダグラスＤＣ６Ｂ型（定員六〇名）が週二便で運航する。全日空の沖縄線開設は、一九六一年九月であった。このようななかで、当時、軍用飛行場であった那覇飛行場に民間空港ターミナルビルが必要となり、一九五四年一一月にはコンセットによる暫定開設、一九五九年五月にはターミナルビルによる本格的な運用開始となった[15]。

そして、船や飛行機を利用する際に、利用されるのが旅行代理店である[16]。一九五〇年一月、日本交通公社は「船舶運営会委託外航船切符類取扱手続」を制定し、「琉球人」のみの申し込み受付を開始する。さらに、船舶運営会の民営化に伴い、一九五〇年六月に「琉球航路乗船切符類取扱手続」（三井船舶および大阪商船より委託、と明記）に改め、渡航許可を得た日本人の利用も可能とした[17]。

一方、沖縄では、まず、一九四八年に設立された琉球貿易商事が南米移民の諸手続きや船舶切符の発券・予約を請け負った。続いて、一九五三年には琉球商工会議所メンバーが出資して沖縄旅行社を設立、さらに、一九五八年一〇月には沖縄ツーリストが設立されている[18]。

当時、日本から沖縄への移動の際には、日本の総理府による「身分証明書」の発行、ならびに、米国民政府民政副長官（一九五七年七月以降は高等弁務官）の「入域許可」を得て渡航し、到着の際には入国審査を受ける必要があった。また、日本政府による外貨割当の制限など、制約も多かった。後述するように、その手続き方法や制限は、次第に緩和されていくことになるが、復帰／返還によってそれが不要となるまでは、沖縄観光にとっては大きなボトルネック

表11-1　観光入域客数および観光収入の推移（千人、千ドル）

	入域者総数	観光入域客数	国籍別		空海路別		観光収入
			本土	外国	空路	海路	
1954年	11	8	—	—	3	5	—
1955年	13	11	—	—	3	8	—
1956年	18	13	—	—	4	8	—
1957年	22	16	12	4	7	9	—
1958年	24	19	12	7	10	10	—
1959年	26	21	13	8	12	9	—
1960年	25	21	15	6	12	9	4662
1961年	37	30	22	8	20	10	8033
1962年	46	39	29	10	27	12	10336
1963年	54	47	35	12	33	14	12064
1964年	62	53	41	12	35	18	13603
1965年	76	64	49	15	42	22	15313
1966年	103	86	67	19	55	30	18530
1967年	128	112	91	21	66	46	24175
1968年	164	147	123	24	89	58	29115
1969年	188	169	137	32	109	60	33171
1970年	328	172	133	39	121	52	33780
1971年	358	204	170	34	141	62	42180
1972年	623	444	418	26	313	131	—

注1）琉球銀行調査部編『戦後沖縄経済史』（琉球銀行、1984年）、1400～1403頁により作成。

注2）1972年の観光収入は324億4800万円（対前年伸び率124.5%）

であったといえる。

観光業の規模

つぎに、米軍統治期の観光入域客数および観光収入の推移について、表11・1をもとに確認しておきたい。まず、観光入域客数の推移をみると、一九五〇年代の伸び率は比較的緩やかだが、一九六〇年代になると大きく伸びていくことがわかる。また、国籍別でみると、一貫して「本土」からの観光入域者が多いものの、一九五〇年代には「外国」も一定割合を占めているのに対して、一九六〇年代になると「本土」が急激に増加して比率を上げていく。さらに空海路別でみると、一九五〇年代末には空路が海路を逆転している。ただし、これは観光入域者に限ったことであり、「琉球居住者（琉球に籍を有するもの）」は時間はかかるが安価な海路を利用する場合が多かったため、入域者全体で見た場合に空路が海路を逆転するのは一九六〇年代末のことである。[19]

とはいえ、伸び幅で考えれば以上のようなことが確認できるものの、例えば、一九五〇年代末段階の観光入域者数約二万人というのは、一日平均にした場合にわずか五五人程度である。そうしたなかで、表11‐1の数値には表れないが、後述のように、沖縄には五万人ともいわれる米軍人・軍属および家族が居り、それらもまた観光業の潜在顧客と認識されていたということは、やはり注意が必要であろう。

観光収入についてみると、一九六〇年には約四六六万ドル、一九六一年には約八〇三万ドルとなっている。これがどの程度の規模かというと、第三節で取り上げる『沖縄観光診断書』（一九六二年）によれば、沖縄の観光収入は一九六一年度には約八〇〇万ドルと推定され、これを一九六〇年の主要輸出品（分蜜糖七〇八万ドル、黒糖五六八万ドル、パイン罐詰五四四万ドル、洋服類二三六万ドル）と比較した場合、「分密《（ママ）》糖及び黒糖を一つに考えれば、砂糖一位、観光収入二位、パイン関係三位となり、ハワイに於ける事情と類似している」と論じている。[20] つまり、観光収入は、一九六〇年代初頭においてすでに糖業にせまる位置にあったのである。

その後、復帰／返還時点の一九七二年度には、県民総所得五〇一三億円のなかで、観光収入は三二四億円を占めるのであり、農林水産業純生産額の二八七億円、つまり糖業を含めた第一次産業全体を凌駕するまでに成長を遂げていく（なお、軍関係受取は七七七億円）。その後、観光収入は、一九七五年度の海洋博ブーム期を除くと、一九七八年度に軍関係受取を上回るようになり（観光収入一一九七億円、軍関係受取九九六億円）、以降、その差は広がっていくことになる。[21]

第二節　沖縄観光協会と与那国善三

与那国善三の経歴

一九五四年一月の創立から一九七〇年七月まで沖縄観光協会専務理事（事務局長）を務めた与那国（山城）善三[22]の活動を検討する上で、まずは、戦前来の与那国の経歴を確認しておきたい。

与那国は、一八九六年七月五日、沖縄県八重山郡竹富島に生まれる。一九一〇年四月に登野城高等小学校を卒業し、一ヶ年農業をした後、一九一一年四月に竹富小学校の代用教員となった。そこを二ヶ年務めた後、一九一三年四月には沖縄県師範学校に入学。一九一八年三月に卒業して以降、一九四四年まで計二八年間、教育界に身を置くこととなる。その間、一九二三年一〇月から一九二六年一月まで大阪市内の小学校で訓導を務めたほか、一九二七年四月から一ヶ年は研究訓導として横浜市に派遣された。そして、一九二八年三月以降、那覇市内の小学校で六年半教頭を務めた後、一九三四年一〇月には三八歳で越来小学校の校長となり、さらに一ヶ年半後の一九三六年三月には県視学に抜擢されて宮古支庁に赴任することとなる。(23)

その時の様子を与那国はつぎのように回想している。

私の視学発表と共に各地の先輩友人より祝意の電報や書面を受けた。皆私以上に喜んでくれた事でしょう。新聞社の方でも常に米国三郎の匿名で投書していた関係上喜んで賞讃を与へてくれた。そして一ヶ年半の校長で今や県視学となり赴任する事になった。私としては八重山郡出身者として県視学の第一号である事を自重して上司の命を受けて勤めねばならぬと決心した。(24)

ここからは、与那国が八重山郡出身者初の県視学となるほどの人物であったこと、そして、米国三郎名義で匿名での新聞投書をおこなっていたことがわかる。当該期の米国三郎名義での新聞投書については現在のところ未確認だが、同名義で書かれた雑誌記事には歴史・地理・民俗に関わる多様な論稿が含まれており、郷土史執筆を志向していた与那国の関心がどこにあったのかをうかがい知ることができる。(25) そのような与那国にとって、宮古での県視学生活は充実したものだったようである。

私は在任二ヶ年の間に旅費なき出張をしたが決して損とは思はなかった。それは郷土史調査と資料集に努めたからだ。私の宿望沖縄郷土史の研究には宮古視学としては好機会であった。（中略）お蔭で宮古に関する資料は大部分蒐めてあったが此も那覇大空襲で焼失した。[26]

一九三八年三月には小禄小学校の校長となるが、戦時下での教育活動は思うに任せず、病となったこともあって、一九四四年三月に辞職を申し出て、七月にようやく受理される。与那国は、「長い間の教員生活（二十八年間）を病後の静養と郷土史研究に専念したい目的で勇退した。ところが大東亜戦争に突入している時期で研究どころでなかった。[27]与那国は、「将来郷土博物館の独立と共にそこへ行って研究したい考があった」が、「八月になると県民の疎開問題、学童の疎開問題が県の重大問題となったので私は研究所の騒ぎで無く、家財道具を処理し参考書を残して全部売払った。そして県の方針に従い台湾行を決心し八月九日思い出多い小禄飛行場より台北飛行場へ飛んで行った」[28]。そして、台湾で郡役所書記をしている間に終戦を迎えることとなる。この時、四九歳であった。

一九四六年三月に台湾から竹富島に引き揚げると四月に推されて竹富区長となり、さらに一〇月には宮良長祥に代わって八重山支庁長となった吉野高善のもとで産業部長（一九四七年一月、機構改革により土木産業部長）となる。一九四七年三月には八重山支庁は八重山民政府となり、吉野は支庁長から知事となった。一九四八年三月の市町村長・議員選の際、八重山では吉野（知事）派の民主党と宮良（元支庁長）派の人民党（のち自由党）が激しく対立するが、与那国善三は民主党から竹富村長選に立候補して当選する。与那国が二九四二票、相手の人民党候補が八一一票と圧勝であった。[29]以降、二ヶ年半、一九五〇年九月の任期満了まで村（町）長を務めた（一九四八年七月、村から町に昇格）。そして、同年一二月には再び居を那覇に移している。与那国は直接的な理由を語ることは避けているが、当時のことをつぎのように回顧している。

想えば終戦後食糧難、物資不足、公共物復興、人心不安定の時期に短期間とは言えよく勤めたと思う。私は自分の性格上、政治家に不向きだとよく知っていた。校長時代、村長になってくれと使もあったが断った。ところが八重山産業部長就任以来政治に関与して自由党、民主党の争いに巻込まれて町長になった。(30)

一九五〇年九月の八重山群島知事選では、自由党から立候補した安里積千代が民主党の吉野高善を一〇〇九七票対九七〇七票の僅差で破り、同月におこなわれた竹富町長選でも自由党候補が与那国の後継である民主党候補を二三二一票対二〇八一票の接戦で破っていた。(31)「白黒闘争」といわれる八重山の政争において、自身が属した民主党が不利となるなか、おそらく与那国はそこに身を置くよりも、那覇に出て再起を図ることを決意したのであろう。戦後沖縄の政治行政の中心を担った多くは元教員であった。戦前の教育界で華々しい経歴を持ち、そこに多くの友人・知人を持つ与那国にとって、那覇に出て活路を見出すことは、比較的可能性の高い選択だったといえるのではなかろうか。

まず、来覇翌月の一九五一年一月に、当山正堅（戦前は小学校長、県視学、戦後は沖縄諮詢会委員、沖縄民政府文化部長など）の依頼で、沖縄毎日新聞の編集局長となるが、(32)すぐに三月には沖縄群島政府総務部に職を得ている。そこで担当したのが恩給問題であった。その契機も総務部長の幸地新蔵（戦前は小学校長、県視学、戦後は沖縄諮詢会委員、沖縄議会議員など）からの依頼であった。一九五一年八月の恩給促進委員会発足、一九五二年二月の琉球遺家族会結成に関わった後、群島政府解消・琉球政府発足にともない三月末で自然退職となるが、その後も琉米文化会館に勤めるかたわら（四〜八月）、恩給問題・遺族問題に関与し続ける。八月末から一〇月半ばにかけて恩給促進委員会幹事として委員長の山城篤男（戦前は県立三中、二中校長、戦後は沖縄諮詢会委員、沖縄民政府文教部長、沖縄群島政府副知事など）とともに上京し、在京沖縄出身者とともに関係各庁に陳情をおこなった。そして、一九五二年一二月に琉球遺族連合会が創立されるに際して、与那国は事務局長に就任するのである。

与那国の事務局長在任中の対外的な業務としては、東京および各地での要請・陳情、各市町村遺族会結成、慰霊祭の挙行などがあった。そして、一九五三年三月には米国占領下の南西諸島への戦傷病者戦没者遺族等援護法の適用が公表、八月には「元南西諸島官公署職員等の身分、恩給等の特別措置に関する法律」が成立、一〇月には琉球遺族連合会が日本遺族会支部となっている。こうして八重山から那覇に移った直後の一九五一年から恩給問題に与那国が関わって以来の懸案にひとまずの目途が立ち始めた段階で、沖縄観光協会設立の話が持ち上がってくるのである。

沖縄観光協会の設立

既述したように、琉球商工会議所メンバーが出資して沖縄旅行社を設立したのは一九五三年のことであった。さらに同年一二月二日、琉球商工会議所の観光専門委員会は、琉球政府と那覇市への観光課設置陳情を決議するとともに、観光事業推進のためには沖縄観光協会が必要であるとして、儀間光裕（沖縄旅行社社長、琉球商工会議所観光専門委員会委員長、協会設立準備委員長）、久手堅憲栄（那覇市勧業課長）と与那国善三を世話人として準備が進められ、比嘉秀平行政主席をはじめとする五二人の発起人を集めた。そして一九五四年一月九日、発起人総会・結成大会が開催される。定款が審議のうえ決定され、役員選挙によって、会長に当間重剛（那覇市長）、副会長に儀間光裕、親泊政博（琉球新報社社長）、専務理事に与那国善三が推薦され、理事三三名、監事二名、顧問五名も選出される。与那国は琉球遺族連合会を辞め、沖縄観光協会専務理事に移ることになる。[33] 定款にも示されたように、当初の事務所は那覇市役所勧業課内に置かれ[34]、初代会長も当間市長であったように、那覇市との結び付きが強かった。与那国は、「親泊、儀間、久手堅、私が観光協会産みの親であるとすれば、当間市長は育ての親である[35]」と述べている。

また、設立趣意書にはつぎのように記されていた。

沖縄は第二次世界大戦で終えんの地として一躍世界の衆視の的となり、かつ戦没将士の遺族にとっては終生忘れる事の出来ない思い出多い島であり、傷心の島であろう。為めに一度は沖縄に慰霊旅行を希望する遺族等が日本本土は勿論、諸外国にも数え切れない程多いと思われる。／幸にして沖縄は気候温和、風光明眉（ママ）の楽園である上、沖縄独特の文化財はあまねく世界に紹介されている。／以上にかんがみ観光沖縄建設に資することは最も有効適切な措置と思う。[36]

第一に戦跡が挙げられているが、それだけにとどまらず、自然景観、文化財などへの期待が述べられている。設立直後の沖縄観光協会は、観光関連業者等への会員勧誘や日本の各府県観光協会との関係構築に努めたほか、次項で詳述するように、観光地・観光コースの選定をおこない、観光就業員の訓練としてバスガイド養成などをおこなっていく。また、沖縄観光協会指定旅館として那覇市内一〇ヶ所、真和志市内六ヶ所、名護町内三ヶ所を指定した。さらには、広報宣伝活動として、港や役所、交通要所など一三ヶ所に観光看板を設置したり、リーフレットのほか写真帖・絵葉書などの作成が進められた。[37]

行政への陳情にも力を入れた。まずは、一九五四年四月一六日に琉球政府行政主席と那覇市長（沖縄観光協会会長と同二）宛に出された「補助金申請の件（陳情書）」である。そのなかで「補正予算を以って五四年度分より補助賜わる様お願」しており、琉球政府には二〇万B円、那覇市には一〇万B円を要望している。決算資料をみる限り、一九五四年度の補助金は実現しなかったようだが、翌一九五五年度には、琉球政府と那覇市からそれぞれ一〇万B円、琉球商工会議所から二五〇〇B円が出ているようである。[38]

つぎに同じ四月一六日に琉球政府工務交通局長宛に「観光道路改修に関する陳情」をおこなっている。そこで挙げられていたのが、①小禄村高良より糸満まで、②南部本線よりバクナー中将戦死の碑まで、③米須より魂魄之塔まで、④摩文仁部落より健児之塔まで、⑤健児之塔より黎明之塔まで、⑥摩文仁部落より島守之塔まで、⑦百名部落より知念村字知念まで、⑧名護本線より轟之滝まで、⑨本部一周線より北山城址まで、の九路線である。[39] ①～⑥は戦跡、⑦～⑨は史蹟・名勝に関わるものである。

そして、一〇月五日に琉球政府行政主席宛「「観光課」設置方要望」を出している。要望にはつぎのように書かれていた。

沖縄では戦前那覇市勧業課に観光協会が出来、日本と沖縄間に観光団の往来が十二・三回あっただけで大東亜戦となり中止の形になっています。観光事業は独り那覇市のみの問題でなく全琉的なものでありまして、戦後は二・三回ハワイより母国観光団が来訪した事があるだけで全く茲七・八年空白時代であります。／申す迄もなく観光事業は「貿易外収入」として日本では重要視し、観光事業の振興、観光行政の完璧強化に活動しています。(40)

ここからは、那覇市が官民挙げて戦後初期から観光行政に積極的であった理由の一つとして、戦前来の取りくみがあったことが伺える。また、観光事業が「貿易外収入」として強く意識されていることがわかる。ハワイからの観光団についてはあとでまた触れる。

観光コースと案内書の作成

沖縄観光協会は、「まず観光客及住民にどこを観光させ、どんなコースで案内するかの案もなければ説明書もない」というなかで、「観光地及コースの選定委員を二七名委嘱し」、実地踏査をおこなった上で、三月二五日にはつぎのような観光コースを決定する。(41)

第一コース（半日）

那覇～糸満町～三和村（各塔）～具志頭～玉城～知念～佐敷～与那原～南風原～那覇

第二コース（一日間）

那覇～糸満～三和～具志頭～玉城～知念～佐敷～与那原～中城～胡差～普天間～大山～牧港～那覇

第三コース（二日間）
首里～浦添～普天間～中城々跡～石川～金武～宜野座～許田～轟之滝～名護（泊）
渡久地～北山城～運天港～羽地～塩屋～辺土名～名護～万座毛～泊城～牧港～那覇
第四コース（三日間）
第一日目は第二コースに首里を加へる
第二、第三日目
那覇～大山～胡差～石川～金武～宜野座～許田～名護～渡久地～北山城跡～運天港～羽地～塩屋～辺土名～名護～万座毛～桑江～大山～牧港～那覇

最も時間が限られた第一コース（半日）は南部戦跡を中心に構成し、そこから時間の余裕があるにしたがって、中南部の名所旧跡の量を増やす形をとっている。戦跡巡りが最重要であったことは疑いないが、それだけにはとどまらなかったのである。沖縄住民であればともかく、外から訪れた観光客が半日のみの観光で帰ることは想定しにくく、当初から、南部戦跡以外の観光が念頭に置かれていたといえる。そして、沖縄本島内を巡れば否が応でもその存在は無視しえないとはいえ、観光コースには米軍関連施設が含まれていない。五月二五日におこなわれた観光写真帖並絵葉書選定打合会においても、「軍港とか軍施設は除いたがよい。沖縄らしい所のものを作ったがよい。たとえばソテツ群叢等[42]」といった意見が出されており、沖縄観光協会としての明確な方向性だったことがうかがえる。

だが、観光コースはできてもそれを案内するガイドがいなかった。一九五四年の前半だけでも、九州大学学術調査団、沖縄タイムス社招聘商工視察団、北海道遺族団、ハワイ観光団、世界仏教大会信徒代表のほか、沖縄在住の国際婦人クラブなどの受け入れがあったが、「当時はガイドもおらず、又案内書、地図も皆無であったので、与那国事務局長が案内の労をとった[43]」のである。そのようななかで、「観光の第一線にたつバスガイドの養成が急務であるので

第一回講習会を崇元寺町の琉米文化会館で一九五四年九月十四日より三日間開催した。／各バス会社より選抜されたガイド三十六名に各地の名所旧蹟を説明し、十七日には実地指導を行った」[44]。さらに、一九五五年一月にも五日間で三九名の講習をおこなったものの、短期間では十分な養成はできなかった。そこで、同年一〇月から講習生試験をおこなった上で三ヶ月間の長期訓練をおこない、修了した三〇名を各バス会社に配置する試みもおこなっている[45]。さらには、「一般住民が観光事業に対する認識の不足という点、又ガイド嬢の修養訓練と立場から」、一九五六年五月の第一回を皮切りに毎年バスガイドコンクール大会を開催していく[46]。

それと同時に、一九五四年九月二五日には観光案内書として与那国善三編『新沖縄案内』が沖縄観光協会から発行された。同書は約一三〇頁からなるコンパクトなものである。与那国の解説書は「バスガイド読本」としても使用されていく[47]。さらには英文に翻訳されて、一二月二五日に『THE GUIDE BOOK OF NEW OKINAWA』として発行された。米軍関係者や海外からの観光客を念頭に置いた取り組みだといえる。

ところで、与那国は『新沖縄案内』の「はしがき」において、つぎのように述べている。

> 戦後沖縄の変り果てた姿や、古文化財探究のために内外の顧客が来島されるが、沖縄を紹介するよい資料がない。戦前沖縄紹介するよい案内書として故島袋源一郎先生の著書があつたが、これも、もう古くて現代向きでない。本協会は去る一月発足したばかりで、沖縄紹介の刊行物や、観光資源の開発、宣伝に関する刊行物がない。それに内外の観光客は年々多数来島されるという現象である。それで早急に本書を刊行することにした[48]。

そこでの名所旧跡の解説執筆は、戦前来、郷土史執筆を志していた与那国にとって、まさに適役であったといえるだろう[49]。そして、戦前の案内書として第一に挙げられていたのが島袋源一郎の著書、すなわち『新版沖縄案内』（一九三二年一一月刊）であった[50]。戦前戦後の観光案内先はどのように変化していたのか。島袋源一郎『新版沖縄案内』と与那国善三編『新沖縄案内』が取り上げている名所旧跡の差異について、表11‐2をもとに確認しておきたい。ただし、両書にはもともとの紙幅の差があるため、あくまでも傾向を把握するにとどめる。

まず、両書に共通して掲載されているものは、戦災を受けずにあるいは受けながらも遺構が残っている文化財、そして、自然景観に関わるものがある。前者は、城址、玉陵、御嶽、あるいは寺社など、後者は、滝や湧水を含めた景勝地などである。そして、戦後には無くなっているものは、戦前には国宝指定されていた守礼門などを含め、戦災で焼失した首里・那覇の具体的な文化財である。戦後新たに加わっているものは、南部の戦跡や慰霊塔のほか、米軍統治以降の施設などである[51]。後者は、琉球行政府・立法院、首里博物館のほか、橋、ダムなどである。一方で、軍施設は含まれていないことも特徴だといえる。

このように、戦後の観光業の出発にあたっては、新たに加わった南部の戦跡や慰霊塔が重要であったことはもちろんだが、それにとどまらず、戦災を前提としながらも、戦前以来の名所旧跡に基づくプランニングが試みられていたのである。

第三節　「経済振興第一次五カ年計画」のなかで

観光事業および沖縄観光協会の位置付け

戦後の沖縄では、米軍によって恒久基地建設が進められていくなかで、軍事基地に依存した経済構造、すなわち「基地経済」が出来上がっていく。だが一方で、すでに一九四〇年代末の沖縄政財界では、米軍基地の存在を前提としながらも、経済の自立的基盤を形成して輸出を促進し、基地への依存度を下げていこうとする「自立経済」論が提起されていた。それは米軍にとっても占領コストの削減に繋がるものであり、基地の維持に影響を及ぼさない限りにおいて、むしろ積極的に推奨されるべきものであった。行政レベルでも、群島政府時代から自立経済計画の樹立は重要な

	獅子窟	
	荒神堂	
	梵鐘	
	弁財天堂	
	ハンタン山	
	尚侯爵邸	
	龍潭	龍潭池
	国学の址	
	天界寺址	
	天王寺址	
	聞得大君御殿址	
	腓城	
	東苑（崎山の御殿）	
	弁ヶ嶽（方言弁の御嶽）	
	虎頭山	
	社壇（末吉宮）	
	安国寺	
	慈眼院及観音堂	観音堂
	万歳嶺	
	官松嶺	
		首里博物館
		伊江殿内の庭園
島尻郡	天久城	
	崎樋川	
	銘苅御殿	
	安謝港	
	識名園（南苑）	
	真玉橋	真玉橋
	豊見城々址	
	瀬長島	
	糸満町	糸満町
	白銀堂	白銀堂
	奥武湾	
	南山城址	南山城址
	嘉手志川	
	和解森	和解森
	（方言、ワタキナー）	（方言ワタキナー）
	真壁宮	
	喜屋武岬	
	摩文仁城址	
	八重瀬城址	
	多々良城址	
	奥武観音堂	
	玉城城址	玉城々址
	受水走水	受水、走水
	齋場嶽	齊場嶽
	知念城址	
	知念大川	
	太陽御川	
	久高島	
	久高島由来記	
	佐敷上城址	

表 11-2 戦前戦後名所旧跡比較

	『新版沖縄案内』（1932 年）	『新沖縄案内』（1954 年）
那覇市	官公衙等	
	ヤラザ森城と三重城	
	通堂	
	仮屋の前	
	見世の前	
	天使館	
	大門前	
	仲毛	
	波上宮	波上宮
	護国寺	護国寺（小桜塔）
	天満宮	
	ベッテルハイム記念碑	
	台湾遭難者之墓	
	天尊廟	
	天妃	
	孔子廟	
	久米	
	御成橋	
	御物城址	
	奥武山公園	奥武山公園
	仲島	
	湧田地蔵	
	瓦屋	
	城嶽	
	壺屋	
	大神宮（長寿宮）	
	潟原	
	辻（遊里）	
	聖現寺と天久宮	
	泊	泊港
	泊高橋	
	崇元寺	崇元寺
	八幡宮	
	沖宮	
		琉球行政府・立法院
首里市	首里城	首里城跡
	正殿	
	南殿	
	二階殿	
	観望台	
	扥下	
	県社沖縄神社	
	園比屋武嶽	園比屋武お嶽
	守礼門と中山門	
	国王頌徳碑	
	霊御殿	霊御殿
	円覚寺	
	大門	
	山門	
	仏殿	

	湖辺底港	
	許田の手水	許田の湧水
	数久田轟	轟滝
	名護	名護
	三府龍脈碑	
	屋部寺	
	嘉津宇岳	嘉津宇岳
	部間権現	
	本部村渡久地	渡久地港
	伊野波	
	瀬底島	
	伊江島	伊江島
	権現堂及照太寺	
	今帰仁城址（北山城址）	今帰仁城址
	大井川	
	運天港	運天港
	ウバシの高台	
	百按司墓	
	大西墓	
	古宇利島	
	屋我地島和蘭墓	
	屋我地島ヒルギ林	
	親川城址	
	源河	
	森川子旧址	
	塩屋湾	塩屋港
	根謝銘城	
	奥間	奥間
	辺土名	
	与那の高坂	
	謝敷板干瀬	
	宜名真御殿	宜名真御殿と茅打バンタ
	辺戸御嶽	辺土御嶽と義本王墓
	義本王の墓	
	金武村七日浜	
	観音寺	金武観音寺
	久志観音堂	
	汀間の金丸井	
		屋我地大橋及羽地奥武橋
		辺土上原ダム
	大里城址	
	与那原	
		バクナー中将戦死の地
		姫百合塔
		魂魄の塔・北霊碑
		健児塔・平和の像
		黎明塔
		島守塔
		万華塔
		ミントン城址
		場天嶽
中頭郡	浦添城址	浦添城址
	ヨウドレの王陵	ヨウドレの王陵
	龍福寺址	
	伊祖城址	
	牧港	牧港
	経塚	
	城間	
	普天間権現	普天間権現
	屋良漏池	
	嘉手納	
	比謝橋	比謝橋
	泊城	
	楚辺の暗川	
	座喜味城址	
	ザンパ岬	
	内間御殿	
	脱衣岩	
	中城々址	中城々址
	伊舎堂	
	荻堂	
	和仁屋	
	知花	
	伊波城址	伊波城址と貝塚
	伊波貝塚	
	東恩納番所	
	泡瀬	
	勝連城址	勝連城址
	屋慶名	
	津堅島	
	浜島	
	平安座島	
	宮城島	
	伊計島	
国頭郡	多幸山	
	山田城址	
	久良波	
	倉波鉱泉	
	比屋根岬	
	恩納岳	
	恩納村はづし	
	恩納松下	
	万座毛	万座毛

注1）島袋源一郎『新版沖縄案内』（沖縄図書・青山書店、1932年）、与那国善三編『新沖縄案内』（沖縄観光協会、1954年）により作成。

注2）『新版沖縄案内』には、島尻郡の離島、宮古郡、八重山郡の名所旧跡も含まれているが、『新沖縄案内』に合わせるため省略。

注3）『新沖縄案内』にはこのほか琉球泡盛が挙げられている。

課題とされたが、琉球政府は一九五三年一一月初めになって「経済振興第一次五カ年計画」策定の動きを本格化させ、一一月一六日には、行政主席の諮問機関である経済審議会の委員に二〇名を委嘱する。その後、経済審議会および行政府内の経済振興計画委員会での検討が進められ、米国民政府との調整を経て、一九五五年六月には「経済振興第一次五カ年計画」が完成し、一九五六会計年度（一九五五年七月～一九五六年六月）から実施されるのである。[52]

経済計画の策定が終盤に差し掛かっていた一九五四年一〇月五日、沖縄観光協会は行政主席に対して「「振興計画に観光事業を織り込んで貰いたい」陳情」をおこない、「此の好機会を逸せず経済振興計画の中に観光事業を取入られ、外客の受入態勢を整備すると共に大に宣伝に努め産業振興、弗の獲得、文化の向上、国際親善に貢献せしむる様茲に陳情いたします[53]」と訴えた。

完成した「経済振興第一次五カ年計画」では、産業構造および所得配分、そして対外収支構造の改善を図っていくことが重視された。だが、その具体的な中身は、第一次産業を復活させ、第二次産業のうち特に製造業を伸ばすことで輸出を増加させ、対外収支構造を改善していこうというものであった。[54]そのため、第三次産業としての観光事業には重きが置かれていなかったものの、「建設計画」七項目（海岸護岸、道路・橋梁等交通施設、港湾施設、海運施設、通信施設、気象事業、観光事業）の最後の一つとして加えられることになった。そこではつぎのように述べられている。

さいわい最近観光協会が誕生した。これを強力に育てあげて史蹟、名勝、天然記念物、民芸、民謡等の観光資源を保護開発し、観光施設を整備改善してひろく観光客を誘致しなければならない。これは観光事業を産業として振興するとともに住民に健全なリクリエーションの機会をあたえることとなり、住民文化と経済の活力をあわせて増進せしめることになる。この見地にたつと、今次計画のすべてが直接間接に観光事業と関連しているが、観光事業そのものとして、とくにつぎのとおり計画する。[55]

表11-3　経済振興第一次五カ年計画予算執行状況（ドル、％）

	計画	予算	執行	予算／計画	執行／計画
1956年度	8333	6170	6170	74.0	74.0
1957年度	42083	23012	23012	54.7	54.7
1958年度	24167	11783.32	11783.32	48.8	48.8
1959年度	25000	27573.33	27495.61	110.3	110.0
1960年度	47000	13989	13821.48	29.8	29.4
計	146583	82527.65	82282.41	56.3	56.1

注）『経済振興第一次五カ年計画成果報告書（1956-1960年度）』企画統計局、1961年、19頁により作成。

そしてその計画では、琉球政府担当として、観光道路整備五二五万B円（バクナー中将戦死の地、白梅塔、魂魄塔、健児塔、島守黎明塔、斎場御嶽、中城公園、轟滝、北山城跡、ユー《（ママ）》ドレ、など）、施設費一五〇万B円（公衆便所、休憩所、塵芥焼窯）、植樹費五〇万B円（バクナー中将戦死の地ほか九ヶ所）、そして、沖縄観光協会担当として、観光観念普及および外客誘致宣伝費二一〇万B円、宿泊施設改善費六五万B円、合計一〇〇〇万B円が計上されていた。ただ さらに、「その他観光協会自体において、民芸、古文化財の保護、保存、利用や名所旧跡の選定、観光地の選定、土産品の改良、接遇改善、その他観光に関する内外の資料の収集、調査研究等をおおむね五、四〇〇、〇〇〇円の自体予算で実施する」とされており、沖縄観光協会に対する依存度の大変高い計画であったといえる[56]。

実際の予算執行状況についてまとめたものが表11-3である。年度ごとの計画修正だけでなく、一九五九～六〇年度についての抜本的な修正もあり[57]、評価が難しい部分があるが、五年間の予算合計八万二五二七・六五ドルはB円に換算すると九九〇万三一八B円となる（一ドル＝一二〇B円）。つまり、計画に対する予算割当は五六・三％にとどまったとはいえ、予算として計上されたのは、ほぼ当初の予算額（一〇〇〇万B円）であったということになる。実際、おおよそ当初の計画通り、観光道路や観光施設は整備が進められていた[58]。

琉球政府の経済計画において、沖縄観光協会には政府の補助機関としての役割が明確に求められることとなり、恒常的な補助金受入のためにも、それまでの任意団体から社団法人への組織変更が必要となった。一九五六年二月二五日の総会で新定款が決定されるが、その立案を一任されたのは琉球政府工務交通局陸運課の新里次男事務官である。

そして、那覇市役所勧業課内に置かれていた事務所も社団法人への組織変更過程で、那覇商港ターミナルビルを琉球政府から借りて八月一七日に移転する。ただ、「そこは室が狭いので主としての事務は建運局《（ママ）》陸運課内に机を置かして貰い、そこで事務を取る事」とし、ターミナルビルのほうには案内事務所兼売店を開設する。そして、八月二七日に新里事務官によって法人化手続きがなされ、一〇月五日付で社団法人として認可されたのである。(59)

「経済振興第一次五カ年計画」に観光事業が明記されたことによって、観光に関わる政策が具体的に進みだしたことも確かである。そしてその際に重要な役割を担ったのが陸運課で観光係となる新里次男であった。『沖縄観光十周年史』では、特に紙幅を割いて新里についてつぎのように称えている。

> 琉球政府に未だ観光課もなければ、観光係も設置されない時で、陸運課内に観光事業を推進する事務官新里次男氏が任命されていた。新里事務官は、日本交通公社に三ケ年も奉職した関係上、観光事業には精通していた。／それで協会を任意団体より社団法人に改組したり、観光事業助成に関する立法等を公布せしめ、予算措置を大巾に増額して観光道路の整備、観光施設即ち便所、休憩所等の設置に力を入れた。同氏の沖縄観光事業に貢献した功績は（1）観光事業助成《（ママ）》に関する立法の外（2）観光ホテル整備法（3）政府立公園法の立法公布を見た事である。斡旋業法立法勧告するため民政府と調整中、同氏の手腕力量が認められてバス協会の専務理事に栄転したのは沖縄観光事業発展のため惜しかった。同氏の力説で観光道路が着々整備されるし、島守之塔より黎明の塔への道路、バクナー中将の碑より白梅之塔への道路が観光費で開通した。／それだけでなく健児之塔休憩所と便所、黎明之塔の便所と休憩所、島守の塔便所、斉場お嶽への道路開通と便所、与勝公園の便所と休憩所、インブビーチの便所、轟之滝便所、皆同氏が予算を獲得して土木課及建築課職員に依頼して工事を完成したものである。(60)

おおよそ「経済振興第一次五カ年計画」の通りに観光道路や観光施設が整備されたことには、このような背景があった。一九五八年段階で観光係二名という貧弱な琉球政府による観光行政のなかで、日本交通公社での勤務経験があり、観光事業に精通した新里の役割は大きなものがあったといえる。[61]

そして、もう一つ、重要な成果として、観光諸法規の制定に関わったことが挙げられている。観光事業の助成に関する立法（一九五七年一月一五日公布）によって、沖縄観光協会への助成が法的根拠に基づいておこなわれるようになり、政府立公園法（一九五七年八月三〇日公布）、観光ホテル整備法（一九五七年九月一〇日公布）によって、観光関連の整備が、時間はかかるものの進められていくことになる。

それでは、そのようななかで社団法人沖縄観光協会の組織運営は順調に進んだのかといえば、事態はむしろ逆であったといえる。

一九五八年一二月九日、「陸運課が狭いから観光協会は外に事務所を借りるよう伝達された」ために、突如事務所移転を余儀なくされ、結局、翌年九月六日に「琉球商工会議所の二階を安く貸して貰い移転」するまでの間、山城善三事務局長（一九五八年三月に与那国から改姓）の自宅に一時的に移ったものの、「家賃としてビタ一文も支払せない苦しい経済状態」となったのである。[62] 当時、沖縄観光協会の職員は山城のほかわずか二名で、一名が会計・庶務担当、もう一名が空港売店係という貧弱な体制であった。[63]

一九五九年九月には、沖縄観光協会顧問でもあったバーツ米国民政府渉外報道局長の仲介で、高等弁務官が沖縄観光協会の機関誌『観光沖縄』の英文版五〇〇冊を買い上げたとされるが、そのエピソードとともに山城はつぎのことを記している。

> 協会の予算は貧弱で毎年私が観光案内書を書き、出版費は業者から寄付金を仰いで出版し、その収入で賄って来た。こんな苦労をして協会を守り建てて来た事を知っている方は少ない。私が毎年観光案内書を書き出版したのもそのためである。[64]

さらに時代は下るが、那覇商港ターミナルビルに開設し、一名の職員を付けていた案内事務所兼売店についても、「毎年決算期になっても売上げの利益金と人件費、事務所費も賄う事出果《ママ》ず、とうとう一九六一年七月で閉所する運命になった」(65)のであった。

以上のような状況からは、一九五〇年代後半の琉球政府による観光行政は、「経済振興第一次五カ年計画」に観光事業を組み込んだとはいえ、基本的には外郭団体である沖縄観光協会への負担が大きかったこと、さらに、その補助も充分ではなかったことがうかがえる。結局のところ、当時における琉球政府の観光事業に対する位置付けはその程度のものだったということになろう。

雑誌『観光沖縄』

行政も含めて観光に十分な関心が集まらなかった一九五〇年代後半においても、さまざまな議論がなされていた。その媒体の一つが、沖縄観光協会発行の月刊機関誌『観光沖縄』である。同誌の創刊は一九五六年一月で、「二号発行後予算の関係で中止していたが、沖縄を紹介する唯一の機関雑誌であるので再発行する事に決め、(一九五七年)十月一日より毎月発行した」とされる。(66)そこでの議論を中心に検討していく。

新里次男(陸運課観光係)は、「政府立公園を通じわが沖縄の独特な文化、風景を広く外国人に享用せしめることは、沖縄の国情を海外に紹介し、観光事業によつて国際親善に寄与することはもとより外貨獲得にも至大な貢献をなす事は多言を要しない」(67)として、国際親善とともに経済的利益を重視する。「美しい自然や優れたこの島の独特の文化は観光客を魅了してしまう力強い資源である」(68)というように、自然や文化は観光資源とみなされていた。新里には「戦前戦後を通じて考えても先づ経済自立が当面の目標である。/昭和八年沖縄経済振興十五ヶ年計画といい、現在の沖縄経済五ヶ年計画も基そ産業による経済自立と民生の安定は沖縄の人々の長年に亘る悲願である」(69)という認識があり、観光事業の重要性がそこに見出されていたからだといえる。だからこそ、「凡そ観光事業は頗る広汎な行政事務に関連するので、これを現在のように僅か二名の職員でこれが行政事務をすること自体が無理であり、制度の中心となる機構の確立こそ一切のものに優先して決断すべきである」[70]として、内部からの政府批判をもいとわなかったのであろう。

政府立公園については、一九五九年八月になってようやく公園審議会委員一一名（山城善三を含む）が任命されて候補地選定が進められるが、その際、琉球政府より提出された候補地は、①霊苑公園、②慶良間海上公園、③首里末吉公園、④羽地内海公園、⑤中城公園、⑥国頭山岳公園、⑦与勝海上公園の七ヶ所であった[71]。結局、一九六五年に指定されたのは、①沖縄戦跡公園、②沖縄海岸公園、③与勝海上公園であり[72]、霊苑公園→沖縄戦跡公園のほかに挙げられていた自然と文化に関わる多様な候補地の多くは選定過程で外されることになったものの、戦跡観光にとどまらない構想が当時から存在したことを示すものだといえる。

戦跡以外の観光地でいうと、『観光沖縄』において各自治体の名所旧蹟の紹介を継続しておこなっていることも注目される。それは、国頭村（八号）、宜野湾村（九号）、糸満町（一〇号）、名護町（一一号）、首里市（一二号）と続いていくが、ここからも沖縄観光協会が戦跡観光にのみ偏重していたわけではないことがうかがえる。

沖縄観光業の方向性を考えるに際して、早くからハワイとの類似性が指摘されていることもまた重要であろう。戦前、沖縄からハワイには多くの移民が送出されたが、沖縄戦を経て米軍統治下に置かれた故郷に一時帰郷を希望する人は多く、一九五〇年三月には、一世の訪問団六二人が船便で帰郷している[73]。その後、ハワイ観光団の世話人となる島袋清（ハワイ球陽旅行案内所長）は次のように述べる。

> 私は一九五二年春より、一九五九年秋まで丁度ハワイより母国沖縄観光団を世話して今回迄に十六回訪問しているが、多い時は五、六十名、少ない時は二十五、六名の団員で、総計五百余名を下らないと思つている、一人当小使《ママ》として千弗皆、持参しているから、私一人で五十万弗、日本及沖縄に落した事になる、其他親戚や、知人へのお土産品及、学校や各種団体え《ママ》の物品寄贈品をあげると恐らく百万弗以上にのぼるでしよう[74]。

外貨割当に制限のある日本からの慰霊団と異なり、ハワイ観光団の場合は、経済的恩恵も少なくなかったといえる。そうした沖縄とハワイとの密接な関係のなかで、観光業に関しても比較する議論がおこなわれている。たとえば、儀間光裕（観光協会副会長）は、「沖縄を始《ママ》めて見る外国人は口を揃えて素晴らしい風景と賞して居る。（中略）ハワイに劣らない景観地だと絶賛を惜しまない」というなかで、つぎのような状況を憂いている。

沖縄とハワイは其の地形に於て類似し産業も昔から糖業が主産業で最近パイン業が砂糖に次ぐ産業として進みつゝあるが、観光事業と来たら殆どその存在があるや否や位で全般的に無関心、無知識の域を脱しない、沖縄の産業には地力的に限界点があり、砂糖、パインも沖縄永遠の恒久的産業としては安心出来ず、遠からず行詰り遠大の発展は極限されるものと憂うる次第である。(75)

このように述べる儀間には先見の明があったというべきであろう。さらに、西村一雄は、「ハワイの観光事業は今後十年もたてばハワイ産業中の王座につくかも知れません。（中略）年々飛躍するハワイの観光収入はハワイハワイ《ママ》観光局とハワイ政府や実業界の協力一致で待《ママ》た成果に外ならい《ママ》と思います（中略）去年は一万五千人以上の観光客が沖縄を訪れています。この数字は二十年前のハワイ観光客と同様の数字となっていることに注意すべきでしょう」と述べて、沖縄の可能性を訴えていた。(76)

ところで沖縄―日本の関係においては、戦跡参拝にとどまらず、日本側に沖縄の現状を理解させたいという思いがあったといえる。親泊政博（観光協会副会長）はその点をつぎのように述べている。

沖縄では日本語は通用するが、沖縄の新聞は英交《ママ》で編集するのか、沖縄の対日惑《ママ》情はどうか、琉球人と沖縄人の仲は、うまくいつているか。こうした愚問を、こちらでは祖国日本とあがめている国に住む人達の口からきかれるから全くやりきれない。／「対日感情はどうか」に至つては、いいとも悪いとも申し上げられない、まあ一度はお出なさつて親しく沖縄をご覧になつた方がいいでしようとしかいえない。(77)

沖縄を訪れることで、戦跡参拝にとどまらず、沖縄の現状、日本を「祖国」とする沖縄の心情に触れることを期待していたのだといえる。

しかし、沖縄―日本の往来で最も障害となったのは渡航手続であった。当真嗣徳（山形屋社長）はつぎのように述べる。

私は旅先で取引先の人々から沖縄へ行って見たいが簡単に行ける方法はありますんか《ママ》、又日本円を持参して行けば現地の銀行で両替してくれますか、と尋ねられる事が多い斯様な質問に対しては諸外国行きと同じく渡航手続や弗割当による外貨小切手、予防注射等詳しく説明すると渡航至難なる事がわかり諦めるのが殆どである。（中略）渡航手続や弗割当の問題があい路になっている、このような人々に渡航手続の簡素化（例えば身元証明程度丈）と弗割当が自由に入手出来るならば、観光客もふえ訪問者も増して旅館業者も自ら設備拡充やサービスの改善も可能であり、商店街も之に平行して繁栄するであろう事は申すまでもない。(78)

並里亀藏（出入管理部長）は、親戚友人訪問や短期商用者及び観光などの場合、「入域申請が現地まで送付されることなく、総理府特別地域局と、民政府東京在の渡航係の間で手続がすむように一九五七年二月十五日付の軍の指示により、便利になっていて、決して一般の人が考えるようにむづかしい手続ではないと思う」として、むしろ観光入域者が少ない理由は、「外貨の割当が認められてない」ことや観光施設等が不十分であることだとする。さらに改善策として、繁雑な入域手続を日本交通公社や観光協会が代行することなどを提案したうえで、「要は如何にすれば琉球の自然にマッチした観光施設を実現させ、遊び良い琉球を造ることが先決問題で外人に対する出入国の制度等は第二の問題であり、又調節できる問題である」と結論付けている。[79]

観光施設の貧弱さについては、多くの共通した主張であった。たとえば、宮里定三（沖縄ホテル）は、「実際には沖縄に来てまわるコースは限られている。まず第一に南部戦跡を訪ねその晩は料亭で沖縄料理をたべながら踊りをみる。／翌日は基地を中心として中部を一巡して帰りは桜坂でも歩けばもうすることがないのだ」[80]と述べており、備瀬眞孝（昭和産業）も、「沖縄観光の場合の為替やパスポートの難問題があるがそれ以前に観光施設の整備が取り上げらるべきだ。南部戦跡は良いとしても中城公園とムーンビーチだけではあまりに貧弱過ぎる」[81]とその現状を嘆く。

備瀬はさらに、「五万人以上を数える駐留軍の軍人軍属や家族に対する対策が現在なされて居ない」[82]とも述べていた。一九五〇年代末の観光入域者数が年間二万人、一日平均五五人程度というなかで（第一節）、「五万人以上」というのは、まさに桁違いの潜在顧客であったといえるだろう。

この点については、沖縄観光協会顧問でもあったカール・F・バーツ（米国民政府渉外報道局長）がつぎのように論じていた。

先づ第一に、沖縄は観光地として、最も有利な条件を備えておると云うことです。沖縄は極東の交叉点であり、旅行の主要コースに沿って、数十万の米国軍人軍属が容易に旅行出来る距離の範囲内にあります。余計な費用もかゝらず、殆んどの船舶や空路で沖縄に立寄ることが出来るのです。（中略）沖縄は政治的に云って安定しており、心易く観光客も沖縄を訪れることが出来ます。沖縄は、まだ観光地として不十分ですが、アメリカ人、特に戦争中斗って戦死を遂げた数十万の軍人の遺家族や親戚者にとっては感傷的な島とも云えます。[83]

そして、洋式ホテルの増設、関税手続の改善、観光宣伝プログラムの充実、ホテルなどでのサービスの充実、英語ガイドの育成などを提案したうえで、「恐らく最も重要な点は――沖縄にとって真の観光市場はこの沖縄本島――即ち沖縄に一時在留している五万人の米人であります」と主張している。[84] 訪問者だけでなく、在留者にこそ目を向けるべきことがここでも強調されている。さらに、パトリシヤ・バーツ（バーツ渉外報道局長夫人）も、道路標識や史蹟、戦跡の碑に英文の説明を付けるべきことについて具体例を挙げて要望している。[85]

そうした状況に、沖縄観光協会も無策だったわけではない。設立当初から、琉球政府に対して観光設備の充実を求めて徐々に実現させ、サービス講習会も主要事業としておこなってきた。さらには、英語ガイドの育成も試みてはいた。一九五五年四月、世界一周観光船カロニア号が沖縄に寄港する予定となり、「英語の堪能な方三〇名を集めて講習会を開き、実地指導して用意周到準備をして」いたが、この時は結局天候不良で結局入港できなかった。「其後国際婦人会や、外国船員の一時上陸に際して英語ガイドの申込みがあるので、是非養成の必要が迫られ」、一九五九年二月には「琉球大学英文科主任教授と相談の上、在学生中でガイド希望者廿四名に」一ヶ月の学科講習及び実地指導をおこなった。「所が卒業すると学生は各種の職業に就事するし、ガイド希望者は一名もいない結果になって全く骨損のくたびれになった」のであった。[86]

さらには、「各観光地に英文の説明看板を建立するし、道路標識を建て」てはいたのだが、「その説明看板も、道路標識も半年たたない内に破損されたり、破壊された。戦後の破壊思想がある限り金と時間を費して建立する事も考え問題である」という状況だったのである。[87]

統治政策の転換と観光事業

一九五六年の島ぐるみ闘争に象徴されるような米軍政に対する沖縄住民の抵抗によって、米国は統治政策の転換を余儀なくされるが、その重点は経済政策の強化にあった。特に、一九五八年九月のB円からドルへの通貨切替や、外資導入緩和などは、沖縄と日本（本土）との経済関係を一層近付けていく契機となる。

一九五九年六月、「外貨申請額が一〇〇ドルを越えない場合は渡航審査連絡会の審査を経ないでも「総理府の認定」を得れば許可が下りる」(88)形に渡航制限が緩和された。そうした変化を受けて、一九六〇年一月に戦後最初の日本観光団として、日本交通公社と京都新聞社の共催による「京都観光団」(第一陣一一日・五三名、第二陣一八日・二三名)が五日間の日程で来沖する。(89)すでに先行研究で指摘されている通り、「京都観光団」がその後、続々と観光団が来沖する重要な契機となった。さらに二月にはドルの持ち出し制限が一〇〇ドルから二〇〇ドルに緩和され、(90)三月には身元引受証制度が事実上廃止されたことで手続が一層容易となった。(91)

そして、沖縄観光協会設立以来たびたび陳情されてきた琉球政府内の観光課設置についても、一九六一年八月一日にようやく実現することになり、「経済局に観光課が新設され、課長一名、係長二名、係職員四名、計七名で発足」(92)する。そうしたなかで、琉球政府の経済計画において観光事業がどのような位置にあったのかを、「経済振興第一次五カ年計画」(一九五六～六〇会計年度)の後継として一九六〇年五月に策定された「長期経済計画」(一九六一～六五会計年度、琉球政府と米国民政府による共同作成)から確認しておきたい。

まず、「経済振興第一次五カ年計画」に比して、「長期経済計画」は第二次産業の製造業に大きくウェイトを置いたものであった。(93)そのため、「主要目的」として、「短期」の「経済の発展を促進する」のなかで、「ハ、商取引を合理化するため、第三次産業を整備する。観光事業を促進する」とはあるものの、「イ、輸入を節減し、輸出を増大する工業を拡大する」、「ロ、第一次産業(農林水産業)を近代化する」に続く最後の位置づけとされていた。(94)

そして、「施設の拡充整備をはかり、観光誘致を強力に推進する」とはしているが、「観光事業」の項目はわずか一頁ほどであり、その「事業計画および資金計画」はつぎの通りとなっていた。まず、「観光施設整備」として、政府立公園法に基づく政府立公園選定、観光道路の建設改修、記念物・歴史的建造物等の復元・保護に関して、一九六一年度一万二〇〇〇ドル、一九六二～六三年度各三万五〇〇〇ドル、一九六四～六五年度各四万ドル。そして、「観光紹介事業」として、宣伝紹介のためのパンフレット等に各年度三〇〇〇ドルを計上している。このほか、観光ホテル建設として、洋式ホテル二件新設に総額八〇万ドル、既存ホテル二五室増室に総額一五万ドル、計九五万ドルとなっていた(95)。

一九六〇年代前半には、日本政府の関与増大など、外的要因が変化するなかで、「民生五カ年計画」(一九六一年一〇月)、「第一次民生五カ年計画」(一九六二年六月)、「財政総合三カ年計画」(一九六四年九月)と琉球政府策定による経済計画が重ねられていく(96)。そのためか、「経済振興第一次五カ年計画」と同様の形で「長期経済計画」の成果報告は管見の限りなされていないようである。

そうしたなかで、一九六〇年代初頭の観光事業がどのような位置にあったのかについては、沖縄観光協会が日本国立公園協会常務理事の千家哲麿を招聘し、一九六二年二月におこなった「沖縄観光診断」が『沖縄観光診断書』として同年一一月に発行されており(97)、そこから知ることが可能である。同書については、先行研究でも多くの言及があるが、観光事業の位置付けに関わって確認しておきたい。

まず、琉球政府内に観光課が設置されたことについて、「現在の人員は約八人であり、予算も四万ドル程度にすぎないが、独立の課が出来たことは行政的には大きい進歩であり、今後の進展が期待されている。課の規模としては、本土の各県の事情からみて一五人ないし二〇人が適当であり、予算は、政府の財政規模及び事情の内容により一概に云えないが、飛躍的に増額することが必要であろう(98)」と述べている。また、沖縄観光協会についても、「宣伝、展覧会で約三、〇〇〇ドルでは到底観光客の誘致は困難である。一〇倍位あっても充分とは云えないであろう。協会としても政府の助成をえて、一段と発展する必要がある」と指摘していた(99)。にもかかわらず、「一九六一年の観光客は二六、九三五人で消費額は七、三九三、五〇五ドルとなっている。(中略) 沖縄に於ては未だ政府の施策も本格的ではなく、且つ各種の施設、宣伝も十分でない。それにも拘らず、上記の如き収入をあげていることはむしろおどろくべきことである」と皮肉を交えて評価している(100)。ただそうした状況であればこそ、有効な対策を取れば、より大きな発展が望めるということでもあったといえる。

第一節で触れたように、一九六一年度の観光収入約八〇〇万ドルは、一九六〇年代初頭においてすでに糖業にせまる位置にあった。そして、「これは貿易外収支であり、輸出額二、九〇〇万ドルに比べれば、実に二七％の多きに達してい(101)」た。「沖縄観光診断」は、「沖縄観光の貴重な指針として官民に指示を与えた(102)」ことは確かであろうが、同時に、一九六〇年代初頭における沖縄観光業の脆弱さを客観的に示したものでもあった。

おわりに

最後に、本章で明らかになったことについて、「はじめに」での問題設定をふまえて簡潔に述べておきたい。

まず、与那国（山城）善三の動向についてである。従来、与那国が琉球遺族連合会から沖縄観光協会へと移ることは、「戦跡観光を推進する沖縄観光協会」という理解のなかで、当然のこととされてきた。しかしながら、与那国の戦前・戦後の経歴を改めて検討したとき、戦前から郷土史家を志していた与那国の力量が発揮できる場として、むしろ沖縄観光協会があったということができる。

つぎに、戦跡以外の観光地についてである。従来、観光地としては戦跡にのみ注目がなされてきた。だが、沖縄観光協会が取り組んだ観光地及びコースの選定を検討したとき、戦跡が最も重視されていたことは確かだが、それにとどまらず、郷土史を生かし、戦前の観光案内をふまえた名所旧蹟も取り入れられていたことがわかる。そしてそこにこそ、与那国の役割が大きかったのである。また、多様な模索のなかでも、ハワイとの類似性の追求や、米軍関係者を観光客として取りこもうとする試みなどは重要だといえる。

最後に、経済計画との関係についてである。経済計画においては、一九五〇年代半ばは第一次産業、一九五〇年代末以降は第二次産業が重視されていた。一九五〇年代半ばから一貫して「貿易外収支」としての重要性が観光業推進の立場から強調されていたにもかかわらず、経済計画では第三次産業である観光業は重視されていたとは言い難い。

当該期には、「貿易外収支」改善のための外貨獲得といえば、第一に第二次産業育成とみなされていたからである。

だが、そのようななかでも、沖縄観光協会を中心とした尽力によって、脆弱ながらも基盤整備を進め、一九六〇年代初頭には、観光収入が糖業にせまるなど、その可能性が可視化できるまでに成長する。こうした草創期の模索を経て、高度成長ただ中にある日本（本土）からの観光客を受け入れる時代を迎えることになるのである。

注

（1）米軍統治期の沖縄については、地域呼称として「琉球」もしくは「琉球列島」と表記するのが適当な場合があるが、読みやすさを考慮して、特に必要な場合を除いて、本章では「沖縄」を用いる。
（2）沖縄県文化観光スポーツ部観光政策課「平成二七年　沖縄県入域観光客統計概況」（二〇一六年一月）[http://www.pref.okinawa.jp/site/bunka-sports/kankoseisaku/kikaku/statistics/tourists/documents/h27-c-gaikyou.pdf] 最終閲覧二〇一六年九月一〇日。特にここ数年の外国人観光客の増加は著しいものがある。
（3）沖縄県文化観光スポーツ部観光政策課「平成二七年の観光収入について」（二〇一六年六月二七日）[http://www.pref.okinawa.jp/site/bunka-sports/kankoseisaku/documents/20160627cy2015income.pdf] 最終閲覧二〇一六年九月一〇日。
（4）本章第一節の表11・1参照。
（5）多田治『沖縄イメージの誕生――青い海のカルチュラル・スタディーズ』東洋経済新報社、二〇〇四年。同『沖縄イメージを旅する――柳田國男から移住ブームまで』中央公論新社、二〇〇八年。
（6）神田孝治『観光空間の生産と地理的想像力』ナカニシヤ出版、二〇一二年、第五章「沖縄イメージの変容と観光空間の生産」。
（7）この整理は、櫻澤誠「沖縄戦後史研究の現在」『歴史評論』七七六、二〇一四年一二月による。
（8）長志珠絵『占領期・占領空間と戦争の記憶』有志舎、二〇一三年、第六章「摩文仁の丘空間の形成」。
（9）北村毅『死者たちの戦後誌――沖縄戦跡をめぐる人びとの記憶』御茶の水書房、二〇〇九年。
（10）村山絵美「「南部戦跡」の観光資源化に関する研究――沖縄戦の語られ方の変遷」『旅の文化研究所研究報告』二一、二〇一一年一二月。
（11）同右、三四頁。
（12）公旅連沖縄支部記念誌編集委員会編『日本交通公社協定旅館連盟沖縄支部　二〇年のあゆみ』日本交通公社協定旅館連盟沖縄支部、一九九三年、四一頁、五三頁。

(13)沖縄開発庁沖縄総合事務局那覇港工事事務所編『那覇港の昔と今　泊大橋開通記念展より』一九八六年、一一一―一五頁。
(14)アドバイザー編『琉球海運株式会社四十年史』琉球海運、一九九二年、一二八頁、一三二―一三三頁。
(15)公旅連沖縄支部記念誌編集委員会編『日本交通公社協定旅館連盟沖縄支部　二〇年のあゆみ』四二頁。那覇空港ターミナル株式会社社史編集委員会編『那覇空港ターミナル二五年の歩み――沖縄の空の玄関』一九八〇年、三二―五八頁。
(16)ただし、例えば一九五七年度に日本交通公社が扱った沖縄旅行者は一一八名にすぎなかったように（公旅連沖縄支部記念誌編集委員会編『日本交通公社協定旅館連盟沖縄支部　二〇年のあゆみ』五〇頁）、渡航者が実際にどの程度利用したのかは分けて考える必要がある。
(17)同右、五〇―五一頁。
(18)創立四五周年記念誌編集委員会編『創立四五周年記念誌』沖縄ツーリスト、二〇〇四年、三七―四七頁。一九五四年九月時点で、琉球貿易は、日本航空、ノースウエスト、パン・アメリカン、CATの各航空会社代理店、ロイヤル、インター・オーシャン汽船会社代理店、沖縄旅行社は、CAT航空会社代理店、日本航空総代理店、大阪商船副代理店などとなっている（与那国善三編『新沖縄案内』沖縄観光協会、一九五四年、九二頁、一一一頁）。
(19)『琉球統計年鑑』第一回～第一七回（不二出版から『琉球統計年鑑』全一四巻〔二〇一三―一四年〕として復刻）、参照。
(20)国立公園協会編『沖縄観光診断書』沖縄観光協会、一九六二年、三二頁。ハワイとの比較については、重要な論点だと思われるが、本章では十分に検討できていない。今後の課題としたい。
(21)櫻澤誠『沖縄現代史――米国統治、本土復帰から「オール沖縄」まで』中央公論新社、二〇一五年、三五一頁の付録①を参照。
(22)なお、与那国善三は、本家に復姓する形で、一九五八年三月二九日に山城に改姓している（山城善三『わが回想録――明治大正昭和三代八十年』山城善三、一九七九年、七頁）。そのため、本章でもそれ以前は与那国、それ以降は山城と表記する。
(23)同右、二九三―二九四頁。以後、別途注記しない与那国の経歴については同書による。
(24)同右、九八―九九頁。
(25)時期は後ろにずれるものの、『月刊　文化沖縄』に掲載された米国三郎名義の原稿を列挙すると、「琉球歴史物語　尚敬王時代主として平敷屋朝敏のこと」二（二）、一九四一年三月、「台風と沖縄県民性」二（三）、一九四一年四月、「県民体位向上策」「葉書回答」二（七）、一九四一年八月、「県民体位向上対策に就いて」二（九）、一九四一年一〇月、「本県女教師に望む（上・中・完）」三（一～三）、一九四二年一～三月となる。なお、『月刊文化沖縄』には、与那国本人の名義としても、「教育振興座談会（上・下）」二（一一）・三（一）、一九四一年一二月・一九四二年一月、「県民生活改善指針（一・二・三）」三（七・八・一〇）、一九四二年九・一〇・一二月、「久松五勇士の美談」四（五）、一九四三年五月、「飛び安里の話」四（一〇）、一九四三年一〇月、がある。
(26)山城『わが回想録』一〇六―一〇七頁。ただ、回想録からは、与那国がどのような経緯で郷土史への関心を深めていったのかまではうかがい知ることができない。

(27)同右、一一七頁。
(28)同右、一一四頁。
(29)沖縄戦後選挙史編集委員会編『沖縄戦後選挙史　第二巻』沖縄県町村会、一九八四年、七三六頁。
(30)山城『わが回想録』一四六頁。
(31)沖縄戦後選挙史編集委員会編『沖縄戦後選挙史　第二巻』七三六頁、八五八―八五九頁。
(32)「毎日新聞社編集局勤務中、アメリカ視察に推薦されたが、英会話が出来ないので辞退した。今から考えると行けばよかったと思う」という回想もあり（山城『わが回想録』一四八頁）、元教員などの有力者から米軍に対して、推薦がなされていたものと思われる。
(33)山城善三編『沖縄観光十周年史』沖縄観光協会、一九六四年、九―一四頁。山城『わが回想録』一六〇―一六一頁。
(34)定款には「第二条　本会は本部を那覇市役所に置き、必要な地に支部を置くことが出来る」とされていた（山城『沖縄観光十周年史』一一頁）。
(35)山城『わが回想録』二五三頁。
(36)山城『沖縄観光十周年史』一一頁。
(37)同右、一四―二〇頁。
(38)同右、一五頁、一一七頁「六　予算決算総くくりと政府・那覇市補助」を参照。ただ、与那国によれば、「六月卅日　那覇市は苦しい財政の内から観光協会への補助拾万円計上したのに立法院では二十万円の補助を削除した。観光事業に対する理解がない」とある（山城『わが回想録』一六四頁）。
(39)山城『沖縄観光十周年史』一五―一六頁。
(40)同右、二二頁。
(41)同右、一七―一八頁。ただし、沖縄民政府が作成した『沖縄観光案内』など、参照しうる若干の参考資料はあったと思われる。なお、与那国はこの時の実地踏査について、「中北部を観光したが戦禍で破壊されたとは言え、まだ見る所も多く説明する場所も多い」（山城『わが回想録』一六二頁）と述べている。
(42)山城『沖縄観光十周年史』一九頁。
(43)同右、二〇頁。
(44)同右、三〇頁。
(45)同右、三〇頁。
(46)同右、三二頁。このほか、一九五五年二月には第一回タクシー運転手講習会が四日間で二〇〇名に対しておこなわれ、以降、年一回程度、断続的に開催。さらには、一九五五年七月には、「接待さん」を対象とした第一回宿泊業者講習会が四日間で二七名に対しておこなわれたほか、九月には第一回琉球料理講習会を開催している（同右、二四―二五頁、三一頁）。

(47) 山城『わが回想録』一六八頁。

(48) 与那国善三編『新沖縄案内』沖縄観光協会、一九五四年、二頁。

(49) 与那国の郷土史家としてのこだわりは、続いて出版した与那国善三『最新沖縄案内』（金城唯秀、一九五五年）でより顕著にみることができる。なお、与那国は、沖縄観光協会専務理事としての活動のかたわら、以下の政府委員等を務めている（山城『わが回想録』二九六頁）。一九五六年九月、琉球政府文化財専門委員（五年、うち三年委員長）、一九五九年七月、政府立公園審議委員（七年）、一九六三年三月、県史編集審議会副委員長（九年）、一九六七年一二月、政府立博物館運営委員（四年）。

(50) 島袋源一郎については、多田『沖縄イメージを旅する』六九―七七頁「②島袋源一郎の仕事」を参照。

(51) この点で興味深いのは、長志珠絵が言及しているように（長『占領期・占領空間と戦争の記憶』三一五―三一六頁）、戦後初期から首里城下にある第三二軍司令官壕跡の観光資源化を検討していることである。

(52) 櫻澤誠「一九五〇年代沖縄における「基地経済」と「自立経済」の相剋」（『年報日本現代史』一七、二〇一二年）。

(53) 山城『沖縄観光十周年史』二三―二四頁。

(54) 櫻澤「一九五〇年代沖縄における「基地経済」と「自立経済」の相剋」。

(55) 琉球政府編『経済振興第一次五カ年計画書』一九五五年、一〇〇頁。

(56) 同右、一〇〇―一〇一頁。

(57) この点については、櫻澤「一九五〇年代沖縄における「基地経済」と「自立経済」の相剋」を参照。

(58) 山城『沖縄観光十周年史』一一八頁「七　観光施設の現況」を参照。

(59) 同右、二八頁、三〇頁。山城『わが回想録』一七〇頁。

(60) 山城『沖縄観光十周年史』四五頁。なお、明記されていないものの、引用文が「一九五八年度諸事業」の項目内であることから、新里が陸運課観光係を辞めてバス協会に移ったのは一九五八年度中のことだと思われる。その後、新里は、一九六四年六月から七二年七月まで沖縄経営者協会専務理事、さらに七二年七月から七四年二月まで同副会長（東洋総業社長）を歴任している（沖縄県経営者協会編『沖縄県経営者協会五〇周年記念誌』二〇〇九年、七二―七三頁）。

(61) 「観光課設置の陳情」『観光沖縄』八、一九五八年三月。

(62) 山城『沖縄観光十周年史』三〇頁。文中は「一九五九年」とあるが、「一九五八年」の誤り（同右、一〇五頁）。この件に新里次男の陸運課退職が関係しているのかは不明だが、何らかの影響があった可能性はあろう。

(63) 山城『わが回想録』一七九頁。

(64) 同右、一八二頁。なお、山城は高等弁務官をムーアとしているが、この時の高等弁務官はブースである。

(65) 山城『沖縄観光十周年史』四〇頁。

(66)同右、四六頁。『観光沖縄』は、最初の一―三号を含め、若干の欠号があるものの、沖縄県立図書館で閲覧可能である。
(67)新里次男「政府立公園法とその問題点について」『観光沖縄』五、一九五七年一二月。
(68)新里次男「観光事業の話（三）」『観光沖縄』一〇、一九五八年五月。
(69)同右。
(70)新里次男「政府立公園法とその問題点について（一二月号より）」『観光沖縄』七、一九五八年二月。
(71)「政府立公園愈々実施」『観光沖縄』二九、一九五九年一二月。
(72)「戦跡・海岸・海上の三公園を指定――政府立公園」『観光沖縄』九九、一九六五年一〇月。
(73)公旅連沖縄支部記念誌編集委員会編『日本交通公社協定旅館連盟沖縄支部　二〇年のあゆみ』五二頁。
(74)島袋清「沖縄観光についての所感」『観光沖縄』二六、一九五九年九月。
(75)儀間光裕「パラダイス沖縄の建設」『観光沖縄』六、一九五八年一月。
(76)西村一雄「ハワイと沖縄の観光事業について」『観光沖縄』一七、一九五八年一二月。
(77)親泊政博「〝沖縄の真相を〟観光事業で紹介しよう」『観光沖縄』六、一九五八年一月。
(78)当真嗣徳「観光雑感」『観光沖縄』二〇、一九五九年三月。
(79)並里亀藏「出入管理業務と観光」『観光沖縄』一二、一九五八年七月。
(80)宮里定三「沖縄観光に感じた事」『観光沖縄』一八、一九五九年一月。
(81)備瀬眞孝「沖縄観光所感」『観光沖縄』一九、一九五九年二月。
(82)同右。
(83)バーツ、カール・F「沖縄の観光に就いて」『観光沖縄』九、一九五八年四月。バーツの略歴は以下の通り。「バーツ氏はテキサス州ダラスの出身でハーバード大学を一九四二年に卒業、第二次大戦中は米海軍に日本語係将校として勤務した。氏は一九四八年ハーバート大学から極東地区の諸研究で修士号を得、一九五二年にはカリフオルニヤ州バークレーのカリフオルニヤ大学から極東史の博士号を授与された」（同右）。
(84)同右。
(85)バーツ、パトリシヤ「アメリカ婦人が観た沖縄の観光」『観光沖縄』一九、一九五九年二月。「バーツ夫人もまた博士号をもち豪洲メルボルン大学商学部の講師を務めていた」（バーツ「沖縄の観光に就いて」）。
(86)山城『沖縄観光十周年史』三一―三二頁。
(87)同右、四九頁。
(88)公旅連沖縄支部記念誌編集委員会編『日本交通公社協定旅館連盟沖縄支部　二〇年のあゆみ』五五頁。
(89)山城『沖縄観光十周年史』、五五頁。

(90)「ぐっとふえた観光客／五月末すでに四九九名」『観光沖縄』三五、一九六〇年六月。
(91)「緩和された沖縄渡航／身元引受証制度を廃止」『観光沖縄』三五、一九六〇年六月。
(92)山城『沖縄観光十周年史』五三頁。「政府に観光課が出来て後は観光課内に施設係を置き、便所、休憩所、道路等の工事を主管するので、此点だけは協会の仕事が軽くなった」という（同右、四五頁）。なお、那覇市では一九五八年七月、経済民政部に商工観光課が設置されている（国立公園協会編『沖縄観光診断書』二三頁）。
(93)櫻澤誠「沖縄復帰前後の経済構造」『社会科学』四四（三）、二〇一四年一一月。
(94)琉球政府編『長期経済計画書』一九六〇年、三頁。
(95)同右、四一頁、一一〇―一一一頁。
(96)櫻澤『沖縄現代史』六九頁の表２‐２を参照。
(97)山城『沖縄観光十周年史』六四―六五頁。
(98)国立公園協会編『沖縄観光診断書』二三頁。
(99)同右、二三頁。
(100)同右、三二頁。
(101)同右、三二頁。
(102)山城『わが回想録』一九一頁。

第12章

戦後沖縄の基地と女性
——地域の変動と軍用地料の配分問題

桐山節子

はじめに

本章は、沖縄県国頭郡《くにがみぐん》金武《きん》町《ちょう》字《あざ》金武《きん》でおこなわれた軍用地料に関わる女性運動と地域の対応から、戦後米軍基地の町となった地域社会の課題の提示を目的とする[1]（図12－1）。

金武町（当時金武村）は、第三次土地接収の中で米軍基地キャンプ・ハンセンの建設に同意し、町は総面積の六〇％が、なかでも字金武はその八〇％を接収された。基地は一九六一年に完成した（図12－2）。その工事は、急激な人口増加を伴い門前に新開地という商業地域（バー・クラブなど）も区画整理された。基地は、地域経済の振興となったが、軍用地料と性暴力にかかわる重層的な緊張をもたらし、その問題は長らく口に出さないこととされてきた。

しかし、字金武では、軍用地料をめぐり一九九〇年代前後に女性たちの運動がおこなわれた。問題になったのは、地料の配分における女性差別であった。その期間の前段でおこなわれた並里区の運動は、裁判という形を取らず入会団体会則改正を達成したが、金武区では、裁判に持ち込まれ二〇〇六年三月に最高裁判決が出た。

論旨を先取りすると、この問題では、基地の存在に対する金武区と並里区の地域有力者の方針や、区外出身者比率

図 12-1　沖縄県と金武町
出典）沖縄県金武町『統計きん』（金武町役場、2012 年）より作成。

が重要な要因ではなかったかと考えられる[2]。また、金武区と並里区の運動は影響し合い、援助しながら進んでいた。

　加えて、運動で中心となった女性らは、町政や婦人会に縛られることなく一九九五年の沖縄米兵少女暴行事件をはじめとする基地被害抗議に積極的に取り組んでいた。この訴訟について、筆者は研究者らから軍用地料における女性差別は以前からあったのに、なぜこの時期に提訴されたのかと疑問を聞いている。金武区と並里区の女性運動の経過から、この裁判は突然起こったものでなく、軍用地料の配分に関わる運動の後段で提訴されたことがわかった。

　そこで、本章に関連する先行研究を列挙すると、その第一は金武杣山訴訟に関わる研究である。既存の金武《きん》杣山《そまやま》訴訟に関連する先行研究は、並里区が地域内の協議で入会団体の会則における女性差別を解消したことを論じたものはなく、研究者の専門分野ごとに問題を切り分ける傾向を持っている。

　小川竹一は入会権の権利主体と軍用地料を論じ

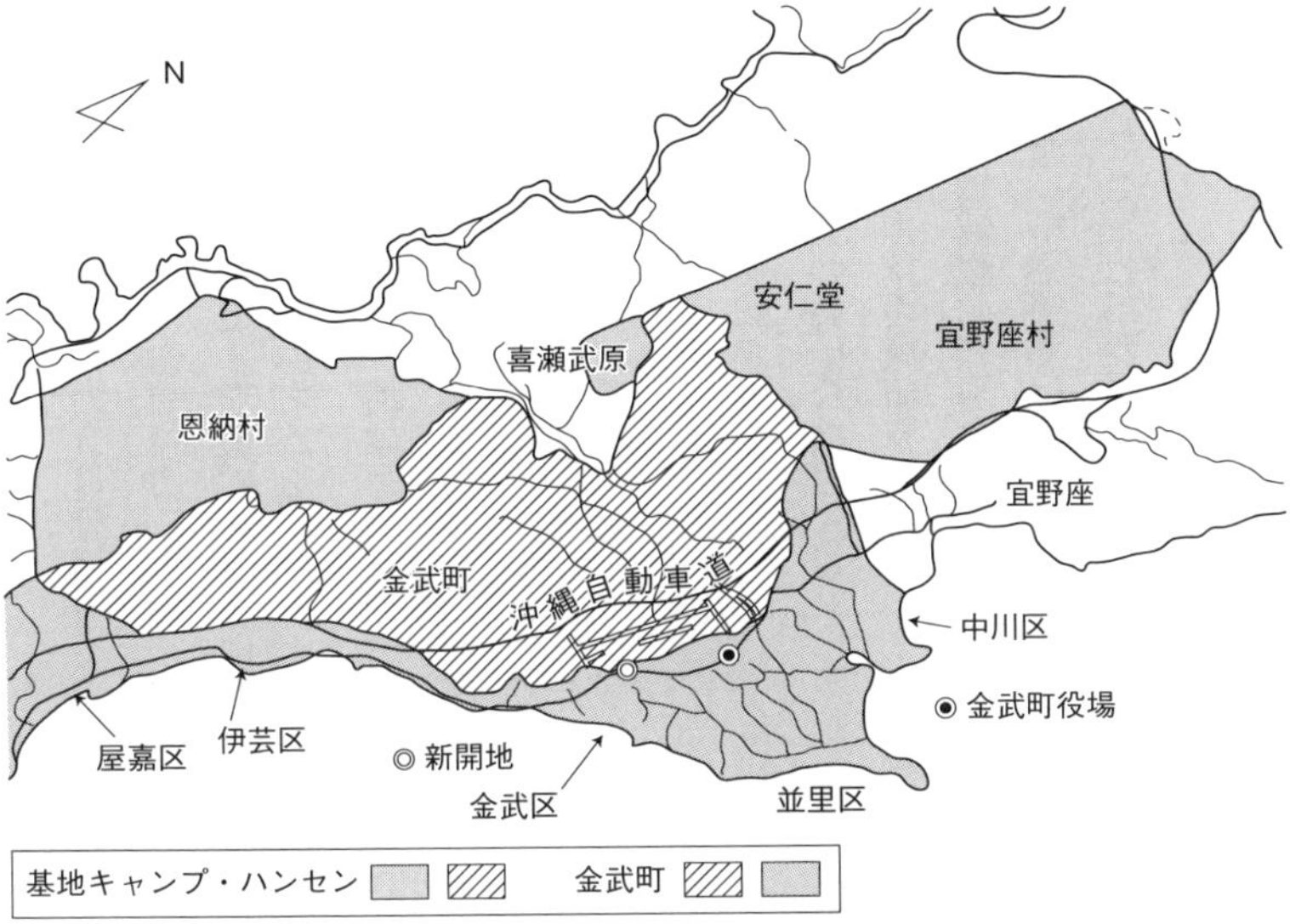

図 12-2　金武町周辺と基地キャンプ・ハンセン

出典）①キャンプ・ハンセンを示す地図は、沖縄県 HP「沖縄県の米軍基地平成 25 年 3 月」第 8 章基地の概要、第 1 節米軍の施設別状況海兵隊 FAC60411 キャンプ・ハンセン。(2014/08/11)［http://www.pref.okinawa.jp/site/chijiko/kichitai/documents/kaiheitai.pdf］
②金武町地図は金武町 HP 金武町の地図と交通から。(2014/05/20)［http://www.town. kin.okinawa.jp/site/view/index.jsp］

た。[3] 原田史緒は、「慣習が女性差別の温床であることはすでに国際社会の常識」であり、「裁判官が意識的無意識的に持ち合わせている偏見や固定観念が裁判に影響を与える」とし、司法のジェンダー・バイヤスを述べた。[4] 比嘉道子は、基地建設による人の移動・金武町地域の父系嫡男相続の経過を述べるとともに「既存のすべての法律がジェンダーの視点から見直されるべきである」と論じた。[5] 筆者は、原田と比嘉が述べた慣習と女性差別・女性差別撤廃条約との関係について同意する。来間泰男は、軍用地と軍用地料の矛盾を述べ、高額になった軍用地料がすでに不労所得となっている中での裁判とし、それは跡地利用計画が進まない要因の一つであると論じている。[6]

次に、金武杣山訴訟に触れていない研究の中から、『沖縄の都市と農村』の高橋明善論文を取り上げる。[7] 高橋は、読谷村の字自治組織における旧区民の村づくりと農村自治を支える組織構造を論じている。筆者の注目点は、字の収入となる軍用地料の使途で、それを財源とするサービス対象者が旧区民のみか全区民かである[8]。字組織の会員資格は字ごとで変化している。高橋は、字組織加入者と未加入者の比率に言及するが、その会員資格の変化に触れていない。この問題は、村役場が復帰後の数年間、字組織の構成員を属人的から属地的へ変更することを検討したことにかかわる。その検討は、沖縄戦後に転入してきた区民（略称：新区民）が字組織に入会できない・あるいは参加しないことにより、行政サービスの公平性を保てない・字の結束が弱くなるなどの問題からであった。しかし、それは実現しなかった。その主な理由は字の軍用地料が新区民に渡ることを懸念したためであった[9]。彼はこの村役場の検討に触れず、「最近では、娘と結婚して入村した住民も受け入れられるようになってきているようである」と記すのみで、それがどのような経緯で変化したのか触れていない[10]。以上から、高橋は住民全体の生活内部に立ち入った記述に力を注いでいないため、筆者の注目点を掴むのは困難である。

これらの先行研究を踏まえ、本章は、軍用地料と地域社会を軸に金武区と並里区で取り組まれた女性運動、運動を担った女性らのライフヒストリーから基地の町で暮らす女性らが抱える地域課題を考察する。

そのため、運動が展開した一九八〇年代後半から二〇〇〇年代中頃までの期間に焦点を絞り、両区の戦後史と運動から地域社会の動向を検討する。

以下に、本章の概略を述べる。まず、第一節は基地の町と軍用地の概要を述べるとともに、基地門前に形成された新開地の地域変化について考察する。第二節では、女性運動と金武杣山訴訟の概要と裁判原告のライフヒストリーを考察する。第三節では地域の諸相を整理し、おわりにでは地域課題のまとめと今後の展望を記述する。

第一節　基地の町

軍用地と軍用地料の性格

沖縄は、一九四五年の米軍上陸後、第一次の軍用地の接収がおこなわれた。さらに、朝鮮戦争後、第二次、第三次の土地接収へ進んだ。それは、日本の高度成長期に当たる。

当時は、総力戦であったアジア太平洋戦争の経験を持つ有権者が多数派を占めた時代で、安全保障と軍事の問題に敏感で本土における米軍基地の拡大に対して大規模な反対運動が頻発した。一方、占領下の沖縄は、米国の東アジアにおける軍事戦略の拠点とするメリットが大きいと判断され、米軍基地は徐々に本土から沖縄へ拠点を移した。(11)

日米によるこれらの政策は、沖縄が基地経済に組み込まれる復興と発展期となったが、急激な社会変化をもたらし民政部分の立ち遅れとともに、基地周辺における事故・暴行事件などを多発させた。さらに、農地を失った島民らが、土地収用の強引さや賃料があまりに安いことから新規接収や軍用地料の一括払いなどに反対し「島ぐるみ闘争」をたたかった。その最中、旧久志村辺野古は基地受入を決定し、それに引き続き金武村も基地キャンプ・ハンセンの受入を決めた。

字金武における軍用地の帰属の経緯を概観しよう。沖縄における軍用地の所有形態別基地面積の割合を見ると、国有地三四・〇%、市町村有地二九・一%、民有地三三・五%である。(12) 本土では、多くが国有地で占められている。

金武区で軍用地となった民有地は、旧金武区民によって明治期に県から買い取りに際し、金銭が支払われた杣山・里山と金武村の公有地として登録されていた二種類の場所である。旧金武部落民会は、一九五六年に金武村が基地の受け入れを決定した後、前者の帰属を変更し入会団体を設立するとともに、新開地の形成とその周辺の商業化に乗り出した。

さらに、彼らは、一九八二年に後者を管理運営するため二つ目の入会団体を金武町「旧慣による金武町公有財産の

表12-1　沖縄県と金武町の米軍基地の状況

年	沖縄県、駐留軍従業員数	沖縄県年間賃借料(百万円)	キャンプ・ハンセン年間賃借料(百万円)	金武町従事者数(キャンプ・ハンセン)	施設面積(ha)	施設数	沖縄県従事者数
1972	19,980	12,315	617	353	28,661	87	19,980
1975	12,735	25,951	1,772	165	27,048	61	12,735
1980	7,177	31,116	2,377	213	25,587	49	7,177
1985	7,457	38,314	3,235	350	25,373	47	7,457
1989	7,689	42,650	3,898	377	25,026	45	7,689
1993	7,813	55,140	4,986	390	24,530	43	7,813
1998	8,443	68,245	6,112	427	24,283	39	8,443
2003	8,678	76,568	6,969	500	23,687	37	8,703
2008	8,928	78,375	7,220	555	23,293	34	8,928

出典）金武町総務課資料、金武町従業員数は金武町役場『統計きん』による。

管理等に関する条例（略称：金武町条例）に基づき設立した。その両者は、「体質が全く同じ」であったことから二〇〇〇年に合併した[13]。軍用地料は、現在も旧金武区民で組織された入会団体で管理・運営している。

一方、並里区は、多くが区有地であり帰属が変更されないまま軍用地に接収された部分と金武村の公有地とされていた場所から成る。前者は現在区事務所で管理・運営され、軍用地料は区の財源となっている。後者の公有地部分は、金武区と同様に金武町条例に基づき旧並里区民によって設立された入会団体が管理・運営している。

軍用地料は、一九四五年から講和条約の締結までの間支払われなかった。一九五二年から復帰までは米国、復帰後は日本政府によって市町村、入会団体、個人地主に支払われ、減額されることなく上昇してきた。特に高額になったのは、土地収用のあまりの強引さと賃料の安さに抗議した「島ぐるみ闘争」後の一九五九年、沖縄返還とともに基地の本土並み使用を要求して激しくたたかわれた復帰運動後の一九七二年（支払いが米国から日本に変わった）、そして一九九五年の沖縄米兵少女暴行事件の後である（表12－1、表12－3）。

これら激しい反基地闘争の直後におこなわれた三回の値上げの結果、地料が大幅に値上がりし、地代にいくつかの要素が組み込まれた。来間泰男は、この大幅な値上げで本来の地代に加えて生活保障・見舞金と協力謝金が含まれるようになったとし、地料が一般地価よりも高く、不労所得と言われるほど高額になったことを軍用地と軍用地料の矛盾と述べる[14]。軍用地料は、冷戦期だけでなく冷戦終結後もアジア太平洋・中東地域における米軍の前線基地を沖縄が担うことに支障が出ないように支払われてきたと言えよう。これは地料の金額決定が市場要因ではなく政治的要因を含むといわれるゆえんである。

沖縄における基地の現状は、第一に日本全体の約七四％に当たる米軍基地が集中し、不公平感をもたらしている。それは、基地活動が活発になり経済を潤すことにもなるが、米国の都合・意思により戦争や紛争がおこされ、巻き込まれることも意味するためである。例えば、金武村は、ベトナム戦争時に米兵で溢れかえり多額の米ドルで活況を呈した。一方、二〇一一年九月の琉球新報は、九・一一テロ発生後「在沖米軍基地の警戒レベルが上がり、基地警備体制は強化され、原潜の寄港情報の報道機関への事前通告は非公表となった。（中略）むしろ住民が巻き込まれる可能性があることが浮き彫りになった」と報道した。[15]当時、観光客が激減し沖縄経済が打撃をうけた記憶は新しい。これらは、沖縄の人びとの努力の範囲を超えている。

第二に、軍用地料は、すでに深く地域経済に組み込まれ、不労所得と認識されているにも関わらず、その受取は、地域住民全員でなく一部の市町村、入会団体や個人である。先述したように、その金額の決定は市場要因でなく政治的要因を含んでいる。また、人びとは、一九九五年の性暴力被害に抗議する県民集会に沖縄県軍用地等地主会連合会（略称：土地連）が「基地返還は土地連の総意ではない、基地返還に繋がっては困る」として唯一不参加を表明した団体であったことを忘れていない。[16]

第三に、基地返還・跡地利用計画の動きは緩慢である。金武町では、一九八〇年代以降基地被害が増加したため、「米軍演習を糾弾する町民総決起集会」がたびたびおこなわれた。さらに、米軍再編問題を受け、一九九四年二月に「金武町軍用地跡地利用フォーラム」が開催された。その中で町長Nは、跡地利用は「返還された土地を再開発するだけでなく基地であるうちに整備させ跡利用するという考え方もできる」と挨拶した。[17]また金武町商工会会長Hは、「これまで町の商工業は、基地との関わりを維持しながら推移してきた。一九九三年の金武町における軍用地料は二五億円、企業でいう純利益である。一般土木建設工事業がこの純利益を上げるには約七三五億円の売り上げが必要となり、軍用地料がいかに大きいかがわかる」と述べ、本格的な跡地利用計画を作るよう求めた。[18] 彼は、基地関連事業で生計を立てているにも関わらず、正面から基地撤去に反対せず、基地に替わる新たな地場産業などの対案を示してほしいというアピールをした。

この時期に出されたギンバル訓練場の返還や自衛隊の誘致などの対案は、すべて検討され一部実行されている。これらのことから、当時は米軍再編が課題となる中で、基地被害の深刻さは限界に達しており、軍用地料の引き上げだけでは基地撤去の声は止まらない状況にあったといえる。

第四に、近年微増ではあるが軍用地料は毎年値上がりを続けている。沖縄の一般地価は、本土同様値下がりを続けているにもかかわらず、軍用地のみ値上がりをするのである。軍用地の県外所有者が増える傾向から、跡地利用計画が進みにくくなるのではないかと懸念されている。

金武町の特徴

二〇一三年金武町の財政規模は一〇〇億四七一七万六〇〇〇円で、その三〇%がキャンプ・ハンセンの軍用地料で賄われている。[19] 同年四月現在、米駐留軍は六〇〇〇〜六五〇〇人である。[20] 二〇一〇年の町人口は一万一〇六六人で、世帯数は四三七三戸である。[21] 金武町の一人当りの年間所得は、二〇一〇年一九七万八〇〇〇円（沖縄県二〇三万二〇〇〇円）、全国の中で常に最下位グループに属する沖縄県の平均を下回り、周辺の恩納村、宜野座村よりも低額である。[22]

さらに、生活保護率は一九七五年二五・四%（沖縄県二五・八%、全国一二・五%）、一九九五年一四・一四%（沖縄県一二・七%、全国一四・八%）、二〇一〇年二八・〇%（沖縄県二〇・五三%、全国二九・〇%）で、沖縄県の中では高率のグループに属している。[23]

次に、キャンプ・ハンセン建設決定後を振り返り、金武町が離島や本島北部からの人の移動に

表 12-2　金武町の人口と世帯数（国勢調査）

年	世帯数	総人口	男性	女性	1 世帯当りの人員
1920	1,785	7,720	3,482	4,238	
1925	1,768	7,616	3,502	4,114	
1930	1,820	7,709	3,488	4,221	
1935	1,879	8,143	3,847	4,296	
1940	1,925	8,270	3,935	4,336	
1947	-	-	-	-	
1950	1,626	7,209	3,216	3,993	
1955	1,470	6,885	3,111	3,774	
1960	1,980	8,846	4,462	4,384	
1965	2,319	9,191	4,235	4,956	
1970	2,641	9,953	4,454	5,499	3.61
1975	2,676	10,120	4,772	5,348	3.65
1980	2,756	9,745	4,585	5,160	3.45
1985	3,009	10,005	4,751	5,254	3.21
1990	3,104	9,525	4,463	5,062	2.97
1995	3,216	9,911	4,716	5,195	2.91
2000	3,378	10,106	4,933	5,173	2.83
2005	4,056	10,619	5,162	5,457	2.48
2010	4,613	10,950	5,396	5,554	2.37

出典）「統計きん」金武町総務課資料から作成。
注 1 ）1945 年までの金武町の人口・世帯数は、金武村と宜野座村の合計。

表 12-4　並里区人口・入会団体会員数などの推移

年	並里区			
	人口	①世帯数	②入会団体会員数	② *100/ ①
1985	2,394	742	620	83.6
1990	2,432	808	665	82.3
1995	2,473	853	657	77.0
2000	2,452	906	715	78.9
2005	2,609	1016	804	79.1
2010	2,699	1111	890	80.1

出典）『配分金等請求訴訟事件　杣山・区有地裁判記録集』並里財産管理会・並里区事務所、2012 年。

表 12-3　金武区入会団体会員数と軍用地料の推移

年	補償金金額	会員数	金武区世帯数における入会団体会員数の割合（%）	事項
1956		456		金武共有権者会設立
1961	$50	456	54	①金武入会権者会に改名
1972	5 万円	415	37	復帰
1982	7 万円	480	33	②「金武町条例」による金武部落民会設立
1992	18 万円	525	33	
2000	30 万円	587	32.7	①と②合併、名称を金武部落民会とする
2002	60 万円	608	32	金武杣山訴訟はじまる
2006	50 万円	899	30.9	2006 年 3 月最高裁判決言い渡し。同年 5 月会則改正。成人の男・女子孫の世帯主に軍用地料を配分。
2012	50 万円	1086	47	

出典）「共有権者会沿革誌」と金武入会権者会の聞き取りから作成（2013 年 8 ～ 9 月）。
注 1 ）1961 年の会員数は 1962 年確認調査後の数。
2 ）補償金額は会員の額。
3 ）補償金額と会員数は「共有権者会沿革誌」と金武入会権者会からの聞き取りによる。
4 ）金武区世帯数における入会団体会員数の割合：1956 年から 1972 年の数値は（表 12-2）を参照した推定値。復帰以前の金武区世帯数は公表されていないため。

よって、急激な地域変化が起こったことを述べよう。國場組によるその工事は、「毎日四千人の労務者が動員され、マリン独特の兵舎が四日間に一棟出来るという画期的なスピード建設であった」[24]。この建設工事に連動し、建設労働者や軍作業員などが増加し、一九五〇年代後半から急激な区外出身者の転入が起こった（表12－2）。金武区における旧金武区民対区外出身者の比率は、一九八〇年代頃から約三・五対六・五であり、多様な出身地から成る新区民が多い（表12－3）。並里区は約八対二であり、金武区と異なって旧区民が多い（表12－4）。

新開地

基地キャンプ・ハンセンは、一九六一年に完成した。基地第一ゲート前の金武区には、他国の米軍基地周辺と同様にバー・クラブ、質屋などの店群が徐々に開業し、新開地と呼ばれる地域を形成してきた。地区は主に米軍人・軍属用として営業し、当時第一ゲート前に金武村風俗営業組合も設立された。地区の形成をめぐっては、「両家の子女を守る防波堤論、（中略）沖縄経済を復興させるドル獲得論」などが論議された[25]。

金武村社交業組合加入者の世帯と人数は、一九六一年の一戸、七人から一九八〇年には一四六戸、五九八人に増加した[26]。その出身地をみると、最初の一〇年は宮古島と奄美大島出身者が七割を占め、復帰後は離島、金武町周辺、本島北部からの転入者で占められている（表12－5）。組合員の本籍地別内訳を見ると、宮古島が約二六・二％、奄美大島が約八・〇％、金武町出身者として登録した数は約一七・二％、名護市が約一二・二％であった。ただし、旧区民による営業数は至って少ない[27]。常に一ケタで推移してきた[28]。

地区が最も営業利益を上げたのは、一九七〇年前後のベトナム戦争の時期である。復帰後、収益は下落していくが、女性従業者が沖縄県人からより低賃金の外国籍女性の雇用に転換し、地域経済の一翼を担ってきた。しかし、一九九五年の沖縄米兵少女暴行事件に抗議する県民集会以後、基地と性産業も問題となり、二〇〇〇年代半ばには外国籍労働者が皆無となり営業利益は縮小していく[29]。地区の主な特徴は暴力事件が多いこと、米軍人・軍属の消費行動や景気の動向に敏感に反応し転出入が多いこと、そして反基地運動と利害が一致しないことである。

ところで、新開地は「キャンプ・ハンセン基地が建設されるに伴い、米軍相手の商業が盛んになり、様相は一変した。一九六一年一二月、県下にオフリミット[30]が発令され、営業が死活問題となったが、金武村長らの尽力で解除の方向へ向かった[31]」。この地域の営業は、金武町（当時は村）が深くかかわってきたといえる。

一方、並里区では、区有地であった闘牛場の跡地に一九六三年牛納《うしなー》バーを開設した。そこは邦人バー街として営業をおこなった。さらに、「一九六五年頃ベトナム戦争が激化、第一ゲート前の新開地が繁栄したので、並里区民の間に第二ゲート前も都市計画化の声[32]」が高まり、並里区事務所が主体となって、第二ゲート前にAサイン組合が結成された[33]。

しかし、同組合はその後組合員数が減少し、一九七一年四月には第一ゲート前のAサイン組合と合併した。並里区は後発で開発をおこなったが、ベトナム戦争後に当初の見込みほど営業数は増加せず、縮小していった。並里区の開発の経過は、区外出身者比率が少数に留まっている一要因と考えられる。

次に新開地の女性従業者たちが、地域の中でどのような位置にあったかを見てみよう。彼女らは、地域の女性差別

表12-5　金武町社交業組合員数

地 域	世 帯	世帯員
恩納村	3	11
大島群	10	48
今帰仁村	7	25
宮古群	34	157
金武町	26	103
勝連村	1	3
具志川市	5	16
与那国町	4	11
南風原町	3	13
糸満市	1	1
福島県	1	5
東京都	1	1
島根県	1	3
石垣市	1	9
名護市	13	73
本部町	3	10
読谷村	2	3
那覇市	5	20
嘉手納町	1	4
宜野座村	8	25
鹿児島県	1	2
東村	1	5
粟国村	1	2
上海	1	4
与那城村	1	1
具志頭村	1	1
石川市	2	6
浦添市	1	6
竹富町	1	5
久米島	1	7
国頭村	2	8
沖縄市	1	5
久志村	1	5
沖縄市からの通い	1	−
合計	146	598

出典）「金武町社交業組合創立20周年記念誌」金武町社交業組合、1981年、53-63頁より作成。単位：実数。

を語る時避けて通れない存在である。

既述したように地区の女性従業者は基地周辺のバー・クラブなどで働き、「基地軍人が内包する暴力に最もさらされる人びと」と言われてきた[34]。旧区民の女性である原告グループと新開地の関係を見ると、居住地区は混ざり合うことなく、世帯主の出自別棲み分けが見られる[35]。新開地は一九九〇年代前半まで米軍人専用の遊興地区で、原告グループは、日常的な買い物を新開地内でなく金武区の他の商店街や町外でおこなったとする[36]。

さらに、女性従業者の中には、町内を自由に往来できない状態の人びとも存在した[37]。新開地の女性経営者は「寄留民のくせに」といわれた経験を語る[38]。このことは女性たちが、「頼れる地域社会」を持たない人びとであること[39]、女性間に出自や職種などによる分断と差別があったことを物語る。

新開地の女性の多くは午後から夜中までが就業時間であり、婦人会や「通り会」などの地域活動に参加するものは少ない[40]。

こうしたことから、新開地と後述の裁判をたたかった女性は別の世界に生きている。前者は地域社会と隔絶した位置にいた人びとと言える。それを端的に表すのは、Qのインタビューである[41]。

Q（一九三六年生）は、「新開地は、米兵のもつ暴力性を吸収・緩和する憩いの場を提供し、暴力が町内に広がらないようにする役割やドル稼ぎを課せられ、町と金武区地主たちの相談の中で作られた。ここは軍人の暴力・暴行事件は聞くに聞けないことが多かった。戦後、町内ではその種の事件が一〇〇〇件を超えているのではないだろうか。公表されているのは氷山の一角で、当事者や地域の人びとは隠し通すことに懸命だった」と回想する[42]。

Qの語りは、地区が経済復興と兵士の暴力性を封じ込める対策として形成されたこと、「性暴力を受ける女性たちと性暴力からは守られるべき女性たち」という女性間の差別と分断を現している[43]。地域が暴力の犠牲となる女性たちを作り出し、その被害を黙してきた。それは沖縄戦後も圧倒的な軍事力を背景に、基地周辺地域を牽制する米軍に黙せざるを得なかったこと、「生計を維持するために米軍基地とつながらざるを得ない人びとの存在」があることを現している。[44] 原告グループは、新開地地区や女性従業者の話しには曖昧で口篭る。語らない彼女らは女性間の差別構造を容認してきたかに見える。けれども、そこには更なる問題が浮かび上がる。先述したように、原告グループは区外出身者の夫とともに旧金武区民から差別を受けてきた。それにも関わらず、彼女らの中にも新開地地区への差別意識があり、地区の状況を見ないようにしてきたとも思えることだ。

しかし、性暴力事件から見ると、Qが言及する新開地地区の役割は予想より機能しなかったのだろう。つまり、地域では、性暴力被害はより多く新開地の女性従業者が受けてきたが、町の全女性がその可能性を持つ立場であり被害も受けてきたとし、町中が全てを隠し通してきたという。現在も事件は減っていない。

軍用地料の女性差別に抗する運動で中心となった人びとは、一九九五年の県民集会でマスコミ対策を初めとして企画段階から活動した。Zは県民集会について「戦後五〇年経って、沖縄の女性・少女はまだ性暴力に我慢しなければならないのかが強くあった」と述べる。[45] 長年の怒りと屈辱は、日米地位協定の見直しや基地と性産業の関係を問う行動となった。

こうしたことから見えてくるのは、原告グループは新開地地区への差別意識を持ちながら、自らの経験を含め町内全ての性暴力事件を押し隠してきたことである。それゆえ、原告グループは女性従業者だけでなく新開地地区についても語らないのではないかと考えられる。つまり、この地域の女性間の関係は単なる差別構造と言い表せず、逆に語らないことが複雑な女性間の繋がりを現しているのかもしれない。

金武町の地域社会では、基地のある暮らしが日常となっているかのように見える。しかし、それは基地被害の多発、軍用地料を受領するかどうかによる不公平感、女性差別の温存などをもたらしてきた。これらの解決策ともいえる基地返還と跡地利用計画の動きは、緩慢である。この現状をどのように解決するかは、沖縄だけの問題でなく日本全体の問題である。

第二節　女性たちの性差別撤廃運動

立ち上がる女性たち

中心になった女性たちは、戦後の混乱期に高校を卒業し地元に就職した金武区のＭ（一九三三年生）、並里区のＵ（一九三四年生）とＶ（一九三六年生）の三名である。彼女らは、沖縄戦や米軍占領期を経験し、労働組合、復帰運動、地域の基地被害抗議行動など民主的な運動を経験した人びとであった。さらに、三人の女性のうち二人が婦人会会長経験者であった。彼女たちの地域における繋がりは、区を越えたネットワークを持ち、互いの情報は、模合《もあい》だけでなく同級生や女子孫《おんなしそん》の連絡網を介して多くを共有している。(46)

また、女性らの運動で注目すべきことは、一九九〇年代後半に、町政や婦人会に縛られることなく基地被害町民抗議集会や「象の檻」抗議行動に積極的に取り組んだことである。つまり、運動に参加した女性らは、基地被害抗議をする一方、軍用地料の配分を求める運動をおこなっていた。彼女らの共同性の分析は、人びとのつながりと地域社会の再検討・再構築の方向性を見つけ出すことを可能にすると考えられる。

ここで、上記の女性らの多彩な活動経験を踏まえ、戦後沖縄の地域における女性運動の概略を振り返ろう。第一に婦人会である。『なは・女のあしあと』によると、沖縄婦人連合会（略称：沖婦連）は、組織形態も担い手も戦前との断絶はほとんどなく、中心課題は生活改善で、具体的には悪質米追放運動など「行政の肩代わり的な役割をもった」(47)。生活物資に関する米軍政府との交渉は、婦人会の重要課題であった。つまり、一九六〇年代まで女性運動の中心を担ったのは婦人会であった。これを裏付ける事例は、大宜味村喜如嘉婦人会が、一九四〇年代後半にはじめた火葬場設置運動である。それは戦前、火葬奨励が沖縄県保健衛生調査会によって出されたことにはじまる。「沖縄県に火葬場がはじめて設置されたのが一九三九年九月、西原村であった」(48)。喜如嘉では戦前問題となったが立ち消えになっていた。しかし、戦後に再び婦人会長が中心となり、慣習の中で女性のアンペイドワークとされてきた洗骨廃止を訴えたものである[49]。大宜味村喜如嘉区は一九五一年に火葬場建設を決議した。後に全島に拡大した。けれども、沖婦連の会員は復帰後に減少していく。

次に、復帰後の運動で注目すべきことは、トートーメ廃止運動である[50]。それは、位牌継承と財産権が結びつき女性に財産を相続させせない慣習に抗する運動である[51]。契機は、琉球新報が一九八〇年に「トートーメは女でも継げる」と特集を組んだことにはじまる。後に沖縄県婦人団体連絡協議会もキャンペーンを張った[52]。その問題では、裁判がおこなわれ一九八一年に原告女性は勝訴した。だが彼女は、居住地にいたたまれず関西へ転居した。運動は現在も継続中である。

また、一九九五年の沖縄県民集会と同時期に「基地・軍隊を許さない行動する女たちの会」が、軍隊は構造的暴力であるという理念から組織された。この会は、複数の地域グループから出発しているが、地域の運動とは異なり、沖縄県内外の研究者、政治家、個人が参加し、代弁者的な役割を持つ。日本国内だけでなく太平洋周辺の米軍基地地域とネットワークを作っている。

地域の運動は、政治的信条で集まるものでなく、要求で結集するものである。Vは「女性の権利は黙っていては手に入らない」と確固とした理念を明らかにしたが、彼女らの具体的な目標は、地域社会を変える課題を明確にし、地域の公正さや人権を拡大する役割を持ったと考えられる[53]。

中心となった三人の女性は、地域のリーダー格で人びとの情報が集まる立場であった。運動の特徴を述べよう（表12-6）。

最初に運動を進めたUは、一九八〇年代後半に「並里区では、離婚した女子孫が世帯主という理由で軍用地料を貰っていた。役場での世帯主の変更には何の制限もないから、世帯主であるかどうかを理由に配分を受け取れないなんて、おかしいと話し合った」。それで会則を変えようと部落の長老であったG、Tに相談に行った。すると、「運動をやったほうがよいと言われて、どのようにするといいか指導を受けた[54]」。

表 12-6　金武区と並里区　入会団体会則改正の運動経過

年号	金武区と並里区入会団体会則改正の運動経過	沖縄県・金武町の出来事
1989		金武町議会リコール運動（養豚団地建設問題）
1990	並里区で世帯主でない女子孫Uが中心となったグループ、部落の有力者と協議・指導を受け署名活動をおこない入会団体へ請願。	
1991	並里区で世帯主でない女子孫へ軍用地料の配分を決定。Uが中心となったグループは、部落の有力者と協議・指導を受け署名活動を行い、入会団体へ請願。その後総会で決定。	
1993		女団協と金武町婦人会主催：北部女性集会（120 名参加）
1994		金武町主催：跡地利用シンポジウム(岡本行夫氏の参加)
1995		県民集会：沖縄米兵少女暴行事件
1996	並里区のVを中心にしたグループは、軍用地料の配分を受けていた男・女子孫が死亡した後、その配偶者が権利を引き継ぐことを請願した。	SACO 最終報告
1998	金武区のMを中心としたグループは、女子孫の軍用地料の配分を求める賛同署名を入会団体会員へ実施。その際Uと相談した。しかし、数日で入会団体の妨害に遭い挫折。	「像の檻」移設反対町民抗議集会
1999	並里区のVらのグループの請願が入会団体で決定された。3 回目の申し入れで達成された。	
2002	金武区のMを会長にウナイの会は金武杣山訴訟を開始。その際、町内のVをはじめ与那原町在住の女性史家Zと相談した。	
2005		都市型訓練反対行動と集会
2006	金武杣山訴訟、事実上敗訴	

出典）Mのインタビュー（2012 年 11 月から 2013 年 8 月）・Uのインタビュー（2013 年 8 月）・Vのインタビュー（2013 年 8 月）、Zのインタビュー（2016 年 5 月）から作成。

次に、並里区のVが入会団体へ請願をするに至ったいきさつは、「夫の死去後、すぐに軍用地料の配分が切られた。遺族として妻の権利がなぜ保障されないのか、女性の権利を主張しようと考えた」と述べ、男性も含めた七人の連名で請願書を作成した。[55]

金武区のMは一九八〇年代の初めに入会団体があり、軍用地料を配分していると聞き個人的に入会を申し入れたが断られた。彼女は、女子孫のグループで「話し合って七人で入会団体の事務所へ行った。そうすると、「会則は変えられない。女の腹は借り物」とさえ言われた。[56] 却下され言葉の暴力にあいながら納得できずにいた。

困り果て、団体の理事で後に会長になったSに相談を持ちかけた。彼は「慣習原則の私的団体が会員以外の意見に左右されると組織は崩壊する。総会で会員の声を多くすることが資格獲得への道」と述べた[57]。それにより金武区でも署名運動をすることを決め、一九九八年六月に入会団体宛ての「男子孫限定会則の撤廃署名」を会員に求めた。しかし、金武入会団体による妨害文書が配布され挫折した。なお、その運動でMは会則のことや署名、運動について、並里区のU、Vの協力と助言を受けた。

当時、地域内の軋轢はどのようなものであっただろうか。並里区のUは「嫌がらせや悪口もいろいろ言われた。軍用地料を受け取る人数が増えると一人分の金額が減るでしょう、それでいろいろ言われた。でもそんなこと気にしなかった。正しいことをやっているのだから」。そのような嫌がらせは、金武区でも同様であった。また、ウナイの会は、裁判の開始とともにマスコミを介して、他地域で同様な問題を持つ人びとと運動の情報を共有し助言もおこなった[58]。

次に彼女らの運動は、どのような影響と波紋を呼んだのかを振り返ろう。まず軍用地料の配分をめぐる運動は、地域の女性全員の問題ではなかったが、今まで口に出せず、はっきり言えなかった女性差別を表に出し男性協力者も現れた。

一方、区外出身者の住む新開地では、さまざまな場面で問題となり「金武区に住む自分たちにも権利があるのではないかと考える人びとの空気が生まれ、その資格と権利について改めて調べること」がおこなわれた[59]。その中で入会権の概要、金武町財政の三割は軍用地料が占め、金武区事務所予算の約六割が金武入会団体の軍用地料からの補助金で支払われていることが話し合われた。つまり区外出身者には個人配分がないが、町役場・区事務所の予算にかかわり軍用地料の恩恵を受けていることなどが確認された。

しかし一九六六年に新開地地区へ転入した元女性経営者Pは、「五〇年もここで生活している。いつになったらこの地域の住民と認められるのだろう」と問う[60]。彼女の語りは区外出身者の不満の声で、入会団体の居住開始条件が持つ不公平感を強く浮き彫りにしている。

裁判へ

金武杣山訴訟　署名運動に失敗した女性らは、二〇〇二年夏裁判を決意した。ウナイの会は軍用地料の女性差別解消を目的とし、金武町金武区に在住する女子孫約七〇人で結成された。そのうち、当時九〇歳から五一歳の戦争未亡人を含む二六人が原告となり、金武入会団体を相手取って二〇〇二年一二月に金武杣山訴訟が始まった。二〇〇六年の最高裁判決では、入会《いりあい》団体会則の男子孫《おとこしそん》要件を違法としたが、会則における慣習の正当性を認め世帯主要件を合法とし、ウナイの会は敗訴した。また、離婚した女性は、旧姓に服した場合のみ会員資格を得られるという条項は違法とされた。

判決を受け翌年の会則改正では、会員基準の居住区域を一九六二年の会員確定時のものに戻し、申請により世帯主である女子孫も正会員となり、軍用地料の配分を受け取れることになった。それにより全く地料の配分を受け取れなかった原告は、二六人中三人であった。二〇〇六年五月時点の会員数が六四〇人。二〇〇七年は八九九人であった。会則の改正は女性会員として一二三人の新規加入をもたらした。その結果、二〇一二年には会員数が一〇八六人へ増加した。(61) 宜野座《ぎのざそん》村など近隣の入会団体も会則から男子孫を削除し、子孫に改正した。しかし、金武入会団体では、現在も世帯主でない女子孫の加入は認められず、軍用地料の配分もない。

一方、隣接する並里区では、二人の女性が中心となって署名・請願運動をおこない、一九九一年と一九九九年の二回入会団体の会則改正を達成した。その内容を見ると、一九九一年の改正は、二〇〇二年金武杣山訴訟で争点となった条項についてであり、一九九九年のそれは、金武入会団体設立当時から実施されている条項についてであった。

ここで、沖縄における財産相続から女性を排除してきた慣習を振り返ろう。

先述したその慣習は、一七世紀に中国から父系集団である門中制とともに、土地私有を許されていた士族に伝わったものである。(62) では、それはいつ頃から一般的になったのだろうか。歴史を振り返ると、明治民法は本土同様一八九八年に施行された。しかし、当時は旧慣温存期であったため、民法の適用は旧来の沖縄の慣習と摩擦を起こさない形で進められた[63]。『なは・女のあしあと』を見ると、沖縄の慣習は「一家総労働で比較的平等であった平民には家父長制の力はさほど強くなかったが、一八九八年の民法の導入によってそれが強化された」としている[64]。では、明治民法が女性の財産相続にどのような変化をもたらしたのかを具体的に見てみよう。沖縄は近世期地割制度をとっていたため一般の農民に原則土地私有は認められていなかった。これに対し梅木哲人は、「現実の沖縄農村では近世後期になると階層分化や資産家も出現するようになる」とし[65]、来間泰男はこの事態は、地割り制度が崩れるというより「私的土地所有の形成過程にした方がいいのではないか」と論ずる[66]。

比嘉は後述する金武杣山訴訟の原告に対し、金武町とその周辺の財産相続について聞取りをした。それによると、財産相続から女性を排除した時期は「一八九九年から一九〇三年にかけて実施された土地整理事業をきっかけとする。（中略）一九〇〇年生まれまでは、男女平等にジーワキ（土地分け）を受けた」と記す[67]。

以上を整理すると、まず明治民法の施行時期と土地整理事業の時期はほぼ一致している。旧慣期には原則地割制で農民に土地私有が認められていなかった。

けれども梅木や来間によると、当時すでに私的土地所有の形成過程に入っており、土地私有が一部の農民によりおこなわれていた。さらに比嘉のインタビューから、土地整理事業頃までは金武町周辺で女性にも公平に財産相続がおこなわれていたが、その後おこなわれなくなったというものである。

つまり、琉球処分以来実施されてきた旧慣温存政策の終了による私有財産制と租税制度が施行された頃に民法による家父長制が拡がり、財産相続から女性を排除する慣習が強まったといえよう。

さらに、『なは・女のあしあと』は、「いつ頃から女性が実家のトートーメ（位牌）を継ぐと『祟り』があるといわれるようになったのだろうか。誤解を恐れずにいうと問題が出てくるのは戦後、一九五〇年代の軍用地料や戦傷病者戦没者遺族等援護法（略称：援護法）に基づく『遺族年金』の支払いが始まったことを土台に、女性の財産相続が認められる一九五七年の新民法施行以後だと思われる」と記す[68]。こうしたことから、父系嫡男相続制や位牌継承の慣習

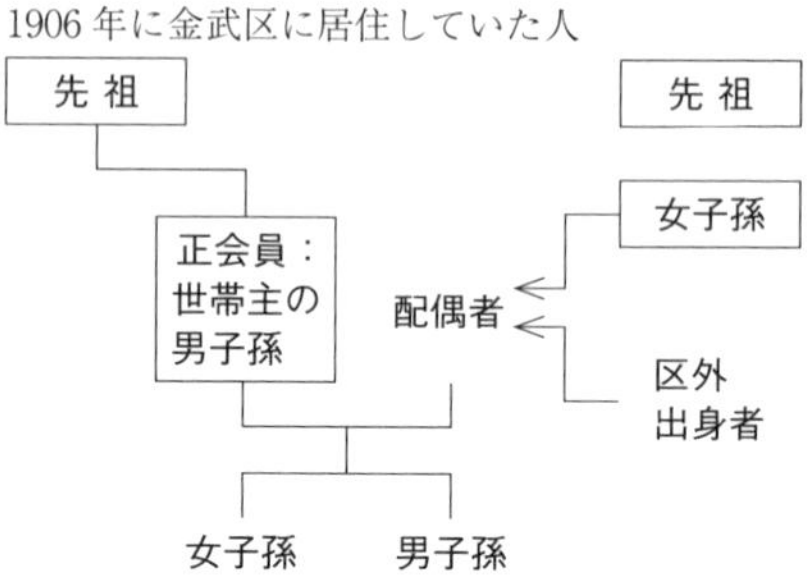

図 12-3 〈正会員〉の例

出典）金武入会権者会資料から作成（2013年3月）。

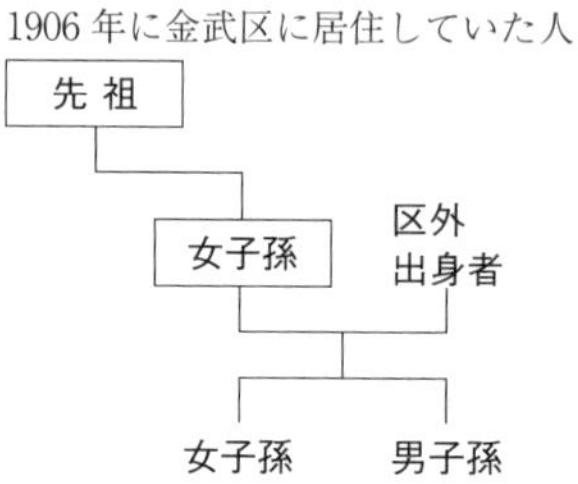

図 12-4 〈ウナイの会員〉の例

出典）金武入会権者会資料から作成（2013年3月）。

は、明治民法の適用を受けた頃から広まったが、厳しく言われるようになったのは、沖縄の新民法の施行後の一九五〇年代後半と考えられる。時代に逆行するような慣習の動きは、山野で金銭を生み出すとは思われなかった地域に地代として軍用地料が支払われ、援護法により戦争未亡人など女性に遺族年金が支給されるようになった頃からといえるだろう。

入会団体の会員資格をめぐる争い

字金武の女性らが、軍用地料の配分で女性差別があることに気付いたのは、一九八二年に制定された金武町条例が施行された後であった。一九八〇年代後半は金武町の基地被害が増加する一方、女性差別撤廃条約が批准された頃である。訴訟が始まった頃、金武入会団体会則の正会員の主な資格要件は、①一九〇六年杣山払い下げ当時の部落民の子孫で、かつ②世帯主である男子孫であった（図12-3）。ウナイの会の女子孫は、①はクリアーしていた。しかし②の要件は該当せず、正会員になれなかった[69]（図12-4）。

一方、一九八二年に金武町条例により設立された、並里入会団体会則の会員資格要件は、①一九四六年四月一日以前に旧並里区に本籍を有した者の血族たる子孫で、②旧並里区に本籍を有し、かつ、並里区に居住している世帯主である[71]。先に述べたように、この団体は女性らの請願運動を受けて、一九九一年と一九九九年に会則改正をおこない、女性差別を解消した。

金武杣山訴訟の主な争点は、上記の会員資格要件である①男子孫要件、②世帯主要件の改正であった。それに加え、ウナイの会は③女性の社会参画の視点から会の運営を見直し、女性が入会団体の運営に参加することを求めた。

これらは、憲法一四条（法の下の平等）、二九条（財産権）、民法九〇条、民法二六三条・二九四条、女性差別撤廃条約に関わるものであり、その権利は男女の別なくあるとするウナイの会と、入会権で扱う財産権は慣習として世帯主である男子孫に限られるとする入会団体の争いとなった（以下の「」は裁判記録から抜き書きした）[71]。

第一の男子孫要件について裁判所は、「日本国憲法の基本的理念に照らし、入会権を別異に取り扱うべき合理性を見いだすことはできない、（中略）男子孫要件による女子孫に対する差別を正当化することはできない」とし、違法とした。

第二の世帯主要件について入会団体は、「金武部落民会を含み沖縄の杣山に対する確立した慣行」とし、合法性を強く主張した。ウナイの会は、「一九五六年以来、会則は金武部落内の一部の男性によって作成されてきた。（中略）本件の問題は、世帯主に限定する慣習が存在するかどうかでなく、女性を入会権者から排除する慣習が存在するかどうかであると言うべき」と主張した。裁判所は、「地方の慣習に根ざした権利であるから、そのような慣習がその内容を徐々に変化させつつもなお存続している時は、これを最大限尊重すべき」とし、世帯主要件を合法とした。③についてついて裁判所は判断を示さなかった。

また、離婚した女性は、旧姓に服した場合のみ会員資格を得られるという条項は違法とされた。結局、ウナイの会は世帯主要件を覆せず敗訴した。

金武入会団体の会則改正　先述したように、旧金武部落民会は、二つの入会団体を設立し、名称変更や会則改正を何度も繰り返し、その経緯は複雑である[72]。二〇一三年現在、金武区の軍用地料を扱う入会団体は金武入会権者会である。

第一は、会員資格要件は一貫して世帯主の男子孫であった。ただし、戦争未亡人や離婚した女子孫は姓を服しないと正会員と認められなかった。

第二は、徐々に厳しくした居住開始要件と居住範囲の変遷である。一番目の団体の発足時は、「本来の土着民」で、次の改正時には「明治以前からの金武部落民」とし、一九八二年まで続く。二番目の団体の会則は、その要件を「一九〇六年杣山払い下げ当時の部落民で杣山等の使用収益権（入会権・二六三条）を有していた者」で世帯主とした。

さらに、注目することは、最初の団体は一九六二年に会員確認作業をおこなったが居住範囲を金武区に限っておらず、区の境界が曖昧である並里区居住者も会員としていた[73]。けれども、二番目の団体が設立された時、後法は前法を制し一番目の会の居住開始要件と居住範囲を同時に変更した。

ここで、訴訟におけるウナイの会の裁判対策に触れたい。それは、世帯主が並里区出身者である七人のウナイの会会員を原告としたことである。その対策が功を奏し、最高裁判決後、七人は正会員と認められた。つまり、居住範囲は、裁判後一九六二年の基準に戻ったのである。

金武入会団体の会則改正の経過を整理すると、それは、明治民法下で女性の財産相続権が検討されないまま作成された。翌年、沖縄でも新民法の施行がはじまったが、それにもかかわらず、位牌継承の慣習を継続し男子孫優位を進めた。さらに、軍用地料が高額になるにつれ会員の居住開始時期を厳しく定め、一九八二年にはその地域を金武区に狭めてきたことがわかった。軍用地料が、区外出身者の男性に渡らぬよう会則を再編・強化し、区外出身者の男性と婚姻した女子孫を排除してきたといえる。つまり、基地の賃貸料である軍用地料は女性差別を温存すると言わざるを得ないだろう。

では、なぜ彼女たちはこの時期に裁判という困難な選択をしたのか。直接の要因は、入会団体会則改正が二〇〇〇年代に入って二回おこなわれ、地料配分が一八万円（一九九二年）から三〇万円（二〇〇〇年の改正）、六〇万円（二〇〇二年の改正）と増額されたことであった（表12‐3参照）。原告らは、二回の入会団体会則改正を男子孫優位に固執する象徴的な姿勢と判断し、一九九八年の署名運動の挫折以来くすぶっていた不満が一気に高まり、裁判を決意した。

また、背景として地域経済の悪化が考えられる。当時は、グローバル経済が進展し失われた一〇年の時期で、金武町も例外ではなかった。例えば、一九九六年における一人当たりの町民所得は、金武町が一八七万円、県が約二〇六万円、恩納村二四八万円、宜野座村二〇四万円である。[74] 周知のように沖縄県は当時、全国でも最下位グループにある。その中で金武町は県平均、金武町周辺地域よりもかなり落ち込んでいたのである。[75] この傾向はその後も続いていく。

裁判の経過を見ると、軍用地料をめぐる裁判はもっぱら旧区民・男女間の争いと解釈された。既述した軍用地料問題は、あえて話題とされなかったように思われる。ウナイの会は全面勝訴とならなかったが、裁判後の入会団体会則改正により一定の前進があった。裁判に関わる情報は、マスコミなどに報道され一部の女性たちによる支援もあったが、県内の全女性の問題とならず孤立さえしていた。

第三節　運動主体の職業と移動

ここで、金武入会団体の二〇〇〇年時会員数から同区の出身地別世帯数を見ると、①旧金武区民の出自を持つ男性を世帯主とする世帯数は五八七人（三三％）で、②旧金武区民出自の女性の世帯（世帯主が金武区外出身者）は約一一〇人（六％）、これに対して、③区外出身者同士の世帯は一〇七四人（六一％）である。[76] このうち②は原告の母体であった。次に、原告グループ一五人のライフヒストリーの概略を述べよう（表12－7）。その就労経験は提訴までの経緯や裁判を継続することへどのような影響を持っていたのか。

原告グループは全て学業終了後から働き続けた人びとであった。同時に複数の仕事に就いていた人は約五割である。全員沖縄県人と婚姻し、それによって親元から離れ、同一区内で区外出身者の夫と別世帯を持った。[77] 学業や就労などで県内外への転出経験を持つものはD、H、M、O、W、Eの六人であった。しかし、いったん町外に転出した人びとも一九八〇年代初めに金武町に戻る。

表 12-7　原告グループの移動経歴

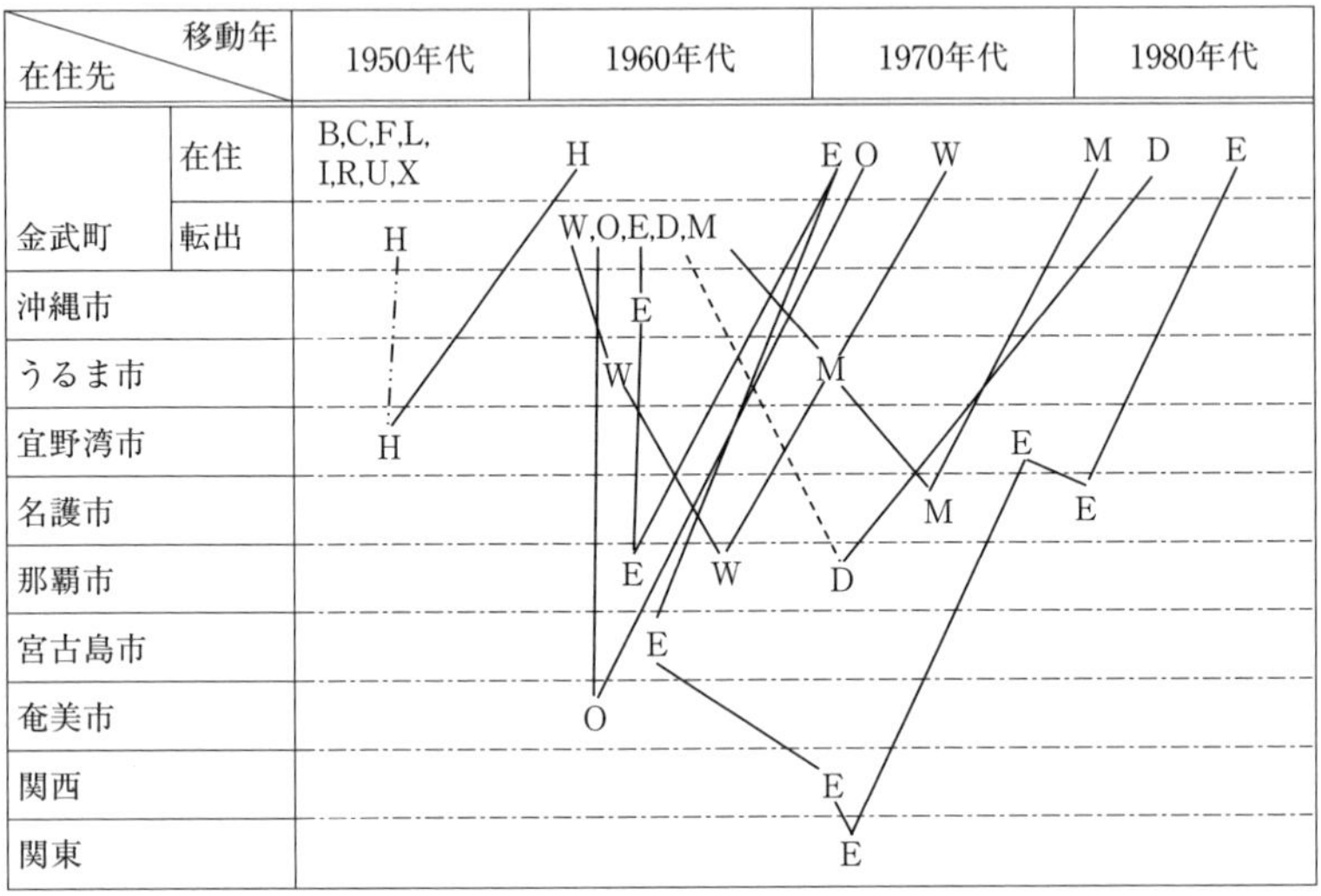

出典）原告の聞き取りから作成（於：金武町内のレストラン 2013 年 2 月 3 日、於：金武町の各自宅 2013 年 5 月 14 日・5 月 17 日・5 月 18 日、8 月 8 日・8 月 9 日・8 月 10 日・8 月 19 日・8 月 20 日、2015 年 1 月 11 日・1 月 12 日・1 月 13 日・1 月 14 日・1 月 16 日・1 月 17 日・1 月 18 日）。

注）破線は学業、実線は就業、2 点破線は病気療養の移動を示す。

移動の契機の第一は戦前の移動である。戦前フィリピンで出生したのは、M、Iである。Bは戦前大阪に出稼ぎに行き、敗戦で一八歳の時送還された。後に結婚し戦争未亡人であった姑と四人の子供を育て生計を立ててきた。「働きずめで生活は苦しかった」。夫は行商・アルバイトで早世した。

第二は働く意欲や職業上の昇進である。Mは長女で父と兄は戦死。高卒後に事務職として金武町内で就業し家族を支えてきた。結婚後、子育てを実母に頼み昇進に合わせ県内を三回転勤した。彼女は「女性差別を争う裁判で負けるはずはない」とウナイの会を始めた。トートーメ裁判後を意識し「これからもこの地域に住み続けていく、そのためにも地域をよくしたい、女性差別をなくしたい」と述べた。彼女は、二審の敗訴後に新聞のインタビューで実名を公表し、沖縄県内の大学や「全国女性史研究の集い in 奈良」、沖縄県女性総合センター「てぃるる」地域リーダー養成講座で報告をおこなった。担当弁護士は「彼女たちは最初から元気だったが、裁判が進む中で益々生き生きしてきた」と回想した(78)。

Eは沖縄市で進学し医療系専門職となった。那覇市を経て金武町へ戻り、病院に就職した。その後、沖縄県における医療・看護体制の中で飽き足らず、復帰後本土へ経験を積みに転出し、県内外の移動を七回繰り返し昇進していった。八〇年代には家族とともに金武町に戻り、五五歳まで勤務した。現在も他の職場で勤務している。夫は宮古出身で定職に就かなかった。裁判について「職場の親しい人に誘われ会に入った。夫が亡くなり地料をもらっている。いまも続く女性差別をどうしていくかが課題だ」と述べた。

第三は就労先を町外に求めた二人である。Wは地元以外の就職先を求め、うるま市の米軍基地で事務職となった。その後、那覇市で結婚し金武町の基地に再就職した。五五歳で退職後に自営業となった。彼女は、区婦人会会長や役員を歴任し、一九九〇年代の地域の女性運動の中心にいた人物である。原告になることを誰に相談したのだろうか「誰にも相談せず自分で決めた、女性の権利は黙っていては掴めない」とし、Mとともに裁判に関わる新聞インタビューを実名で受け、女性差別に抗する正当性を主張した。

第四は財産相続である。原告グループの中で、財産を相続（主に土地）したのは、E、H、M、I、Oの五人である。彼女らは親から財産を相続し旧金武区内に居住する。

金武町は、町役場を中心に円周上に番地が振られ形成された地域で、旧金武区民の世帯は役場を中心にした一定の地域に集住してきた。原告グループは、夫が区外出身者であるが、相続を受けた人は旧金武区民の地域に居住している。彼らは、区外出身者などに土地を売ることはほとんどなかったため、区外出身者世帯はその地域に入ることはなく、復帰後の人口増加に伴い開発されたその周辺地域に集住してきた。これは地域内の出自別棲み分けとも言えるだろう。

Oは、「父は一一歳の時亡くなった。軍作業員でハウスクリーニングに就いた。最初の結婚は親が決めたが、自分で離婚を決めた。三〇歳で再婚し、夫の出身地である奄美で九年間生活した。夫は次男だった。三九歳の時、金武町の両親が亡くなった。兄たちは三人とも移民して沖縄には親族が誰も居なかったので、相談の結果、沖縄に誰も居ないのも困るからと私が兄の相続分をもらうことになった。それで奄美から戻ってきた。夫は建設業（サッシ工）で、私は農業で農業日雇いもやった」、「位牌は兄がハワイへ持って行ったからこちらには何も残っていない、他の人より一〇年遅れたので、生活が大変だった」。さらに「ガマでの空襲体験は忘れられない。小学校卒だが今は新聞を読むことが励みであり、楽しみ」とし、「会へは呼びかけの配付資料から入会した。私は地料を貰えないが、息子が貰えるようになったので良とした」と話す。彼女の話から、この地域では移民が特別でなく普通におこなわれていることや、家の跡取りがいなくなった中で、女性が財産を相続することも特別ではないことがわかる。ただし、位牌は沖縄社会の特徴として男性が相続している。

このように女性の相続がおこなわれることを踏まえた上で、なお、彼女の生活は苦しく、財産相続は生活を好転させるようなものでなかった。しかし、彼女にとって財産相続と裁判に参加したことが生活の転機となり自信に繋がったこともうかがえる。

以上から、D、M、O、W、E五人に共通することは、彼女らの社会性が就学終了頃に自覚されたこと、その後の就業や転勤などで経済的自立、社会性の成熟、複雑な社会組織への適応力も成熟し、復帰運動・労働組合・婦人会活動など政治への関心や参加傾向が読み取れる。

原告グループのうち移動しなかった女性は八人である。町を出なかった理由は雇用があったためとする。職業は軍作業員経験者が四人である。軍作業員は学歴・就労経験を問わず就業できたため、金武町では一九五〇年代後半から復帰頃まで男女ともに増加した、現金収入が得られる身近な雇用先であった。この職種は男女の賃金差別はない。しかし、暴力事件と隣り合わせでもあった。Cはガソリン給油、Hはハウスキーパーやクリーニング、Rはウエイトレスなどに従事してきた。事務職はJ、Iの二人で地元の公務員となった。この職種は移動経験者のM、Wを合わせると四人になる。アルバイト経験者は三人で、農家・農業日雇いは五人である。

Jは一九九八年の署名運動当時からのメンバーである。軍用地料について「裁判の形であったが、公然と言えなかったこと、女性差別があることを公表できたのでやって良かった。原告になることは家族に相談したが、目立つことをすると、人の見る目が明らかに変わることが改めてわかった」と述べ、町内に留まった理由については「一人娘であったため親が手元に置きたがって、就職先も見つけてきた。自身も親の近くで暮らしたかった」と振り返った。

Ｆは高卒後洋裁の技術を習得した。宮古出身の夫と結婚後、夫と同職種の免許を取得した。新開地周辺の自営業である。彼女は「裁判までやったのに負けた。子供がなく地料は貰えなかった。その後の運動がないことが残念だ」とする。

当時原告グループの夫らの職業は、運輸関係二人、建設関係一人、公務員三人、卸売業二人、自営業三人、行商一人、アルバイト一人、無職一人である。原告グループの五割、夫の約七割が本業とアルバイトに従事した。原告グループの夫たちと男性協力者は情報収集に協力し裁判を応援した。夫たちは一五人のうちすでに一一人が亡くなり、二人は病気療養中である。

Ｆの夫は免許職種で「自営業のため表だって裁判の応援はできなかった」。Ｍの夫は教員で町長経験者であった。彼は、「あの運動そのものが正論だ。いろいろ言われても気にしなかった。嫌がらせや邪魔する人がいた。当事者に対する直接の応援は表に出てこなかったけど、裏では応援してくれていた。でも、運動は大変だ」と振り返る(79)。彼らの語りは、女性差別が男性の問題であることも示している。夫たちのうち、金武町外から転入した区外出身者は一〇人であった。彼らの移動時期は一九五〇年から六〇年代である。

以上、原告グループは、戦中・占領期を経験し子供の頃から杣山の労働を身近に見て、男性と変わらず働き続けてきた人びとであった。彼女らの力は、地域を守るというより移動経験や働き続けた経験が深く関わり、それが女性差別を許さないという運動につながったと思われる。夫の語りは女性問題が男性問題であることも示す。また、彼女らの多くは、共働きを続けてもなお経済的なゆとりが得られにくかった人びとといえるだろう。

第四節　金武区と並里区の社会構造

区財政と入会団体

両区の入会団体は、女性らの運動に対し異なる対応をした。年度は異なるが提供を受けた財政資料をもとに、入会団体と区事務所のありようを検討しよう[80](表12-8)。

表12-8　金武区と並里区事務所と入会団体の予算額など

(単位千円　百円以下は四捨五入)

2008年度金武入会団体決算額	総額	593,471円
	軍用地料	584,747円
会員へ配分	補償費	448,800円
金武区事務所	補助金	80,000円
	積立金	2,182,097円

2011年度並里区事務所予算額	総額	145,364円
	軍用地料	120,920円
	補助金	0円
2012年度金武区事務所予算額	総額	130,270円
2010年度並里区入会団体歳入額	総額	260,000円

出典)金武入会権者会・金武区事務所・並里区事務所・並里区入会団体の資料から作成(2012年3月から8月)。

金武入会団体は法人格を持つ私的団体で、年一回総会を開催する。会員は、先述した条件に合致した旧金武区民で裁判後には金武区全世帯の約四〇%を占め、年間五〇万円の軍用地料が配分されている(表12-3参照)。

金武入会団体は、毎年金武区事務所へ補助金を配分しており、二〇〇八年度は決算額の約一三%で八〇〇〇万円であった。その決定は、区が入会団体へ翌年度予算計画を報告した後に入会団体が補助金額を決定する。このことから、金武入会団体は、区事務所へ補助金の配分で大きな影響力を持ち、高額な軍用地料によって区をはるかに上回る絶大な力を持っているといえる。

旧金武部落民会は、先述したように入会団体を設立し、復帰後、金武区事務所が年中行事や自治会活動をおこなうようになり、サービス対象者も全区民とされたことから解散した。旧金武区民は、金武区事務所のさまざまな行事に参加するが、旧金武部落民会の流れを継承し、多額の軍用地料を管理・運営する金武入会団体に、より帰属意識を持っていると考えられる。

それは、ウナイの会が教育・福祉サービスの改善を述べる際、金武町への要望は一言も出されず、入会団体の軍用地料の使途として裁判やインタビューで主張していたことからもうかがわれる。

一方、並里入会団体は、並里区事務所から派遣された準備委員七名による設立準備委員会で協議され、一九八二年に設立された。その会則は、並里区の町会議員や中学校長など有力者らの合議で決定された。入会団体は、現在、並里区全世帯の約八〇％に当たる旧並里区民に対して軍用地料の配分を毎年一会員当たり二四万円支払っている[81]。並里区事務所は財源が豊富なため、入会団体から補助金を受け取っていない。

以上から明らかなように、旧金武区民による運営をおこなう金武入会団体は、金武区だけに留まらない地域の経済を左右する力を持っていると考えられるが、他方で区内の不公平感を産み出している。

並里入会団体は、その設立経緯から区事務所に準じた管理・運営体制がとられていると考えられる。

次に、区事務所の運営について述べる。金武区民と並里区民は区費を支払っていない。区事務所は主に自治会的活動をおこない、決定機関として金武区行政委員会、並里区議会を持ち、町役場と類似した運営がおこなわれている。それぞれ公民館活動をおこない伝統的な年中行事は、区事務所が執りおこなう[82]。ここで、並里区の特徴を述べよう。並里区事務所の二〇一一年度予算額を見ると、独自収入として軍用地料が約八三％を占めた。並里区事務所は、財源が豊富なため入会団体から補助金を受けていない。金武区と並里区の人口比は、約二対一である（表12-9）。区財政における区民一人あたりの軍用地料の割合を単純に人口から見ると、並里区民は金武区民より多いと考えられる。

表12-9　金武区と並里区の人口と世帯数

年	金武		並里	
	世帯数	人口	世帯数	人口
1965	954	3,843	627	2,641
1970	1,109	4,136	645	2,624
1975	1,406	4,902	723	2,576
1980	1,418	4,791	714	2,486
1985	1,547	4,886	742	2,394
1990	1,584	4,724	808	2,432
1995	1,665	4,560	853	2,473
2000	1,771	4,584	906	2,452
2005	2,073	4,710	1,016	2,609
2010	2,272	4,806	1,111	2,699

出典）「統計きん」金武町総務課から作成。
（国勢調査）

さらに並里区は、戦後民主的な村づくりを目標とし、復帰後基地経済からの脱却を掲げ農業振興策を推進し、地域の文化・福祉・教育などを含む地域づくりをおこなってきた。それらは区事務所の潤沢な軍用地料からの財源を運用したもので、並里区の運営はあたかも金武町行政の肩代わりをしているようである。特に、奨学金制度は町内外でも知られており並里区の区事務所と入会団体で運営する。

金武区と並里区事務所の運営の違いは、毎年入会団体から補助金を受け取る区と独自収入により運営をおこなう区における差といえる。軍用地料は不労所得といわれているが、基地被害を受けるすべての住民がその恩恵を公平に受け取っていない。

以上をまとめると、区財政を支える軍用地料は、金武区の場合、並里区に比べて予算規模が人口に対して少額であるとともに、独自収入がない分入会団体からの補助金率が高く、区としての力は弱いと考えられる。一方、並里区は軍用地料からの独自収入が、区の裁量によって使われているため、区に対する結集力は強く、地域内で力を持っているといえる。このように金武区と並里区では、区事務所と入会団体のあり方がかなり異なっていた。これが、両地域間における対応の違いをもたらした一つの背景であると考えられる。

区外出身者との関係

入会団体会則改正で、金武区と並里区の対応の違いをもたらした背景として、次に注目すべきことは、基地建設や基地周辺の開発などにより地域に流入した区外出身者への対応である。金武村では、一九五五年から一九六五年の一〇年間で約二三〇〇人の人口増があった（表12-2参照）。これは、基地建設と新開地開発が盛んにおこなわれた頃である。特に金武区では人口増加が進んだ（表12-9）。彼らは、基地建設に就労し、その後定住した人びとや基地周辺労働を求めて集まった人びとであった。一九五六年当時金武区の旧金武区民の比率は、表12-3の金武区世帯数における入会団体会員数の割合から五四％と推測される。その後、金武区総世帯数に占める入会団体会員数は逆転し少数派になっていった。一九七〇年には三七・四％、二〇〇〇年は三二・七％、そして二〇〇六年の裁判判決前は三〇・九％に減少した。これらから、旧金武区民の増減は少ないが、区外出身者が増加したことがわかる。金武入会団体会則改正前後での会員数を見ると、二〇〇七年には一二三人の女性会員が新規加入した(83)。これは、会則改正の影響が大きかったと考えられる。

一方、並里区でも世帯数・人口はともに増加するが、相対的にかなり緩やかである。世帯数が千戸を超えるのに金武区に比べ一九六五年から二〇〇五年までの四〇年間かかっている（表12‐9参照）。それだけ地域の変動が緩やかであったといえる。表12‐4は並里区における並里入会団体会員数比率の推移を示したものである。会員数比率は、一九八五年八三・六%、二〇〇〇年七六・九%、二〇〇五年八〇・四%で、約八〇%を推移して変動は小さい。区外出身者の比率は約二〇%にとどまる。

表12-10　生徒数及び出身地調（金武小学）

出身地	人員	出身地	人員	出身地	人員
金武村	786	西原	4	美里	1
大島群	30	東風原	4	玉城	1
宮古群	23	宜野湾	3	計	955
那覇	17	北谷	3	職業欄	
本部	15	浦添	3	職積	人員
宜野座	14	石川	3	農業	481
名護	13	国頭	2	商業	83
八重山	12	粟国	2	公務員	65
今帰仁	11	屋嘉地	2	建築業	71
具志川	9	東	2	サービス業	68
コザ	7	中城	2	軍作業	75
羽地	7	屋部	1	労務	54
読谷	7	大里	1	会社員	7
久志	6	豊見城	1	漁業	5
勝連	6	知念	1	その他	28
与那城	6	嘉手納	1	計	955
糸満	6	伊平屋	1		
久米島	5	伊江	1		
奥納	5	南風平	1		

出典）広報金武縮刷版1～100号「金武村広報」金武町、1964年11月1日、8頁。

ここで一点確認しておきたい。並里区では一九九一年に区外出身者と婚姻した女子孫への軍用地料の配分を決められたが、一九九〇年から一九九五年にかけて会員数は五年で八人減であった。区の人口・世帯数は若干増えているが会員数の変動は少なかった。さらに、一九九五年から二〇〇〇年にかけての区の人口・世帯数は、二一人減、五三戸増加し、その間の会員数は五八人増である。区の世帯数増は、成人し軍用地料の配分を受け取るために親世帯から独立して生活する子供世帯の増加が要因であろう。一九九九年の改正により、会員が死亡した後その配偶者が軍用地料の配分を受け取れるようになったことから、世帯数の増加には繋がらない。これらから、会則改正をおこなったことで、入会団体会員数は急激に増加することはなく緩やかに増加してきたと見られるのである。

以上から、区外出身者比率は、金武区の方が並里区に比べて多数を占めたことがわかった。そのため、金武区では軍用地料の配分先が拡大することを嫌い、区外出身者を配偶者に持つ女子孫差別を解消する合意が取れなかったと考えられる。金武入会団体では、「区外出身者が多いので旧金武区民だけで会を維持したかったのだろう[84]」と聞いたが、上記を裏付ける談話である。一方、並里区は区外出身者が少数派のため、軍用地料の配分が区外域出身者へ渡ることの障害が少なかったといえる。

地域有力者の姿勢

次に、女性らの運動から浮き彫りになった地域有力者の政治的姿勢を検討しよう。はじめに基地問題での町長の発言である。金武区出身の町長Kは、一九八五年三月定例議会における施政方針演説の中で金武町が軍用地料や基地関連収入によって財政が潤っていることを述べ、事件・事故があるからといって「性急な判断による対応は混乱を招く[85]」として、具体的な行動について言及しなかった。これに対して、並里区出身の町長Nは、Kの後任で復帰後一六年ぶりの競争選挙によって町長に就任した。先述したように、金武町が軍用地料や基地関連収入によって財政が潤っていることを述べながら、基地の返還とその跡地利用計画に取り組む姿勢を協議したいと主張した。金武区出身の前町長とは姿勢が異なるのであった[86]。彼はウナイの会会長Mの夫である。

さらに、町議会議長Gが、基地問題に対してどのような考え方をしていたのかを町民集会の発言から紹介しよう。先述した「米軍演習を糾弾する町民総決起集会」では、町議会議長の挨拶として「金武町では事件・事故が（中略）一九八一年までは一ケタ台の発生だったが、一九八二年から二ケタ台（中略）になり年々増加傾向にある。（中略）事件・事故をなくすには、演習場の即時撤去しかない」と訴えた[87]。この発言をしたGはUが長老と呼んだ人である。その発言には、一九八〇年から一九九〇年頃の並里区の有力者の政治的特徴が現れているだろう。

Gは一九二三年生まれで、一九五四年から二五年間七期、町議会議員を務めるとともに一九八一年から一九八八年まで町議会議長の地位にあった。その功績により一九八九年、全国町村議会議長会並びに沖縄県庁村議会議長会長から表彰を受けたうえに、一九九四年国からも勲章を授与された。町は町民祝賀会を開催した。彼は、地方自治分野では金武町だけでなく沖縄県でも著名な人である。

このような経歴から、Uの要望や運動に対しても良識的な対応を取ることができたといえる。なお、ギンバル訓練場の返還は、一九九六年以降の基地返還協議で課題となり、二〇一一年、紆余曲折の末に達成された。

一方、金武区の有力者はどうか。ウナイの会の女性たちの要望に対して入会団体の対応は強硬かつ高圧的であったが、有力者は一枚岩ではなかったと考えられる。一九九八年頃、女子孫らが相談に行ったのは、後に入会団体の会長となるSであった。ここでSの言動に注目したい。彼は、二〇〇三年那覇地裁で入会団体が敗訴した時に、会長として団体の立場を地元新聞に投稿した。彼は元教員である。そこで、「金武町は米軍基地とともに、外から移住者が増え、祖先伝来の財産を守るために入会団体を設立した。単純に女性差別だけで結審された感を受ける。任意団体が昔からの慣習、伝統を守ることの指導ならともかく、なぜ国家権力が介入するのか疑問である」と述べ、二〇〇二年以来はじめて入会団体の立場を地元新聞に表明した。[88]

しかしSは、二〇〇六年三月の最高裁判決を受けて会則改正に奔走した。それは、裁判で違憲とされた「世帯主の男子孫」の文言を「世帯主の子孫」にするため、強硬な反対者を説得する行動であった。彼は、「会則改正は私の使命と考え、反対する役員の家を一軒一軒訪ね説得した、なかなか承知してくれない人がいて、何度も家に行った」と経緯を述べた。[89]この努力が実り、二〇〇六年五月には会則改正に至ったのである。

裁判中のSの対応は、組織の長としてやむを得なかった面があるだろう。けれども、その言動は彼のその時の意識のすべてを表すものでなく、女性たちの要望に対して共感する面を持ち合わせていたと考えられる。それが、裁判後の行動に繋がったといえる。その点で、金武区も排他的な人ばかりではなかったのである。

最後に、並里区養豚団地建設問題から区外出身者に対する地域の対応を検証し、地域の諸相を浮かび上がらせよう。取り上げるのは、一九八八年九月に町を揺るがした養豚団地建設計画が引き起こした金武町議会リコール運動である。ここで注目するのは、リコール請求の中心となった金武区の人びとと町議会側の区外出身者の業者に対する視線である。当時の町長は、先に述べたウナイの会会長の夫Nで、町議会議長はGであった。Nは金武区在住であるが、Gとともに並里区の出身者である。

養豚団地は、すでに金武区と屋嘉区で建設されてきた。[90]新たに並里区にも設置する計画が、県とも協議済みで進んでいた。しかし、それに異議を唱え町議会のリコール請求をおこなったものである。同年一一月に町議会のリコールが成立し、一二月に町議会議員選挙をおこなった。

議会解散請求住民は、「わずか五人の業者、しかもよそからの『かけこみ』、団地を取得する業者は町全体の養豚業者約六〇人のうちたったの五人」と主張した。金武町議会は「解散請求者は、関連する業者についてわずか五人のよそからの駆け込みと主張しているが、それこそ偏見で排他的であります。五人とも一〇年以上金武町で養豚業を営んでいる町民です。こういう歪んだ考えが、町の発展を阻害し町民の和を壊します」と反論した。[91]これは、悪臭に関わる問題も伴い主に金武区民が主導した町議会リコール運動であったが、県からの補助事業であったため県議会でも問題になった。出直し選挙の結果は、建設反対派の票が伸び推進派と同数となり、議会勢力は拮抗した。結局、並里区養豚団地建設計画は頓挫した。上記の反論文書は町議会名となっているが、当然町議会議長であったGは、同様な見識の持ち主であったろう。並里区出身の町議であったGと並里区出身の町長は、区外出身者に対し偏見を持たず、融和的であったことが上記の主張や今回の調査からわかった。

さらに、その姿勢は、出身地を問わず町内に在住するすべての人びとの輪を作ろうとするもので、軍用地料による地域の格差や分断を解消し、町の発展を願うきわめて真っ当なものであろう。

この事例から、金武区には、金武杣山訴訟以前にも根強く区外出身者に対する排他的な対応があったことがわかった。一方、並里区の有力者は、区外出身者に対して融和的な対応をしていたこともわかった。

けれども、こうした見解は、金武町で常に多数派を占めるものでなく、並里区全体のものでもないこともわかる。人びとの判断は、課題によって変化しているのだろう。なお、Gは、結局この出直し選挙に出馬することなく町議会議員をおりた。しかし、その後も地域の長老として影響力を持ち続け、Uの要求に対しても尽力し一九九一年に会則改正を達成した。

地域づくりと自治的機能

既述したように、並里区は復帰後、基地経済に依存した地域経済からの脱却を目指し、農業を中心とした地域づくりに取り組み土地改良計画を推進した。「広報金武」によれば、並里区は「農林水産まつりのむらづくり部門で受賞」した。[92]さらに「金武町の地域特産品として水芋を栽培しはじめた。農業生産額は一九八三年には億単位に伸びている。並里区は区民が一体となり、村づくりのために盛んな集落活動がおこなわれている」と報じた。[93]同区では、農業による経済振興と地域づくりが進められ、集落活動が活発であったとされていることが注目される。

加えて、並里区事務所には、Uの発言から自治的な機能が働いていたと考えられるので、先に地域有力者のところで触れたGについて検討する。

足立啓二は「日本のムラは（中略）規範を共有する構成員によって、合議のもとに自主的に運営される、紛れもない一つの自治団体であった。（中略）一つの自立した公権力主体であった」としている。[94]並里区では一九八〇年代にGが町議会議長となり活躍したが、彼をはじめとする町議会議員らは足立が論ずる「村の自治」的機能の中心となった地域の有力者といえるだろう。Uらは、並里区の長老に相談し指導を受けた後、入会団体へ請願し短期間で会則改正を達成した。これは、Uが復帰後並里区事務所に勤務し婦人会役員を担う中で、地域の長老によって統括されている区事務所の「村の自治」的機能を熟知し、地域の力関係を知り尽くしていたためであろう。

並里区における二回の入会団体会則改正の請願は入会団体の協議で決定されたが、先に述べたように区事務所の運営が豊富な軍用地料によって賄われていること、改正によって会員数が急激に増加せず入会団体が改正を受け入れても障害が少なかったことに加えて、以上見てきたように並里区内における自治的な機能の働きも作用したのではないかと考えられる。これらにより、旧慣からの女性差別が解消し、地域の公平性が進展したのであろう。

一方、金武区はどうか。金武区は、一九五〇年代にはすでに離農が進んでおり、区外から基地建設や基地周辺労働などに多くの人びとが集まり、金武町の中で最初に商業が発展した地域だった。金武区では入会団体を設立した頃、村の自治的機能は、旧金武部落民会の中で機能していたと考えられる。区外出身者が急激に増加したため、旧金武区民の中でのみそれは機能しており、金武区全体の中では機能していなかったのではないだろうか。

例えば、Mは女子孫の連絡網があると述べていたが、これは旧金武区民のみの結束を示すものといえる。金武入会団体はそれを受け継いでおり、その特徴は区外出身者には閉鎖的と受け取れるだろう。

このように、並里区は、戦後、村の自治的機能を維持しながら、農業を中心とする経済政策と地域づくりを展開してきた。一方、金武区は、区外出身者が増加したことから基地を中心とする商業振興に努め、旧金武区民の中でのみ結束を強めていたと考えられる。社会構造に着目すれば、両区における区のあり方のこの相違も入会団体会則改正に対する対応の違いをもたらしたといえる。

おわりに

これまでの検討から、戦後金武区は、基地を中心とする商業振興に努め、区外出身者が増加したことから旧金武区民の中で結束を強める一方、並里区は、村の自治的機能を維持しながら、農業を中心とする経済政策と地域づくりを展開してきたといえる。しかし、両区には、区外出身者に対する排他性と融和性が存しており、金武杣山訴訟以前にも根強く区外出身者に対する排他的な対応が見られた。それは常に一様でなく問題によって表れ方が異なることもわかった。

さらに、地域経済が日米の安保・財政政策から大きな影響を受けている中で、一九九〇年代以降の失われた一〇年は、経済的格差を拡大し貧困問題が表面化したと考えられる。原告らの多くは、共働きを続けてもなお経済的なゆとりが得られにくかった人びとといえ、女性たちの運動はそれと密接に関係しているだろう。

こうしたことから見えてくるのは、地域には基地被害の多さ、軍用地料から派生する不公平感と経済的格差、旧区民と新開地女性従業者間における女性差別の複雑さなど、言葉にされてこなかった地域社会のさまざまな問題である。軍用地料問題が、日米の安保政策に関わり女性差別や慣習に収まらない複雑な問題をはらんでいること、女性の権利獲得がいかに困難であるかが改めてわかる。

次に、運動から見出された課題を整理して今後の展望を記したい。第一にこの問題は、多くの人びとに地料をめぐる旧区民・男女間の争いと解釈された。それはこの差別の背後にある、軍用地料が持つさまざまな問題から目をそらすことに繋がったのではないか。それは女性差別が地域の全女性の問題とならず、原告らが孤立する要因にもなったのだろう。そのことから軍用地料にかかわる女性差別が、なぜ全県的な女性問題とならなかったのかの検討を今後の課題としたい。

第二に原告グループの多くは、戦中・占領期を経験し男性と変わらず働き続けてきた人びとであった。彼女らの力は地域を守ると言うより、移動経験や働き続けた経験が深く関わったといえる。それは一九九〇年代に「女性の権利は黙っていては掴めない」という確信となり、基地を受け入れる中での軍用地料獲得運動と反基地運動という一見共存しないような立場の運動をたたかった。しかし、両者はともに日常生活に根ざした行動であり女性の人権拡大につながるものではないかと考えるため、その検証を今後の課題としたい。それはなぜ基地に反対するのかを問い直し、日常生活の中で基地があることは何を意味するのかをさらに検討することになろう。

注

（1）字金武は金武区・並里区・中川区を包含する。金武区と並里区の区界は曖昧である。金武町誌編纂委員会『金武町誌』金武町役場、一九八三年、七〇二頁、七二七頁を参照。
（2）一九〇六年以後に金武区に転入した人を「区外出身者」と称する。
（3）小川竹一「沖縄における入会権の諸相」沖縄大学研究成果報告書『沖縄における近代法の形成と現代における法的諸問題』二〇〇五年、一〇九―一四七頁。
（4）原田史緒「沖縄・金武入会権訴訟」第二東京弁護士会司法改革推進二弁本部ジェンダー部会司法におけるジェンダー問題諮問会議編『事例で学ぶ　司法におけるジェンダー・バイヤス』明石書店、二〇〇三年、八二―八六頁。
（5）比嘉道子「金武町金武区における軍用地料配分の慣行と入会権をめぐるジェンダー」沖縄大学研究成果報告書『沖縄における近代法の形成と現代における法的諸問題』二〇〇五年、二八三―三一〇頁。
（6）来間泰男『沖縄の米軍基地と軍用地料』がじゅまるブックス四、榕樹書林、二〇一二年、六四―七二頁。
（7）高橋明善「基地の中での農村自治と地域文化の形成」山本英治・高橋明善・蓮見音彦編『沖縄の都市と農村』東京大学出版会、一九九五年、第九章。
（8）仲地博「属人的住民自治組織の一考察――沖縄県読谷村の事例」和田英夫先生古希記念論文集編集委員会編『裁判と地方自治』敬文堂、一九八九年、二〇四頁。「属人的」とは、戦後、読谷村に帰村した住民のうち元集落に戻れない住民は、居住地に関係なく元集落の字組織への所属が認められたもの。住民の結束が元集落単位である。一方、「属地的」とは居住地による地縁的なこと。
（9）渡慶次公民館でのインタビューから（二〇一二年八月）。
（10）山本・高橋・蓮見編『沖縄の都市と農村』三一五―三一六頁。
（11）中島琢磨『高度成長と沖縄返還――一九六〇―一九七二』現代日本政治史三、吉川弘文館、二〇一二年、三頁。
（12）沖縄県金武町『統計きん』二〇一二年度版、一三頁。
（13）『沖縄タイムズ』二〇〇三年一二月一八日付、論壇。
（14）来間『沖縄の米軍基地と軍用地料』六四―七二頁。
（15）『Ｗｅｂ琉球新報』二〇一一年九月一〇日付「九・一一テロと沖縄　中東作戦に在沖米軍　極東条項なおざり」[http://ryukyushimpo.jp/news/prentry-181486.html]　最終閲覧日二〇一三年一一月二八日。
（16）土地連五十周年記念誌編集委員会 編『土地連のあゆみ　創立五十年史　新聞編集編Ｉ』沖縄県軍用地等地主会連合会、

二〇〇四年、七八一頁。

(17)「広報金武縮刷版」一九九四年三月一日、四一四頁（「広報金武」は、金武町役場発行の広報誌）。

(18)二五億円の軍用地料は、キャンプ・ハンセン全体の軍用地料にうち、金武町へ入る分（金武町役場・入会団体・個人）を指すと推測される。「広報金武」（一九九四年三月一日）、四一五頁を参照。

(19)沖縄県金武町『統計きん』二〇一二年度版、金武町役場企画課、二五頁。

(20)一九七〇年前後のキャンプ・ハンセンはベトナム戦争の最前線基地として常時約八〇〇〇人の兵士が駐屯していた（金武町企画課より　二〇一三年八月）。

(21)沖縄県金武町『統計きん』二〇一二年度版、金武町役場企画課、二五頁。

(22)沖縄県統計資料WEBサイト [http://www.pref.okinawa.jp/toukeika/]（最終閲覧日　二〇一四年八月一〇日）。完全失業率も一九九〇年から二〇〇〇年の間に高率となり近隣に比較すると約二倍であった。完全失業率、生活保護率と高齢化率の関係はさらに詳しい調査が必要であろう。

(23)同右。

(24)山城善三・佐久田繁編『沖縄事始め・世相史事典――明治・大正・昭和　事件と暮らし』月刊沖縄社、一九八三年、八五頁。

(25)那覇市総務部女性室『なは・女のあしあと――那覇女性史（戦後編）』二〇〇一年、二〇三―二〇五頁。

(26)金武社交業組合『金武社交業組合創立二十周年記念誌』一九八一年、二〇―三六頁。

(27)金武町誌編纂委員会『金武町誌』金武町役場、一九八三年、七〇三頁。

(28)二〇一六年二月一〇日（於：金武町）。

(29)鈴木規之・玉城里子「沖縄のフィリピン人――定住者としてまた外国人労働者として（二）」『琉球法學』五八、琉球大学文学部、一九九七年三月、二五七頁。

(30)米軍によって出される指令で、米軍人・軍属・家族が民間地域へ出入りすることを禁止する内容をいう。基地に依存する地域への経済的なダメージを与えるという意味合いがある（金武町社交業組合『金武社交業組合創立二十周年記念誌』三八頁）。

(31)同右、二七頁。

(32)同右、二四頁。

(33)米軍は一九五三年頃米軍人・軍属の健康のため厳しい風俗営業施設許可基準を設けその基準に合格したバー、キャバレー、クラブ、飲食店、原料店だけに営業の許可を与え、米軍、軍属の出入りを許した。Aサインはとはこの「許可」(approve)の頭文字Aをとったものである。山城・佐久田編『沖縄事始め・世相史事典』六四二頁。

(34)冨山一郎『戦場の記憶（増補）』日本経済評論社、二三七頁。

(35)この節の原告グループの聞取りは、金武町内で二〇一三年一一月から二〇一五年一月までにおこなったものである。これ以降、原告グループは原告グループと称する。
(36)金武町・第三次金武町総合計画（基本構想・前期基本計画）「買物動向」金武町、一九九六年、一四〇頁。
(37)『沖縄タイムス』一九八三年一一月一二日付（夕刊）。
(38)金武区誌によると、一九世紀後半一八七二～一八七九年の期間に首里の下級士族（無禄）は職を失った。彼らは本籍を首里に置き金武町に入植し、「寄留民」として居住した。当時は旧慣温存政策期にあたる。士族出身の寄留民は、一定の現金あるいは木炭を支払いことで金武区の入会地使用権を得ている。つまり、当時寄留民への差別意識は強くなかったのである（金武区誌編集委員会『金武区誌』上、金武区事務所、一九九四年、八六―九一頁）。
(39)鳥山淳『沖縄／基地社会の起源と相克――一九四五―一九五六』勁草書房、二〇一三年、一八〇頁。
(40)「通り会」は商店街の経営者による親睦会を指す。
(41)Qはフィリピンからの引揚げ経験を持つ旧区民で、新開地での営業経験を持つ。旧区民と新開地の両世界に生きてきた人といえる。
(42)二〇一五年九月一六日（於：金武町）。
(43)秋林こずえ「ジェンダーの視点と脱植民地の視点から考える安全保障――軍事主義を許さない国際女性ネットワーク」『平和研究』四三、日本平和学会、二〇一四年一〇月、五一―六八頁。
(44)鳥山『沖縄／基地社会の起源と相克』一五四頁。
(45)二〇一五年三月四日（於：那覇市）。
(46)女・男子孫は一九〇六年四月に旧金武区に居住していた男性の女・男の子孫。
(47)那覇市総務部女性室『なは・女のあしあと』三二頁、一五一頁、二〇一頁。
(48)同右、三六〇頁。
(49)福田アジオほか編『精選　日本民俗辞典』吉川弘文館、二〇〇六年、三〇八―三〇九頁。
(50)トートーメとは、位牌継承或いは単に位牌をさす。
(51)位牌継承とは、門中と同様中国から入ってきた慣習で、当初は支配階級のものであった。位牌の継承方法には、長男による位牌の承継を重視し財産権も相続する。しかし、ある時期から女性は自分の先祖の位牌を継いではいけないとするタブーが加わった。それは、以下の四点を犯すと祟りがあると信じられているものである。その禁忌事項は、①男子血縁でない養子をとることにより他の血縁が混じること、②婿養子を取り女性が位牌継承になること、③同じ位牌立てに兄弟の位牌が並ぶこと、④長男を排除して次男以下が承継者になること、である（比嘉政夫『沖縄の門中と村落祭祀』三一書房、一九八三年、五一―六二頁）。
(52)創立は一九六八年である。一九九九年に沖縄県女性団体連絡協議会と改称。
(53)二〇一四年八月一〇日（於：並里区）。

(54)二〇一三年八月二九日（於：金武町）。G（一九二三年生）の職業は農業、党派は無所属。彼は並里区議会の監査役や入会団体設立にも関わった。T（一九二〇年生）の職業は農業、一九八一年には金武町議会の副議長を勤め、町会議員の当選回数は五回。区議会の監査役や入会団体設立にも関わった。
(55)二〇一三年八月一〇日（於：金武町）。
(56)二〇一二年一一月二五日（於：金武町）。
(57)『沖縄タイムズ』二〇〇三年一二月一八日付、論壇「金武部落民会会長の談話」。
(58)ウナイは、女姉妹をさす。
(59)二〇一五年一〇月一六日（於：金武町）。
(60)二〇一六年二月一〇日（於：金武町）。
(61)金武入会権者会総会資料（二〇一二年四月一日に入手）。
(62)比嘉『沖縄の門中と村落祭祀』五一―六二頁。
(63)明治政府は沖縄県庁を設置したものの、琉球の古い制度（土地制度・租税制度・地方制度など）を残し急激な改革は避ける政策をとった。これは一八七九年の沖縄県の設置から一九〇三年の土地整理事業の完成まで続き、この期間を沖縄近代史研究では旧慣温存期という。その理由は沖縄の旧支配階級である士族層の反発を回避すること、明治政府が政変などの国内の動揺で具体的政策を打ち出せなかったことなどといわれている（沖縄県教育委員会編『沖縄県史　一　通史』第三節・第一節「「世替わり」と旧慣温存」一九七七年、一七三―二一四頁）。
(64)那覇市総務部女性室『なは・女のあしあと』五一頁。
(65)梅木哲人「近世農村の成立」『新・琉球史　近世編』上、琉球新報社、一九八九年、二〇二頁。
(66)来間泰男『沖縄経済の幻想と現実』日本経済評論社、一九九八年、一四一頁。
(67)比嘉道子「金武町金武区における軍用地料配分の慣行と入会権をめぐるジェンダー」二九一―二九二頁。
(68)那覇市総務部女性室『なは・女のあしあと』五七四―五七七頁。
(69)「金武入会権者会会則」一九七二年・一九七七年・二〇〇六年、「金武部落民会会則」二〇〇〇年（金武入会権者会から二〇一三年二月から七月に入手）。
(70)並里財産管理会から入手（二〇一三年七月）。
(71)裁判記録からの引用（那覇地裁判決二〇〇三年一一月一九日、福岡高裁判決二〇〇四年九月七日、最高裁判決二〇〇六年三月一七日）。
(72)使用した資料は、金武共有権者会・金武入会権者会・金武部落民会・金武入会権者会（二〇〇九年名称変更）会則である。（金武入会権者会、Mから入手。二〇一三年二月から五月に入手）。

(73) 金武入会権者会「金武入会権者会沿革誌」一九八四年、一一頁。
(74) 「市町村データ集」平成二四年度、内閣府沖縄総合事務局総務部［http://www.ogb.go.jp/soumu/003102.html］最終閲覧日二〇一五年二月五日。
(75) 詳細は桐山節子「戦後沖縄の基地と女性――人の移動とライフヒストリーから」（『社会科学』四六（一）、同志社大学人文科学研究所、二〇一六年五月、一六九―一九六頁）を参照。
(76) 金武入会権者会総会資料・表12・1と聞取りから計算した（二〇一三年八～九月）。
(77) 谷は子どもが結婚後に同一区内に居住することについて「沖縄の家族の伝統的な居住形態が村（シマ）における近接居住を特徴とする」と記す。谷富夫「沖縄的なるものを検証する」谷富夫・安藤由美・野入直美編『持続と変容の沖縄社会――沖縄的なるもの』ミネルヴァ書房、二〇一四年、第一章、七―二〇頁。
(78) 二〇一三年四月五日（於：沖縄市）。
(79) 二〇一三年二月三日（於：金武町）。
(80) 各組織から入手（二〇一三年五～八月）。
(81) 並里区・並里財産管理会 二〇一二『配分金等請求訴訟事件――杣山・区有地裁判記録集』、二三五頁。
(82) 金武区事務所でおこなう代表的な年中行事は、浜下り、腰ゆくい、観月祭（金武区事務所 二〇一三年一月に聞取り）。
(83) 金武入会団体資料と聞取りから（二〇一三年八月）。
(84) 二〇一三年三月四日（於：金武町）。
(85) 「広報金武」一九八五年三月二一日。
(86) 一九九四年二月金武町軍用地跡地利用フォーラムにおけるN町長の主催者挨拶（「広報金武」一九九四年三月一日）。
(87) 「広報金武」一九八八年一〇月二三日。
(88) 『沖縄タイムズ』二〇〇三年一一月一八日付、論壇「金武部落民会会長の談話」。「広報金武」一九八八年九月三〇日。
(89) 二〇一三年二月六日（於：金武町）。
(90) 金武区の養豚団地は一九八一年に建設され、屋嘉区は一九八二年であった。
(91) 「広報金武」一九八八年九月三〇日。
(92) 田芋はサトイモ科の一種で水田に栽培されることから水芋という。植えてから約1年で収穫でき、芋茎や若い葉も食用となる。水中で栽培され、保存できるためネズミやモグラに荒らされることがなく台風にも強い。祝事の料理として使用されてきた。並里区事務所『並里区誌』一九九八年、三七八―三七九頁。
(93) 日本政府農林水産省、日本農林漁業振興会により一九八五年一一月二六日開催されたもの。「広報金武」一九八五年一一月三〇日。
(94) 足立啓二『専制国家私論――中国史から世界史へ』柏書房、一九九八年、六一―六二頁。

あとがき

本書は、同志社大学人文科学研究所部門研究「高度経済成長と戦後日本の社会史」、「戦後日本の開発と民主主義の社会史」の研究成果を取りまとめたものである。執筆者の方々に無理を申し上げ、やっと刊行の運びとなった今、それなりの達成感を覚えると同時に、不十分な点や問題点が少なくないことも自覚している。とくに、高度経済成長の問題化、歴史化は十分に行なわれたとはいいがたく、その多くは今後の課題に残されたと考えている。この点、序文に一部重なるが、最後に再論、補足しておきたい。

歴史の変化には、歴史の断層の可視的変化とともに、社会構造の（不可視の）変化があるとされる。高度成長期に関していえばそれは、工業や商業が急激に発展しＧＤＰが大幅に上昇した、給料が上がり国民の生活は物質的に豊かになった、テレビが普及し新幹線ができ道路がよくなって生活が便利になったなどは、歴史の断層の変化である。一方同時に、高度成長期は社会の激変期、農村から都市への人口大移動を考えただけでも、人びとが生きる社会を基盤から変えてしまうような構造的な変化が多極的にあったことは容易に見通せる。それに対し政治はどう対応したかという視点から、日本の高度成長を問題化することが重要という点についてはすでに指摘した。

高度成長に関しては、「なぜ日本は高度成長ができたのか」という視点からの研究がもっともオーソドックスなものである（武田晴人『高度成長』岩波書店、二〇〇八年）。これは経済と政治、国際的な視野から出立したものであり、「豊かな時代」に適合し、単に「豊かさ」を問題化する設問である。これに対し、主要に社会の視野から「日本はどう高度成長をしたか」、「日本の高度成長はどのようなものであったか」という視点からの研究が現在必要になっているのである。これは現在の「格差と貧困の時代」に適合した設問である。

高度成長の恩恵に浴したのは、企業主義統合の客体、大企業製造業のブルーカラーだけではなかった。戦後、とくに高度成長期は労働者や農民の多様化・多層化が特徴である。社会全体が豊かになったけれど、貧困と格差は解消したわけではなかった。とはいっても、高度成長により、貧しい町工場や商店の経営者、肉体労働者、田舎の農民の子どもも努力すれば大学に進学し、大企業のサラリーマンや官僚、医者、弁護士、教員などになる道は広く開けた。高度成長の時代は工業化時代でもあった。工業化時代に標準的ライフスタイルが完成する。つまり、新規学卒就職、正規雇用、結婚、子どもをもつこと、子どもの教育への投資を通した階層上昇、退職後の年金生活など。このようなライフスタイルが広く大衆化し、中流意識が分厚く形成されたのが高度成長期である（宮本みち子『若者が「社会的弱者」に転落する』洋泉社、二〇〇二年）。これはある意味「人間の解放」である。その親世代も仕事で成功すれば、子どもに教育をつけ、家族一同そこそこ幸せな生活を送ることができるようになった。また、仕事で成功し「成り上がる」ことも夢ではなくなった。金持ちも貧しい人間も、突然の経済成長にそれぞれささやかな、しかし本人にはかけがえのない夢を抱き、またその夢を実現することができるようになった。国民皆が同じ夢を見る幸せな時代が到来したのである。こうした時代は後にも先にもなかった。

それが泡と消えて四半世紀、長期不況とグローバル経済競争の激化、規制改革と構造改革を経て日本社会は構造的に変容を遂げる。その結果として、若い世代を中心に従来の標準的ライフスタイルに乗ることができない層が分厚く形成されつつあるというのが上記宮本説の要点である。「子どもの貧困」という、貧困格差現象が極端な形で露わになった昨今の由々しき事態は、その歴史的帰結である。いったん「豊かさ」を経験してしまった社会ゆえ、貧困と格差に苦しむ人びとはもう一段多様化・多層化し、利害は相互に「もつれ」、何か発言行動しようものなら「自己責任」の冷笑と非難が浴びせられる。その結果、そうした事態に置かれているにもかかわらず、いやおうなく自己了解、沈黙を余儀なくされる――（拙稿「豊かな時代と高度経済成長を考える」『社会科学』四五（三）、二〇一五年一一月）。

国のあり方（現代開発主義国家）や経済社会（企業主義統合と土建国家）、政治（「田中角栄と越山会」的政治支配）は同じ時代、一九七〇年代半ばに確立している。これは、いずれも日本特有の高度成長の所産であることを物語っている。民主主義とは、社会経済的に定義すると人民が自らの自由と平等を保障する行き方である。ここでは立論を省くが、日本の高度成長ももちろん、かかる意味の民主主義を損なったということではない。冷戦と、アメリカだけを見ていればいい一元的対米関係のもと、高度成長を経て、アメリカ流の「自由と平等」、つまり自由に強く傾斜した「社会のアメリカ化」が進展したと理解される。

本書では十分明示的に展開できなかった背景問題としての高度成長の問題について補足した。私たちの研究グループは新たなテーマで戦後の共同研究を続けている。再度研究成果を世に問う機会が得られれば、高度成長の問題をより前景化したいと思っている。

＊　＊　＊

私が勤務する人文科学研究所は、同志社大学の付置研究所である。研究主体の専任教員を配置した文系の付置研究所がある私学の大学は全国で五指に足りないと思う。またこれまで四年間、きびしい財政状況の中、私たちの研究グループは大学から研究費を支給していただいた。今回、研究成果を人文研研究叢書として刊行するに際しても刊行助成金をいただくことができた。アカデミズムを重視する同志社大学だからこそできることであり、私たちはその期待に応える責任がある。ここに一言するとともに、お礼を申し上げる次第である。人文研は今後、同志社大学における「日本研究・日本学の国際的連携拠点」の旗印をかかげ、新たな発展をめざして大きな一歩を踏み出す。本書の刊行がそれに多少とも寄与し、一所員としての責任を果たすことになれば、これに過ぎる喜びはない。

人文研の井上正則事務長をはじめ職員の皆さんには事務上の用務、本書編集上の用務そして科学研究費事務上の用務等において支えていただいた。こうした仕事は研究を進めるうえでなくてはならないもの、今後とも人文研の良き伝統として大事にしていただきたい。サポートしてくれる職員皆さんの期待に応えることもひとつのバネにして尽力した次第である。昭和堂の神戸真理子氏は、今どきめずらしい「頑張り屋」の編集者である。版下を組み、全篇目を通し、全部内校し（積極的校正を含む）、各章のタイトルや書名の提案もおこなってくれた。氏の期待にどれだけ応えられたかは心もとないが、協同の本づくりの喜びをいただいたことに深く感謝している。

最後に、本研究には学術振興会科学研究費基盤研究（C）（一般）「高度経済成長と戦後日本の総合的歴史研究――高度研究の社会史」（二〇一三～二〇一五年）を支給されたことを付記する。

二〇一七年二月

庄司俊作

編著者紹介

庄司俊作（しょうじ・しゅんさく）　序文・第10章・あとがき
同志社大学人文科学研究所教授。主な著作は『近現代日本の農村——農政の原点をさぐる』（吉川弘文館、2003年）、『日本の村落と主体形成——協同と自治』（日本経済評論社、2012年）。

執筆者紹介

広原盛明（ひろはら・もりあき）　第1章
京都府立大学元学長。主な著作は、『日本型コミュニティ政策——東京・横浜・武蔵野の経験』（晃洋書房、2011年）、『増補版 町内会の研究』（編著、御茶の水書房、2013年）。

小堀　聡（こぼり・さとる）　第2章
名古屋大学大学院経済学研究科准教授。主な著作は、『日本のエネルギー革命——資源小国の近現代』（名古屋大学出版会、2010年）、“The Development of Energy Conservation Technology in Japan, 1920-70: An Analysis of Energy-Intensive Industries and Energy Conservation Policies”, in Gareth Austin ed., *Economic Development and Environmental History in the Anthropocene: Perspectives on Asia and Africa,* London: Bloomsbury Academic (forthcoming)。

原山浩介（はらやま・こうすけ）　第3章
国立歴史民俗博物館准教授。主な著作は、『消費者の戦後史——闇市から主婦の時代へ』（日本経済評論社、2011年）、『社会を消費する人びと——大衆消費社会の編成と変容』（シリーズ「戦後日本社会の歴史」第2巻、共編著、岩波書店、2013年）。

尾崎（井内）智子（おざき・ともこ）　第4章
同志社大学人文科学研究所嘱託研究員（社外）。四日市大学非常勤講師。主な著作は、「職場での新生活運動」（大門正克編著『新生活運動と日本の戦後』日本経済評論社、2012年、第3章）、「日中戦時下の女性運動——日本婦人団体連盟による「白米食廃止運動」」（『社会科学』45（3）、同志社大学人文科学研究所、2015年11月）。

福家崇洋（ふけ・たかひろ）　第 5 章

富山大学人文学部准教授。主な著作は、『日本ファシズム論争――大戦前夜の思想家たち』（河出書房新社、2012 年）、『満川亀太郎――慷慨の志猶存す』（ミネルヴァ書房、2016 年）。

河西秀哉（かわにし・ひでや）　第 6 章

神戸女学院大学文学部准教授。主な著作は、『明仁天皇と戦後日本』（洋泉社、2016 年）、『うたごえの戦後史』（人文書院、2016 年）。

生駒佳也（いこま・よしや）　第 7 章

徳島市立高等学校教諭。主な著作は、「日本における生涯学習・社会教育の特質」（前平泰志監修・渡邊洋子編著『生涯学習概論』ミネルヴァ書房、2014 年、2 章）、『徳島県の歴史』（共著、山川出版社、2007 年）。

櫻井重康（さくらい・しげやす）　第 8 章

同志社大学人文科学研究所嘱託研究員（社外）。京都・市民大学院研究員。主な論文は、「地域育てと教育――東井義雄の『村を育てる学力』から読み取れること 」（『国際文化政策』4、2013 年 7 月）、「加藤歓一郎の教育と「新しい村づくり」」（『社会科学』45（4）、同志社大学人文科学研究所、2016 年 2 月）。

杉本弘幸（すぎもと・ひろゆき）　第 9 章

京都工芸繊維大学・佛教大学・立命館大学非常勤講師。主な著作は、『近代日本の都市社会政策とマイノリティ――歴史都市の社会史』（思文閣出版、2015 年）、論文は、「戦後都市社会政策と女性失対労働者――1940-50 年代の京都市失業対策事業を事例として」（『社会事業史研究』49 号、2016 年）。

櫻澤　誠（さくらざわ・まこと）　第 11 章

大阪教育大学教育学部准教授。主な著作は、『沖縄現代史――米国統治、本土復帰から「オール沖縄」まで』（中央公論新社、2015 年）、『沖縄の保守勢力と「島ぐるみ」の系譜――政治結合・基地認識・経済構想』（有志舎、2016 年）。

桐山節子（きりやま・せつこ）　第 12 章

同志社大学大学院グローバル・スタディーズ研究科博士課程後期。主な論文は、「戦後沖縄の軍用地料の配分と女性住民運動――二つの地域の比較研究」（『社会科学』44（3）、同志社大学人文科学研究所、2014 年 11 月）、「戦後沖縄の基地と女性――人の移動とライフヒストリーから」（『社会科学』46（1）、2016 年 5 月）。

索　引

あ行

か行

さ行

た行

な行

は行

ま

や

ら

同志社大学人文科学研究所研究叢書 LII
戦後日本の開発と民主主義——地域にみる相剋

2017 年 3 月 30 日　初版第 1 刷発行

編著者　庄 司 俊 作

発行者　杉 田 啓 三

〒 606-8224　京都市左京区北白川京大農学部前
発行所　株式会社　昭和堂
振替口座　01060-5-9347
TEL（075）706-8818 ／ FAX（075）706-8878

印刷　亜細亜印刷
装丁［TUNE］常松靖史

ISBN978-4-8122-1623-1
＊乱丁・落丁本はお取り替えいたします。
Printed in Japan

桑山敬己 編

日本はどのように語られたか

——海外の文化人類学的・民俗学的日本研究

「語る」立場でもあり「語られる」立場でもあるという両義性をふまえながら、自らを理解する手がかりを探る。

五〇〇〇円

阪本博志 著

『平 凡』の 時 代

——一九五〇年代の大衆娯楽雑誌と若者たち

一九五〇年代の『平凡』や同誌を愛読していた若者たちの姿に、マクロなメディア史ならびに日常生活史の角度から照射する。

二五〇〇円

吉田則昭 編

戦時統制とジャーナリズム

——一九四〇年代メディア史

一九四〇年代のジャーナリズムが戦後体制に与えた影響とは。その歴史的展開を思想史、ジャーナリズム史、政治史の広がりの中でとらえる。

二八〇〇円

杉本星子・小林大祐・西川祐子 編

京都発！ニュータウンの「夢」建てなおします

——向島からの挑戦

住まいの夢を振りまいた街はいま問題山積のオールドタウンに？　弱点を逆手にとって挑戦をつづける住民と若者たちの活動記録。

二八〇〇円